송자대전

한국고전번역원 한국문집번역총서

송자대전 10

宋子大全

송시열 지음 박대현 옮김

宋時烈

일러두기

1. 이 책《송자대전》은《국역 송자대전》(1981~1988)의 미번역 부분을 포함하여 수정·번역한 완역서이다.《국역 송자대전》의 역자와 그 약력은 책 말미에 소개하였다.
2. 이 책의 번역 대본은 한국고전번역원에서 간행한 한국문집총간 108~116집 소재《송자대전(宋子大全)》으로 하였다. 번역 대본의 원문 텍스트와 원문 이미지는 한국고전종합DB(http://db.itkc.or.kr)에서 확인할 수 있다.
3. 역주는 내용이 간단하면 간주(間註)로, 길면 각주(脚註)로 처리하였다.
4. 한자는 필요한 경우 이해를 돕기 위하여 넣었으며, 운문(韻文)은 원문을 병기하였다.
5. 원문의 오류를 수정하였거나 오류가 의심되는 경우, 교감자료와 중요한 자구(字句)에서 차이가 있는 경우에는 그 내용을 각주로 밝혔다.
6. '한글 맞춤법'의 용법과 다르거나 새로 만든 문장 부호는 다음과 같다.

「 」: ' ' 안의 재인용을 나타낼 때 사용한다.

『 』: 「 」 안의 재인용을 나타낼 때 사용한다.

…… : 원문의 '云云'을 처리할 때, 각주에서 긴 인용문을 처리할 때, 각주의 표제어가 네 어절 이상일 경우 생략되는 말을 처리할 때 사용한다.

- - : 본문에서 소자(小字) 원문 주(註)의 처음과 끝에 사용한다.

□ : 원문의 글자가 빠진 빈 난을 표기하거나 '결락과 판독 불가 글자에 대한 지침'에 따라 번역할 때 사용한다.

▨ : 훼손 등으로 인해 판독이 불가능한 원문을 표기할 때 사용한다.

차례

송자대전 제45권

서書

송자대전 제46권

서 書

송자대전 제47권

서 書

송자대전 제48권

서書

송자대전 제49권

서書

송자대전

제45권

書서

이장경[1] 은상 에게 보냄 기해년(1659, 현종 즉위년)

與李長卿 殷相○己亥

오늘의 일[2]은 통곡의 눈물을 견딜 수 없으니, 생사의 갈림길에 서서 절로 가슴이 철렁하며 기가 막힐 뿐입니다. 영감께서 편지로 위문해 주시니, 너무나도 위로가 됩니다.

이곳에서 나는 처음에 매우 작은 병을 얻었으나 깨닫지 못하는 사이에 이 지경에 이르고 말았으니, 어쩌면 선왕을 따라 죽어 소원을 다하려는 것이 아니겠습니까. 또한 운명에 맡길 뿐입니다.

이징(李徵)의 상소는 호상(濠上)에 앉아서 논한 것[3]이라 하겠습니다. 지금 세상에 대이삼장(大耳三藏)이 없으니, 누가 국사(國師)의 마음이 필시 천진교(天津橋) 위에 있음을 엿보겠습니까.[4] 제가 비록 주상

1 이장경(李長卿) : 이은상(李殷相, 1617~1678)으로, 본관은 연안(延安), 자는 장경(長卿), 호는 동리(東里)이다. 한문 사대가(漢文四大家)로 일컬어지는 월사(月沙) 이정귀(李廷龜)의 손자이다. 1651년(효종2) 별시 문과에 급제하여 벼슬이 형조 판서에 이르렀다. 저서로 《동리집(東里集)》이 있다.

2 오늘의 일 : 1659년 5월 4일 효종이 승하하였다. 《孝宗實錄 10年 5月 4日》

3 호상(濠上)에……것 : 상대의 의중을 헤아려서 알기 어렵다는 뜻이다. 호상은 호(濠)라는 강의 다리 위이다. 장자(莊子)가 혜자(惠子)와 호상을 거닐다가 "피라미가 조용히 나와서 노니니 이는 물고기의 즐거움이로다."라고 하니, 혜자가 "자네는 물고기가 아닌데 물고기의 즐거움을 어떻게 아는가?"라고 하였다. 이에 장자가 "그대는 내가 아닌데 내가 물고기의 즐거움을 모르는 줄을 어떻게 아는가?"라고 하니, 혜자가 "나는 그대가 아니므로 진실로 그대를 알지 못하니, 그대는 진실로 물고기가 아니므로 그대가 물고기의 즐거움을 알지 못하는 것이 분명하다."라고 하였다. 《莊子 秋水》

을 대면하였으나 큰 종을 치는 작은 풀대[5]에 불과할 뿐입니다. 그러나 스스로 작은 정성을 다할 수 있었는데 이제는 이마저도 다할 길이 없어졌으니, 참으로 천지간의 일개 죄인일 뿐입니다. 병 때문에 문자를 이루지 못합니다. 이만 줄입니다.

4 대이삼장(大耳三藏)이……엿보겠습니까 : 대이삼장은 당(唐)나라 숙종(肅宗) 때 인도에서 건너온 승려로, 상대의 마음을 알아내는 타심통(他心通)을 익혔는데, 숙종이 당시 국사인 혜충(慧忠)에게 대이삼장의 타심통을 시험하게 하였다. 이에 혜충이 천진교 위에서 원숭이와 노는 것을 생각하고서 대이삼장에게 자신의 마음이 어디에 있는지 묻자, 대이삼장이 천진교 위의 원숭이에게 있다고 대답하였다.《五燈會元 卷2 六祖大鑒禪師旁出法嗣第一世》

5 큰……풀대 : 작은 식견으로는 큰 지혜를 헤아릴 수 없다는 뜻이다. 한(漢)나라 동방삭(東方朔)의 〈답객난(答客難)〉에 "대롱으로 하늘을 엿보고, 바가지로 바닷물을 헤아리며, 풀대로 종을 치는 격이다.〔以管窺天, 以蠡測海, 以莛撞鍾.〕"라고 하였다.《古文集成 卷77》

이장경에게 답함 기해년(1659, 현종 즉위년) 6월 25일

答李長卿 己亥六月二十五日

삼가 곡진한 편지를 받고는 제 마음이 몹시 위로되었습니다. 저는 종적의 어려움이 날이 갈수록 더욱 심해져서 바늘방석에 앉은 것 같다는 말은 오히려 느슨한 표현일 뿐이니, 만약 참으로 훌쩍 물러나는 사람이 본다면 몹시 더디다고 여길 것입니다. 오늘의 처신은 당초 홍여하(洪汝河)의 상소[6]와 절로 상관없고 단지 제 한 몸을 일개 필부의 숫자에 채워 넣어 후세가 첫 번째로 처단할 사람이 되고 싶지 않았을 뿐입니다. 예로부터 예의(禮義)가 먼저 망했는데도 나라가 따라서 망하지 않은 경우가 없었으니, 그대들은 모름지기 한 세상을 위하여 이 예의를 애석하게 여겨야 옳을 것입니다. 서로 깊이 허여함을 믿고서 이렇게 속마음을 모두 드러내었으니 송구하고 송구합니다. 오늘 일찍 이곳에서 따로 편지를 보내어 사소하게 드린 말씀이 있었는데, 살펴보았을 줄로 생각합니다. 예를 갖추지 못합니다.

6 홍여하(洪汝河)의 상소 : 경성 판관(鏡城判官) 홍여하가 송시열을 배척하는 내용으로 올린 상소이다. 《宋子大全隨箚 卷5》《顯宗實錄 卽位年 6月 2日, 4日》

이장경에게 답함 기해년(1659, 현종 즉위년) 6월

答李長卿 己亥六月

그대의 편지가 연이어 날아오니, 병든 저에게는 행운입니다. 더구나 성상의 체후가 이미 편안해지셨다는 소식을 듣게 되니, 죽음에 다다른 목숨이 되살아날 듯합니다.

북방의 상소는 이미 다시 올리라고 명하셨으니,[7] 이 몸은 지금 의율(擬律)당할 처지에 놓였습니다. 처벌의 경중을 가리는 사이에 버젓이 출사하는 것은 너무도 거리낌이 없는 처신이 아니겠습니까. 마음이 참으로 절박하여 상소 중의 감히 "우선 체차하소서."라는 말씀을 올렸던 것이니, 보는 사람들이 혹 입을 가리고 비웃지 않겠습니까. 대학사(大學士)는 의당 이 마음을 헤아려 주겠지만 어쩌면 제가 훌쩍 떠난다고 염려할 것입니다. 그러나 훌쩍 떠나는 사람이 과연 이러한 말을 하겠습니까. 또 외부 사람들은 모두 북방의 상소를 두고 보잘것없는 개인의 의견이라고 말하지만 이는 그렇지 않습니다. 말을 듣는 사람은 오직 말만을 들을 뿐이고 진실로 그 말한 사람은 따져 묻지 않는데, 하물며 시종(侍從)의 반열에 있는 사람이겠습니까. 성상께서 과연 체

7 북방의……명하셨으니 : 북방의 상소는 홍여하(洪汝河)의 상소이다. 그가 당시 함경북도 경성 판관(鏡城判官)으로 있었기 때문에 이렇게 말한 것이다. 승지 유계(兪棨)는 홍여하의 상소가 진언(進言)의 형식으로 올라와서 받아들여야 할 것 같으나, 선대왕과는 관련되었지만 지금에는 해당 사항이 없는 부분도 있으므로 받아들여야 할지를 묻자 현종이 영의정 정태화(鄭太和)와 논의하라고 하였고, 정태화가 홍여하에게 다시 써서 올리게 할 것을 청하니 현종이 그대로 따랐다. 《顯宗實錄 卽位年 6月 2日》

차를 허락해 주신다면 참으로 만물로 하여금 제자리를 얻게 하는 성대한 뜻일 것이니, 지극히 바라고 지극히 바랍니다.

이장경에게 답함 기해년(1659, 현종 즉위년) 7월 17일

答李長卿 己亥七月十七日

산속에서는 일이 단출하여 나태한 병이 생겼기에 한 번도 사람을 보내어 안부를 묻지 못했습니다. 그런데 이렇게 곡진한 편지를 받으니 위로되고 그리운 마음을 견디지 못하겠습니다.

산릉(山陵)의 일은 이미 여론과 합치하니, 국가의 복입니다. 이곳의 나는 일을 아직 완전히 벗어나지 못하여 여전히 전전반측하는 마음을 갖고 있습니다. 지금 찬집청(纂集廳)의 여러 문자를 검토하니, 행장이 도착하기를 기다렸다가 지문(誌文)이 대략 완성되면 응당 도성에 들어가서 그대들에게 수정을 받겠습니다.

태형(泰兄)[8]은 각자 처한 상황이 있을 것이니 감히 단정하여 말하지 못하겠습니다. 그러나 승낙하고서 실천하지 않는 것은 대등한 사이에서도 감히 하지 못할 일이거늘, 하물며 군부(君父)와의 사이에야 말해 무엇 하겠습니까. 그가 온다면 만전을 보장할 수 있을 것입니다.

8 태형(泰兄) : 이유태(李惟泰, 1607~1684)를 가리킨다. 본관은 경주(慶州), 자는 태지(泰之), 호는 초려(草廬)이다. 유일(遺逸)로 천거되어 인조 때 세자 사부(世子師傅)를 지냈다. 효종 즉위 후 송시열, 송준길(宋浚吉) 등과 북벌 계획에 참여하였다. 1674년(숙종 즉위년) 제2차 예송이 일어나자 남인의 배척을 받아 영변(寧邊)에 유배되었다. 예학에 조예가 깊어 김집(金集)과 함께 《상례비요(喪禮備要)》, 《의례문해(疑禮問解)》 등을 교감하였다. 문집으로 《초려집(草廬集)》이 있다.

이장경에게 답함 기해년(1659, 현종 즉위년) 12월 13일

答李長卿 己亥十二月十三日

청문(靑門)에서 보낸 편지에다 백미(白眉)까지 겸하여 만났으니, 이는 이미 저에게는 과분한 일입니다. 어제 집의 아이가 와서 또 가마꾼을 재촉하여 멀리 교외에까지 좇아 오셨다고 말하였으니, 실로 놀라고 감사한 마음을 견디지 못하겠습니다.

오늘의 일[9]은 일신으로 말하면 망극하다고 할 만하지만 조정에서 보면 미천한 좀 한 마리[10]에 불과할 뿐이거늘, 생각지 못하게도 성상께서 특별히 불쌍히 여기고 애달파해 주셨습니다. 전날 밤의 일은 너무도 상례를 벗어난 은택이었으니, 놀라고 의아하여 아득해진 정신이 아직까지 안정되지 않습니다. 그러나 지금 이후로는 응당 융합하기를 힘써야 할 것이니, 만일 혹 끝까지 파고든다면 처신하기가 더욱 어려울 듯합니다. 어떻게 생각하십니까?

9 오늘의 일 : 송시열이 효종의 소렴(小斂) 때 염포(殮布)를 묶지 않고 대렴(大斂)을 기다릴 것을 제안하여 그대로 하였는데, 이후 재궁이 폭이 모자라 결국 판자를 연결하여 쓰게 되자 사람들이 재궁이 못 쓰게 된 것은 송시열이 소렴을 잘못했기 때문이라고 하였다. 이에 송시열이 상소를 남기고 도성 밖을 나가니, 현종은 연이어 승지와 사관을 보내어 위유(慰諭)하는 한편 여러 승지를 인견하여 도성을 떠나간 연유를 물었는데, 이은상(李殷相) 또한 그 당시 승지였다. 《宋子大全隨箚 卷5》《宋子大全 附錄 卷3 年譜》

10 좀 한 마리 : 정이(程頤)가 말하기를 "지금 농부들이 심한 추위와 무더위와 장마에 깊이 밭 갈고 잘 김매어 파종한 곡식을 내가 먹고 있으니, …… 만일 이와 같이 한가롭게 세월만 보낸다면 이는 바로 천지간에 한 마리 좀이 되는 것이다."라고 하였다. 《二程遺書 卷17》

근래에 장맛비가 정상이 아니니, 성상의 체후는 조섭하기가 배로 어려우실 것입니다. 도로에서 돌아보며 생각하니, 눈물을 흘리며 그리워하는 심정을 더욱 견디지 못하겠습니다. 여러 가지 이야기는 출행에 임하여 다하기 어렵습니다. 예를 갖추지 못합니다.

이장경에게 답함 경자년(1660, 현종1) 6월 10일

答李長卿 庚子六月十日

자주 안부 편지를 받으니, 돌보아 주시는 은혜에 몹시 감사합니다. 더구나 슬프고 괴롭다는 말씀을 들으니, 이는 실로 제 마음을 먼저 아신 것이라 뒤덮는 눈물을 더욱 견디지 못하겠습니다.

근래의 일은 자신을 허물하기에도 겨를이 없거늘 어찌 감히 남을 탓하겠습니까. 무엇보다도 여러 좋은 사람을 낭패당하게 하여 더욱 스스로 마음이 유쾌하지 못합니다. 지금 성상의 이 전교는 너무나도 감격스러워서 흐르는 눈물을 막을 수 없습니다만 나아가기 어려운 형세는 실로 부계(附啓)에서 진달한 바와 같습니다. 영감이 저를 보시기에 제가 어찌 일신을 아끼느라 은혜를 저버리는 사람이겠습니까. 초형(草兄 이유태(李惟泰))은 제우(際遇)가 비록 융성하지만, 원망과 비방이 모여드는 것을 대략 살펴보면 제가 대신 두렵고 두려워집니다. 그를 돕는 책임은 정히 다른 사람에게 있지 않을 듯합니다. 어떻게 생각하십니까?

이장경에게 보냄
與李長卿

그대의 대종백(大宗伯)[11]이 세상을 떠나 다시 볼 수 없게 되었으니, 지금까지도 생각만 하면 눈물이 줄줄 흘러내립니다. 예전 기해년(1659, 현종 즉위년) 5월 5일[12]에 대내(大內)의 행각(行閣) 밖에서 유달리 크게 곡하며 "우리 임금이시여, 우리 임금이시여."라고 하던 모습이 기억납니다. 이제는 생각건대 저승에서 몸소 선왕을 섬기고 있을 것이니, 도리어 부러울 뿐입니다.

지난번에 보내 주신 편지를 우편으로 받았습니다만 그 당시 남쪽 소식[13]이 한창 흉흉하여 감히 성명(姓名)을 남에게 드러낼 수 없기 때문에 마침내 답장을 보내지 못하였습니다. 삼가 큰 아량의 은혜를 입어 이를 잘못으로 여기지 않고 이번에 다시 귀중한 편지를 보내 주셨으니, 부끄럽고 감사한 마음이 더욱 더합니다.

11 그대의 대종백(大宗伯) : 이은상(李殷相)의 종형 이일상(李一相, 1612~1666)을 가리킨다. 이정귀(李廷龜)의 장손이기 때문에 대종백이라고 한 것이다. 이일상은 1666년(현종7) 1월 1일 세상을 떠났다. 《宋子大全隨箚 卷5》《芝村集 卷23 伯父靑湖府君墓誌》

12 기해년 5월 5일 : 효종이 승하한 다음 날이다. 《孝宗實錄 10年 5月 4日》

13 남쪽 소식 : 영남 사람 황연(黃壖), 이석복(李碩馥) 등이 올린 상소를 가리킨다. 《宋子大全隨箚 卷2》 1667년 2월 황연이 상소하여 송준길(宋浚吉)과 송시열이 임금의 명령부터 인재 등용, 대간의 시비까지 뒤에서 조종하며, 일신의 허명만 구할 뿐 실질적인 일에는 뜻이 없다고 논핵하였다. 같은 해 8월에는 이석복이 상소하여 송시열 무리는 당파가 있는 것만 알고 나라가 있다는 건 모른다고 비판하였다. 《顯宗改修實錄 8年 2月 29日, 5月 11日》

영남의 일은 그 죄가 이 사람에게 있으니, 다른 것이야 어찌 탓할 것이 있겠습니까. 단지 김 수부(金水部)가 지나치게 깊이 법조문을 적용하니,[14] 이는 마음으로 따를 수 없습니다. 오늘날 어찌 문후를 여쭙는 반열에 달려 나아가고 싶지 않겠습니까. 다만 대간의 계사가 한창 펼쳐지고 영남 지방의 여론이 떠들썩하여 다시 거행하자는 의논이 심히 행해지고 있으니, 이 몸은 궁곤하고 위축됨이 끝날 때가 없다고 할 만합니다. 다만 문을 굳게 닫고서 허물을 반성하는 것이 아마 옳은 방도일 듯합니다.

유능(幼能)[15]의 심회는 생각하기만 하면 절절하여 목이 막힙니다. 이렇게 언급하는 말씀을 듣게 되니, 위로되고 고맙기 그지없습니다. 때맞은 비가 세차게 쏟아지니 이 또한 성상의 은덕 때문입니다. 시골 백성들의 말이 대개 이와 같습니다. 예를 갖추지 못합니다.

14 김……적용하니 : 김 수부는 당시 공조 정랑이던 김수홍(金壽弘)을 가리킨다. 김수홍이 기해예송에 대한 윤선도(尹善道)의 주장을 모아 사람들에게 전파하자, 대사간 이은상(李殷相) 등이 김수홍을 사판에서 삭제하기를 청하였으나 현종이 윤허하지 않았다.《顯宗實錄 7年 2月 19日, 21日》《宋子大全隨箚 卷5》

15 유능(幼能) : 이단상(李端相, 1628~1669)의 자이다. 본관은 연안(延安), 호는 정관재(靜觀齋)이다. 이정귀의 손자이고 이명한(李明漢)의 아들이다.

이장경에게 답함 계축년(1673, 현종14) 9월 15일

答李長卿 癸丑九月十五日

삼가 교외에 엎드려 지내느라 서로 소식을 들을 길이 없었는데, 이렇게 문안 편지를 받으니 위로되는 마음 어찌 한량이 있겠습니까.

저는 다시 어려운 처지를 만났습니다. 태백산(太白山) 아래에 서로 알고 지내는 유생이 있는데, 어저께 받은 그의 편지에 저의 행위를 두고 너무 성급하다고 하였습니다. 대개 산중의 사람은 외물에 흔들리는 구애가 없기 때문에 이처럼 천 리 밖의 일을 알 수 있습니다.

근래의 일은 감히 들을 수도 없거늘 하물며 감히 말할 수 있겠습니까. 무엇보다 민씨(閔氏) 집안[16]은 저로 말미암아 예측할 수 없는 화를 당할 것이니, 실로 서글픈 마음을 견디지 못하겠습니다. 이만 줄입니다. 예를 갖추지 못합니다.

16 민씨(閔氏) 집안 : 민업(閔業)의 집안을 말한다. 1673년 9월에 민업의 상(喪)에 송시열과 박세채(朴世采)가 정신 착란증이 있던 그 아들 민세익(閔世益) 대신 손자인 민신(閔愼)으로 하여금 집상(執喪)하게 하였다. 국구(國舅) 김우명(金佑明)이 현종에게 "이는 곧 자식이 없고 아버지가 없는 꼴이니, 성명(聖明)의 세상에 이 같은 사람을 도성 안에 살게 할 수는 없습니다."라고 아뢰니, 현종이 하교하기를 "부자간의 윤기가 하나라도 어그러지면 어떻게 사람이 될 수 있겠는가."라고 하고, 조사하여 처리하도록 명하였다. 《白湖全書 卷20 顯宗純文肅武敬仁彰孝大王行狀》

이장경에게 답함 기미년(1679, 숙종5) 12월 26일

答李長卿 己未十二月二十六日

서리처럼 흰 설탕이 편지와 함께 도착하여 마치 천 리 밖에서 얼굴을 서로 마주하는 듯하니, 이보다 더한 위로가 무엇이 있겠습니까.

선조의 문집은 삼가 보내 주신 대로 잘 받았으니, 더욱 감사하고 또 감사합니다. 다만 문집의 서문을 이러한 때[17] 어찌 감히 지을 수 있겠습니까. 또한 비문을 지었을 때와는 상황이 크게 같지 않으니, 반드시 맡기려고 하신다면 응당 당금(黨禁)이 조금 풀리기를 기다려야 할 것입니다. 그러나 이는 한강 물이 서쪽으로 흘러가기를 기다리는 것과 같습니다. 풍토병이 위태롭고 고약합니다. 이만 줄입니다. 예를 갖추지 못합니다.

17 이러한 때 : 송시열은 1679년 4월 거제(巨濟)에 이배(移配)되었다.

김무숙[18] 익훈 에게 보냄 무술년(1658, 효종9)

與金楙叔 益勳○戊戌

기축년(1649, 인조27) 연간에 제가 중씨(仲氏)의 처소에 오래도록 있었으나 사람들은 입에 올리지 않았고 저도 이를 혐의스럽게 여기지 않았을 뿐만 아니라 중씨 또한 영향 받는 것을 두려워하지 않았습니다. 10년 뒤에 다시 오게 되어서는 전날과 크게 달라졌으니, 세도(世道)가 날로 떨어진다는 것이 진실로 틀린 말이 아닙니다. 비록 자주 어울리는 것을 원하지 않을지라도 편지 왕래만이라도 격조하지 않는다면 다행이겠습니다.

권가(權哥) 놈에 대하여 말씀드리자면, 일찍이 본조(本曹)의 좌기(坐起) 때에 부관(部官)을 불러서 직임을 살피지 못한 것을 경책하고 태거(汰去)할 뜻을 보였습니다. 그랬더니 오늘 아침에 부관이 와서 말하기를 "이미 그놈을 잡아다가 헌부(憲府)에 바쳤습니다."라고 하였습니다. 함께 다투었던 자도 차후의 좌기 때에 또한 이와 같이 해야 할 것이지만 혹 먼저 누설될까 염려됩니다.

우의정 대감(이후원(李厚源))이 마침내 체차되었으니, 통탄할 만합니다. 근자에 천상(天上)의 일[19]로 온갖 말이 분분하니, 어찌 초동(草

18 김무숙(金楙叔) : 김익훈(金益勳, 1619~1689)으로, 무숙은 그의 자이다. 본관은 광산(光山), 호는 광남(光南)이다. 조부는 김장생(金長生)이고 부친은 김반(金槃)이다.

19 천상(天上)의 일 : 《송자대전수차》 권5에 "알 수 없는 일을 이르니, 대개 강빈(姜嬪)의 옥사를 가리켜서 말한 것이다."라고 하였다. 강빈의 옥사는 소현세자(昭顯世子)

洞)[20]에게까지 말을 지어내는 자가 있단 말입니까. 두렵고 두렵습니다.

의 빈(嬪) 강씨(姜氏)가 사사(賜死)된 사건을 말한다. 1645년(인조23)에 세자와 세자빈이 청(淸)나라에서 귀국한 뒤 소용(昭容) 조씨(趙氏)와 반목하여 싸우던 중에 세자가 죽게 되자, 이를 기화로 소용 조씨가 "강빈이 세자를 죽였으며 왕을 독살하려 하고 왕실을 저주한다."라고 무고하였다. 이에 강빈은 사사되고 그의 소생은 모두 제주도로 귀양 보내졌다.

20 초동(草洞) : 동춘당(同春堂) 송준길(宋浚吉)을 가리킨다. 《송자대전수차》 권4에 "초동은 춘옹(春翁)이 사는 곳이다."라고 하였다.

김무숙에게 답함 기해년(1659, 효종10) 3월
答金楙叔 己亥三月

작별한 지 이미 오래되었으니, 서로 그리워한다는 말은 빈말이 아닙니다. 방금 인편을 통하여 보내신 편지를 받으니 위로되고 후련한 마음이 응당 어떠하겠습니까. 이곳에서 여러 번 편지를 보낸 적이 있으나 모두 받아 보았다는 말씀이 없으니, 혹 편지가 중간에 전해지지 못한 것입니까? 형이 떠난 뒤로 구설이 더욱 많아져서 형을 잘못 등용하였다는 말까지 나왔고 어제는 면전에서 지척하는 자도 있었으니, 너무도 통탄할 노릇입니다.

서울에는 알려 드릴 만한 소식이 별로 없습니다. 명형(明兄)[21]은 특별히 병조 판서로 승진하여 출사한 지 이미 며칠이 되었고, 초형(草兄)은 성동(城東)에 와서 머물고 있는데 상소의 비답(批答)이 몹시 성대하여 이제 장차 들어올 것이나 이후의 일은 어떻게 될지 모르겠습니다. 어제 병조 판서를 만났는데, 형의 조카 두 사람 가운데 한 사람은 문안 인사를 하고 한 사람은 문안 인사를 하지 않고 떠난 것을 서운하게 여겼습니다. 그가 서운하게 여기는 것은 실제 친애하기 때문이니, 어찌하여 두 사람이 이처럼 주밀하지 못하게 인사를 한단 말입니까. 개탄스럽습니다.

형에 대한 비방은 다른 일로 누그러뜨릴 수 없습니다. 단지 청렴결백하게 공직에 임하고 어진 마음으로 백성을 어루만진다면 이를 한번

21 명형(明兄) : 명재(明齋) 윤증(尹拯)을 가리킨다.

씻어 낼 수 있을 것이니, 더욱더 힘쓰기를 간절히 바랍니다. 또 비방하는 말은 반드시 친한 사람으로부터 시작되는 것이니, 이 또한 유념해야 할 부분입니다. 친한 이를 친애하는 도는 하물며 사람의 도리 중에 큰 것이야 말해 무엇 하겠습니까.

저는 20일 동안 병으로 누워 지내다가 억지로 힘을 내어 다시 출사하였습니다. 이달 11일에 정사가 끝나고 특별히 성상을 인견하였습니다. 승지와 사관과 환시(宦侍)를 모두 내보낸 뒤에 머물며 함께 주고받은 이야기는 대체로 강씨(姜氏)에 관한 일[22]이 주종을 이루었으니, 어쩌면 신원(伸冤)하자는 주장이 성상의 귀에 흘러들어 간 것이 아니겠습니까. 외부 사람들이 필시 대부분 억측으로 주장하는 것이니, 그 괴로움을 장차 어떻게 견디고 버텨 내겠습니까. 그러나 이 말은 비밀에 부치고 단지 두 대간(臺諫)과 말해 보는 것이 어떻겠습니까?

22 강씨(姜氏)에 관한 일 : 34쪽 주19 참조.

김무숙에게 보냄 임인년(1662, 현종3) 8월

與金懋叔 壬寅八月

근래의 정황은 어떻습니까? 그리워하는 마음은 그래도 완전히 없지는 않습니다. 옥천 군수(沃川郡守)가 오늘 방문하여 제가 당한 어려운 상황을 듣고는 좋은 방책을 가르쳐 주기를 "무숙의 무리를 급히 끊는 것이 최상이다."라고 하였으니, 이 말은 참으로 옳습니다. 꼭 절교하고 싶지만 끝내 한마디 하지 않는다면 제 마음에 편안하지 않기 때문에 애오라지 이 편지를 쓰는 것이니, 제가 심하게 열등하고 나약하다고 하겠습니다. 제가 당한 어려운 상황은 아우 성보(誠甫)[23]에게 보낸 편지 속에 상세히 들어 있습니다. 형이 비록 같이 절교하더라도 편지 한 통은 또한 없을 수 없을 것이니, 손가락을 꼽아 날짜를 헤아리며 기다리겠습니다.

23 성보(誠甫) : 송시열의 아우인 송시도(宋時燾)의 자(字)이다.

김무숙에게 보냄 계묘년(1663, 현종4)

與金懋叔 癸卯

세도(世道)와 인심(人心)이 날로 바뀌고 달로 변하니 너무나도 우려되고 두렵습니다. 남궁(南宮)[24]은 '못난 소인'이라는 제목(題目)으로 폐기되었습니다마는, 이는 그가 체례(體例)에 오히려 궐실이 있었기 때문에 혹 논박할 만한 단서가 있었던 것입니다. 백문(白門)의 일[25]에 이르러서는 의리를 펼치려고 하다가 마침내 심문받는 지경에까지 이르렀습니다. 저들이 풍속을 손상하는 일은 입을 더럽힐까 말할 수도 없었습니다. 그러나 백문은 이 일을 실행해 내었으니, 우리에게 영광이 되는 것이 어떠하겠습니까. 실로 기쁜 마음을 견딜 수 없습니다. 백문의 일은 오래될수록 더욱 빛날 것이고 저들의 죄는 갈수록 더욱 깊어질 것이니, 무식한 무리는 비록 강하더라도 두려워할 것이 없음을 알 수

24 남궁(南宮) : 김장생(金長生)의 증손인 광성부원군(光城府院君) 김만기(金萬基)이다. 통제사 김시성(金是聲)이 사적으로 청풍부원군(淸風府院君) 김우명(金佑明)에게 복어를 바치자 김우명이 그것을 대궐로 바쳤는데, 심반기가 현종 앞에서 그들이 물품을 떳떳하지 못하게 바친 잘못을 지적하여 말하였다. 이 일로 김우명은 추고되고 김시성은 파직되었다. 《宋子大全隨箚 卷5》《顯宗實錄 5年 11月 19日》《宋子大全 卷158 光城府院君金公神道碑銘》

25 백문(白門)의 일 : 김장생의 증손인 수찬 김만균(金萬均)이 청(淸)나라 사신과의 면대를 기피한 것을 말한다. 백문은 서울의 서문(西門)을 가리킨다. 김만균이 살던 곳이 서문 즉 돈의문(敦義門) 근처였기 때문에 이렇게 부른 듯하다. 서문을 백문이라고 한 것은 동문(東門)을 청문(靑門)이라고 부르는 것과 같은 이유다. 《宋子大全隨箚 卷3》《顯宗實錄 4年 11月 6日, 8日, 9日》

있습니다. 이 일은 관계된 바가 몹시 크니, 한번 밝은 주상을 위하여 말씀드리지 않을 수 없습니다. 형의 뜻은 어떠한지 모르겠습니다. 응당 세초(歲初)에 사직할 때 말씀드려야 할 것이니, 모름지기 인편을 통하여 비밀리에 알려 주기를 바랍니다. 그러나 절대 함부로 누설하여 지레 분란을 일으키지 말아야 할 것입니다.

창대(倉台)가 정승에 제수되었으니,[26] 선비들의 바람에 부응할 수 있겠습니까. 몹시 걱정되고 염려됩니다. 형은 교분이 얕지 않으니, 모쪼록 정성을 다하여 면려하는 것이 어떻겠습니까? 저는 병 때문에 아직 답장을 보내지 못하였습니다. 이 어른은 백문의 일에 대해서 또한 구원하여 바로잡지 못하였으니, 마침 면직을 청하는 날을 당하였기 때문이 아니겠습니까.

26 창대(倉台)가 정승에 제수되었으니 : 창대는 기천(沂川) 홍명하(洪命夏)를 가리킨다. 그가 창동(倉洞)에 살았기 때문에 창동 대감이라 부른 것이다. 홍명하는 1663년 10월 우의정에 제수되었다.《顯宗實錄 4年 10月 28日》

김무숙에게 보냄

與金懋叔

창상(倉相)[27]께 견책을 받았으니 매우 감사하고 감사하였습니다. 그러나 창상께서 일찍이 떠돌아다니는 말을 듣고서 믿는다고 남궁(南宮 김만기(金萬基))을 통하여 저를 경계하시더니, 지금에 와서 어찌 창상 스스로 그 경계를 범하신단 말입니까. 저는 홍 학사(洪學士)의 상소[28]가 있은 뒤로 '쟁쟁한 명사들도 이와 같으니 나의 죄는 참으로 피하기 어렵겠다.'라고 생각하고 이때부터 모든 외부의 일에 일체 입을 다물고 침묵하였습니다. 그런데 올봄에 홀연히 서(徐)·김(金)의 일[29]이 생겨서 사람을 금수의 지경으로 몰아넣으려는 조짐이 보였기 때문에 경악한 마음을 견딜 수 없어 사직 상소를 통하여 서·김의 일을 대략 언급하였던 것입니다. 만약 그 결과가 이와 같이 될 줄 알았다면 다그쳐서 말하게 하였더라도 또한 결코 말하지 않았을 것이니, 회한(悔恨)으로

27 창상(倉相) : 창동(倉洞)에 사는 재상이라는 말로, 당시 우의정이던 홍명하(洪命夏)를 가리킨다.

28 홍 학사(洪學士)의 상소 : 1663년(현종4) 4월 수찬 홍우원(洪宇遠)이, 1차 예송 때 기년설을 반대하다가 삼수(三水)로 귀양 간 윤선도(尹善道)를 구제하기 위하여 송시열을 위시한 서인 일파를 공격하여 올린 상소이다. 《顯宗實錄 4年 4月 19日》

29 서(徐)·김(金)의 일 : 서(徐)는 서필원을 가리키고, 김(金)은 김시진(金始振)을 가리킨다. 수찬 김만균(金萬均)이 병자호란 때 할머니가 강화도에서 청(淸)나라 군에게 돌아가셨다는 이유로 청나라 사신과의 면대(面對)를 기피하자, 대사간 김시진은 김만기를 탄핵하여 파직하였고, 승지 서필원은 호란에 화를 입는 사람의 자손들에게 기피하지 못하게 할 것을 주청하였다. 《顯宗實錄 4年 11月 6日, 8日, 9日》

혀를 깨물며 더욱 입을 열고 싶지 않습니다.

정상(貞相)[30]과 창상이 모두 편지로 안부를 물어 왔습니다. 정상은 음식물까지 보내 주셨으나 감히 받아들이지도 못하고 답장도 못 하였으며, 창상은 두 차례나 편지를 보내셨으나 역시 한 번도 감히 답하지 못하였습니다. 이에 그칠 뿐만이 아닙니다. 남궁이 간청하였는데도 옳고 그름을 전혀 말하지 않았더니 여러 차례 편지로 저를 힐난하였기 때문에 짧게 편지하여 그렇게 한 이유를 대략 말하였습니다. 제가 비록 못난 사람이기는 하지만 '참을 인(忍)' 한 글자는 잘 지켰다고 스스로 생각합니다. 금년 가을에 서필원(徐必遠)을 만났을 때에도 그저 겸손히 사양하였을 뿐인데, 지금 어찌 감히 입을 열어 현직 정승의 시비를 말하겠습니까.

단지 저는 타고난 운명이 기박하여 번번이 이름이 남에게 팔리게 됩니다. 진출을 도모하는 자들도 저를 팔고 원한을 풀려는 자들도 저를 팔며, 팔기를 그만두지 않다가 기어이 함몰(陷沒)하기까지 합니다. 근래 국구(國舅)[31]가 사적으로 건의하여 저의 문제를 결재받으려고 했던 말로써 미루어 보면, 떠돌아다니는 말에 별의별 소리가 다 있음을 알 만합니다.

제가 만약 함구(緘口)하려는 다짐을 깨뜨리고자 하였다면 감히 곧바로 창상에게 말하지 않더라도 이전에 했던 것처럼 남궁을 통하여 대신

30 정상(貞相) : 정릉동(貞陵洞)에 사는 정승이라는 말로, 당시 영중추부사 이경석(李景奭)을 가리킨다.

31 국구(國舅) : 현종의 장인인 청풍부원군(淸風府院君) 김우명(金佑明, 1619~1675)을 가리킨다.

규간(規諫)할 것이거늘, 무엇 때문에 이러한 일을 하지 않고 도리어 저러한 일을 하겠습니까. 창상이 나를 의심하는 것은 진실로 괴이할 것이 없지만 형 또한 의심을 보이시니, 서로 알아주기가 어렵다는 말이 과연 그렇습니다. 근자에 가만히 듣건대, 유능(幼能)의 상소와 간원(諫院)의 의론으로 인하여 국구 형제가 전전반측하다가 교외로 나갔다고 합니다.[32] 설령 제가 조정에 있으면서 세도(世道)를 담당하였더라도 국사에 마음을 다하는 사람들을 잃는 것은 절로 도리가 아니거늘, 하물며 황야(荒野)에 엎드려 있는 사람임에 있어서이겠습니까. 뜻밖에도 제공(諸公)들이 까닭 없이 사달을 야기하여 이 지경에 이르게 되었으니, 이것이 어찌 인력으로 될 일이겠습니까. 너무나도 가탄스럽습니다. 주상의 별유(別諭)와 상소의 비답(批答)은 저를 매우 감읍하게 합니다. 그러나 어찌 이러한 때에 함부로 문자를 올리겠습니까.

지난달 20일 뒤로 단지 현장(縣狀)만 올렸으니 황공한 마음이 더욱 심해집니다. 요성(妖星)이 오래되어도 없어지지 않으니 그 응험(應驗)이 장차 어떠할지 알 수 없어 밤낮으로 근심하고 두렵습니다. 정성을

32 유능(幼能)의……합니다 : 유능은 이단상(李端相)이고 국구 형제는 현종의 장인 김우명과 그의 형 김좌명(金佐明)이다. 1659년(효종10) 헌납 민유중(閔維重)이 소대(召對) 때 김육(金堉)의 아들 김좌명이 부모를 장사 지내면서 수도(隧道)를 만들어 사용한 일을 지적하여 감죄(勘罪)하고 개장(改葬)하기를 청하였다. 1664년(현종5) 10월 28일에 이단상이 상소에 이 일을 언급하면서 김좌명 형제는 당시 논의가 송시열에게서 나왔다고 생각하고 또 송시열의 복제론(服制論)도 옳지 않다고 여기기 때문에 송시열이 불안해서 벼슬에 나오지 못한다고 주장하였다. 이에 대해 11월 8일 김좌명 형제가 상소하여 직임을 삭탈하여 의혹을 풀어 줄 것을 청하였는데, 이러한 일로 두 형제가 교외로 나갔던 것으로 보인다. 《孝宗實錄 10年 4月 8日》《顯宗實錄 5年 10月 28日, 11月 8日》

다한 형의 충고에 감동하여 이미 닫았던 입을 다시 열었으니, 앞에서 '인(忍)' 자를 잘 지켰다고 한 것이 지금 어디로 가버렸단 말입니까. 우습고 우스울 뿐입니다. 보신 즉시 불태우기 바랍니다.

김무숙에게 답함

答金懋叔

형의 회답 편지를 받으니 저도 모르게 눈물이 떨어집니다. 그러나 이미 지나가 버린 일이라서 슬퍼한들 다시 무슨 소용이 있겠습니까. 부디 마음을 조절하고 억제하여 멀리서 걱정하는 저의 마음에 부응해 주기 바랍니다. 그대의 조카 삼만(三萬)과 하룻밤을 나란히 누워서 보냈으니, 노경의 다행이라 하겠습니다. 저는 이질 증세가 그치지 않고 원기가 날로 손상되어 스스로 생각건대 세상에 오래 있기가 어려울 줄로 압니다. 그리고 가만히 드릴 말씀이 있습니다. 오늘날 국가에는 성심을 다하는 신하가 전혀 없고 단지 형의 집안과 소문(小門)의 형제[33]만 있을 뿐이니, 두 집안이 만약 마음을 합치지 않는다면 더욱 믿을 곳이 없게 될 것입니다. 비록 사소한 문제가 있더라도 모쪼록 서로 너그럽게 생각하여 함께 이루어 내기를 기약하는 것이 어떻겠습니까? 국가의 위급함을 먼저 생각하고 사적인 원수를 뒤로 미룬 것은 전국 시대 사람들도 오히려 그렇게 행하였거늘, 하물며 형처럼 고명한 분이야 말할 것이 있겠습니까. 저 사람은 결코 소인이 아니기 때문에 이렇게 말씀드리는 것입니다. 형이 이 편지를 보면 한번 빙긋 웃으리라 생각합니다.

33 소문(小門)의 형제 : 《송자대전수차》 권5에 "이경휘(李慶徽) 형제를 가리키는 듯하다. 이경억(李慶億)이 일찍이 김익훈을 논박한 적이 있고 이때에 이르러 또 서필원(徐必遠)을 힘껏 옹호하였기 때문에 김공(金公)의 집안과 불화하였다."라고 하였다. 서필원의 일에 대해서는 41쪽 주29 참조.

김무숙에게 답함 갑진년(1664, 현종5) 7월

答金楙叔 甲辰七月

그리워하던 중에 편지를 받게 되니, 이보다 더한 위로가 무엇이 있겠습니까. 이곳의 저는 식(栻) 조카[34]를 막 곡하였으니, 애통하고 괴로운 심정이 어찌 끝이 있겠습니까. 평소에 아들처럼 여겼던 정의(情誼)가 이제는 끝나 버리고 말았습니다. 저의 슬프고 괴로운 심정으로 그 아버지의 정회를 헤아려 보면 더욱 차마 말하지 못할 바가 있습니다. 우리는 운기가 서로 연관되어 완전한 집안이 하나도 없으니 어찌하겠습니까, 어찌하겠습니까. 근래의 일은 놓아두고 다시 말하지 않겠습니다.

원상(原相)[35] 같은 사람은 어느 곳에서 다시 얻을 수 있겠습니까. 일전에 여러 차례 저에게 일러 준 적이 있었으나 또한 감히 깊이 믿지 못하였는데, 끝내 그가 수립한 바가 곧 이와 같습니다. 서로 익숙한 사람에 대해서는 상세히 알지만 익숙하지 않은 사람에 대해서는 오해하는 것이 많은 줄을 비로소 알게 되었습니다. 지금 저의 종적은 감히 일반 사람에 견줄 수 없기 때문에 감히 상주들에게 조문 편지를 쓰지 못하고 단지 사람을 통하여 그러한 까닭만 전하였습니다. 상주들이 양해해 줄지 모르겠습니다.

34 식(栻) 조카 : 송준길(宋浚吉)의 아들 송광식(宋光栻, 1625~1664)을 가리킨다. 송시열의 외조모와 송준길의 외조모는 모두 이윤경(李潤慶)의 딸로 자매 사이였다고 한다. 《宋子大全 卷188 工曹正郎宋君墓誌銘》

35 원상(原相) : 당시 정승이던 원평부원군(原平府院君) 원두표(元斗杓)를 말한다.

김무숙에게 보냄

與金懋叔

형이 당한 일은 옛날에도 있었던 적이 있습니까. 우상(迂相)[36]이 만약 살아계셨다면 반드시 이 상황에 맞는 기담(奇談)이 있었을 것입니다. 일찍이 기억하건대 학상(鶴相)이 탄핵당하였을 때[37]에 그의 사위 박공(朴公 박황(朴潢))이 말하기를 "만약 조경(趙絅)이 단지 드러내 놓고 한 가지 일만 말하였다면 스스로도 할 말이 없고 청음(淸陰 김상헌(金尙憲)) 또한 수수방관할 수밖에 없었을 것이다. 다행히 조경이 죄를 많이 주려고 근거 없는 이야기를 많이 하여 스스로 해명할 수 있도록 하였으니, 장인 집안은 장차 조경의 덕을 칭송해도 괜찮을 것이다."라고 하였으니, 알지 못하겠습니다. 형은 아무개를 원망하겠습니까, 장차 덕으로 여기겠습니까? 가생(賈生)이 화복(禍福)의 이치를 깊이 말하였으니,[38] 오왕(吳王)이 당한 용동(甬東)의 액난[39]은 실로 고소대(姑蘇臺)[40]

36 우상(迂相) : 호가 우재(迂齋)인 정승 이후원(李厚源)을 가리킨다.

37 학상(鶴相)이 탄핵당하였을 때 : 학곡(鶴谷) 홍서봉(洪瑞鳳)이 좌의정일 때 사간 조경이 홍서봉이 뇌물을 받아 왔다며 논핵하였다. 《仁祖實錄 14年 6月 24日》

38 가생(賈生)이……말하였으니 : 가생은 한(漢)나라 가의(賈誼)로, 그가 지은 〈복조부(鵩鳥賦)〉에 "재앙 속에 복록이 기대어 있고, 복록 속에 재앙이 엎드려 있다.〔禍兮福所倚, 福兮禍所伏.〕"라고 하였다. 《史記 賈生列傳》

39 오왕(吳王)이……액난 : 월(越)나라 구천(句踐)이 오(吳)나라를 멸하고 오왕 부차(夫差)에게 사신을 보내어 용동에서 살게 하니, 부차는 "내가 이미 늙었으니, 어찌 임금을 섬길 수 있겠는가."라고 하고 자결하였다. 《春秋左氏傳 哀公22年》

40 고소대(姑蘇臺) : 춘추 시대 오왕 부차가 월나라 미인 서시(西施)를 위하여 고소

의 쾌락에 대한 응보인 것입니다. 원컨대 형은 지금부터 자신에게는 즐거움도 없고 곤액도 없으며 남에게는 원망도 은덕도 없어야 옳은 듯합니다. 만나서 이야기를 나눌 길이 없습니다. 서늘한 가을에 더욱 자중자애하기 바랍니다.

산 위에 지은 누대이다. 오왕 부차가 서시와 함께 고소대에서 황음(荒淫)을 일삼고 오자서(伍子胥)의 간언도 듣지 않았다. 이에 오자서가 말하기를 "신이 이제 고소대에 사슴들이 뛰노는 것을 보게 될 것입니다."라고 하였는데, 과연 얼마 지나지 않아 오나라가 월나라에 패망하였다. 《史記 淮南衡山列傳》

김무숙에게 답함 경술년(1670, 현종11) 5월

答金懋叔 庚戌五月

보내온 편지의 상세한 내용은 삼가서 보호하는 방도를 가르쳐 준 것이니, 깊이 감사하고 깊이 감사합니다. 그러나 지금 막 그대의 조카 자적(子迪)과 함께 신발과 지팡이를 손질하여 용추(龍湫)를 살펴보고 봉림(鳳林)을 지나 드디어 계룡산(鷄龍山) 정상에 올랐다가 이어서 용천(涌泉) 고개에 이르러 변산(邊山) 월악(月嶽)을 바라본 뒤에 아래로 만운사(萬雲寺)에 들어가서 열흘 정도 앉아 있다가 돌아오려고 합니다. 그런 뒤에 오두막을 닫아걸고는 형의 편지를 벽에 걸어 두고 아침저녁으로 쳐다보며 문밖을 나가지 않으려고[41] 합니다마는, 이 계획이 이루어질지는 알 수 없습니다. 형은 한번 웃으시기 바랍니다.

41 문밖을 나가지 않으려고 : 《주역》 〈절괘(節卦) 초구(初九)〉에 "방문 밖의 뜰을 나가지 않으면 허물이 없을 것이다.〔不出戶庭, 無咎.〕"라고 하였다.

김무숙에게 보냄 계축년(1673, 현종14) 8월

與金懋叔 癸丑八月

고향 생각이 너무 지극하니 이곳의 일은 군이 물을 것도 없습니다. 지문(誌文)은 주상께서 신경 쓰시는 부분이 몹시 많고 고집스러운 천신(賤臣)도 자신의 견해를 굳게 지켜서 지금까지 서로 버티고 있습니다. 글씨를 쓰는 일이 쉽지 않을 듯하나 또한 며칠을 넘기지는 않을 것입니다.

보내 주신 음식물은 참으로 감사합니다. 월름(月廩)은 어저께 이미 수령하였으니, 굶주림에 대해서는 군이 염려하지 않으셔도 될 것입니다. 손님들이 좌우에 가득하여 하나하나 자세히 말하지 못합니다.

김무숙에게 보냄 갑인년(1674, 현종15) 7월

與金懋叔 甲寅七月

"늘그막의 영광은 간당의 당적에 이름을 올린 것일세."[42]라는 것은 주자(朱子)의 시구이니, 지금 남 영공(南令公)이 간당이 되어[43] 영광이 배로 더해졌습니다. 처음에는 편지를 쓰려고 하지 않았으나 이윽고 생각해 보니 영공이 필시 기쁜 마음으로 귀양길에 올랐을 것입니다. 그런데 제가 이처럼 가만히 있다면 이는 고인(古人)의 도리를 서로 기약하지 않는 것이기 때문에 애오라지 이렇게 편지를 써서 달려가 전송하는 것입니다. 비록 이미 출발하였더라도 모쪼록 쫓아가 전송하기를 지극히 바라고 또 바랍니다.

또 말씀드릴 일은 가을 풀이 며느리의 무덤을 뒤덮고 있는데도[44] 한번 찾아가 보지 못했으니, 평소의 자효(慈孝)가 적막할 뿐이어서 저로 하여금 몹시 눈물을 흘리게 합니다. 오늘 저녁이나 내일 아침에

42 늘그막의……것일세 : 주희(朱熹)의 시에 "늘그막의 영광은 간당의 당적에 이름을 올린 것이고, 지난날의 부끄러움은 시신의 갓을 쓴 것이네.〔老去光華奸黨籍, 向來羞辱侍臣冠.〕"라고 하였다. 《晦庵集 卷9 蒙恩許遂休致陳昭遠丈以詩見賀已和答之復賦一首》

43 남……되어 : 인조의 계비인 자의대비(慈懿大妃)의 복상 문제로 영의정 김수항(金壽恒)이 중도부처(中途付處)되자, 대사간 남이성(南二星)이 그를 변호하는 상소를 올렸다가 진도(珍島)로 유배되었다. 《顯宗實錄 15年 7月 25日》《顯宗實錄 附錄 顯宗大王行狀》

44 가을……있는데도 : 《송자대전수차》 권5에 "당시 선생이 만의(萬義)에서 대죄(待罪)하는데 며느리 이씨(李氏)의 묘가 이곳에 있었다. 귀양을 떠날 때에 고유한 제문이 있다."라고 하였다.

한잔 술을 바치고 떠나가려 하니, 형은 모쪼록 이 심정을 양해하여 대략 제철 음식 몇 그릇을 보내 주시는 것이 어떻겠습니까? 술은 비록 단술이라도 괜찮습니다.

김무숙에게 답함 갑인년(1674, 현종15) 8월

答金懋叔 甲寅八月

편지를 받고서 너무나 위로가 됩니다. 칼날 끝이 이미 사라졌다는 말씀은 한편으로는 기쁘고 한편으로는 걱정되니, 대개 비방하는 말이 혹 적어진 것은 기쁘지만 또한 그것이 너무 사라져서 마땅히 사용해야 할 곳에 사용할 수 없을까 걱정되기 때문입니다.

김무숙에게 답함 병진년(1676, 숙종2) 12월

答金懋叔 丙辰十二月

편지를 보고는 마치 얼굴을 대하고 이야기를 나누는 듯하니, 이보다 더한 위로가 무엇이 있겠습니까.

도내의 군병(軍兵)은 위급한 일이 있을 때에 힘을 발휘할 수 있겠습니까? 기예는 비록 모자라더라도 윗사람을 친애하고 상관을 위하여 죽을 줄 안다면 곧 괜찮을 것입니다.

이 밖에는 모름지기 제갈공명(諸葛孔明)이 못생긴 여인을 아내로 맞아들였던 뜻[45]을 아셔야 할 것이니, 이것이 바로 절실하고 긴요한 방도입니다. 하물며 형은 나이가 이미 노쇠해 가는 데야 더 말할 것이 있겠습니까. 근래에 주색(酒色)의 두 도끼[46]에 죽은 지인들이 많으니, 아픔과 슬픔을 말로 다 할 수 없습니다. 종묘에 고하자는 의론[47]이 근자에 드세게 일어난다고 하니, 장차 죽게 될 것이라서 다시 서로 보지 못할 듯합니다.

45 제갈공명(諸葛孔明)이……뜻 : 주희(朱熹)가 유공보(劉共甫)에게 보낸 편지에서 "제갈공명이 아내를 택하면서 못생긴 여자를 얻었으니 욕심을 줄이고 마음을 기르는 노력이 많았던 것이다."라고 하였다. 《晦庵集 別集 卷2 劉共甫》

46 주색(酒色)의 두 도끼 : 한(漢)나라 매승(枚乘)이 태자의 병을 치료하면서 지은 〈칠발(七發)〉에 "아름다운 여인은 본성을 해치는 도끼요, 맛 좋은 술과 안주는 위장을 썩히는 약물이다."라고 하였다. 《文選 卷34》

47 종묘에 고하자는 의론 : 유생 이잠(李涔) 등이 상소하여 갑인예송에서 바로잡은 내용을 종묘에 고할 것을 청하였는데, 숙종이 종묘에 고한다면 송시열에게 죄가 더해질 거라 여겨 윤허하지 않았다. 《肅宗實錄 3年 5月 25日》

김무숙에게 보냄 임술년(1682, 숙종8) 12월 28일

與金懋叔 壬戌十二月二十八日

세간의 일을 허공의 뜬구름같이 여길 수 있겠습니까. 잘못도 없이 생긴 작은 재앙 때문에 위난을 부지할 대의를 잊어버리는 것은 제가 바라는 바가 아닙니다. 오직 더욱 충절을 면려하여 성상께서 홀로 사직을 걱정하시도록 하지 말기를 지극히 바라고 지극히 바랍니다. 이만 줄입니다. 예를 갖추지 못합니다.

홍군서[48] 석 에게 답함 갑진년(1664, 현종5) 12월

答洪君敍 錫○甲辰十二月

금년 9월 집안일을 모두 아들 녀석에게 넘겨주고 속리산(俗離山)으로 들어가서 세전(歲前)을 보낼 계획을 하였고 설에도 날씨가 추우면 굳이 돌아오지 않으려고 하였습니다. 그런데 지난달 20일에 집안의 부음을 받고 황급히 내려와서[49] 지금 한창 장사를 치르는 중입니다. 이 일이 끝나면 다시 집을 떠나 조용한 곳으로 들어가서 앉아 죽반승(粥飯僧)의 생활을 하려고 합니다만 다시 어떤 헤살이 생길지 모르겠습니다.

보내신 편지에 영남(嶺南) 운운한 말씀은 어디서 들은 것입니까? 괴이하고 괴이할 뿐입니다. 다만 안형(晏兄)[50]이 매양 "시사는 믿을 수 없으니 모름지기 삼척(三陟)이나 강릉(江陵) 등지에 미리 도피할 곳을 마련해야 할 것이다."라고 하기에 제가 이는 까닭 없이 남에게 의심을 사는 일이므로 곤란하다고 하였더니, 안형이 저를 매우 강하게 책망하였습니다. 안형은 평소 신복하던 벗이기 때문에 끝내 마음을 움직이지 않을 수 없어 일찍이 그에게 답장하기를 "응당 편리할 날을

48 홍군서(洪君敍) : 홍석(洪錫, 1604~1680)으로, 본관은 남양(南陽), 자는 군서(君敍), 호는 손우(遜愚)이다. 김상헌(金尙憲)의 문인이고, 벼슬은 세자익위사 사어(世子翊衛司司禦)를 지냈다.

49 지난달……내려와서 : 송시열은 1664년 11월 2일에 속리산에 들어갔다가 20일에 며느리 유씨(柳氏)의 부음을 듣고 곧 황호(黃湖)로 돌아왔다. 《宋子大全 附錄 卷5 年譜》

50 안형(晏兄) : 송강(松江) 정철(鄭澈)의 손자인 정양(鄭瀁)을 가리킨다. 자가 안숙(晏叔)이다.

기다렸다가 아들 녀석을 보내어 아뢰도록 하겠습니다."라고 하였는데, 혹시 이 말이 다른 내용으로 와전된 것이 아니겠습니까.

안형이 천장(遷葬)하려는 일[51]은 여기서도 들었습니다. 다만 천장은 주자(朱子)도 면하지 못한 바였고, 지금 안형은 선조의 영령이 편안하지 못하기 때문에 이러한 계획을 하는 것이라고 하니 주변 사람이 무슨 말로 그를 만류하겠습니까. 만약 이것이 의리에 해로운 것이라고 한다면 벗 사이에 만류하지 않을 수 없고, 저 안형 또한 생각을 돌릴 이치가 있을 것입니다. 그러나 단지 노고가 될 것이라는 이유로 말한다면 선조를 위하여 노고하는 것은 바로 효성스럽고 자애로운 자손이 담당할 일이니, 이는 바로 안형의 뜻을 격동하고 안형의 결정을 굳혀 주는 결과가 될 것입니다. 어찌 만류하는 말을 받아들이기를 기대하겠습니까. 저의 뜻이 이와 같으니, 만약 이치에 맞지 않는다면 다시 편지로 일러 주시기 바랍니다.

이곳의 상고(喪故)는 차마 자세히 말씀드리지 못하겠으니, 그저 가슴이 무너져 내리고 애통할 뿐입니다. 장례일은 이달 28일로 정하였고 장지는 가까운 곳에 있습니다.

51 안형이 천장(遷葬)하려는 일 : 《송자대전수차》 권5에 "당시 정공(鄭公)이 송강의 이장을 행하려고 하였다."라고 하였다.

홍군서에게 답함 갑진년(1664, 현종5) 12월

答洪君敍 甲辰十二月

사람을 보내어 안부를 물어 주시고 또 도형(圖形)과 진미(珍味)까지 보내 주시니, 감사하기 그지없습니다. 이곳의 저는 장례일이 이미 닥쳐서 슬픈 마음을 견디기 어렵습니다.

안형(晏兄)이 천장(遷葬)하려는 것은 그가 필시 선조의 영령이 옛 무덤에서 편안하지 않으리라고 여겨서 그런 것이니, 우리가 필시 편안하리라고 하며 만류한다면 또한 어렵지 않겠습니까. 다만 70여 년이 지난 묘소를 옮기는 것은 몹시 어려운 일이니, 이 점은 안형도 분명 이미 상세히 헤아렸을 것입니다.

영동(嶺東)으로 옮겨 가는 일에 대한 말씀은 참으로 절실히 사랑하고 지극히 염려해 주는 은혜를 입은 것입니다. 이는 실로 자나 깨나 잊지 못하는 일입니다만 경솔하게 움직이면 반드시 울타리에 걸린 산양의 곤액[52]을 만들게 될까 염려되기 때문에 감히 갑자기 결정하지 못하는 것입니다. 다만 내년 봄에서 여름으로 가는 시기에 우선 아들 녀석으로 하여금 먼저 가서 안형을 만나 의논하게 하려고 합니다. 그러나 이 녀석의 병이 심하여 이것이 우려될 뿐입니다.

〈태극도(太極圖)〉는 장차 선비들에게 도움을 주려고 만드신 것이

52 울타리에……곤액 : 진퇴양난의 곤경에 빠지는 것을 말한다. 《주역》〈대장괘(大壯卦) 상육(上六)〉에 "숫양의 뿔이 울타리에 걸려서 물러가지도 못하고 나아가지도 못한다."라고 하였다.

니, 그 뜻이 몹시 성대합니다. 다만 이것은 양촌(陽村) 권근(權近)의 〈절기도(節氣圖)〉인데 이것을 〈태극도〉라고 한다면 명분과 실상이 서로 어긋날 듯합니다. 만약 이를 〈태극도〉라고 하고 주 부자(周夫子)[53]가 이미 이루어 놓은 모양을 마음대로 고친다면 또한 온당하지 못한 일이 아니겠습니까. 바라건대 다시 주 부자의 원래 〈태극도〉 및 권양촌의 도형을 다시 상고하신다면 반드시 처리할 방법이 있을 것입니다.[54] 분수에 넘게 함부로 이를 언급하였으니, 황송하고 황송합니다. 예를 갖추지 못합니다.

53 주 부자(周夫子) : 〈태극도설(太極圖說)〉을 지은 염계(濂溪) 주돈이(周敦頤)를 높여서 부른 말이다.

54 주……것입니다 : 홍석(洪錫)의 〈태극도〉는 송시열의 교정을 거쳐 〈태극절기도(太極節氣圖)〉라는 이름으로 완성되었다. 《顯宗改修實錄 9年 11月 20日》

홍군서에게 답함 을사년(1665, 현종6) 11월

答洪君敍 乙巳十一月

지난 1월에는 속리산 북쪽으로 들어와서 지냈는데 그때 집사(執事)의 심부름꾼이 헛걸음하고 돌아갔었고, 이제는 바야흐로 연산(連山)의 고운사(孤雲寺)에 있는데 집사의 편지가 다시 이르렀습니다. 그동안 말씀하신 뜻을 삼가 잘 알겠으니, 참으로 돌보아 주시는 사랑에 감사할 뿐입니다. 다만 고향으로 돌아가려는 뜻이 있다는 소식을 들었는데 즐겁지 못한 일이 있기 때문인지 모르겠습니다.

가을 사이에 말씀드렸던 제사 주관자에 관한 의논은 지금 어떻게 결말이 났습니까? 집사께서 이러한 대절(大節)에 크게 신중을 다하지 않으시니, 만약 줄곧 이처럼 하신다면 아마 실패하게 되어 지인의 말석에 있는 저를 함께 부끄럽게 할 것입니다.

요청하신 글은 졸렬함을 잊고 대략 지어 뜻에 부응합니다. 만일 고칠 만한 곳이 있으면 꺼리지 말고 정정하여 보여 주시기 바랍니다. 누각의 기문[55]은 어찌 당세의 대문장가에게 청하여 산천을 빛나게 하시지 않습니까. 저와 같은 사람은 행신(行身)이 변변치 못하여 성명(姓名)이 세상에서 기피되고 있기 때문에 비록 《삼경자설(三經字說)》을 말하더라도 또한 왕씨(王氏)까지 공격하도록 만들 것이니,[56] 이것이 또한 어

55 누각의 기문 : 《송자대전수차》 권5에 "홍공(洪公)이 용담(龍潭) 고을 원이 되어 그곳에 있는 태고정(太古亭)의 기문을 선생에게 청하였다."라고 하였다.

56 삼경자설(三經字說)을……것이니 : 누각의 기문을 읽는 사람들이 누각의 주인과

찌 집사께서 원하는 바이겠습니까. 양해해 주시기 바랍니다.

별지

안형(晏兄 정양(鄭瀁))이 지금 〈율곡선생연보(栗谷先生年譜)〉를 간행하는데 이 일을 마치면 벼슬을 그만둘 것이라고 합니다. 《일성록(日省錄)》[57]의 간행은 참으로 좋습니다. 그러나 〈양생명(養生銘)〉 및 진자앙(陳子昂) 시(詩)[58] 끝부분의 "진 목공(秦穆公)이 말 도둑에게 술을 대접하였고,[59] 초(楚)나라 객(客)이 절영(絶纓)에 보답하였네.[60]"라는 구절 등은 모두 삭제해 버리고 오로지 유가의 정법(正

상관없이 기문을 지은 사람을 보고 공격할 것이라는 말이다. 주희(朱熹)가 말하기를 "오늘날의 분분한 의론은 본래 정씨(程氏) 때문에 말하는 것이 아니라 다만 풍지(風旨)를 받들어 내가 있는 곳을 보기만 하면 공격할 뿐입니다. 이 사람이 청허(淸虛)를 담론할 것 같으면 노자까지 아울러 공격하고, 혹 재계를 닦을 것 같으면 석가까지 아울러 공격하고, 일찍이 《삼경자설》을 읽었으면 왕씨까지 아울러 공격합니다."라고 하였다. 《晦庵集 卷27 答詹帥書》《삼경자설》은 왕안석(王安石)이 주도적으로 찬한 《모시의(毛詩義)》, 《상서의(尙書義)》, 《주관신의(周官新義)》를 합친 책으로, 《삼경신의(三經新義)》라고도 한다.

57 일성록(日省錄) : 홍석이 편집한 책으로, 송시열이 서문을 지었다. 《宋子大全 卷137 日省錄序》

58 진자앙(陳子昂) 시(詩) : 당(唐)나라 시인 진자앙의 〈좌우명(座右銘)〉이라는 시이다.

59 진……대접하였고 : 《송자대전수차》 권5에 "진 목공이 잃어버린 좋은 말을 야인들이 얻어서 잡아먹었다. 관리가 붙잡아 처벌하려고 하자 목공이 말하기를 '좋은 말을 잡아먹기만 하고 술을 마시고서 사람을 다치게 하지는 않았다.'라고 하고 모두에게 술을 하사하며 용서해 주었다. 야인들이 진(秦)나라가 진(晉)나라를 친다는 소식을 듣고 모두 종군하기를 원하였고 죽음을 다투어 은덕을 갚았다."라고 하였다. 이 내용은 《춘추전국이사(春秋戰國異辭)》 권22에 보인다.

60 초(楚)나라……보답하였네 : 절영은 갓끈을 끊는 것이다. 《송자대전수차》 권5에

法)만 실은 뒤라야 모범이 될 수 있습니다. 반드시 선별할 때에 정밀함을 지극히 하여 한 점의 하자도 없게 하여야 거의 완벽에 가까워질 것입니다. 그렇게 하지 않으면 한갓 남의 비웃음과 지적을 받을 것이니, 어찌 경계하지 않을 수 있겠습니까. 성현의 도통(道統) 목록에서 곧바로 주자(周子), 정자(程子), 장자(張子), 주자(朱子)를 위로 맹자에 이어 붙인 것은 이미 선유(先儒)의 정론이 있거늘, 〈천인책(天人策)〉,[61] 〈원도(原道)〉[62] 등의 글을 어찌 그 사이에 끼워 넣을 수 있겠습니까. 모름지기 다시 잘 헤아려야 할 것입니다. 〈오복연혁도(五服沿革圖)〉[63]는 예학(禮學)에서 매우 긴요한 책입니다. 전날 갖고 있던 것을 어떤 사람이 가져가 버렸으니, 바라건대 인쇄하여 몇 건을 보내 주신다면 여러 아이에게 나누어 줄까 합니다.

"초나라 장왕(莊王)이 신하들에게 연회를 베풀었다. 날이 저물어 촛불이 꺼진 사이에 객이 임금이 총애하는 미인의 옷을 끌어당기자 미인이 그의 갓끈을 끊고는 불을 비추어 살펴보기를 청하니, 왕은 신하들에게 모두 갓끈을 끊게 하여 그 사람을 알 수 없게 하였다. 뒤에 진(秦)나라와 전쟁할 때에 어떤 한 사람이 왕의 앞에 서서 다섯 번 싸워서 다섯 번 적의 머리를 베고 말하기를 '신은 갓끈이 끊겼던 사람입니다.'라고 하였다."라고 하였다.

61 천인책(天人策) : 한 무제(漢武帝) 때 동중서(董仲舒)가 천인감응(天人感應)의 설을 요지로 서술한 대책문(對策文)이다. 《漢書 董仲舒傳》

62 원도(原道) : 당(唐)나라 한유(韓愈)가 지은 문장으로, 도학(道學)의 근원과 도통의 연원을 밝힌 글이다. 《古文眞寶 後集 卷2》

63 오복연혁도(五服沿革圖) : 한강(寒岡) 정구(鄭逑)가 지은 것으로, 홍석이 간행하였다. 《宋子大全 卷146 五服沿革圖跋》

홍군서에게 답함

答洪君敍

뜻밖에 편지가 도착하여 삼가 말에서 떨어진 액난이 있었음을 알게 되니, 놀라고 염려되는 마음이 그치지 않습니다. 저는 지난 섣달의 감기가 지금까지 낫지 않아 시방 이렇게 이불을 끼고 있으니, 괴롭고 괴롭습니다.

질문하신 정주사(程朱祠)[64]는 이미 근거할 만한 고사(故事)가 있으니, 그 누가 불가하다고 하겠습니까. 다행스럽게도 끝내 완공된다면 실로 한 지방의 성대한 일일 것입니다. 다만 저의 뜻에는 깊이 우려되는 점이 있습니다. 무릇 이러한 일은 비록 선비의 부고(府庫)라고 일컬어지는 지역일지라도 모두 처음에는 부지런히 거행하다가 끝에는 태만해져 버립니다. 하물며 그 고을은 평소 문헌(文獻)[65]이 부족하다고 일컬어지니, 만약 완공된 뒤에 먼지가 사당의 담장을 뒤덮고 잡초가 뜰에 우거져서 향사를 제대로 지내지 못하고 받들어 지키는 일이 적막해져 버리면 선현을 높이려던 것이 어찌 도리어 태만히 대하는 결과가 되어 버리지 않겠습니까. 시작할 때에 나중의 일을 생각하지 못하면 발 돌릴 틈도 없이 후회가 따를 것이니, 형께서 혹 여기까지 생각해 보셨습니

64 정주사(程朱祠) : 《송자대전수차》 권5에 "용담현(龍潭縣)의 북쪽에 안자천(顔子川)이 있고 남쪽에 정자천(程子川)이 있고 서쪽에 주자천(朱子川)이 있다. 홍공(洪公)이 그 지명을 따라 사당을 세워서 제향하였다."라고 하였다.

65 문헌(文獻) : 문(文)은 전적을 이르고 헌(獻)은 어진 사람을 이른다. 《論語集註 八佾》

까? 모름지기 건립해야 하는지, 그만두어야 하는지를 고을의 여러 사람과 함께 상의해 보는 것이 어떻겠습니까? 또 형께서 반드시 임기가 끝나기 전에 떠나가려고 하니, 혹 즐겁지 않은 뜻이 있어서가 아니겠습니까. 의리에 편안한 곳이라면 어찌 굳이 지레 돌아갈 필요가 있겠습니까. 저의 견해가 이와 같으니 뒤의 인편에 당부(當否)를 회답해 주시겠습니까? 예를 갖추지 못합니다.

홍군서에게 답함 병오년(1666, 현종7) 6월

答洪君敍 丙午六月

손수 쓰신 편지가 두 번이나 깊은 골짜기를 뚫고서 전해지고 또 보내주신 선물은 모두 산가(山家)에서 서로 주고받는 물품이니, 고아한 뜻으로 받아들이며 끝없는 고마움을 느낍니다.

이곳은 산천의 명승지일 뿐만 아니니, 노경(老境)에 한가히 정양하려면 이처럼 깊고 후미진 곳을 얻어야 합니다. 예전에 이곳을 들른 적이 있다는 말씀을 들었는데, 어느 해에 있었던 일인지 모르겠습니다. 올해는 여러 번 큰물이 지나갔기 때문에 그 모습이 맑고 산뜻해져서 30년 전에 비하여 절경이 되었습니다. 노형께서 혹 다시 와서 유람하신다면 기이한 승경을 하나 더 보탤 것입니다.

〈칠명(七銘)〉[66]은 이전에 병으로 인하여 미처 짓지 못하였습니다. 이렇게 거듭 요청하게 되어서야 비로소 감히 부응하여 급히 지어 올리니, 부디 한번 빙그레 웃으시고 장독을 덮는 종이로나 사용하는 것이 어떻겠습니까. 예를 갖추지 못합니다.

66 칠명(七銘) : 《송자대전수차》 권5에 "붓〔筆〕, 벼루〔硯〕, 먹〔墨〕, 이불〔衾〕, 베개〔枕〕, 요〔褥〕, 자리〔席〕이다."라고 하였다.

홍군서에게 답함 병오년(1666, 현종7)

答洪君敍 丙午

온양(溫陽)의 행재소(行在所)에는 처음에 죄명(罪名)이 중하다는 이유로 감히 곧바로 달려가지 못하고 있다가, 성상께서 사관(史官)을 두 번 보내고 승지를 한 번 보내어 유지(諭旨)를 내리시게 되어서는 감히 움직이지 않을 수 없어 드디어 온양 경계에 이르러 대죄(待罪)하였습니다. 급히 불러들여 사대(賜對)하시는 은혜를 즉시 입었고 다음날에 호종하여 직산(稷山)에 이르렀다가 돌아왔습니다.

영남의 일[67]은 어떠한 것인지 모르겠으나 사람을 논박함이 너무 심합니다. 그러나 저들이 이미 죄가 있다고 하니, 제가 어찌 감히 스스로 없다고 하겠습니까. 장래의 일은 참으로 알 수 없습니다마는 단지 제 머리를 스스로 내놓고서 기다릴 뿐이니, 어찌하고 어찌하겠습니까. 또 생각건대 영남의 인사 1000여 사람이 제 한 몸 때문에 치마를 찢어 발을 싸매고 천 리 길을 달려와서 대궐에 호소하다가 끝내 뜻을 얻지 못하고 돌아갔습니다. 사람들은 반드시 저를 위하여 다행으로 여기겠지만 제 마음은 단지 가련하게도 어리석고 미혹된 모습만 보게 되어 진실로 마음이 아프고 탄식만 나옵니다.

67 영남의 일 : 영남 유생 유세철(柳世哲) 등 1000여 명이 연명으로 상소하여, 효종의 국상 때 자의대비(慈懿大妃)가 기년복을 입은 일을 지금이라도 바로잡기를 청하면서 송시열이 나라의 종통을 몰래 빼앗으려 한다고 하였다. 《顯宗實錄 7年 3月 23日》《宋子大全 附錄 卷5 年譜》

홍군서에게 답함

答洪君敍

뜻하지 않게 보내 주신 편지를 받게 되니 얼굴을 대한 듯이 마음이 후련하고 위로가 됩니다. 저는 누이의 병 때문에 이곳에 오래도록 머물고 있습니다. 술가(術家)가 묘소의 재실이 자리한 곳은 묘역에 해롭다고 말하기 때문에 이렇게 이건할 계획을 한 것이지 집을 새롭게 지으려는 것은 아닙니다. 화양(華陽)에는 초당이 이미 오래 전에 완공되어 이제 힘을 쓸 일이 없으니, 우선 누이 병의 차도를 살펴보다가 불시에 동쪽으로 떠날 것입니다.

사우(祠宇)를 짓는 일이 조만간에 끝날 것이라는 말씀을 들으니 다행입니다. 다만 이 일은 저의 생각에 우려되는 점이 매우 많았지만 노형의 굳은 뜻을 중지시키지는 못하였으니, 이른바 우려된다는 것은 오래지 않아 잡초만 무성하게 될 것이라는 사실입니다. 마음속으로 이처럼 될 줄 알면서도 제사의 축문 등을 지어 제사를 돕는다면 불성실하게 마음을 쓰는 것이니, 어떻게 여기실지 모르겠습니다.

산골짜기에 심은 당귀(當歸)가 하나하나 싹이 돋아났습니다. 다만 이 지역에 없는 약재이기 때문에 사람마다 꺾어 맛보는 일을 모면하지 못하니, 아마도 남는 것이 없을 듯합니다.

최생(崔生)은 아직 이곳에 머물고 있습니다. 안숙(晏叔 정양(鄭瀁))은 어제 편지를 받아 보니 그가 나간 지 이미 오래되었다고 합니다만, 그 집안 식구들을 먼저 보냈다는 소식은 아직 듣지 못하였습니다. 형과 서로 만날 기약이 없으니, 초여름 날씨에 더욱 자애(自愛)하기 바랍니다. 예를 갖추지 못합니다.

홍군서에게 답함

答洪君敍

봄추위가 섣달 추위와 같아 산재(山齋)에 움츠리고 있던 차에 홀연히 사람을 보내어 부쳐 주신 편지를 받게 되니, 이보다 더한 위로가 무엇이 있겠습니까. 저는 진산(珍山) 관아에 연이어 제사 지내는 일이 있어 일찍이 한번 갔었는데, 가형(家兄)이 일이 생겨서 재계를 중지하였기 때문에 단지 소사(小祀)만 거행하고 20일에 곧바로 돌아왔습니다.

도형(圖形)을 간행하는 일은 우선 천천히 진행하셔도 무방할 듯합니다. 또 〈태극도(太極圖)〉로 이름을 붙이면 주 부자(周夫子 주돈이(周敦頤))가 지은 〈태극도〉라고 오인할 수 있으니, 후학들이 응당 또 피해야 할 바입니다. 《역학계몽(易學啓蒙)》은 진실로 절실하게 보아야 할 책입니다만 또한 다시 빌려간 곳이 있으니, 우선 놓아두었다가 다 읽기를 기다린 뒤에 돌려보내도록 하겠습니다.

슬하의 자제에게 오래도록 조석의 문안을 받지 못했다는 말씀을 들으니 삼가 객시에서의 심회가 무료하리라 생각합니다. 그러나 가고 옴은 일정함이 없는 듯하니, 슬하를 떠나 있는 날이 또 어찌 오래이겠습니까. 예를 갖추지 못합니다.

홍군서에게 답함
答洪君敍

인편이 와서 보내 주신 편지를 받고는 삼가 일상의 체후가 편안하신 줄을 알게 되니 위로되고 기쁜 마음을 견디지 못하겠습니다.

형의 손자와 여러 날 서로 함께 지내다가 갑자기 이별하게 되니, 몹시 마음이 허전합니다. 다만 서로 간의 거리가 크게 멀지 않으니 아마 앞으로도 만날 기약이 있을 것입니다. 무엇보다 제 자신의 공소(空疎)함 때문에 실로 다른 사람을 그르쳐서 그로 하여금 가득 싣고서 왔다가 자루를 온통 비우고 돌아가게 하였으니,[68] 부끄러운 마음을 이기기 어렵습니다. 공부 과정(課程)에 한도를 정하는 문제는 가정에서의 엄한 규정이 따로 있을 터이니, 비루하고 졸렬한 제가 어찌 감히 그 법도를 넘을 수 있겠습니까.

새해 전에는 그대로 절에서 지낼 계획이니, 이후로는 소식을 서로 듣기가 더욱 쉽지 않을 것입니다. 오직 더욱 자중하여 붕우의 바람에 부응하시기를 빕니다.

68 가득……하였으니 : 아무 소득도 없이 돌아갔다는 말이다. 《국어(國語)》〈제어(齊語)〉에 "제후의 사신들이 빈 자루를 들고 들어왔다가 수레에 잔뜩 싣고 돌아갔다."라고 한 말을 반대로 차용한 것이다.

홍군서에게 답함

答洪君敍

별지 내용은 아마도 깊이 살피지 못하고 하신 말씀인 듯합니다. 대저 신하가 부도덕하다는 이름을 얻게 되면 천지 사이에 존재할 수가 없습니다. 그러나 조정에서 서로 잊은 듯이 내버려 둔다면 단지 문을 닫고 응당 죄를 반성해야 할 것입니다. 지금의 상황은 그렇지 않아 바깥사람들은 꾸짖음이 한창 극성하고 성상께서는 불러들이기를 마지않으시니, 어찌 감히 한번 바른대로 진달하여 죄를 청하지 않을 수 있겠습니까. 이미 바른대로 진달하여 숨기는 것이 없다면 이로부터 곧 편지에서 경계하신 뜻처럼 할 수 있을 것입니다. 어떻게 생각하십니까?

홍군서에게 답함 정미년(1667, 현종8) 1월 24일
答洪君敍 丁未正月二十四日

언 눈이 산을 꽁꽁 감싸고 있는 이때에 형의 편지가 골짜기를 뚫고 도착하니, 기쁘고 위로되며 또 감사한 마음을 형언할 수 없습니다. 이곳의 저는 병 때문에 소명에 달려가지 못하여 황공한 마음으로 날을 보낼 뿐입니다.

사우(祠宇)를 건립하는 논의에 대하여 말씀드리자면, 당초에 저의 뜻은 이를 잘못된 일이라고 여긴 것이 아니라 실로 끝에 가서 수습하기가 어려워질까 염려하였던 것입니다. 그런데 지금 보내온 편지의 내용이 이와 같으니 유치하고 비루한 저의 소견이 스스로 부끄럽습니다마는 지나친 염려는 여전히 사라지지 않습니다.

시호를 고쳐 달라고 청하는 일에 대하여 말씀드리자면, 자손이 효성을 다하는 마음에는 장차 온갖 방법을 모두 강구하려 할 것입니다. 그러나 예로부터 오늘날까지 일찍이 시호를 고친 사람이 있다는 소식을 들은 적이 있습니까. 일찍이 야사(野史)를 보니, 모조(某朝)-어느 임금 때인지는 기억나지 않습니다.-에서 어떤 사람의 시망(諡望)을 고치도록 명하자 옥당에서 아뢰기를 "전례가 없기 때문에 뒷날의 폐단을 열게 될까 두렵습니다. 만일 삼망(三望)이 모두 마땅하지 않다고 여기신다면 청컨대 삼망의 여섯 글자 중에 두 글자를 택하여 비하(批下)하소서."[69]

69 모조(某朝)에서……비하(批下)하소서 : 《송자대전수차》 권5에 "성종조(成宗朝)에 김양경(金良璥)에게 시호를 내린 일이다."라고 하였다.

라고 하여 마침내 윤허한 적이 있었으니, 시법(諡法)의 엄정함이 대개 이와 같습니다.

기억하건대, 예전 기축년(1649, 효종 즉위년) 여름에 조종(祖宗 인묘(仁廟))의 시호가 이미 정해졌으나 참판 허계(許啓)가 상소하여 고치기를 청하였고 연양(延陽)[70] 제공(諸公)이 뒤를 이어 청하니, 효종이 "감읍(感泣)을 견디지 못하겠다."라고 비답하여 시호를 고치는 의론이 드디어 이루어져서 어지러이 폄적(貶謫)당하는 일을 초래하였습니다. 공론은 지금까지도 '허계는 책망할 것도 못 되지만 연양은 실로 가석한 노릇'이라고 합니다. 조종의 시호에서도 오히려 이와 같거늘, 하물며 그 아랫사람의 시호야 말할 것이 있겠습니까. 오늘의 일은 제가 실로 중대하게 생각하는 바이니, 이미 영상 대감 등 여러 집안 어른과 의논하셨는지 모르겠습니다. 여러분의 의견이 모두 옳다고 여기신다면 글을 지어서 도와드리는 일이야 무슨 어려움이 있겠습니까. 왕림하기를 기다린 뒤에 또한 이룰 수 있을 것입니다. 예를 갖추지 못합니다.

70 연양(延陽) : 연양군(延陽君) 이시백(李時白)이다.

홍군서에게 보냄
與洪君敍

온화한 양기가 점점 무르익어 가는 이때에 형의 체후가 더욱 청안(淸安)하리라 생각하니, 그리운 마음이 몹시 치달립니다. 형의 손자와 오래도록 함께 지내다가 지금 홀연히 이별하게 되니 제 마음이 몹시 허전합니다.

이전에 말씀하신 도형(圖形)은 둘째 손자가 단단히 갈무리하여 가져가 버렸기 때문에 교정하여 드리지 못합니다. 그러나 이 도형은 이미 주염계(周濂溪 주돈이(周敦頤))의 원본이 있고 또 절후(節候)는 따로 권양촌(權陽村 권근(權近))의 도본(圖本)이 있으니, 비록 만들지 않더라도 괜찮을 것입니다. 만약 반드시 두 도본을 합하여 하나로 만들려고 한다면 작은 원 하나를 가운데에 안치하여 태극(太極)으로 삼고, 양촌의 도본에서 흑백(黑白)이 교차하는 두 번째 원을 음양(陰陽)으로 삼고, 또 바깥을 사상(四象)으로 두르고, 또 그 바깥을 팔괘(八卦)로 나열해야 합니다. 그렇게 한 뒤에 《역학계몽(易學啓蒙)》 부록(附錄) 절서도(節序圖)를 최후로 64괘에다 빙 둘러 나열하고 끝낸다면 거의 완전히 갖추게 될 것이니, 어떻게 여기실지 모르겠습니다. 그러나 이러한 일은 몸을 닦고 자신을 반성하는 도에서 크게 긴요하지는 않으니, 어찌 군이 공연한 노고를 기울일 필요가 있겠습니까. 나머지 이야기는 이만 남겨 둡니다. 더욱 자애(自愛)하기를 빕니다. 예를 갖추지 못합니다.

홍군서에게 답함
答洪君敍

권(卷)의 첫머리에 글로써 규계(規戒)한 것에 대하여 말씀하셨으나 옛사람이 규계하는 뜻은 어디든 있지 않은 곳이 없었으니, 하물며 이러한 문자에서야 말할 것이 있겠습니까. 그중에 가장 드러난 것으로 주자(朱子)가 남헌(南軒)과 수창한 시를 기록하면서 그 내력을 기록한 글[71]은 온전히 모두 규계하고 경책하는 내용이었으니, 하물며 후학들은 서로 경책하는 말을 조금이라도 느슨히 할 수 있겠습니까. 〈사현전(四賢傳)〉[72]은 미처 생각을 다해 보지 못했으니, 뒤에 응당 비루한 저의 설을 붙여서 돌려보내도록 하겠습니다.

○ 《일성록(日省錄)》[73]은 저의 저작이 아니고 바로 옛말을 기록한 것이니, 비록 따로 판각하더라도 무슨 상관이 있겠습니까. 다만 고향으로 돌아가려는 뜻이 이 일 때문에 미루어져서 결정되지 못하면 안 됩니다. 만일 간행할 수 없게 된다면 부디 하리(下吏)에게 명하여 한 본을

71 주자(朱子)가……글 : 주희(朱熹)가 남헌 장식(張栻)과 남악(南嶽)을 유람하면서 수창한 시 140여 수를 모아 놓은 것이 《남악창수집(南嶽唱酬集)》이다. 또 〈남악유산후기(南嶽遊山後記)〉를 지어 유람한 내력을 기록하면서 규간하는 뜻도 함께 넣었다. 《晦庵集 卷77 南嶽遊山後記》

72 사현전(四賢傳) : 홍석(洪錫)이 편찬한 책으로, 송시열이 발문을 지었다. 《宋子大全 卷146 四賢傳跋》

73 일성록(日省錄) : 홍석이 편집한 책으로, 송시열이 서문을 지었다. 《宋子大全 卷137 日省錄序》

등사하여 보내 주시는 것이 어떻겠습니까?

○ 제사 주관자에 관한 의론은 크게 어긋나지 않고 다시 제자리로 돌아왔으니, 형의 성대한 덕을 몹시 우러르게 됩니다. 자신의 주장을 버리는 용기가 이와 같다면 장차 천하의 선(善)이 모두 형에게로 돌아올 것이니, 장래에 성취하는 바가 어찌 한량이 있겠습니까. 공경하고 감탄할 뿐입니다.

홍군서에게 보냄 무신년(1668, 현종9) 5월
與洪君敍 戊申五月

비가 내린 뒤의 푹푹 찌는 무더위에 삼가 형의 체후가 신명의 도움을 받아 더욱 복되리라 생각하니, 우러러 그리워하고 그리워할 뿐입니다. 저는 아직 체직되지 못한 데다가 또 승지가 가지고 온 성상의 전교를 받들게 되었으니, 저의 황공한 마음을 어찌 말로 다 할 수 있겠습니까.

방금 안형(晏兄)의 부음을 들었으니 통곡하는 심정이 어찌 끝이 있겠습니까. 연세가 매우 높은 데다가 난세(亂世)에 들창 아래서 반함(飯含)하는 것[74]은 보통 사람이 얻기 어려운 일입니다. 다만 후사가 영체(零替)하여 단지 어린 손자 하나만 있어 대낮의 촛불처럼 희미하니, 어찌 이렇게도 선인(善人)에게 복이 없단 말입니까. 형 또한 똑같이 이렇게 슬퍼하고 괴로워하리라 생각합니다. 무엇보다도 장례에 대한 의론이 일치하기 어려운 점이 있습니다. 당초 춘양(春陽)에 장지를 마련하려는 뜻을 중론이 힘껏 저지하던 중에 그가 곧 이렇게 되었으니, 이 뒤의 일은 또한 결정하기가 어렵지 않겠습니까. 저의 뜻으로는 진영(鎭塋) 근처에 다시 묘소를 잡아 먼저 그를 장례 시낸 뒤에 차례로 춘양의 여러 묘소를 옮겨 오게 하고 싶으니, 그렇게 하면 온당하고

74 연세가……것 : 난세에 환란을 당하지 않고 집안에서 편안히 고종명(考終命)하는 것을 말한다. 《예기(禮記)》 〈단궁 상(檀弓上)〉에 "들창 아래에서 반함하고, 방문 안에서 소렴하고, 동쪽 계단에서 대렴한다.〔飯於牖下, 小斂於戶內, 大斂於阼.〕"라고 하였다.

편리할 듯합니다. 형의 뜻은 어떠한지 모르겠습니다. 만일 크게 잘못되지 않다고 여기신다면 바라건대 이 의견을 저 집안에 조언하는 것이 어떻겠습니까?

이곳은 새집이 대략 완공되었으나 서까래와 처마가 작고 짧아 아침 저녁으로 햇볕을 받기 때문에 사람들이 몹시 견디기 어렵습니다. 일찍이 형의 고을에 면죽(綿竹) 자리가 있는 것을 보았으니, 만일 4부(浮)를 얻는다면 햇빛을 가릴 수 있습니다. 바라건대 대자리를 만들라고 분부하시면 사람을 보내어 가져오려고 합니다. 예를 갖추지 못합니다.

홍군서에게 답함 기유년(1669, 현종10) 11월
答洪君敍 己酉十一月

고향으로 가는 행차가 있다는 소식을 일찍이 듣고 노경에 말고삐를 잡는 일이라 우려되는 마음이 몹시 절절하였습니다. 이에 보내 주신 편지를 받고 이미 무사히 도착하여 고요히 지내시는 체후가 맑고 좋은 줄을 알게 되니, 위로되고 기쁘기가 한량이 없습니다.

별지에서 하신 말씀은 저를 비루하게 여기지 않은 것이라 더욱 감사하게 생각합니다. 다만 삼가 생각건대, 문희공(文僖公)[75]의 위판(位版)은 종묘에서 옮겨 땅에 묻게 되면 사가(私家)의 사당에서는 단지 세대수에 따라 조천(祧遷)해야 하는 것인데도 지금 그대로 불천위(不遷位)를 삼으려고 합니다. 이는 비록 간절한 효성에서 나온 것인 줄은 알지만 예법과 법률에 모두 근거할 바가 없으니, 지금 어찌 새로운 예법을 만들어 낼 수 있겠습니까. 효도하려는 마음은 비록 끝이 없지만 분수에는 한계가 있으니, 분수에 할 수 없는데도 하는 것에 대해서는 선현(先賢)이 이미 언급하였습니다.[76] 바라건대 더 헤아려 보는 것이 어떻겠습니까?

75 문희공(文僖公) : 홍언필(洪彦弼, 1476~1549)의 시호이다. 본관은 남양(南陽), 자는 자미(子美), 호는 묵재(墨齋)이다. 홍석(洪錫)의 고조부이다.

76 분수에……언급하였습니다 : 호인(胡寅)이 말하기를 "사람이 부모에게 효도하고자 함은 마음은 비록 끝이 없지만 분수는 한계가 있으니, 분수에 할 수 있는데도 하지 않는 것과 분수에 할 수 없는데도 하는 것은 똑같이 불효이다."라고 하였다. 《論語集註 學而》

글을 짓는 일을 부탁하셨으나 근래에 쇠퇴함이 특별히 심하고 또 우환과 질병 때문에 이러한 일을 내던져 둔 지 오래되었습니다. 하지만 여가가 나는 때에 초솔하게 지어서 부응하도록 하겠습니다.

이곳의 저는 형의 손자와 적막한 속에서 함께 지내고 있습니다. 다만 저희 집안이 불행하여 상사(喪事)가 연이어 일어나니, 노년에 곡읍하는 일은 감당할 바가 전혀 아닙니다. 어찌하겠습니까, 어찌하겠습니까. 만나서 심회를 펼칠 기약이 없으니 세한(歲寒)에 더욱 만중(萬重)하기 바랍니다.

홍군서에게 답함 경술년(1670, 현종11) 2월 15일

答洪君敍 庚戌二月十五日

겨우 박생(朴生) 편을 통하여 답장을 부치고 인하여 납제(臘劑) 몇 종류도 올렸는데, 홀연히 또 사람을 보내어 편지로 안부를 물어 주고 겸하여 글을 짓는 부탁까지 하셨습니다. 이 일은 천루(賤陋)한 제가 감당하지 못할 것으로 생각합니다마는 무한히 기쁘고 다행스러운 점이 크게 있습니다. 노선생(老先生)[77]이 38세 나이에 화를 당하였기 때문에 비록 그 행사(行事)와 논의(論議)는 모든 사람에게 드러나 있지만 전해지는 문자는 몹시 쓸쓸하기만 합니다. 근근이 보이는 짧은 시나 작은 서찰조차도 사람들이 오히려 보배로 완상하여 마치 주대(周敦)[78]를 보듯이 하거늘, 어찌 이 글이 묻혀 있다가 200여 년 뒤에 무사히 세상에 나올 줄을 생각이나 하였겠습니까. 그러나 집사께서 선조를 받드는 정성이 없었다면 어찌 신명의 도움이 여기에 이르렀겠습니까. 또한 이 논의가 일찍 이루어지지 못한 것이 한스러울 뿐입니다. 불초한 말학(末學)이 감히 노선생과 더불어 한 비석 안에 이름을 나란히 할 수는 없지만 집사의 정중한 뜻을 감히 끝내 저버릴 수 없어 삼가 부탁하신

77 노선생(老先生) : 《송자대전수차》 권5에 "정암(靜菴) 조광조(趙光祖)이다."라고 하였다.

78 주대(周敦) : 주나라 때의 보기(寶器)이다. 《송자대전수차》 권5에 "대(敦)는 서직(黍稷)을 담는 보기이다. 주서(周書)에 주고(周鼓)와 병대(弁敦)라고 하였으니, 주나라 선왕(宣王) 때의 기양(岐陽)의 석고(石鼓)와 병주(弁州)의 대기(敦器)를 이른다."라고 하였다.

대로 지어 엄정한 취사선택을 기다립니다. 나머지는 병 때문에 이만 줄입니다. 예를 갖추지 못합니다.

홍군서에게 답함

答洪君敍

몹시도 그리워하던 차에 홀연히 지난 섣달 우편으로 보내 주신 편지를 받게 되니, 완연히 직접 가르쳐 주시는 말씀을 듣는 듯하여 위로되는 마음이 한량없습니다. 제가 앓는 병은 한 종류가 아닙니다. 손가락뼈가 돌출한 것이야 보기에 비록 나쁠지라도 몹시 아프지는 않지만 무엇보다도 설사와 타혈(唾血)은 괴로움을 견딜 수가 없습니다. 그렇다면 얼마 지나지 않아 기운이 꺾여서 죽지 않겠습니까. 죽으면 이 고통을 잊게 될 것입니다.

보내온 편지에서 "이 뜻이 조금도 해이해짐을 용납하지 않는다."[79]라고 하신 말씀을 들으니, 저의 뜻이 몹시 강해집니다. 정 부자(程夫子)가 말하기를 "늙어서도 학문을 좋아하는 사람은 더욱 사랑스럽다."[80]라고

79 이……않는다 : 증자(曾子)가 말하기를 "선비는 마음이 넓고 뜻이 굳세지 않으면 안 되니, 임무가 무겁고 길이 멀기 때문이다. 인(仁)을 자기의 임무로 삼으니 또한 무겁지 않은가. 죽은 뒤에야 그만두니 또한 멀지 않은가."라고 하였다. 이에 대한 주희의 주석에 "인이란 사람 마음의 온전한 덕이다. 반드시 몸으로 체행하여 힘써 행하고자 하니 임무가 무겁다고 이를 만하고, 목숨이 남아 있을 때까지 이 뜻이 조금도 해이해짐을 용납하지 않으니 멀다고 이를 만하다."라고 하였다. 《論語集註 泰伯》

80 늙어서도……사랑스럽다 : 정자가 말하기를 "늙어서도 학문을 좋아하는 사람은 더욱 사랑스럽다. 사람이 젊었을 때에는 스스로 응당 면려하지만 늙음에 이르면 뜻과 힘이 나른해지고 또 배워도 미치지 못함과 살아갈 햇수도 많지 않음을 염려하게 된다. 그러나 '아침에 도를 들으면 저녁에 죽어도 괜찮다.'라고 하지 않았던가. 배우는 것이 많지 않고 햇수가 부족하다고 하더라도 끝내 도를 듣지 못하는 것보다는 낫지 않겠는

하였으니, 이는 진실로 지극한 의론입니다.

"책이 없는 것만 못하다."라고 한 말씀은 어쩌면 격동되는 일이 있어 그렇게 표현하신 것이 아니겠습니까. 사람을 죽이는 의원도 많지만 이 때문에 유부(俞跗)와 편작(扁鵲) 같은 명의(名醫)의 의술을 폐한다는 말은 듣지 못했습니다. 주 부자(朱夫子)가 이른바 "한 줄기 길과 같으니, 군자가 가는 것 또한 이 길이고 도적이 가는 길 또한 이 길이다."라고 한 것은 바로 이것을 이릅니다. 또 마음에서 생겨나 결국 일에 해를 끼치는 것이니, 이는 필연의 이치입니다. 저들이 성현을 경시하고 업신여기는 마음으로 버젓이 이런 일을 행하고 그 아래에 있는 자들이 망녕되이 서로 찬동하니, 이로 인한 폐해는 참으로 보내온 편지에서 말씀하신 바와 같습니다. 어찌하겠습니까, 어찌하겠습니까.

가."라고 하였다.《二程遺書 卷10 洛陽議論》

홍군서에게 답함

答洪君敍

처음에 봄여름에는 동구 밖을 나가지 않으려고 하였으나 갑작스레 누이의 병 때문에 서쪽으로 고향 회덕(懷德)에 도착한 지 며칠 되었습니다. 뜻밖에 이렇게 보내 주신 편지를 받게 되니, 위로되고 감사한 마음을 견디지 못하겠습니다.

사우(祠宇)를 건립하는 일은 자리가 잡혀간다고 하니, 이는 어찌 성대한 거사가 아니겠습니까. 그러나 장래에 있을 걱정은 작은 것이 아닙니다. 위판(位版)에 적을 내용은 어떤 것이 좋을지 모르겠지만 모두 불가할 것이 없을 듯합니다. 위차(位次) 또한 어떻게 해야 할지 모르겠으나 대략 퇴계(退溪)의 설을 본떠서 4위(位)를 북쪽 벽 동쪽에 봉안하여 판목으로 이격(離隔)하고 무후(武侯)를 북쪽 벽 서쪽에 봉안하는 것이 좋을 듯합니다. 이는 판목으로 이격하지 않으면 정자(程子), 주자(朱子) 여러 선생이 서로 누르는 혐의가 생길 듯하기 때문입니다. 그러나 이것은 모두 억측에서 나온 주장이니 바라건대 밝고 식견 있는 인사들과 널리 의논하여 행하는 것이 어떻겠습니까? 제문은 어느 때에 사용하려고 하십니까? 만약 가을 사이라면 혹 지을 수 있겠지만 만약 몇 달 이내라면 병과 걱정거리가 한창 심하여 다른 일에 마음 쓸 겨를이 없을 듯합니다. 몸소 나아가서 제사를 받드는 일은 더욱 감히 바랄 수 없습니다. 재실의 편액은 제시해 주신 것이 모두 좋고, 사우의 편액은 오현사(五賢祠)[81]로 하는 것이 어떨지 모르겠습니다. 대개 선비의 기풍을 배양하여 무너지지 않게 하는 것을 급선무로 삼아야 할 것입니다.

그대 선조의 비문 사본은 화양동(華陽洞)에 있습니다. 시호를 고쳐 달라고 청하는 일에 대해서는 저의 뜻을 이미 앞 편지에서 모두 말씀드렸으니, 어찌 상소를 지을 이치가 있겠습니까. 약이(藥餌)와 생당귀는 몹시 감사하고 감사합니다. 당귀가 만약 여름 사이에 계단 가득 흐드러지게 자라나면 산가(山家)가 아마 완전히 가난하지는 않을 것입니다. 예를 갖추지 못합니다.

81 오현사(五賢祠) : 오현(五賢)은 안연(顔淵), 정호(程顥), 정이(程頤), 주희(朱熹), 제갈량(諸葛亮)이다. 용담(龍潭)과 삼천(三川) 사이에 와룡암(臥龍巖)이 있기 때문에 제갈량을 함께 제향하였다. 《宋子大全隨箚 卷5》

홍군서에게 보냄

與洪君敍

늦봄이 가까워진 이 계절에 산속에서 지내는 정취와 체후가 어떠하신지 모르겠습니다. 저는 어제 고향 회덕(懷德)으로 잠깐 돌아왔으나 내달 10일쯤에 동쪽으로 떠나갈 것입니다.

전날 보내신 별지는 다시 자세히 살펴보니 실상과 어긋난 점이 있어 이에 방백(方伯)에게 부탁하여 삼가 아뢴니다. 별지에 "갈문(碣文)을 정암(靜菴 조광조(趙光祖)) 선생에게 받았으나 사화가 일어나자 감히 사용할 수 없어 다시 신용개(申用漑)가 지은 것을 사용하여 신도비로 삼았다."라고 하였습니다. 삼가 살펴보건대 신용개는 바로 문경공(文景公)이니, 실로 당시 사류(士類)의 종주(宗主)였습니다. 남곤(南衮)이 화심(禍心)을 가진 지가 오래되었으나 문경공이 두려워서 감히 실행하지 못하였고 또 문경공이 천거하여 자신의 자리를 대신하게 한 것을 감사하게 여겨서 숨기고 참으며 기다려 왔던 것입니다. 문경공이 세상을 떠나자 드디어 거리낄 바가 없어 북문(北門)의 일[82]을 일으켜 정암 선생이 비로소 세상을 떠나게 되었습니다. 지금 별지에서 선생이 세상을 떠난 뒤에 신용개에게 다시 청한 것처럼 하였으니, 이것이 잘못되었다는 것에는 의심의 여지가 없습니다. 가만히 생각건대, 당시 문경공에게

82 북문(北門)의 일 : 기묘사화(己卯士禍)를 말한다. 북문은 궁궐의 북쪽 문인 신무문(神武門)이다. 기묘사화 때 남곤 등이 정식 절차를 밟지 않고 밤중에 비밀리 북문을 통해 들어가서 임금에게 상변(上變)하였다.

갈문을 청하고 선생에게 표기(表記)를 받았으나 사화가 일어나서는 단지 신용개의 글만 새겨 비갈(碑碣)을 세우고 선생의 표문은 감히 새기지 못한 것으로 보입니다. 또 선생의 문체는 표기의 체재이지 비갈의 체재가 아니니, 당시에 두 곳에다 갈문과 표기를 청한 것 또한 의심의 여지가 없는 듯합니다. 지금 이러한 사실을 추각(追刻)하는 내용으로 삼고자 하나 감히 마음대로 할 수 없으니, 바라건대 이 인편에 가부를 분명하게 보여 주시는 것이 어떻습니까?

아드님과 손자는 모두 잘 지내고 있습니까? 바빠서 따로 편지를 쓰지 못합니다.

홍군서에게 답함

答洪君敍

낭패를 당할 상황이라고 하신 말씀은 몹시 염려됩니다. 적어서 보여준 관문(關文)을 가만히 살펴보건대, 필시 죄를 감내해야 할 거조가 있어야 할 듯합니다. 다만 듣건대 그대 고을의 새로 거두어들인 곡식도 바닥을 보이려 한다고 하니, 이와 같은 상황이라면 또한 모면할 수 없지 않겠습니까. 저의 뜻에는 조정과 사우(士友)들이 집사를 대우한 것이 실로 평범하지는 않았으니, 스스로 처신하는 방도에서 응당 이 점도 살펴야 할 것입니다. 근래에 상의원 정(尙衣院正) 윤순거(尹舜擧) 씨 형제 같은 이들은 잠시 몸을 드러내다가 곧 모두 떠나갔으니, 이 어찌 시원스럽게 처신한 것이 아니겠습니까. 그러나 여론에 내몰려서 곧 움직일 수 없는 경우도 있습니다. 이는 미리 요량할 수 없는 점이 있으니, 형께서 잘 헤아려서 처신할 뿐입니다. 동평위(東平尉)가 공주(公主)의 상을 당한 것[83]은 공적으로나 사적으로나 불행한 일이니, 어찌하고 어찌하겠습니까.

83 동평위(東平尉)가……것 : 동평위는 효종의 부마(駙馬)인 정재륜(鄭載崙)이다. 효종의 다섯째 딸인 숙정공주(淑靜公主)와 혼인하였으나 숙정공주가 1668년(현종9) 5월 6일에 23세의 나이로 세상을 떠났다. 《明谷集 卷25 淑靜公主墓誌銘》

홍군서에게 답함 임자년(1672, 현종13) 6월

答洪君敘 壬子六月

지난번에 짚신을 단단히 신고 와서 사제(舍弟)를 파곡(巴谷)과 선유동(仙遊洞) 사이에서 전송하였으나 그곳의 글자를 아는 신선[84]이 저에게 붓과 종이를 주기 않았기 때문에 편지를 올려 안부를 묻지는 못하였습니다. 이번에 우편을 통하여 이달 7일에 보내신 편지를 멀리서 받게 되니, 종횡으로 종이에 가득 고상한 회포를 모두 쏟아 낸 것인지라, 실로 얼굴을 대하고 맑은 가르침을 편안히 듣는 듯하여 위로되고 후련한 심정을 말로 다 할 수 없습니다.

근래의 일은 놓아두고 다시 말하지 않겠습니다. 대저 방문을 닫거나 갓끈만 매는 것[85]은 각각 그렇게 할 시절이 있고 또한 각기 차갑고 따뜻함이 있는 것[86]입니다. 그래서 타인의 일은 타인이 스스로 아는 법이니, 우졸(愚拙)한 제가 감히 알 수 있는 바가 아닙니다. 무엇보다

84 글자를 아는 신선 : 주희(朱熹)가 반경유(潘景愈)에게 답한 편지에서 "천상에는 글자를 알지 못하는 신선이 없다."라고 한 것을 인용하였다. 《晦庵集 卷46 答潘叔昌》

85 방문을……것 : 세상일에 전혀 간여하지 않거나 반대로 적극 개입하는 것을 말한다. 맹자가 말하기를 "지금 한방에서 싸우는 자가 있으면 이를 말리되 비록 머리카락을 풀어 헤치고 갓끈만 매고 가서 말리더라도 괜찮지만, 향리와 이웃에 싸우는 자가 있거든 머리카락을 풀어 헤치고 갓끈만 매고 가서 말린다면 이는 미혹된 것이니, 비록 방문을 닫더라도 괜찮다."라고 하였다. 《孟子 離婁下》

86 각기……것 : 《전등록(傳燈錄)》 권4 몽산도명조(蒙山道明條)에 "지금 가르침을 받아들이는 경지는 마치 물을 마셔 본 사람이 차갑고 따뜻함을 스스로 아는 것과 같다."라고 하였다.

저 또한 삼함(三緘)의 경계[87]를 여겼으니, 말해야 할 때와 침묵해야 할 때에 어떻게 해야 할지 모르겠습니다. 〈수초부(遂初賦)〉를 지으려는 계획[88]은 오래전부터 갖고 계신 줄로 알았습니다. 그러나 고향에서 벼나 심는 일로는 스스로 즐거울 수 있겠습니까. 서로 만나서 이러한 말을 주고받지만 끝내 말을 실천하지는 못하니, 애초에 말없이 가만히 있는 편이 더 나을 것입니다.

그대의 손자는 어찌 감히 하루라도 잊겠습니까. 편지의 말씀을 기다리지 않더라도 이미 영백(嶺伯)의 편지에 언급해 두었으니, 시혜(施惠)를 받을지는 모르겠습니다. 저쪽에서 만약 편지를 보내온다면 응당 다시 거듭 당부하겠습니다.

저는 병든 몸을 조리할 겸 또 교정할 일이 있어 계룡산(鷄龍山) 깊은 골짜기 속에 들어왔습니다. 신음하며 날을 보내니 이 밖에 무슨 말을 하겠습니까. 하고 싶은 이야기는 남의 손을 빌려 바쁘게 쓰느라 일일이 다하지 못합니다.

87 삼함(三緘)의 경계 : 말을 몹시 삼가야 한다는 경계이다. 공자가 주(周)나라에 가서 태묘(太廟)를 보니 태묘의 오른쪽 계단 옆에 쇠로 만든 사람 모형이 있었다. 그 입을 세 번 봉하였고 그 등에 "옛날에 말을 삼간 사람이다."라고 새겨져 있었다. 《說苑 敬愼》

88 수초부(遂初賦)를 지으려는 계획 : 벼슬을 그만두고 고향으로 돌아가려는 계획을 말한다. 〈수초부〉는 은거하려던 처음의 뜻을 이루겠다는 내용의 부(賦)이다. 진(晉)나라 손작(孫綽)이 젊었을 때 허순(許詢)과 함께 세속을 초탈하려는 뜻을 가지고 10여 년 동안 산수 속에 호방하게 살면서 〈수초부〉를 지어 자신의 뜻을 드러낸 적이 있다. 《晉書 孫楚列傳 綽》

홍군서에게 답함 갑인년(1674, 숙종 즉위년) 12월 10일
答洪君敍 甲寅十二月十日

멀리 떨어져서 서로 바라보기만 하여 세모에 그리운 회포가 한층 더하던 차에 홀연히 그대의 손자를 만나고 인하여 보내 주신 편지도 받게 되니, 앙모하고 위로되는 마음을 어찌 다 형언할 수 있겠습니까.

시사 문제는 어찌 굳이 운운할 것이 있겠습니까. 단지 스스로 머리를 내놓고서 어떻게 될지를 기다릴 뿐입니다. 의심나는 예문(禮文)에 답변한 것에 대하여 여러 번 지극한 말씀을 듣게 되니, 도리어 황공하고 불안한 마음이 더해집니다. 뒷날 비록 문자를 알아보는 사람이 있을지라도 누가 이 죄인의 글을 보려고 할 것이며 또 누가 이 글을 수습하여 사람에게 보여 주겠습니까. 집사께서 대개 지나치게 염려하신 것입니다. 그러나 편지에서 이와 같이 말씀하셨으니 삼가 명한 대로 따르겠습니다. 영해(嶺海)의 귀양길을 아침이 아니면 저녁에 떠날 것이니, 내년 이맘쯤에는 어느 곳에서 집사를 생각할지 모르겠습니다. 오직 보중(保重)하시기를 바랄 뿐입니다.

○ 질문하신 의심나는 예법에 대하여 말씀드리자면, 박화숙(朴和叔)이 이 일 때문에 사판(仕版)에서 삭제된 것[89]을 유독 보지 못하였습니까? 이는 집사께서 저까지 그런 화를 다시 입히시려는 것입니다.

89 박화숙(朴和叔)이……것 : 화숙은 박세채(朴世采)의 자이다. 박세채는 민업(閔業) 집안의 변례(變禮)를 논하다가 사판에서 삭제되었다. 《宋子大全隨箚 卷5》 민업 집안의 변례에 대해서는 32쪽 주16 참조.

그러나 또한 감히 집사의 뜻을 끝내 저버릴 수 없고 주자(朱子) 또한 "시를 지어 비방하지 않는 것으로 족하다."[90]라는 가르침을 두었기 때문에 감히 눈먼 소견을 올립니다. 예조의 관문(關文)에 이미 차길삼일(借吉三日)[91]을 허락하였으니, 어찌 굳이 반쯤 흉하고 반쯤 길한 예제(禮制)를 만들어 근거 없이 지어냈다는 비판을 초래할 필요가 있겠습니까. 오늘날 옛 제도를 만들어 내는 것은 바로 성대한 덕을 지닌 사람만이 가능한 일입니다. 저의 말이 비루하긴 하지만 또한 근신하는 데에는 도움이 될 것이니, 집사께서 잘 헤아려서 일러 주시기 바랍니다.

별지

〔문〕 고(故) 남창군(南昌君) 홍진문(洪振文)[92]이 초년에 아들이 없어 그 동생 홍진례(洪振禮)의 차자 홍위(洪渭)를 양자로 삼았으나 일찍이 관가에 공문을 올리지는 않았습니다. 그 뒤에 홍위는 아들이 없이 요절하였고 남창군은 늦게 홍호(洪灝), 홍연(洪演) 두 아들을 낳았습니다. 홍호와 홍연이 모두 장성하여 남창군 부부의 상(喪)에 홍호가 상주 노릇하였고 신주(神主)에도 그렇게 방제(傍題)[93]하였습니다. 그런데 홍위의 아내가 남창군의 며느리로

90 시를……족하다 : 주희(朱熹)가 말하기를 "내가 또 일찍이 글을 올려 스스로 분변하지 않았고 또 일찍이 시를 지어 비방하지 않았다. 단지 붕우들과 옛글을 강습하여 이 도리를 말하였을 뿐이다."라고 하였다.《朱子語類 卷107 內任丙辰後雜記言行》

91 차길삼일(借吉三日) : 부모의 상중에 삼촌이나 장인의 상을 당하면 3일 동안 부모의 상복을 벗고 삼촌이나 장인의 상복을 입는 것을 말한다.

92 홍진문(洪振文) : 본관은 남양(南陽), 자는 질보(質甫)이다. 인조반정에 가담하여 정사 공신(靖社功臣) 3등으로 남창군에 봉해졌다.

자처하여 남창군의 상복을 입고 또 후사를 세우려고 하니, 남창군의 제사는 누가 주관해야겠습니까? 여러 의론이 둘로 나뉘어 결정할 수가 없으니, 삼가 헤아려서 일러 주시기를 바랍니다.

〔답〕 남창군 집안의 일은 의심할 만한 부분이 없는데 의심을 만든 것입니다. 그 동생의 아들이 만약 임금의 명을 받아 남창군의 아들이 된 것이라면 남창군이 뒤에 비록 자신의 아들을 두었다고 하더라도 또한 호치당(胡致堂)이 호 문정(胡文定)의 아들이 된 것[94]처럼 해야 하겠지만 지금 이미 임금의 명을 받지 못하였으니 이는 남창군의 아들이 될 수 없습니다. 어찌 아들이 되지도 못하였는데 남의 아들과 후사를 다툴 이치가 있겠습니까. 이는 예법을 아는 사람을 기다리지 않더라도 알 수 있는 일이니, 법문(法文)을 조금 이해하는 사람에게 논하게 하더라도 또한 처리할 바를 알 것입니다.

옛날 공자가 확상(矍相)의 사포(射圃)에서 활을 쏠 때에 자로(子路)로 하여금 대중에게 고하게 하기를 "남의 후사가 된 자는 들어오지 말라."라고 하였습니다.[95] 이를 해설하는 이가 이르기를 "남의 후

93 방제(傍題) : 신주의 하단 왼쪽에 봉사자(奉祀者)의 이름을 적는 것을 말한다.

94 호치당(胡致堂)이……것 : 문정공(文定公) 호안국(胡安國)이 동생의 아들 치당(致堂) 호인(胡寅)을 계자(繼子)로 삼은 뒤 호굉(胡宏)과 호녕(胡寧) 형제를 낳았으나 파양하지 않고 호인을 적장자로 삼은 일을 말한다. 《宋史 儒林列傳 胡安國》

95 공자가……하였습니다 : 확상은 산동성(山東省) 곡부(曲阜) 궐리(闕里) 서쪽에 있는 지명으로, 후대에 학궁(學宮)에서 사례(射禮)를 익히는 장소로 쓰였다. 공자가 확상의 포(圃), 즉 노(魯)나라 학궁 옆의 택지(澤地)에서 향사례(鄉射禮)를 행할 적에 구경하는 사람들이 담처럼 빙 둘러섰다. 이때 자로에게 "패군(敗軍)한 장수와 망국의 대부와 남의 후사가 된 자는 들어오지 못하게 하고, 그 외에는 모두 들어오게 하라."라고 말하게 하자, 떠나는 자가 반이고 들어온 자가 반이었다고 한다. 《禮記 射義》

사가 되었다는 것은 자식이 없이 죽은 자에게 종족의 한 사람이 이미 그의 후사가 되었는데도 이 사람이 다시 그의 후사가 되기를 구하는 것을 말하니, 제 부모를 잊고 이익을 탐하는 것은 마땅히 버림받아야 할 것이기 때문에 그를 들어오지 못하게 하신 것이다."라고 하였습니다. 대저 종족의 한 사람이 후사가 되었는데 다시 자신이 후사가 되기를 구하는 것조차 오히려 이와 같거늘, 하물며 자신의 아들이 있는데도 다른 사람이 감히 법을 어기고 후사가 되기를 다투는 데이겠습니까.

홍군서에게 답함
答洪君敍

조천(祧遷)할 신주를 최장방(最長房)의 집으로 옮기는 일은 이미 명문(明文)이 있기 때문에 새로운 제도를 만들어 내어 옳지 못한 일을 하였다는 죄[96]를 범하기도 어려우니, 어떨지 모르겠습니다. 또 고을 원이 된 사람이 비록 지자(支子)일지라도 반드시 선조의 신주를 받들어 가고자 하는 것은, 봉록으로 제향하는 것을 영광으로 여기기 때문입니다. 지금 고명(高明)께서 마침 고을 원으로 계시기 때문에 조천할 신주를 옮겨 가 모시는 것은 예법에서도 이미 합당하고 인정에서도 좋은 것이거늘, 무엇 때문에 어렵게 여겨서 별도의 방편을 찾으려고 하십니까. 주자(朱子)가 "새로운 예법을 만들어 내는 일은 오직 덕이 성대한 사람만이 할 수 있다."라고 하였으니, 고명께서는 깊이 생각하시기를 바랍니다.

형이 죽으면 아우에게 전해지는 것은 예법의 큰 절목입니다. 장자

96 옳지……죄 : 제반 사실을 따져 보지도 않고 일을 벌이는 것을 말한다. 춘추 시대 정(鄭)나라와 식(息)나라 사이에 약속을 위반한 일이 있어 식후(息侯)가 정나라를 쳤다가 대패하여 돌아갔다. 사관이 이 일에 대해 평하기를 "군자는 이것으로 식나라가 장차 망하리라는 것을 알 수 있다. 식나라는 자신의 덕을 헤아리지 않았고, 역량을 헤아리지 않았고, 친한 이를 친하게 여기지도 않았고, 사실에 근거하여 자기의 말을 따져 보지도 않았고, 누구에게 허물이 있는지 살피지도 않았다. 이 다섯 가지 옳지 못한 죄를 범하고서 남을 공격하였으니, 패전한 것이 또한 당연하지 않겠는가."라고 하였다.《春秋左氏傳 隱公11年》

(長子)가 이미 죽었으나 후사가 없으면 종통이 차자(次子)에 옮겨 가고 차자의 아들이 종자(宗子)가 되는 것이니, 이는 바로 정자(程子)가 "곁가지가 뻗어서 곧은 줄기가 된다."라고 하였고 《가례(家禮)》에 "전중(傳重)하였으나 정체(正體)는 아니다."[97]라고 하였습니다. 막내아들이 어찌 감히 스스로 종통을 이을 차례라고 하며 이미 곧아진 줄기를 꺾고 이미 이어진 종통을 빼앗을 수 있겠습니까. 천부당만부당한 일입니다.

97 전중(傳重)하였으나 정체(正體)는 아니다 : 서자(庶子)를 세워서 후사로 삼는 경우를 말한다. 전중은 조상의 제사를 잇는 것이고, 정체는 장자로서 종통을 잇는 것이다.

홍군서에게 답함 정사년(1677, 숙종3) 5월

答洪君敍 丁巳五月

시열(時烈)은 아룁니다. 저의 집안이 불행하여 노부(老婦)가 갑자기 세상을 떠나니, 멀리서 부음을 듣고 비통한 심정을 스스로 견디지 못하겠습니다.[98] 삼가 존자(尊慈)[99]께서 위문해 주시는 말씀을 듣게 되니 너무나도 감사합니다. 인하여 그대의 손자에게 물어 일상의 침식(寢食)이 편안하다는 소식을 자세히 들었고 또 서책을 쉬지 않고 보시는 줄을 알게 되니, 그립고 부러운 마음을 견디지 못하겠습니다.

저는 지난달 초에 병이 극심하고 기운이 막혀서 살아날 가망이 거의 없었습니다. 지금 비록 목숨은 이어졌지만 저승 귀신이 될 일이 날로 닥쳐오고 있습니다.

편지에서 언급하신 모인(某人)의 일[100]을 말씀드리자면, 어떤 사람은 전혀 헛소문만은 아닌 듯하다고도 합니다. 다만 정 부자(程夫子)가 말하기를 "오래된 친구는 정이 두터우니 감히 의심하지 못한다."라고 하였으니,[101] 이는 어찌 후생들이 마땅히 본받아야 할 바가 아니겠습니

98 노부(老婦)가……못하겠습니다 : 송시열은 1677년 3월 22일 장기(長鬐)에 위리안치(圍籬安置)되어 있던 중에 부인 이씨(李氏)의 부음을 들었다. 《宋子大全 附錄 卷7 年譜》

99 존자(尊慈) : 상대를 높여서 부르는 말이다. 존귀하고 자애로운 분이라는 뜻을 담고 있다.

100 모인(某人)의 일 : 《송자대전수차》 권5에 "초려(草廬)의 일을 가리키는 듯하다."라고 하였다. 초려는 이유태(李惟泰)의 호이다.

까. 이 때문에 듣고 싶지도 않고 또 말하고 싶지도 않을 뿐입니다.

가만히 듣건대 시론(時論)이 더욱 급박해진다고 하니 다시 서로 만날 날이 없을 것입니다. 더욱 진중하시어 멀리서 염려하는 마음에 부응하기를 바랄 뿐입니다. 부채 한 자루를 보내 드립니다. 예를 갖추지 못합니다.

○ 기록하여 보여 주신 시 5편을 말씀드리자면, 그중에 혹 묘맥(苗脈)이 있지만 대개 다른 사람이 지은 것으로 보입니다. "조정에서 크게 취하였다.〔朝廷大醉〕"라는 구절[102]은 저를 좋아하지 않는 사람들이 스스로 지어서 여러 사람이 보도록 퍼뜨린 것이라고 들었습니다. 그러나 숨을 헐떡거리는 솥 안의 물고기 신세인 제가 어찌 이런 것을 두려워하겠습니까. 실로 가소로울 뿐입니다. 보내 주신 시는 화운하여 보내

101 정……하였으니 : 정 부자는 북송(北宋)의 정이(程頤)를 가리킨다. 정이가 부주(涪州)로 귀양 갈 때, 문인 사양좌(謝良佐)가 말하기를 "이번 귀양길은 제가 그 연유를 아니, 바로 족질 정공손(程公孫)과 형서(邢恕)의 소행입니다."라고 하자, 정이가 말하기를 "족질은 지극히 어리석으니 꾸짖을 것도 없고, 친구는 정이 두터우니 감히 의심하지 못한다."라고 하였다. 《二程遺書 附錄 伊川先生年譜》

102 조정에서……구절 : 이경수(李敬秀)가 송시열에게 묻기를 "조현기(趙顯期)가 항상 '선생이 「사직은 물거품 위에 떠 있고, 조정은 크게 취한 속일세.〔社稷浮漚上, 朝廷大醉中.〕」라는 시를 지었다. 죄를 지어 위리(圍籬)된 처지로 세상을 기롱하는 이런 시를 지었으니, 송모(宋某)의 소행이 몹시 경악스럽다.'라고 하였습니다. 선생께서 과연 이러한 시를 지으셨습니까? 저들의 모욕을 당하니, 소생은 분통이 터집니다."라고 하였는데, 송시열이 머리를 저으며 말하기를 "참으로 그러한 시구가 있었다면 조현기가 한 경악스럽다는 말을 어찌 면할 수 있겠는가. 그러나 본래 이러한 시구가 없으니, 나는 조현기를 원망하지 않거늘 그대는 어찌 분통이 터질 것이 있겠는가. 조현기는 필시 시속 무리가 나의 시라고 거짓말하는 것을 듣고 함부로 이러한 기롱을 하였을 것이니, 어찌 개의할 것이 있겠는가."라고 하였다. 《宋子大全 附錄 卷18 李敬秀錄》

드리니, 한번 웃음거리로 삼는 것이 어떻겠습니까. 시 짓는 일은 근래에 일절 내버려 두고 하지 않았으나 집사에게는 감히 그 다짐을 깨뜨리지 않을 수 없었으니, 아울러 헤아려 주시기 바랍니다.

김백옥[103] 시진 에게 보냄 무술년(1658, 효종9) 12월 4일

與金伯玉 始振○戊戌十二月四日

삼가 일상의 안부를 묻습니다. 병이 들고 또 분잡한 일이 있어 아직까지 한번 만나 보지 못하였으니 아쉽고 아쉽습니다. 가만히 듣건대 근일에 대단(臺端)[104]이 혹 전관(銓官)이 불안해할까 염려하여 비록 전관의 부당함이 있더라도 논핵하려 하지 않는다고 하니, 과연 이와 같다면 크게 잘못된 것입니다. 전관이 인재를 제대로 살피지 못하여 혹 잘못 주의(注擬)하는 일이 있으면 대관(臺官)이 곧바로 그 사람을 탄핵하는 것은 단지 서로 반대하는 것이 아닐뿐더러 바로 서로 도와주는 것입니다. 부디 집사께서 저 때문에 망설이지 마시기를 바라니 이렇게 하는 것이 광대하고 공명한 기상입니다. 여러 가지 이야기는 만날 때를 기다렸다가 다 하도록 하겠습니다. 예를 갖추지 못합니다.

103 김백옥(金伯玉) : 김시진(金始振, 1618~1667)으로, 본관은 경주(慶州), 자는 백옥(伯玉), 호는 반고(盤皐)이다. 1658년 11월 27일에 사헌부 집의에 제수되었다. 《孝宗實錄 9年 11月 27日》

104 대단(臺端) : 당송(唐宋) 시대 어사대(御史臺) 안의 잡사(雜事)를 맡았던 시어사(侍御史)를 이른다. 조선 시대 사헌부의 지평과 장령 등이 해당한다.

김백옥에게 보냄 무술년(1658, 효종9) 12월 7일
與金伯玉 戊戌十二月七日

전번의 답장은 참으로 감사합니다. 만일 조금이라도 조정을 맑게 하려고 한다면 이 방법을 버리고 어떻게 하겠습니까. 다만 이상한 것은, 오늘날 간언할 만한 일이 필시 한두 가지가 아닐 것인데도 집사가 돌아온 지 또한 이미 여러 날이 되었으나 아직까지 고요하게 있는 것은 어째서입니까? 오늘의 일은 비록 불을 끄거나 물에 빠진 사람을 건지는 것처럼 급하게 하더라도 오히려 이루어 내지 못할까 두렵습니다. 지금 사람들의 생각을 보면 단지 유유자적한 마음으로 눈앞의 부귀만 탐하려고 할 뿐이니, 이는 참으로 제비와 참새가 당(堂)에 둥지를 틀고서 세상모르고 지내는 것[105]과 같아 가련하기도 하고 가탄스럽기도 합니다.

별지는 부디 잘 살펴봐 주시기를 바랍니다. 준걸들이 숲처럼 서 있는데도 단지 늙고 못생긴 이 사람으로 하여금 감당하게 하니, 어찌 조정을 몹시 욕되게 하는 것이 아니겠습니까. 예를 갖추지 못합니다.

105 제비와……것 : 재앙이 눈앞에 닥쳤는데도 알아차리지 못하고 안일하게 지낸다는 연작처당(燕雀處堂) 혹은 연작처옥(燕雀處屋)의 고사를 인용한 것이다. 《공총자(孔叢子)》 〈논세(論勢)〉에 "제비와 참새가 당에 둥지를 틀고서 어미와 새끼가 서로 먹여 주며 정답게 서로 즐거워하여 스스로 안전하다고 여길 뿐, 구들에서 불꽃이 치솟아 집이 장차 불타려 해도 제비와 참새는 안색이 변하지 않은 채, 화가 장차 자신에게 미칠 줄도 모르고 있다.〔燕雀處屋, 子母相哺, 煦煦焉其相樂也, 自以爲安矣. 竈突炎上, 棟宇將焚, 燕雀顔色不變, 不知禍之將及己也.〕"라고 하였다.

김백옥에게 보냄 기해년(1659, 효종10) 4월 16일
與金伯玉 己亥四月十六日

견책하는 명단에서 그대를 뽑아내어 전라 감사로 승진시켜 제수하셨으니,[106] 주상의 지우(知遇)와 사람들의 기대가 이처럼 지극한지라 공적으로나 사적으로나 기쁘고 다행스러운 마음을 참으로 견디지 못하겠습니다. 천 리 밖의 백성들이 모두 구렁에 뒹굴며 거의 죽을 지경이 된 때에 필마를 타고 빨리 달려가서 굶주린 백성을 구제한 것은 실로 회옹(晦翁)의 정성된 마음이었으니,[107] 영감께서도 이를 본받기를 바랍니다. 재이(載邇)[108] 영감이 저곳에 있으니 이미 체직되었다는 이유로 구휼하는 일을 느슨하게 하지는 않으리라 생각합니다. 그러나 호령을 행하거나 형편에 맞게 재단하는 일을 필시 전날처럼 할 수는 없을 것입니다. 백성의 일이 다급하니, 다시 면직을 바라는 거조를 취하지 말고 속히 길에 오르신다면 몹시 다행이겠습니다. 이만 줄입니다.

106 전라……제수하셨으니 : 김시진(金始振)은 1659년 4월 4일 전라 감사에 제수되었다. 같은 날 차대(次對)하는 자리에서 송시열은 김시진이 강명(剛明)하여 쓸 만하다고 들었다며 전라 감사에 임명할 것을 추천하였다.《孝宗實錄 10年 4月 4日》

107 필마를……마음이었으니 : 주희(朱熹)가 1178년에 남강군(南康軍) 지사(知事)에 제수되자 입조(入朝)도 하지 않고 달려가서 기민(飢民)의 구휼에 진력한 것을 말한다. 회옹(晦翁)은 주희의 호이다.《宋史 道學列傳 朱熹》

108 재이(載邇) : 서필원(徐必遠, 1613~1671)으로, 본관은 부여(扶餘), 자는 재이, 호는 육곡(六谷)이다. 문과에 급제하여 이조 정랑, 전라 감사, 병조 판서 등을 역임하였다. 저서로《육곡유고(六谷遺稿)》가 있다.

김백옥에게 답함 갑진년(1664, 현종5) 12월 29일

答金伯玉 甲辰十二月二十九日

시열은 아룁니다. 저희 집안이 불행하여 이렇게 며느리의 상을 당하여 밤낮으로 놀라고 낙담하고 있으니, 스스로 타고난 운명이 기구함을 탄식합니다.

근자에 호남 방백이 영감께서 호서의 신명(新命)을 받았다는 소식[109]을 전해 주었습니다. 이에 보내 준 편지를 받고서 이미 교귀(交龜)하는 일이 끝났고 편안히 다스려서 정돈되고 느긋한 줄을 알게 되니, 감사하고 위로될 뿐만 아니라 가까운 지역으로 오신 것이 기쁩니다.

저는 평소에 죽을병을 갖고 있는 데다 근자에 추위를 무릅쓰고 분상(奔喪)하느라 병의 증세가 더욱 심해졌으니, 세상에 오래 살지 못할 것임을 스스로 압니다.

위로하신 글과 부의(賻儀)는 참으로 돌보아 주시는 사랑에 감사드립니다. 다만 장사 지내는 일이 이미 지났으니, 이 부의는 '상사(喪事)로 인하여 생긴 재물로 가재(家財)를 장만한다.'[110]라는 혐의가 있어서 갖

109 호서의……소식 : 좌승지로 있던 김시진은 1664년 12월 13일 충청 감사에 제수되었다. 《承政院日記 顯宗 5年 12月 13日》

110 상사(喪事)로……장만한다 : 《예기(禮記)》 〈단궁 상(檀弓上)〉에 "이미 장례를 치른 뒤에 자석(子碩)이 남은 부의로 제기를 장만하려고 하자, 자류(子柳)가 말하기를 '옳지 않다. 내가 들으니 「군자는 상사로 인하여 생긴 재물로 가재를 장만하지 않는다.」라고 하였으니, 여러 형제 중에 가난한 자에게 나누어 주도록 하라.' 하였다."라고 하였다.

고 온 심부름꾼에게 삼가 돌려주었습니다. 만일 봄이나 여름에 개장(改葬)할 계획을 이룰 수 있다면 그때 응당 도와주시기를 청하도록 하겠습니다. 종이와 붓은 주신 대로 감사하게 잘 받았습니다. 궁벽한 시골의 빈한한 사람으로서는 종이와 붓을 계속 얻기가 가장 어려우니, 지금 이 선물은 어찌 백붕(百朋)[111]처럼 귀할 뿐이겠습니까. 한 해의 절서가 바뀌려고 하는 이때에 새해의 경사가 성대하게 이르기를 빌 뿐입니다. 예를 갖추지 못합니다.

111 백붕(百朋) : 많은 재물을 말한다. 《시경》 〈소아(小雅) 청청자아(菁菁者莪)〉에 "이미 군자를 만나 보니, 나에게 백붕을 주신 듯하네.〔旣見君子, 錫我百朋.〕"라고 하였다. 옛날 조개껍질을 돈으로 사용할 때에 5패(貝)를 붕(朋)이라 하였다.

김백옥에게 보냄 을사년(1665, 현종6) 5월 23일

與金伯玉 乙巳五月二十三日

온양(溫陽) 행궁에 모였다가 흩어진 일은 참으로 요대(瑤臺)[112]에서 꾼 한바탕 꿈과 같으니, 돌이켜 생각해 보건대 단지 멍하니 황홀함을 느낄 뿐입니다. 지금 무덥고 비가 내리는 이때에 절하(節下)께서는 일상의 기거(起居)가 어떠하십니까? 우러르고 그리운 마음이 간절합니다. 저는 온양에서 목욕한 뒤에 서울로 올라오다가 수원(水原)에 이르러 병이 생겼고 또 늙은 누이가 위독하다는 소식을 듣고는 상소를 올리고 비답(批答)을 기다리지 못한 채 어제 이미 회덕(懷德)으로 돌아와서 삼가 견책을 기다리고 있습니다.

가만히 듣건대 백성이 굶어 죽은 일로 인하여 조사하여 처리하라는 거조가 막 있다고 하니, 이것이 조정의 명에서 나온 것인지 모르겠습니다. 당시 성상께서 회덕과 여산(礪山) 두 고을 백성의 사망 유무를 끄집어내어 하문하시는 말씀을 듣고는 감히 회덕에는 있고 여산에는 없다고 대답하였습니다. 그러나 도내에는 눈으로 보고 귀로 들은 바로도 몇 곳이나 되는지 모를 정도이지만, 성상의 하문이 미치지 않은 곳은 감히 대답하지 못하였습니다. 지금 유독 천신(賤臣)이 아뢴 말 때문에 이 고을만 홀로 책벌(責罰)을 받게 된다면 또한 치우치고 또 원통하지 않겠습니까. 게다가 또 그날 대답한 내용이 실상과 어긋난 소문에서 나오지 않았음을 어찌 알겠습니까. 또 당초 조정은 본래 조우

112 요대(瑤臺) : 옥으로 장식한 누대로, 신선이 거처하는 곳이라고 한다.

서(趙禹瑞)와 이계주(李季周)[113]를 문책하여 외방(外方)으로 하여금 흉년이 들어 백성들이 굶주린다는 말을 감히 하지 못하게 해서는 안 되었습니다. 심지어 모역(謀逆) 운운하는 데에 이르러서는 비록 부랑인들 사이에 오가는 말의 일이었으나 또한 사람들로 하여금 입을 다물게 만들었습니다. 이와 같은데도 지방관이 사실을 보고하지 않았다고 책벌한다면 어찌 사람의 마음을 복종시킬 수 있겠습니까. 제가 실제 참으로 자익(子翼)이 한 고생[114]을 하려고 한다면 사람들이 제가 남긴 음식도 먹으려 하지 않을 것입니다.[115] 부디 바라건대 절하께서 피차간

113 조우서(趙禹瑞)와 이계주(李季周) : 우서(禹瑞)는 조귀석(趙龜錫)의 자로, 본관은 양주(楊州), 호는 장륙당(藏六堂)이다. 계주(季周)는 이단하(李端夏)의 자로, 본관은 덕수(德水), 호는 외재(畏齋)이다. 1663년 4월 전라 감사 조귀석이 각 읍의 보고에 의하여 본도 흉년 상황을 아뢰었는데, 거짓 보고를 하였다 하여 대신이 탑전에서 아뢰고 뒤이어 대간이 탄핵하여 그를 파직하였다. 이듬해 3월 이단하가 상소하여 흉년을 만난 백성들의 사정과 일의 곡절을 아뢰고 재해 보고가 지나치게 사실을 과장했다 하여 단박에 도신(道臣)에게 죄를 내리기까지 하였으니 이제부터는 더한 흉년을 만나더라도 재해를 숨기고 다시는 아뢰지 않을까 염려된다고 하였으나 현종이 받아들이지 않았다. 《顯宗實錄 4年 10月 20日 · 11月 1日, 5年 3月 27日》

114 자익(子翼)이 한 고생 : 자익은 삼국 시대 유세객인 장간(蔣幹)의 자이다. 조조(曹操)가 오(吳)나라 주유(周瑜)를 설득하려고 장간을 보냈다. 장간이 포의(布衣)를 입고 사적인 여행이라면서 주유를 찾아가자 주유가 영접하며 "자익이 강호를 멀리 건너오느라 고생이 참 많았다. 그런데 조씨를 위해서 나에게 유세객 노릇을 하려고 하는 것인가?"라고 하고는 극진하게 환대하였다. 그런데 주유가 손권(孫權)과의 뗄 수 없는 의리를 강조하면서 "소진(蘇秦)과 장의(張儀)가 다시 세상에 나온다고 하더라도 그 뜻을 바꿀 수 있겠는가."라고 하여 장강에게 아무 말도 하지 못하게 하고 돌려보냈다. 《資治通鑑 卷66 孝獻皇帝》 여기서는 남을 위하여 애쓰며 설득하더라도 결국 헛고생만 한다는 의미이다.

115 제가……것입니다 : 《춘추좌씨전(春秋左氏傳)》 정공(定公) 6년 조에 "내가 초자

득실의 근원을 천천히 따져 보고 합당하게 처리함으로써 저처럼 어리석고 망녕된 사람으로 하여금 다시 말을 조심하게 하지 않으신다면 실로 밝은 시대에 하나의 아름다운 일이 될 것입니다. 어떻게 생각하십니까?

나머지는 한더위에 더욱 자중하여 저의 사모하는 마음에 부응해 주시기를 바랍니다.

(楚子)를 죽인다면 사람들은 내가 남긴 음식도 먹으려 하지 않을 것이다."라는 등후(鄧侯)의 말이 있다. 여기서는 남들이 나를 매우 싫어하게 될 것이라는 의미이다.

김백옥에게 보냄 을사년(1665, 현종6) 6월 1일

與金伯玉 乙巳六月一日

전날 망령되이 간여하였기 때문에 견책하는 말씀을 기다렸으나 도리어 깨우치는 말씀을 하여 마치 크게 잘못되지는 않은 듯 여기시니, 기쁘고 다행한 마음이 한량없습니다. 편지를 보냈을 때의 뜻은 대개 공거심(孔距心)을 맹자가 책망하면 괜찮지만[116] 제(齊)나라 왕은 책망할 수 없다고 여겼던 것입니다. 오늘의 조정은 지극한 정성과 애달파하는 마음은 없고 오직 경비만을 걱정하여 이와 같은 지경을 만들었으니, 지금 만약 수령에게만 잘못을 돌린다면 이는 참으로 사람을 찔러 죽이고는 병기의 탓으로 돌리는 것입니다.[117] 저의 뜻이 이와 같았지만 절하(節下)께서 자익(子翼)의 일[118]로 치부할까 염려되었기 때문에 끝에 그렇게 운

116 공거심(孔距心)을……괜찮지만 : 공거심은 전국 시대 제(齊)나라 평륙(平陸)의 수령이다. 흉년에 백성이 굶어 죽거나 떠도는 것을 두고 자신이 어떻게 할 수 있는 일이 아니라고 책임을 회피하다가, 맹자가 "남의 소와 양을 받아서 대신 기르는 자가 만약 목장과 꼴을 구하지 못한다면 소와 양을 그 주인에게 돌려줄 것인가, 아니면 소와 양이 죽어 가는 것을 서서 보고만 있을 것인가?"라고 힐난하니, 공거심이 자신의 잘못이라고 실토하였다. 《孟子 公孫丑下》

117 사람을……것입니다 : 맹자가 말하기를 "개와 돼지가 사람이 먹을 양식을 먹는데도 단속할 줄 모르며, 길에 굶어 죽은 시체가 있어도 창고를 열 줄 모르고, 사람들이 굶어 죽으면 말하기를 '내가 그렇게 한 것이 아니라 농사 때문이다.'라고 하니, 이는 어찌 사람을 찔러 죽이고 말하기를 '내가 그렇게 한 것이 아니라 병기 때문이다.'라고 하는 것과 다르겠습니까."라고 하였다. 《孟子 梁惠王上》

118 자익(子翼)의 일 : 107쪽 주114 참조.

운하였던 것입니다. 이는 다른 사람에게 믿음을 살 만한 실상이 없음을 스스로 슬퍼해서였지만, 편지에서 하신 말씀을 보고는 몹시도 부끄러워서 얼굴이 붉어집니다.

부탁하신 문자는 감히 절하의 뜻을 저버릴 수 없고 또 이를 통하여 군부(君父)에게 아름다움을 돌리고 싶어 참람됨을 잊고 대략 지어 올리니, 하자가 있는 곳은 부디 하나하나 지적하여 고칠 수 있게 하시기를 바랍니다. 어떻게 생각하실지 모르겠습니다. 여러 가지 일은 병이 심하여 모두 말씀드리지 못합니다.

이석이[119] 경억 에게 답함 경술년(1670, 현종11) 2월 29일

答李錫爾 慶億○庚戌二月二十九日

근래 노쇠함과 질병이 심하여 깊은 숲속에 은거하느라 게을러져 지필(紙筆)을 폐하였을 뿐 아니라, 조정의 귀인들에게 한 점의 글을 보내는 것은 예로부터 물러나 숨은 사람이 아끼던 바[120]여서 안부를 묻지 못하였습니다. 그런데 뜻하지 않게 지난번에 멀리서 편지를 보내어 생사의 안부를 묻고 달력 몇 부까지 함께 부쳐 주시니, 기대 이상으로 생각해 주셔서 놀라고 감사한 마음이 한량없습니다. 그때 즉시 답장을 적어 저의 성심(誠心)을 전하였어야 하나 실은 견개(狷介)하고 고집스러운 마음이 앞에서 말씀드린 바와 같은 데다가 말을 삼가지 못한 까닭으로 여론이 몹시 시끄러워졌습니다. 또 가만히 듣건대 서필원(徐必遠)에 대한 논계(論啓)가 중지되었다가 다시 일어났는데 그 속에 저의 행적이 매양 관련됩니다. 이로 인하여 더욱 스스로 움츠리게 되어 끝내 글을 쓰지 않겠다는 다짐을 깨뜨리지 못하여 답장하지 못한 것이니, 양해해 주실지 모르겠습니다. 이제 서필원의 일이 마무리되었다는 소식을 들었기 때문에 대략 조금 입을 열어 삼가 이

119 이석이(李錫爾) : 이경억(李慶億, 1620~1673)으로, 본관은 경주(慶州), 자는 석이, 호는 화곡(華谷)이다. 문과에 급제하여 대사헌, 경기 감사, 좌의정 등을 역임하였다. 저서로 《화곡집(華谷集)》이 있다.

120 조정의……바 : 북송(北宋)의 유안세(劉安世)가 말하기를 "내가 버려진 지 거의 30년이 되었으나 조정의 권귀에게 한 점의 글도 보낸 적이 없다."라고 하였다. 《宋名臣言行錄 後集 卷12》

렇게 뒤늦게 답장하게 되었으니, 혹 이전의 태만함을 속죄할 수 있을지 모르겠습니다.

중씨(仲氏)의 만사(挽詞)를 미처 장례 때에 보내지 못하였던 것은 저의 만사를 상중에 여러 사람이 와서 보는 시기에 보내는 것이 마땅하지 않았기 때문입니다. 다만 생각건대 회옹(晦翁)이 모공(毛公)의 장례에 또한 시기가 지났어도 꺼리지 않고 만사를 보낸 일[121]이 있기 때문에 감히 이렇게 뒤늦게 올립니다. 그러나 오히려 감히 원지(原紙)를 더럽힐 수 없어 별폭에다 기록하여 올리니, 여러 상주에게 말해 주시는 것이 어떻겠습니까?

인하여 가만히 간청드릴 일이 있습니다. 오두막집에 엎드려 지내면서도 아직 기력이 다하지 않아 병을 돌보는 여가에 문자를 펼쳐 보려고 하지만 서책을 빌릴 만한 곳이 없습니다. 가만히 생각건대 후영(後穎)[122]의 장서(藏書)가 한갓 서가에 꽂혀 있기만 한다면 혹 그저 좀벌레의 먹이만 되고 말 것입니다. 삼가 생각건대 선대감(先大監)께서 이 묵장(墨莊)을 설치한 뜻은 필시 이공택(李公擇)[123]의 크게 공변된

121 회옹(晦翁)이……일 : 《회암집(晦庵集)》 권10에 "삼가 모공 평중의 묘명을 언급하고 또 만시도 요청하셨습니다. 저는 모공을 미처 알지는 못하지만 그의 문장을 소중하게 여긴 지 오래되었으니 의리상 사양할 수 없습니다. 다만 이미 그의 장례 때에 미칠 수 없기에 우선 몇 구절을 묘명 뒤에 적어 두니, 바라건대 만시의 모양새에 맞게 재단하여 그 집안에 전해 준다면 매우 다행이겠습니다.〔伏承示及毛公平仲墓銘, 且索挽詩. 熹不及識毛公, 而愛重其文舊矣, 義不可辭. 顧已不及其虞殯, 姑以數句題于墓銘后, 幸辱裁訂, 或轉而致之其家, 幸甚.〕"라는 제목의 만시가 있다.

122 후영(後穎) : 이경억의 부친 이시발(李時發)의 호이다. 후영은 지명으로 화양동(華陽洞) 동구 밖에 있었다. 《宋子大全隨箚 卷1, 卷3》

123 이공택(李公擇) : 북송의 이상(李常)으로, 공택은 그의 자(字)이다. 젊은 날 여

마음에서 나왔을 터이니, 그렇다면 못난 제가 오늘 빌려서 완미하는 것이 필시 선대감이 원하지 않는 바는 아닐 것입니다. 그중 《자치통감강목(資治通鑑綱目)》은 더욱 보고 싶은 서책이니, 만약 실례를 범하는 것이라고 여기지 않으신다면 혹 황가(黃哥)와 이가(李哥) 같은 사람들에게 명하여 점검하여 대출해 주실 수 있겠습니까? 몹시 간절히 바랍니다. 그곳에 소장된 문견록(聞見錄)은 현재 회덕(懷德) 고향에 보관되어 있으니, 조만간 서울로 갈 때에 즉시 찾아서 올려 드리도록 하겠습니다.

날씨가 따뜻해져 가는 이때에 삼가 바라건대 나라를 위하여 더욱 보중하여 멀리서 염려하는 저의 마음에 부응해 주십시오. 예를 갖추지 못합니다.

산(廬山)의 승사(僧舍)에서 공부할 때 읽었던 9000여 권의 장서를 떠나면서 그대로 승사에 기증하니, 산중 사람들이 그를 그리워하여 거처하던 곳을 이씨산방(李氏山房)이라고 지칭하였다.《古文眞寶 後集 卷9 李君山房記》

권정숙[124] 격 에게 답함 갑진년(1664, 현종5) 7월 16일

答權正叔 格○甲辰七月十六日

시열(時烈)은 머리를 조아려 두 번 절하고 말씀드립니다. 근년에 병으로 황호(黃湖) 가에 칩거하느라 일체의 인사(人事)가 끊겼기 때문에 지금 그대가 보낸 편지를 받고서야 비로소 부친상(父親喪) 중에 다시 처상(妻喪)을 당한 줄을 알았으니, 덕문(德門)의 재앙이 어찌 이 지경에 이른단 말입니까. 이치가 어긋나는 까닭을 따지기 어려워서 스스로 경악할 뿐입니다. 자친(慈親)께서 남편과 며느리를 잃어 마음이 아프고 외로울 터이니, 몸이 편치 않으신 것은 이치상 당연합니다.

세월이 빨리 흘러 대상(大祥)의 시기가 곧 닥쳤으니, 효자의 마음에 끝없는 원통함은 말씀을 기다리지 않아도 알 수 있어 실로 더욱 흐르는 눈물을 감당할 수 없습니다.

보내 준 그대 선친의 행장은 받아서 삼가 읽어 보니 가슴에 사무쳐 슬픔이 더욱 절절해집니다. 근래에 나 스스로 감히 죄가 없다고 생각하지 않아 다른 집안의 금석문자(金石文字)를 짓는 일은 정성을 다하여 간곡히 사양한 것이 한두 번이 아니었습니다. 그러나 지금 송구스럽게도 나에게 맡긴 이 비문(碑文)은 선세(先世)의 우의(友誼)가 깊고 무거울 뿐 아니라 또 사문(斯文)에 관계된 일이기 때문에 처음에는 주저하

124 권정숙(權正叔) : 권격(權格, 1620~1671)으로, 본관은 안동(安東), 자는 정숙, 호는 육유당(六有堂)이다. 문과에 급제하여 세자시강원 설서, 강릉 부사(江陵府使), 장령 등을 역임하였다.

다가 끝내는 받아들이기로 하였습니다. 그대가 나를 알아주거나 나를 허물할 것[125]이 모두 여기에 있을 것이라고 생각하니, 과연 그렇게 여길지 모르겠습니다. 나의 병이 날로 깊어짐을 느끼지만 죽음에 가까운 사람은 으레 그러하니, 크게 이상할 것이 없습니다.

늦더위가 아직도 혹심하니, 슬픔을 절제하고 변고에 순응하여 자친의 마음을 위로하기를 삼가 바랍니다. 병으로 글씨를 쓰기가 어려워서 다시 하나하나 말하지 못합니다.

125 나를 알아주거나……것 : 공자가 말하기를 "나를 알아주는 것도 오직 《춘추(春秋)》를 통해서이며 나를 허물하는 것도 오직 《춘추》를 통해서가 아니겠는가."라고 하였다. 《孟子 滕文公下》

황태로[126] 준구 에게 답함 을묘년(1675, 숙종1) 1월 29일

答黃台老 儁耉○乙卯正月二十九日

광주(廣州)의 길 위에서 그대의 편지를 받았고 인하여 모물(毛物)의 선물도 얻었으니, 고인(故人)의 깊은 정을 크게 알 수 있었습니다. 이번에 또 남 영공(南令公)[127]의 우편을 통하여 문안 편지를 받게 되니, 더욱 위로되고 감사하여 사례할 바를 모르겠습니다.

나는 24일 철령(鐵嶺)에 올라 사방으로 산천을 바라봄에 마음과 눈이 몹시 상쾌하였으니, 이 또한 시류배(時流輩)가 준 선물이라 하겠습니다. 25일 배소(配所)에 도착하니,[128] 참으로 나그네가 고향으로 돌아온 것과 같았습니다만 구동(狗洞)의 사람들[129]이 이곳에 계속 머물기를 허락할지 모르겠습니다. 나머지는 더욱 자중하여 멀리서 생각하는 나의 마음을 위로해 주기 바랍니다. 예를 갖추지 못합니다.

126 황태로(黃台老) : 황준구(黃俊耉, 1616~1681)로, 본관은 창원(昌原), 자는 태로이다. 문과에 급제하여 정언, 황해 감사, 승지 등을 역임하였다.

127 남 영공(南令公) : 《송자대전수차》 권5에 "아마도 남이성(南二星) 공인 듯하다."라고 하였다.

128 나는……도착하니 : 송시열은 1675년 1월 12일에 원찬(遠竄)하라는 명을 받고, 25일에 덕원(德源)의 배소에 이르렀다. 《宋子大全 附錄 卷7 年譜》

129 구동(狗洞)의 사람들 : 구동은 윤휴(尹鑴)가 살던 마을 이름이니 윤휴 일파를 뜻한다.

황태로에게 답함 경신년(1680, 숙종6) 8월

答黃台老 庚申八月

일찍이 조암(槽巖)[130] 편에 보낸 편지를 받고는 위로되고 감사함을 말로 형용할 수 없었습니다. 다만 글을 쓰지 않겠다는 다짐을 깨뜨리고 싶지 않아 오래도록 답장을 적지 못했으니 너그럽게 양해해 주리라 생각합니다.

나는 산속에서 문을 닫고서 잘못을 반성하며 날을 보내고 있습니다. 여러 대신이 연이어 나의 이름을 성상께 진달하였다는 소문을 듣고는 마음이 두렵고 가슴이 철렁하여 몸 둘 바를 모르겠습니다. 향리의 여론이 분분하여 가는 곳마다 만촉(蠻觸)의 다툼[131]을 벌여서 속히 더욱 산림으로 깊이 들어가고 싶습니다. 또 영감을 맞이하여 산수의 주인으로 삼고 싶지만 한창 조정의 근무로 여가가 없다는 소식을 들으니, 감히 바랄 수가 없습니다. 이 밖에 하고 싶은 말은 멀리서 보내는 편지로는 감히 번다하게 다 하지 못하니, 모두 묵묵히 이해해 주기를 바랍니다.

130 조암(槽巖) : 조창기(趙昌期, 1640~1676)의 호이다. 본관은 임천(林川), 자는 문경(文卿)이다. 문과에 급제하여 감찰, 지평, 사간 등을 역임하였다. 저서로 《조암집(槽巖集)》이 있다.

131 만촉(蠻觸)의 다툼 : 사소한 것을 가지고 부질없이 싸우는 것을 말한다. 만촉은 달팽이의 양쪽 뿔에 있다고 하는 아주 작은 나라를 가리킨다. 《장자》 〈칙양(則陽)〉에 "달팽이의 왼쪽 뿔에 있는 나라를 촉씨(觸氏)라 하고, 달팽이의 오른쪽 뿔에 있는 나라를 만씨(蠻氏)라 하는데, 서로 땅을 다투어 전쟁한다."라고 하였다.

송군식[132] 국헌 에게 답함 계축년(1673, 현종14) 10월 17일

答宋君式 國憲○癸丑十月十七日

돌아온 뒤로 병이 나서 문을 닫고 이불을 끼고 있던 차에 홀연히 문안 편지를 받고 이어서 신우(申友)와 이가(二哥)를 만나게 되니, 고질병이 어디에 있었냐는 듯이 문득 사라지므로 위로되고 감사한 마음을 말로 다 할 수 없습니다.

나는 서울로 올라와서 삼가 직무를 수행하고 즉시 교외로 나갔다가 갑자기 뜻밖의 일이 생겨 복토(復土)[133]한 뒤에 신릉(新陵)으로부터 지름길로 돌아왔으니, 지난 일을 돌이켜 생각해 보면 마치 끓는 솥을 탈출하여 강호에 헤엄치는 물고기와 같은 심정입니다. 그러나 민씨(閔氏) 집안의 일[134]은 아직 결말이 나지 않았기 때문에 황공하여 감히 편안하지 못할 뿐입니다.

쌓인 눈이 산을 감싸고 있어 한바탕 웃으며 서로 만날 날은 그저 새봄이 되어야 기약할 수 있습니다. 예를 갖추지 못합니다.

132 송군식(宋君式) : 송국헌(宋國憲, 1615~1689)으로, 본관은 은진(恩津), 자는 군식, 호는 안소당(安素堂)이다. 찰방을 지냈고 이조 참판에 추증되었다.

133 복토(復土) : 하관(下棺)한 뒤에 파낸 흙을 다시 덮어 봉분을 만드는 것이다. 효종의 능을 옮길 때의 일을 말한다.

134 민씨(閔氏) 집안의 일 : 32쪽 주16 참조.

송군식에게 답함 무오년(1678, 숙종4) 8월 24일
答宋君式 戊午八月二十四日

편지 끝에 한 말은 놀라움을 금하지 못하겠습니다. 이러한 시절에 이 사람의 문장을 어찌 남들에게 게시(揭示)할 수 있겠습니까. 삼가 바라건대 즉시 찢어 버린다면 매우 다행이겠습니다.

팔경(八景)에 대해서는 비통함이 한창 극심하기 때문에 의견이 전혀 없습니다. 또 생각건대 구여당명(苟如堂銘) 또한 비록 이러한 시절이 아니라 할지라도 죽어도 감히 지을 수 없습니다.

○ 태경(泰卿)은 마치 낙토(樂土)로 달려가듯이 귀양지로 떠났으니,[135] 지구(知舊)들 또한 굳이 통탄하고 분개할 필요가 없을 것입니다. 다만 모친을 멀리 떠난 것은 서글퍼 눈물이 날 만한 일이지만 그 모친께서 또한 매우 태연하셨다는 소식을 들었으니, 아, 이러한 아들이 있음은 당연하다고 하겠고, 그와 지구들 또한 안심하여도 될 것입니다. 옛사람의 일을 오늘날에 다시 보게 될 줄을 누가 알았겠습니까. 기이하고 기이한 일입니다.

135 태경(泰卿)은……떠났으니 : 태경은 이동형(李東亨, 1637~1717)의 자이다. 호는 사우당(四友堂)이다. 1678년 6월 상소하여 송시열의 예론은 효종을 폄박하려는 뜻이 있어서였다는 논의에 반박하여 변무(辨誣)하다가 육진(六鎭)으로 유배되었다. 《肅宗實錄 4年 6月 29日, 7月 2日》

송군식에게 답함 경신년(1680, 숙종6) 7월 17일

答宋君式 庚申七月十七日

병암(屛巖)[136]에서 이별한 지 어느덧 수십 일이 되었으나 못의 연꽃과 언덕의 소나무는 언제나 꿈속에서도 떠오릅니다. 이러한 차에 홀연히 편지가 오니 그립고 위로되기 그지없습니다. 이렇게 깊은 곳에 들어와서 큰물로 둘러싸여 있기 때문에 온 집안 식구가 비록 굶주린 기색은 면하지 못하지만 향리의 분분한 논란은 들리지 않아 그런대로 자적합니다. 안령(安令)[137]의 편지는 답장을 적어 보내니, 부디 믿을 만한 인편에게 맡기는 것이 어떻겠습니까? 나머지 이야기는 병들어 남의 손을 빌려 적느라 다 말하지 못합니다. 예를 갖추지 못합니다.

136 병암(屛巖) : 지금의 충청북도 청주시 가덕면 병암리이다.

137 안령(安令) : 경안령(慶安令) 이요(李瑤)로 보인다. 《송자대전수차》 권1에 "경안령은 종실(宗室)로, 이름이 요(瑤)이다."라고 하였다.

신호중[138] 속 에게 답함 갑오년(1654, 효종5) 11월

答申浩仲 涑○甲午十一月

양기(陽氣)가 이미 피어난 이때에 그리워서 달려가는 마음이 더욱 지극해집니다. 삼가 사람을 시켜서 보낸 편지를 받고 얼음이 어는 추위에 영감의 정무를 돌보는 체후가 신명의 도움으로 편안하신 줄을 알게 되니, 몰려드는 위로와 감사의 마음을 말로 다 형용할 수 없습니다.

농가에도 굶주림이 있는 데다가 병중에 생각이 무료하여 보내 주신 농서(農書) 2건을 받아 펼쳐서 읽어 보니, 마치 신농씨(神農氏), 후직(后稷), 공유(公劉)[139]와 아침저녁 사이에 만난 듯하여[140] 참으로 감사하기 그지없습니다. 이곳에 회옹(晦翁)의 권농서(勸農書)[141] 몇 편을

138 신호중(申浩仲) : 신속(申洬, 1600~1661)으로, 본관은 고령(高靈), 자는 호중, 호는 이지(二知)이다. 문과에 급제하여 지평, 장령, 공주 목사(公州牧使) 등을 역임하였다. 공주 목사로 있을 때에 《농가집성(農家集成)》을 편찬하였다.

139 신농씨(神農氏), 후직(后稷), 공유(公劉) : 신농씨는 중국의 삼황(三皇) 가운데 한 사람으로, 사람의 몸에 소의 머리를 한 형상이었다고 한다. 백성들에게 농사짓는 법을 가르쳤기 때문에 신농씨라고 부른다. 후직은 주(周)나라 시조로, 이름이 기(棄)이다. 순(舜) 임금 때에 농사를 담당하는 후직 벼슬을 맡아 백성들에게 농사짓는 법을 가르쳐 주었다. 공유는 후직의 증손으로, 선조의 공업을 이어 백성들에게 농사를 가르치고 빈(豳) 땅의 골짜기에 나라를 세웠다.

140 아침저녁……듯하여 : 시간을 초월하여 자기를 알아주는 이를 만난 기쁨을 비유한 말이다. 《장자(莊子)》 〈제물론(齊物論)〉에 "만세 뒤에라도 이 해답을 아는 대성인을 만나게 된다면 이것은 아침저녁 사이에 만나는 것이라고 할 것이다."라고 하였다.

141 회옹(晦翁)의 권농서(勸農書) : 주희(朱熹)가 남강군(南康軍)의 지사(知事)로 있을 때 지은 〈권농문(勸農文)〉이다. 《농가집성》에 실려 있다. 《宋子大全隨箚 卷5》

뽑아 놓은 것이 있으나 아직 정서(淨書)한 원고를 이루지는 못하였습니다. 이는 농사에만 긴요할 뿐 아니라 또한 백성을 기르는 사람이 마땅히 알아야 할 내용이니, 뒤를 이어 응당 올려서 백성을 사랑하고 물건을 이롭게 하는 성대한 마음에 도움이 되도록 하겠습니다. 혹 이것을 농서의 첫머리에 둔다면 회옹이 경제를 살핀 하나의 단서가 또한 아마 천년 뒤에 증험으로 나타나게 될 것입니다. 감히 권고(眷顧)와 우의(友誼)를 믿고 이렇게 누누이 말씀드리게 되었으니, 송구하고 송구합니다.

제가 어제 병든 어머니를 모시고 옥천(沃川)에 들어갔다가 편지를 갖고 온 심부름꾼을 만나지 못하였기 때문에 답장이 조금 늦어져서 더욱 두려움이 더합니다. 추위가 심해지는 이때에 더욱 만중(萬重)하시기 바랍니다. 예를 갖추지 못합니다.

신호중에게 답함 경자년(1660, 현종1) 4월

答申浩仲 庚子四月

보내 주신 편지를 받자마자 답장이 또 뒤따라 이르니, 마치 곁에서 말씀을 듣는 듯하여 위로되고 감사한 마음을 견디기 어렵습니다.

저의 종적은 실로 상소문에서 말한 것과 같으니 임금께 아뢰는 말을 어찌 감히 속이거나 꾸미겠습니까. 이제야 순상(巡相)의 편지를 통하여 그 사람이 특명으로 멀리 귀양 보내졌고 대론(臺論)은 정형(正刑)을 청하기까지 하였다[142]는 소식을 들었습니다. 저들이 비록 깊이 논하지만 저의 망녕된 의론이 없었다면 이 지경에 이를 원인이 없었을 것이니, 이것이 어찌 성세(聖世)에 의당 있을 일이겠습니까. 이 때문에 더욱 황공함을 더하여 잠자거나 쉴 때에도 편안하지 못한 것입니다. 보내 주신 음식물은 삼가 지극한 뜻인 줄로 알고 잘 받았으니, 감사하기 그지없습니다.

142 그……하였다 : '그 사람'은 윤선도(尹善道)를 가리킨다. 1660년 4월 18일 호군 윤선도가 상소하여 효종 사후 자의대비(慈懿大妃)의 복상 문제와 관련하여 송시열의 기년설을 조목조목 비판하였는데, 이에 대해 현종이 상소를 도로 내주고 윤선도의 관작을 삭탈하고 향리로 내쫓으라고 명하였다. 이후 대사간 이경억(李慶億) 등이 윤선도를 국법대로 처형할 것을 청하였으나 현종은 받아들이지 않았고, 30일에 윤선도를 함경도 삼수군(三水郡)에 정배하라는 조처가 내린 후에야 양사(兩司)가 논계를 정지하였다. 《顯宗實錄 1年 4月 18日, 20日, 21日, 30日》

신호중에게 답함 경자년(1660, 현종1) 9월
答申浩仲 庚子九月

연이어 보내 주신 편지를 받으니 감사한 마음을 견디지 못하겠습니다. 또 정형(鄭兄)의 편지를 받으니 더욱 위로가 됩니다. 정형같이 개결(介潔)한 사람이 집사에게 의탁하려고 하니, 집사의 높은 의리가 사람들에게 믿음을 준 것을 감탄할 뿐입니다. 다만 이 정형의 계획은 종전에 자주 변하였으니, 바라건대 뜻을 견고히 지키도록 권면하여 공산(空山)에서 눈물 짓는 일이 없게 하신다면 실로 인자(仁者)의 은덕일 것입니다.

편지에서 말씀하신 관함(官銜)은 막 사직(辭職)한 처지에 갑자기 자처(自處)하는 것은 의리에서 온당하지 않고 또 만약 진어(進御)하기 때문에 일컫는 것이라면 반드시 '신(臣)' 자나 '배수계수(拜手稽首)' 등의 말을 써야 합니다.[143] 이와 같이 하면 완전히 천신(賤臣)인 제가 진헌(進獻)하는 것처럼 되어 버릴 것이고 또 서문(序文)의 조어(措語)도 이와 같아서는 안 되는 것이니, 어떻게 여기실지 모르겠습니다. 그리고 본관(本貫)을 쓰는 것은 끝내 온당치 않을 듯하니, 성명(姓名)만 쓰는 것이 어떻겠습니까? 단지 영감께서 요량하여 취사(取捨)하기에 달려 있을 뿐입니다. 많은 이야기는 바쁘고 어수선하여 다 하지 못합니다. 예를 갖추지 못합니다.

143 편지에서……합니다 : 신속(申洬)이 펴낸 농서(農書)인 《구황촬요(救荒撮要)》의 서문을 송시열이 지었는데, 이 책을 현종에게 올릴 계획이었으므로 송시열의 관함을 어떻게 쓸지 논의하였던 듯하다.

신호중에게 답함 경자년(1660, 현종1) 10월

答申浩仲 庚子十月

추위가 벌써 닥쳐와서 깊은 산속에 움츠리고 있던 차에 홀연히 사람을 시켜서 보내 주신 편지를 받고 겸하여 《구황촬요(救荒撮要)》[144] 1질(帙)도 받으니, 제 한 몸을 구제할 뿐만 아니라 사방 이웃에까지 은택이 미칠 수 있었습니다. 다만 졸렬한 저의 서문이 우뚝 책머리에 실리니, 어찌 왕장(王嬙)이 오랑캐 관을 쓴 것[145]에 비견되지 않겠습니까. 이 때문에 두렵고 두렵습니다마는 성상께서 혹 한가할 때 열람하여 농사의 어려움을 알게 되신다면 어찌 단지 안상문(安上門)의 그림[146]에 그칠 뿐이겠습니까. 합하(閤下)의 공이 이에 클 것입니다. 예를 갖추지 못합니다.

144 구황촬요(救荒撮要) : 신속이 서술한 책으로, 송시열이 서문을 지었다. 《宋子大全 卷137 救荒撮要序》

145 왕장(王嬙)이……것 : 왕장은 한(漢)나라에서 흉노로 시집간 왕소군(王昭君)을 가리킨다. 왕장 같은 미인이 조악한 흉노의 갓을 쓴 것을 말한다.

146 안상문(安上門)의 그림 : 송(宋)나라 정협(鄭俠)이 신종(神宗)에게 올린 〈유민도(流民圖)〉를 말한다. 정협이 안상문 감문관(安上門監門官)으로 있을 때, 큰 가뭄으로 유민이 길을 가득 메우자, 그 모습을 그림으로 그려 소장(疏章)과 함께 신종에게 올렸다. 신종이 그림을 보고 몹시 탄식하며 청묘법(青苗法) 등의 신법(新法)을 혁파하니, 오랜 가뭄 끝에 비가 흡족하게 내렸다. 《宋史 鄭俠列傳》

송자대전

제46권

書서

이운거[1] 상 에게 보냄 기묘년(1639, 인조17) 1월 24일

與李雲擧 翔○己卯元月二十四日

이별한 뒤로 학문을 진전시키는 데에 두서가 있어 날마다 높고 깊은 경지를 엿보고 있습니까? 나의 간절한 마음은 일찍이 그대가 학문의 빗장을 열어젖히는 자리 앞으로 왕래하지 않은 적이 없습니다. 나는 올연히 홀로 지내며 풀을 먹고 글을 읽으니 만약 병이나 어수선한 일이 없다면 아마 한 해가 다하도록 뜻을 지극히 할 수 있어 뒷날 선(善)을 받아들이는 터전을 마련하게 될 것입니다. 《어록해(語錄解)》는 아직 반도 등사하지 못하였으니, 모두 베낀 뒤에 삼가 돌려드리겠습니다. 이만 줄입니다. 예를 갖추지 못합니다.

1 이운거(李雲擧) : 이상(李翔, 1620～1690)으로, 본관은 우봉(牛峯), 자는 운거, 호는 타우(打愚), 시호는 문목(文穆)이다. 김집(金集)과 송시열의 문인으로, 1658년(효종9) 유일(遺逸)로 천거되어 자의(諮議)에 제수되었다. 1674년(숙종 즉위년)에 제2차 예송이 일어나자 송시열과 함께 대공설(大功說)을 주장하다가 파직되고 이듬해 영해(寧海)로 유배되었다. 1680년 경신환국 때 다시 등용되어 벼슬이 이조 참판에 이르렀으나 1689년 기사환국 때 투옥되어 옥사하였다. 문집으로 《타우유고(打愚遺稿)》가 있다.

이운거에게 보냄 경진년(1640, 인조18) 1월 24일

與李雲擧 庚辰元月二十四日

새봄이 곧 돌아온 이때에 탕왕(湯王)의 목욕통과 무왕(武王)의 사발에 새겨 놓았던 공부[2]가 계절을 따라 새로워지고 전일할 것으로 멀리서 생각하니, 축하하는 나머지 그리운 마음이 배가 됩니다. 멀리서 답장을 받고 삼가 학문하는 체후가 편안하고 좋은 줄을 알게 되니, 나도 모르게 그리워하는 마음이 서쪽으로 달려갑니다.

비루한 나는 오히려 무슨 말을 하겠습니까. 습성이 고질이 되고 마음이 설익어서 터득한 것이 있기만 하면 곧바로 잃어버립니다. 분노를 징계하고 욕심을 막는 것은 자신을 수양하는 큰 단서이거늘, 여기에 공부의 효험을 얻은 것이 없어 밤낮 부끄럽고 분하지만 또한 허물을 돌릴 곳이 없습니다. 이 때문에 더욱 어진 벗의 경책을 받고 싶으나 받을 수가 없으니 어찌하겠습니까, 어찌하겠습니까. 기력을 아끼고 기르라[3]고 하신 말씀은 바로 정자(程子) 문하의 긴요한 공부 방법으

2 탕왕(湯王)의……공부 : 상(商)나라 탕왕은 목욕통에 "진실로 하루라도 새로워질 수 있거든 나날이 새롭고 또 날로 새롭게 하라."라는 글을 새겨 스스로 경계하였다. 《大學章句 傳2章》 주(周)나라 무왕은 사발에 "사람에게 빠지느니 차라리 못에 빠지는 편이 낫다. 못에 빠지면 그래도 헤엄쳐 나올 수 있지만 사람에게 빠지면 구제할 수 없다."라는 글을 새겨 스스로 경계하였다. 《大戴禮 卷6 武王踐阼》

3 기력을 아끼고 기르라 : 형화숙(邢和叔)이 말하기를 "우리는 항상 기력을 아끼고 길러야 하니, 기력이 조금이라도 부족해지면 게을러진다. 그래서 일을 당하면 모두 억지로 힘쓰고 성의가 없게 되니, 빈객을 대하여 말할 때에도 오히려 이러함을 볼 수 있거늘 하물며 큰일을 당하는 데이겠는가."라고 하였다. 《近思錄 卷4 存養》 화숙(和叔)

로, 비루한 나에게 더욱 긴급히 시행해야 할 내용이니 삼가 좌우에 적어 놓고 보면서 반성할 자료로 삼아야겠습니다. 전날 별지에서 드린 말씀은 타당하지 않은 것이 많을 터인데도 지적하여 바로잡아 주지 않는 것은 어째서입니까? 세상일이 이와 같으니, 오늘날 힘써야 할 바는 단지 '조문도(朝聞道)'[4]를 삼자부(三字符)로 삼는 것일 뿐입니다.

은 정자(程子)의 문인인 형서(邢恕)의 자이다.

4 조문도(朝聞道) : 공자가 말하기를 "아침에 도를 들으면 저녁에 죽어도 괜찮다.〔朝聞道, 夕死可矣.〕"라고 하였다.《論語 里仁》

이운거에게 보냄 정해년(1647, 인조25) 9월

與李雲擧 丁亥九月

현재 어느 곳에 있으며 현재 무슨 책을 읽으며 어떠한 취미를 만들고 있습니까? 경책해 주는 말씀을 듣지 못한 지 오래되어 그리운 마음이 더욱 깊어집니다. 나는 질병이 찾아들어 나태함이 더욱 심해집니다만 모친께서 그런대로 건강하시고 숙수(菽水)[5]로나마 봉양할 수 있으니, 이것으로 자신을 위로할 뿐입니다.

지난봄에 새로 간행할 책 중의 의심스러운 글자를 적어 올려 바로잡아 주기를 청하였는데, 혹 살펴보았는지 모르겠습니다. 이 일은 빨리 도모하지 않으면 사람들을 그르치는 일이 반드시 많을 것이니, 바라건대 선본(善本)을 구해다가 정밀하게 교정하여 한 글자도 어긋난 것이 없은 뒤라야 비로소 읽을 만할 것입니다. 《황극경세서(皇極經世書)》[6] 편목(篇目)의 '삼세(三世)' 자(字)는 의심할 것도 없이 잘못되었습니다만, 반드시 소자(邵子 소옹(邵雍))의 본서(本書)를 갖고 개정한 뒤라야 논쟁의 여지가 없어질 것입니다. 나는 몸이 한가한 곳에 있어 손댈

5 숙수(菽水) : 콩과 물이다. 변변하지 못한 음식이란 뜻으로, 집안이 비록 가난하더라도 어버이를 정성껏 봉양하는 것을 말한다. 자로(子路)가 가난 때문에 제대로 봉양할 수 없다고 상심하자, 공자가 말하기를 "콩죽을 먹고 물을 마시더라도 기뻐하실 일을 다해 드리면 이것을 효라고 한다.〔啜菽飮水盡其歡, 斯之謂孝.〕"라고 하였다. 《禮記 檀弓下》

6 황극경세서(皇極經世書) : 북송(北宋)의 학자 소옹의 저서로, 《주역》의 원리를 이용하여 우주의 기원, 자연의 진화, 사회 역사의 변천을 고찰하였다.

만한 일이 하나도 없습니다. 단지 이러한 일은 혹 이해할 수 있으나 나 같은 사람은 기력이 약하고 모자라서 잠시 몇 줄의 글만 보더라도 또한 피로감을 느끼니, 이러한 일은 오로지 그대가 해 주기를 바랄 뿐입니다.

일전에 외성(巍城)의 함장(函丈)[7]을 뵙고 그대가 이미 왕래한 줄을 알게 되었으니, 서로 만나지 못한 것이 몹시 아쉬웠습니다. 함장께서 겨울 사이에 문하에 모여 강론하자고 말씀하셨으니 그때 혹 참석할 뜻이 있는지 모르겠습니다. 여러 가지 이야기는 멀리서 보내는 편지로 다 할 수 없으니, 단지 마음으로 알아주기를 바랄 뿐입니다.

7 외성(巍城)의 함장(函丈) : 신독재(愼獨齋) 김집(金集)을 가리킨다. 《송자대전수차(宋子大全隨箚)》 권5에 "외성(外城)은 혹 외성(巍城)이라 쓰기도 한다. 신독재가 사는 곳의 지명이다."라고 하였다. 외성은 지금의 충남 논산시 부적면 외성리이고, 함장은 스승을 가리킨다.

이운거에게 답함

答李雲擧

시열(時烈)은 머리를 조아려 두 번 절하고 말씀드립니다. 애통한 일을 당하신 이래로 달려가서 조문하는 예의도 차리지 못하였고 또 빈한하게 생계를 꾸려 가느라 심부름꾼을 따로 보내어 일상의 안부도 묻지 못하였으니, 평소에 스스로 형제처럼 여긴다고 생각했던 것은 모두 억설이 되어 버려 스스로 부끄럽고 개탄스럽습니다. 다만 명철(明哲)한 그대의 아량으로는 잘못을 깊이 꾸짖지 않고 양해해 줄 것이라 생각합니다.

지금 부소(扶蘇)에 이르러 두세 번의 인편을 거쳐 전해 온 편지를 받고 펼쳐서 되풀이하여 읽어 보고는 더할 수 없이 감사하고 부끄럽습니다. 붕우 간의 의리는 진실로 안부나 전하고 생사를 묻는 사이에만 있지 않으나 이를 버려둔다면 또한 평소의 정을 말할 길이 없을 것입니다. 지금 도리어 상중에 있으면서 거꾸로 먼저 안부를 물어 주시니 이것이 어찌된 인사(人事)란 말입니까. 인하여 전의(全義) 땅으로 이사한 줄을 알았으니, 그대의 처소가 가까워진 것은 실로 노경(老境)의 다행입니다. 대영감(大令監) 존장(尊丈)[8]께서는 화장(花莊)에서 지내는 체후가 만안하십니까? 우러러 사모하는 마음은 밥을 먹고 숨을 쉬는 사이에도 어찌 감히 줄어들겠습니까.

나는 지난 5월부터 모친이 병석에 누워 계셔서 애타는 심정으로 허

8 대영감(大令監) 존장(尊丈) : 이상(李翔)의 아버지 이유겸(李有謙, 1586~1663)을 가리킨다. 호는 만회(晩悔)이다. 김장생(金長生)을 사사하였다.

둥대다가 몇 달 만에 조금 안정을 찾았습니다. 원래 지리멸렬하고 쓸모없는 사람인지라 마음의 어지러움이 더욱 심해지는 것을 지금 또한 스스로 깨닫지 못합니다. 이에 불식(拂拭)하라는 말씀을 듣고서는 몹시 경책하고 반성하게 됩니다마는, 이를 통하여 이 마음을 잊어버리지 않을 수 있을지는 모르겠습니다. 그대는 전물(奠物)을 올리는 여가에 언제 어디서든 마음이 오로지 이 학문에 있을 것이라 삼가 생각하니, 그 도달한 경지를 어찌 측량할 수 있겠습니까. 매양 신독재(愼獨齋 김집(金集)) 선생을 자리 곁에서 모실 때마다 자세하게 말씀드리고 있습니다.

나는 전의(全義)에 대하여 전혀 익숙하지 못하니, 이른바 갈천(葛泉)은 고을의 치소(治所)에서 동서쪽으로 얼마쯤 거리에 있습니까? 또한 우편을 통하여 안부를 물으려고 하니, 부디 알려 주기 바랍니다.

계절이 추운 겨울에 가까워졌으니, 더욱 보중하여 멀리 있는 나의 마음을 위로해 주기를 간절히 바랍니다. 근래에 비록 범에게 잡아먹힐 걱정[9]이 있기는 하지만 붕우 사이에 응당 해야 할 이야기는 하고 싶습니다. 예를 갖추지 못합니다.

별지

예전에 음양가(陰陽家)의 설로 논의를 드렸으나 인정하는 말을 듣지

9 범에게 잡아먹힐 걱정 : 재앙을 뜻밖에 만나는 것을 말한다. 장자(莊子)가 말하기를 "노(魯)나라의 단표(單豹)라는 사람은 산중에 은거하여 물만 마시고 세상 사람들과 이익을 함께 하지 않아 나이가 70이 되어서도 어린아이 같은 기색이 있었다. 그러나 불행하게도 굶주린 범을 만나 잡아먹혀 버렸다."라고 하였다. 《莊子 達生》

못하여 내가 주자(朱子)의 〈손경보(孫敬甫)에게 답한 편지〉를 보기를 청하였습니다. 그러나 그대의 답장을 보니 "〈손경보에게 답한 편지〉를 살펴보았으나 음양가의 일을 언급한 것이 없었다."라고 하였습니다. 그 뒤로 그럭저럭 시간을 보내다가 다시 질문하여 바로잡지 못하였는데, 그 뒤로 그대 견해가 어떠한지 모르겠습니다. 주자의 〈손경보에게 답한 편지〉는 크게 중정(中正)하고 지극히 정대하여 사람들이 쉽게 이해할 수 있습니다. 그 설이 《주자대전(朱子大全)》 63권에 보이니, 다시 모름지기 바로잡아 일러 주셔야 할 것입니다. 그곳에는 아마 《주자대전》이 없을 듯하므로 삼가 이렇게 기록하여 올립니다.

구래공(寇萊公)[10]은 진종(眞宗)의 황후(皇后) 유씨(劉氏)가 정사에 간여하였다는 이유로 그를 폐위하려고 하였습니다. 후비(后妃)가 정사에 간여하는 것은 진실로 우려할 만한 일이긴 하지만, 정후(正后)는 천하의 어머니가 되는 사람이니 신하가 되어 그를 폐위하는 것은 의리로 볼 때 어떠한지 모르겠습니다. 무씨(武氏)가 당(唐)을 주(周)로 바꾸었으나[11] 주자도 오히려 주륙하기 어렵다고 여겼거

10 구래공(寇萊公) : 송(宋)나라의 명상(名相)인 구준(寇準)을 말한다. 내국공(萊國公)에 봉해졌기 때문에 구래공으로 불렸다. 진종 때 동평장사(同平章事)를 지냈다.

11 무씨(武氏)가……바꾸었으나 : 무씨는 당(唐)나라 측천무후(則天武后) 무조(武曌)를 가리킨다. 태종(太宗)의 재인(才人)이었다가 뒤에 고종(高宗)의 황후가 되어 정권을 전횡하였다. 고종이 죽고 중종(中宗)이 서자 중종을 폐하고 동생인 예종(睿宗)을 세웠고, 다시 예종을 폐하고 스스로 황제가 되어 측천무후라 칭하고 나라 이름을 주라고 하였다. 재위 16년 뒤에 중종이 그를 폐위하고 복위하였다. 《舊唐書 則天皇后本紀》

늘, 하물며 그 나머지의 경우이겠습니까. 구래공의 일은 지극히 생각해 볼 만한 점이 있으니, 잘 헤아려 보고 말씀해 주기 바랍니다.

이운거에게 보냄 경자년(1660, 현종1) 1월 3일

與李雲擧 庚子元月三日

선왕(先王 효종)께서 승하하신 뒤로 심장이 문드러지고 간담이 무너져서 한 몸에 주인이 없게 되었으니, 멍하니 이 몸이 세상에 살아 있는 줄도 모르겠기에 마침내 조정에서 벼슬할 마음이 없어졌습니다. 이윽고 비난이 사방에서 일어나고 재앙이 백 가지로 나타나서 비록 머물고 싶더라도 머물 수 없었고, 종국에는 드디어 주륙(誅戮)의 죄를 가하고 있으니 황공하고 경악하여 결국 피하여 숨는 일을 하게 된 것입니다. 나의 사정을 아는 사람은 애달파할 겨를조차 없겠지만 나의 사정을 알지 못하는 사람은 의심과 노여움을 혹 더할 것입니다. 이 때문에 두려워서 밥을 먹거나 숨을 쉬는 사이에도 편안하지 못하거늘 하물며 또 성상의 뜻이 지극하고 간절하시어 차마 저버리지 못할 점이 있는데도 마침내 감히 머물지 못하는 데이겠습니까. 때때로 돌이켜 생각해 보면 성상의 옥음(玉音)이 귓속에 맴도는 듯하니, 참으로 자신도 모르게 눈물이 나서 눈동자를 가득 채웁니다.

이 몸은 이제 어쩔 수 없게 되었지만 그대 같은 경우는 이미 비난의 여론도 없고 성상의 권우도 몹시 융숭하니, 진실로 배운 바를 펼쳐서 세상에 드문 지우(知遇)에 보답해야 옳을 것입니다. 지난해 봄 사이에 그대가 보내 준 작은 책자를 즉시 윤색하고 정서하여 성상께 올려 을람(乙覽)하시도록 할 계획이었으나 미처 그렇게 하지 못하였습니다. 헤아려 보건대 이에 관한 생각이 그대의 가슴속에 분명히 들어 있을 터이니, 나아가서 뵐 때에 부디 성상을 위하여 하나하나 명백하게 말씀드린다면 총명하신 성상께서 어찌 이렇게 하면 성공하고 이렇게 하지 않으면 성공하지 못하는지를 모르시겠습니까. 관직이 비록 높더라도 친밀하지 못하면 가슴속에 쌓인 말을 다할 수 없지만, 맡은 일과 연관되지 않은 그대와 같은 경우는 연석(筵席)에서 조용히 이야기를 나누며 일마다 충언을 드릴 수 있으니 무슨 일인들 말하지 못하겠으며 무슨 말인들 다 하지 못하겠습니까. 어리석은 내가 헤아려 보건대 오늘날 아첨하는 풍조는 한결같이 서한(西漢) 말기[12]와 같으니, 이는 다시 말할 필요도 없습니다. 반드시 정대하고 굳센 마음으로 습속에 빠지지 않은 뒤라야 자신의 몸을 잃지 않을 수 있어 남을 바르게 하고 사물을 바로잡는 일을 비로소 말할 수 있으니, 어떻게 여기실지 모르겠습니다. 나처럼 이미 물러난 사람도 성상께서 만약 하문하시는 일이 있으면 감히 말하지 않을 수 없는 의리가 있거늘, 하물며 문지(門地)와 명망으로 볼 때 꼭 행해야 하고 그만두어서는 안 되는 그대 같은 사람이야 말할 것이 있겠습니까. 천만번 힘써야 합니다. 이 밖의 이야기는 앓고 있는 이질(痢疾)이 자못 심하여 일일이 쓰지 못하니, 부디 헤아려 주시기 바랍니다. 이만 줄입니다.

○《주자서절요(朱子書節要)》 제19권[13]은 부디 자세히 완미하기를 바랍니다. 사람을 똑바로 서게 할 마음이 생길 것입니다.

12 서한(西漢) 말기 : 왕망(王莽)이 권력을 독단하던 시기로, 당시 그에게 아첨하는 기풍이 만연하였다고 한다.

13 주자서절요(朱子書節要) 제19권 :《송자대전수차》 권5에 "지구(知舊)와 문인(門人) 들이 스스로를 지키지 못함을 책망한 내용이 많다."라고 하였다.

이운거에게 답함 경자년(1660, 현종1) 7월 10일

答李雲擧 庚子七月初十日

편지를 통하여 고향으로 돌아온 줄을 알게 되었으니 시대를 위하여 개탄할 뿐입니다. 뒷산의 여린 고사리가 이미 쇘을 터이거늘, 무엇이 그리워서 이렇게 한단 말입니까. 삼가 성상께서 그리워하실 심회를 생각하니 눈물이 자꾸만 떨어집니다. 지금 고요히 지내는 가운데에 어떤 공부를 하고 있습니까? 나는 병만 앓고 있을 뿐이어서 다시 말씀드릴 만한 것이 없습니다. 근자에 저보(邸報)를 보고 근심을 견디지 못하여 감히 사직 상소를 통하여 나의 충정을 대략 아뢰었으니, 말하고 침묵하는 의리에서는 어떠할지 모르겠습니다. 그대와 초형(草兄)[14]이 몹시 준엄하게 윤휴(尹鑴)를 공격하여 그 무리로 하여금 숨어 지내는 내 몸에 분노를 쏟아붓도록 하였으니 괴롭고 괴롭습니다. 그 통쾌함은 그대들이 취하고 괴로움은 나에게 떠넘기니, 어진 이들도 이와 같은지 모르겠습니다. 우습기만 합니다. 마침 아이의 행차를 통하여 잠시 이렇게 편지를 적습니다.

14 초형(草兄) : 호가 초려(草廬)인 이유태(李惟泰)를 가리킨다. 본관은 경주(慶州), 자는 태지(泰之)이다. 인조 때 유일(遺逸)로 천거되어 세자 사부(世子師傅)를 지냈다. 효종 즉위 후 송시열, 송준길(宋浚吉) 등과 북벌 계획에 참여하였다. 1674년(숙종 즉위년) 제2차 예송이 일어나자 남인의 배척을 받아 영변(寧邊)에 유배되었다. 예학에 조예가 깊어 김집(金集)과 함께 《상례비요(喪禮備要)》, 《의례문해(疑禮問解)》 등을 교감하였다. 문집으로 《초려집(草廬集)》이 있다.

이운거에게 답함 신축년(1661, 현종2) 겨울
答李雲擧 辛丑冬

우편을 통하여 그대의 편지를 받으니 위로되고 감사하기 그지없습니다. 지금 어버이를 모시고 계시는데 어느 날에 전의(全義)로 돌아오십니까? 몹시 걱정되고 몹시 그립습니다. 계우(季羽)[15]는 어버이를 모시는 것 외에 벼슬하는 정황이 좋은지 모르겠습니다.

가만히 듣건대 적곡(糴穀)을 바꾼 일로 장차 상소하는 거조가 있을 것이기 때문에 병판(兵判)이 지레 먼저 스스로 논핵하였다[16]고 하니, 참으로 그러한지 모르겠습니다. 나도 이 일과 실로 서로 같은 경우가 있었으나[17] 또한 손상됨이 없거늘, 무엇 때문에 이러한 사달을 일으켜

15 계우(季羽) : 이익(李翊, 1629~1690)의 자이다. 본관은 우봉(牛峯), 호는 농재(農齋)이고, 이상의 아우이다. 문과에 급제하여 벼슬이 이조 판서에 이르렀다. 기사환국 때 장흥(長興)으로 유배되어 적소에서 세상을 떠났다.

16 적곡(糴穀)을……논핵하였다 : 지평 이지익(李之翼)이 이일상(李一相)이 적곡을 바꾼 일을 논핵하니, 병조 판서 홍명하(洪命夏)가 상소하여 이일상을 신구(伸救)하다가 도리어 탄핵을 당하여 도성을 나가서 대죄(待罪)하는 일이 있었다. 이에 이익이 유언비어를 끝까지 규명하기를 청하였다.《宋子大全隨箚 卷5》 이지익이 상소하여 "이일상이 일찍이 호서(湖西)에서 방백에게 간청하여 군영의 미곡을 아산현(牙山縣)에서 받아 내어 배를 이용하여 집으로 운반한 뒤 전의현에 이록(移錄)하여 황조(荒租)로 대납하고는 민간에 나누어 주어 미곡으로 바꿔서 징수하게 하였습니다."라고 하였다. 이에 대해 홍명하가 이는 '사부(士夫) 간에 흔히 있는 일'이며 "송시열도 이런 일을 한 적이 있으니, 이치에 어긋나는 일이라면 송시열이 어찌 하였겠습니까."라며 이일상을 옹호하였다.《顯宗實錄 2年 9月 17日》

17 나도……있었으나 : 1661년 11월 5일 지중추부사 송시열이 상소하여, 이일상을

서 분란을 더한단 말입니까. 지극히 개탄스럽습니다.

또 율곡(栗谷)이 심의겸(沈義謙)과 김효원(金孝元)의 일을 논하면서 "대현(大賢) 이하의 사람은 혐의를 피하지 못한다."라고 한 말[18]이 생각납니다. 그대와 병판 사이에는 종전에 운운한 말들이 있으니, 이 또한 어찌 헤아려 보아야 할 부분이 아니겠습니까. 다른 사람이 주창하자 그대가 혹 이에 대응하다가 주객이 뒤섞이도록 만든 것이 아니겠습니까.

대개 이 일은 여러 해가 지나도 해결되지 못하여 이 지경까지 굴러온 것입니다.[19] 그래서 시사(時事)가 무너지고 찢어짐이 나날이 더 심해지

배척한 대간의 계사 중에 감영의 곡식을 운용한 부분은 자신도 비슷한 일을 한 적이 있는데, 자백하기 전에 연신(筵臣)이 먼저 거론하였으므로 삭직하고 이일상과 똑같이 처분하기를 청하였다. 《顯宗實錄 2年 11月 5日》

18 율곡(栗谷)이……말 : 심의겸은 김효원이 이조 정랑에 오르는 것을 반대하고 김효원은 심의겸의 아우 심충겸(沈忠謙)이 이조 정랑에 오르는 것을 반대한 혐의 때문에 두 사람의 대립이 격화된 것으로 보인다. 《栗谷全書 卷11 答成浩原(己卯)》

19 대개……것입니다 : 1660년 6월 11일 정언 이지익이 계사를 올려, 전라 우수사 이동현(李東顯)이 배 한 척에 쌀과 베를 가득 실어서 이조 참판 이응시(李應蓍)의 집으로 보냈는데 이응시가 받지 않은 채 전임자에게 떠넘겼고 전임 참판 이일상은 자신도 모르는 일이라고 하여 배가 강가에 오래도록 정박되어 있다는 소문이 백성들 사이에 자자하다며 이동현을 잡아들여 국문하기를 청하였다. 이에 현종이 그대로 따랐으나, 이후 연석에서 대신들이 사건의 전말을 해명하여 이동현을 국문하는 일은 중지되었고 이지익은 체직을 청하여 윤허를 받았다. 이해 9월 지평에 제수된 이지익은 이동현과 이일상의 일을 다시 거론하여 인피하였고, 병조 판서 홍명하가 이에 대해 반박 상소를 올리자 이지익이 적곡에 관한 일을 보태어 제기하여 결국 그 과정에서 송시열이 언급되는 지경에까지 이르렀다. 《顯宗實錄 1年 6月 11日・13日, 2年 9月 9日・13日・15日・17日》

니, 강호에서의 부질없는 걱정은 그 끝을 알지 못하겠습니다. 다만 조용히 만날 기회가 없어 마음속에 쌓인 생각을 한번 토로할 수 없으니, 지금 한번 대략 말씀드리겠습니다.

이 일의 허실은 비록 알기 어렵다고 하지만, 내가 마음속으로 헤아려 보건대 증거가 될 만한 일이 하나 있습니다. 일찍이 이군서(李君瑞 이응시(李應蓍))와는 오래도록 일을 함께 한 사이라서 또한 서로 왕래하며 이야기를 나누기도 하였습니다. 그 사람은 강직함으로 자신을 이루어 비록 서로 친한 사람일지라도 옳지 못한 점이 있으면 감추거나 덮어둘 생각을 보이지 않습니다. 그래서 그가 상소를 올려 보증한 내용을 들은 뒤로 나의 생각은 결단코 그 일은 맹랑한 것이고 단지 저쪽의 제공(諸公)들이 이구동성으로 주장하였기 때문이라고 여겼으나, 견강부회한다는 혐의를 받을까 싶어 물어 오는 사람이 있어도 단지 침묵하였을 뿐입니다. 이 일이 이미 밝히기 어렵게 되었다면, 적곡을 바꾼 일과 같은 것은 그저 말을 보태어 넣는 데 하나를 더 보태어 넣는 것에 불과할 뿐이고, 또 나의 경우가 그 일과 같거나 같지 않은 문제는 나에게 그다지 이롭거나 해될 것이 없거늘 어찌 파도를 밀치고 물결을 돕는 일을 행하기까지 하겠습니까. 다만 이수(李銖)의 일[20]을 상고해 보면 비록 지금의 일과 조금 다르기는 하지만 서로 잘못한 것은 그 경과가

20 이수(李銖)의 일 : 《송자대전수차》 권5에 "무인년(1578, 선조11)에 윤현(尹晛)이 김성일(金誠一)과 함께 전랑(銓郎)이 되었으나 서로의 의론이 합치하지 않았다. 윤현의 숙부 오음(梧陰) 윤두수(尹斗壽)와 월정(月汀) 윤근수(尹根壽)가 모두 서인을 돕고 동인을 억누르니 동인들이 미워하였다. 김성일이 주상께 '진도 군수(珍島郡守) 이수가 쌀을 실어 와서 세 윤씨에게 뇌물을 바쳤다.'라고 아뢰어 대간이 탄핵하는 지경에까지 이르렀다. 주상이 조사하도록 명하였으나 끝내 실상이 없었다."라고 하였다.

똑같습니다.

지난해에 만약 제공들이 이를 실상을 잃은 풍문으로 돌려 버렸더라면 사체(事體)가 매우 잘 갖추어졌을 터인데 결국 서로 공격하여 듣는 사람들을 불편하게 만들고 말았으니, 이는 매우 깊이 생각하지 못한 처사입니다. 그러나 저쪽의 후배들은 또한 이 일로 인하여 격발되어 반드시 이길 계책을 강구하느라 자질구레한 것까지 찾아내면서 오히려 그것이 많지 못할까 염려하니, 이를 지나치게 하다 보면 또한 사람들로 하여금 그 속마음이 어떠한지를 의심하도록 만들 수 있습니다.

오늘날의 급선무는 오직 각각 이전의 일을 뉘우치고 화평한 복을 찾음으로써 변장자(卞莊子)가 몰래 웃도록[21] 하지 않아야 옳을 것이니, 어떻게 생각할지 모르겠습니다. 내가 가진 생각을 감히 그대에게 다 말하지 않을 수 없었으니, 만일 합당하지 않은 내용이 있다면 부디 답장으로 알려 주기 바랍니다. 이치에 맞는 말은 감히 따르지 않을 수 없을 것입니다. 몸이 한가한 곳에 있어 의리상 마땅히 입을 다물어야 하지만 공사 간의 걱정을 이기지 못하여 감히 이렇게 누누이 말씀드린 것이니 아울러 너그럽게 헤아려 주기 바랍니다.

21 변장자(卞莊子)가 몰래 웃도록 : 같은 편끼리 싸우다가 지치게 되면 상대편이 그 틈을 타서 승리하게 된다는 말이다. 변장자는 춘추 시대 노(魯)나라 변읍(卞邑)의 대부이다. 변장자가 범을 찌르려고 하자, 관수자(館豎子)가 말리며 말하기를 "두 마리 범이 바야흐로 한 마리 소를 먹고 있으니, 맛이 있어 반드시 싸우게 될 것이고, 싸우면 큰 놈은 부상당하고 작은 놈은 죽을 것이다. 그때 부상당한 놈을 찌른다면 일거에 반드시 두 마리의 범을 잡게 될 것이다."라고 하였다. 《史記 張儀列傳》

이운거에게 답함 계묘년(1663, 현종4) 3월 5일

答李雲擧 癸卯三月五日

시열(時烈)은 말씀드립니다. 우리 집안이 불행하여 조카 기억(基億)이 갑자기 요절하여[22] 어제 겨우 장례를 치렀고 형제가 오늘 아침 함께 통곡한 뒤에 모두 돌아갔으니, 나의 슬픔과 괴로움은 하늘에 호소할 길이 없습니다. 지난번에 위로하는 편지가 황간(黃澗)의 우소(寓所)로부터 이르러 지극히 감사하던 차에 지금 또 보내 주신 편지를 거듭 받게 되니, 지극하고 온후한 말씀에 내 마음이 감명(感銘)하여 사례할 바를 모르겠습니다.

그대가 지방관이 되었다는 소식을 듣고서 조정에서 그렇게 처분한 의도를 전혀 모르지만, 조 문정공(趙文正公 조광조(趙光祖))은 매양 지방관으로 나가서 축적한 학문을 조금이나마 펼쳐 보고 겸하여 그 학문을 진전시킬 수 있기를 원하였습니다. 지금 그대는 이를 구하지 않았는데도 절로 얻게 되었으니, 하늘이 아마도 그대를 옥처럼 완성해 주려는 것이 아니겠습니까. 만약 학문과 정사가 날로 새로워져서 많은 선비가 마음으로 감화함을 보게 된다면, 비단 당대에 도가 시행될 뿐만 아니라 또한 장차 무궁한 후세에까지 전해질 것이니, 오도(吾道)의 다행함이 어찌 얕고 적겠습니까. 봉록을 훔쳐서 노친을 봉양한다는 말씀에서는 어버이를 모두 여읜 슬픔을 견디지 못하겠습니다. 주자(朱子)의 "어버

22 기억(基億)이 갑자기 요절하여 : 송시열은 1663년 1월에 아우 송시도(宋時燾)의 아들 송기억의 상을 당하였다. 《宋子大全 附錄 卷5 年譜》

이의 연세는 날로 높아가고 봉양하는 일은 더욱 아득해진다."[23]라는 말을 읽을 때마다 반복해 되뇌며 눈물을 흘리지 않은 적이 없습니다.

강호는 내가 좋아하는 곳이어서 이번 달에 응당 다시 저곳에 이를 터이니, 여가가 있는 날에 한번 찾아오신다면 함께 노를 저어 서쪽으로 남당(南塘)에 내려가서 민 상서(閔尙書)의 묵장(墨藏)을 모두 보고 돌아오고 싶습니다.[24] 그렇게 하면 이 또한 평생의 장쾌한 일일 것입니다. 전후로 보내 주신 선물은 지극한 뜻에 감사하며 잘 받았습니다. 나머지 이야기는 슬픔으로 목이 막혀 남의 손을 빌려 쓰느라 다하지 못합니다. 예를 갖추지 못합니다.

23 어버이의……아득해진다 : 주희(朱熹)가 말하기를 "어버이의 연세는 날로 노년이 되어 가고 봉양하는 일은 더욱 아득해지니, 비록 우리의 도가 이와 같더라도 자식의 마음에서는 개연하지 않을 수 없다."라고 하였다. 《晦庵集 卷39 答柯國材》

24 남당(南塘)에……싶습니다 : 남당은 임천(林川)에 있는 곳으로, 당시 송시열이 여산(礪山)의 황산(黃山) 가에 우거하였고 이상(李翔)이 부여 현감(扶餘縣監)이 되었으므로 그 중간 지점에 위치하기에 이곳에서 만나기를 기약하였다. 판서 민성휘(閔聖徽)의 남당 별장에 서화(書畫)가 많았기 때문에 이렇게 말하였는데, 실제로 송시열은 1663년 4월 5일 이상과 만나 남당 별장에 함께 찾아가 묵고서 돌아왔다. 《宋子大全隨箚 卷5》《宋子大全 附錄 卷5 年譜》

이운거에게 답함 계묘년(1663, 현종4) 6월 10일

答李雲擧 癸卯六月十日

답장을 올리자마자 보내 주신 편지가 또 도착하였습니다. 누누이 말씀하신 뜻을 삼가 잘 알겠으니, 위로되고 감사하기 그지없습니다.

편지에서 하신 말씀은 뜻이 모두 좋지만 그중 한 가지는 옳지 않은 점이 있으니 "한번 물러난 뒤로 다시 손을 대고 싶지 않다."라고 한 것은 어찌 이렇게도 근래의 일과 서로 어긋난단 말입니까. 이 사람이 물러난 지 벌써 4년이 지났으니, 물러난 것이 오래되었다고 할 만합니다. 그러나 종통(宗統)과 적통(嫡統)에 관한 설을 어제 또 말하였던 것은 어찌 이미 쫓겨나고 또 쫓겨나서 도성 안에 용납되지 못하게 하고 싶어서이겠습니까.

황세정(黃世楨)[25]의 주장에 이르러서는 또 너무나도 마음이 놀라게 됩니다. 그에게 비록 좋지 못한 일이 있더라도 나는 단지 "오래된 친구는 정이 두터우니 감히 의심하지 못한다."[26]라는 가르침을 지킬 뿐입니

25 황세정(黃世楨) : 1622~1705. 자는 주경(周卿), 호는 제곡(霽谷)으로, 송준길(宋浚吉)과 송시열의 문인이다. 3세에 부친을 여의고 고향 회덕(懷德)에 내려와 자랐다. 평소 윤휴(尹鑴)와 가까운 사이였으므로 예론이 일어났을 때 윤휴의 주장을 지지하여 송시열과 갈등이 있었다.

26 오래된……못한다 : 북송(北宋)의 정이(程頤)가 부주(涪州)로 귀양 갈 때, 문인 사양좌(謝良佐)가 말하기를 "이 귀양길은 제가 그 연유를 아니, 바로 족질 정공손(程公孫)과 형서(邢恕)의 소행입니다."라고 하자, 정이가 말하기를 "족질은 지극히 어리석으니 꾸짖을 것도 없고, 오래된 친구는 정이 두터우니 감히 의심하지 못한다."라고 하였다. 《二程遺書 附錄 伊川先生年譜》

다. 그가 내가 그를 죄주었다고 하는 것은 무슨 일입니까. 그는 어린 시절부터 우리 집안을 출입하여 정의(情義)가 몹시 깊으니, 만일 큰일을 저지르지 않는다면 내가 어찌 차마 그를 사절할 수 있겠습니까. 올해 봄에 회덕(懷德) 고향에서 만났을 때에 나는 오히려 그를 안전하고 좋은 길로 인도하려고 "고향에 조용히 물러나 글이나 읽으며 부모를 봉양하세."라고 하였습니다. 이는 내가 간곡하게 면려한 말이었으나 끝내 믿고 따르지 않은 것은 어째서입니까. 그가 또한 전혀 받아들일 뜻이 없어 곧바로 "어른께서는 저의 형세를 모르고 계십니다."라고 하였으니, 내가 몹시 부끄럽고 기운이 빠졌으며 또 남에게 믿음을 보이지 못한 것이 스스로 부끄러웠습니다. 그러나 그가 만약 내 말을 들었더라면 여복(女服)으로 도성에 들어갔다는 설이 어디에서 나오겠습니까. 너무나도 개탄스럽습니다. 또 내가 그를 죄준 일이 없는데도 오히려 그렇게 운운하는 것은 그 뜻을 이해하기 어렵고, 게다가 내 아들 녀석이 나에게 그를 모함하였다고 하는 것은 더욱 알 수 없는 일입니다. 이제부터는 단지 혀를 동여매고 입을 꿰매어 비록 그를 대하더라도 그저 안부나 묻고 한담이나 나누어 고구(故舊)의 의리를 잃지 않도록 해야 할 뿐이니 어찌하겠습니까, 어찌하겠습니까. 닭 두 마리는 감사하게 잘 받았습니다. 예를 갖추지 못합니다.

이운거에게 보냄 계묘년(1663, 현종4) 6월 17일

與李雲擧 癸卯六月十七日

이전에 보낸 답장은 읽어 보았습니까? 황세정(黃世楨)의 주장을 논한 것은 어떻게 생각합니까? 의리에 해가 되는 부분이 있으면 부디 일러 주기 바랍니다. 금일에 백문(白門)[27]의 제공(諸公)과 초려(草廬)의 문하에서는 내가 사절하지 않는 것을 의심스럽게 여기지만, 나는 끝내 차마 사절할 수 없습니다. 그는 나의 마음을 알지 못하여 이에 나를 원망하며 또 나만 원망할 뿐 아니라 나의 아들을 공격함이 이 지경에 이르렀습니다. 이는 대개 나의 평소 행실이 남에게 믿음을 얻지 못하여 그러한 것이니, 나로 하여금 부끄러워서 얼굴을 들 수 없게 만듭니다. 그러나 또한 나 자신을 경계하고 면려하게 하는 터전이 되니, 그가 나를 도와준 것이 또한 작지 않습니다.

자미(子美)는 함께 모여 공부한 지 오래되지 않아 갑자기 병 때문에 돌아가려고 합니다. 그가 이곳에 있을 때에 내가 병을 앓아 이야기를 나누지 못하였으니, 몹시 아쉽고 아쉽습니다. 그가 돌아가는 편에 대략 이렇게 안부를 묻습니다. 예를 갖추지 못합니다.

○ 일찍이 박성길(朴成吉)의 일로 번거롭게 말씀드린 적이 있습니

27 백문(白門) : 김장생(金長生)의 증손 김만균(金萬均)을 가리킨다. 김만균이 사는 곳이 서울의 서문(西門), 즉 돈의문(敦義門) 근처이기 때문에 이렇게 부른 듯하다. 서문을 백문이라고 하는 것은 동문(東門)을 청문(靑門)이라고 하는 것과 같은 이유이다. 《宋子大全隨箚 卷3》

다. 그가 아직까지 성은을 입지 못하였다고 하니, 통인(通引) 한 사람을 잃고 출중한 백성 한 사람을 얻는다면 어찌 밝은 정치에서 듣고 싶은 인사가 아니겠습니까.

서고청(徐孤青)[28]은 심충겸(沈忠謙)이 하사받은 종입니다. 심공(沈公)이 그가 학문에 힘쓰고 행실을 독실하게 하므로 방면해 주었을 뿐 아니라 그를 부를 때에 반드시 처사(處士)라고 칭하였으니, 당시 사람들이 "종이 어진 것이 아니라 주인이 어진 것이니, 더욱 숭상할 만하다."라고 하였습니다. 가만히 생각건대 선배들의 풍모와 돈후(篤厚)한 행사(行事)가 대략 이와 같았으니, 지금 이것을 그대에게 기대하지 않고 누구에게 기대하겠습니까. 부디 더욱 헤아리기 바랍니다. 그는 어머니의 병이 조금 나았기 때문에 지금 편지를 갖고 이곳에 온 것입니다.

28 서고청(徐孤青) : 서기(徐起, 1523~1591)로, 본관은 이천(利川), 자는 대가(待可), 호는 고청이다. 문집으로 《고청유고(孤青遺稿)》가 있다. 《기언(記言)》 별집 권26에 "서기는 자가 대가이다. 본래 천인(賤人)으로, 수암(守庵) 박지화(朴枝華)의 벗이다. 학식이 넓고 문장을 잘 지었기 때문에 사방의 선비들이 다투어 스승으로 섬겼다. 남악(南岳)의 연곡산(燕谷山) 절에 들어갔다가 늙은 뒤에 산에서 나와 천수를 누리고 세상을 떠났다. 호서(湖西) 사람들이 서고청 사당을 세웠다."라고 하였다. 《記言 別集 卷26 徐孤青事》

이운거에게 답함 계묘년(1663, 현종4) 9월 15일

答李雲擧 癸卯九月十五日

두 차례나 편지를 보내 주면서 앞에는 물고기에 뒤에는 게까지 선물하니, 감사한 마음을 말로 다 할 수 없습니다.

나는 달빛을 거슬러 노를 저어 섬계(剡溪)의 고사(故事)[29]를 몹시도 재현하고 싶지만 스스로 논열한 소장에 아직 비답을 받지 못하여 밤낮으로 두려워하고 있기 때문에 감히 다른 일을 할 겨를을 내지 못하니, 삼가 묵묵히 양해해 주리라 생각합니다.

그대가 있는 지역 또한 흉년이 들었다는 소식을 들었으니, 전답을 점검하고 재앙을 없애는 절목은 한결같이 절동(浙東)의 규획(規畫)[30]을 본받고 있는지 모르겠습니다. 지난해에 외람되이 성상의 하문을 받았기 때문에 단지 이에 관한 일만 건의하였을 뿐인데도 묘당(廟堂)이 채택하여 시행해 주지 않으니, 지금까지 아쉽게 생각합니다.

29 섬계(剡溪)의 고사(故事) : 진(晉)나라 왕자유(王子猷)가 산음(山陰)에 살 때, 눈 내리는 밤 불현듯 섬계에 있는 벗 대규(戴逵)가 생각나서 작은 배를 타고 찾아갔다가 정작 그곳에 도착해서는 문 앞에서 다시 돌아왔다. 그 까닭을 물었더니 "내가 본래 흥에 겨워서 왔다가 흥이 다하여 돌아가는 것이니, 대안도(戴安道)를 보아 무엇 하겠는가."라고 하였다고 한다. 안도(安道)는 대규의 자이고, 자유(子猷)는 왕휘지(王徽之)의 자이다. 《世說新語 任誕》

30 절동(浙東)의 규획(規畫) : 주희(朱熹)가 제거 절동(提擧浙東)으로서 효종(孝宗)에게 올린 주차(奏箚)에서 말한 구황하기 위해 행할 일곱 가지 조목을 가리킨다. 《宋子大全隨箚 卷5》

이운거에게 답함 계묘년(1663, 현종4) 11월 11일

答李雲擧 癸卯十一月十一日

바람과 눈이 하늘에 가득하여 문을 닫고 홀로 앉아 있던 차에 홀연히 그대의 편지를 받고서 삼가 여러 가지 일러 주신 말씀을 잘 알았습니다. 또 듣게 된 허생(許生)의 말은 참으로 이른바 "온갖 일이 있지 않은 것이 없다."[31]라는 것입니다. 그러나 방백(方伯)은 본래 사류(士類) 중의 사람이고 또 통가(通家)의 친분도 있으니, 모쪼록 사적인 편지로 상세하게 소통하여 피차간에 모두 잘못이 없는 결과를 도출해 내도록 한다면 어찌 군자가 물아(物我)를 관통하고 내외(內外)를 통합하는 방도가 아니겠습니까.

듣건대 그대는 몸이 좋지 않아 고향에 가다가 중간에 돌아오게 되었다고 하니, 놀란 마음을 말로 다 할 수 없습니다. 췌시(贅柴)는 하신 말씀을 삼가 잘 알아들었습니다. 서울의 일은 알려 주어서 감사하고 감사합니다. 꿩 1마리와 종이 40장은 귀한 선물로 고맙게 잘 받았습니다. 다만 그저께 연기(燕岐)의 황생(黃生 황세정(黃世楨))이 와서, 남들은 내가 일찍이 이전 호남 감사에게 미역 1만 동(同)을 받았고 또 지금 호남 감사에게 소금 200곡(斛)을 받았다고 한다고 하였습니다. 비록

31 온갖……없다 : 인생을 살다 보면 온갖 일이 다 생길 수 있다는 것이다. 두보(杜甫)의 시 〈가탄(可歎)〉에 "하늘 위의 뜬구름이 흰옷 같더니, 잠깐 사이에 변하여 푸른 개처럼 바뀌었네. 옛날이 가고 오늘이 오는 것 모두 한때이니, 인생에 온갖 일 있지 않은 게 없구나.〔天上浮雲似白衣, 斯須改變如蒼狗. 古往今來共一時, 人生萬事無不有.〕"라고 하였다. 《杜少陵詩集 卷21》

일소(一笑)에 부칠 수도 있습니다마는 백이(伯夷)를 마주 대한 사람은 감히 뇌물을 논하지 못하는 법이니,[32] 어찌 이러한 꿩 1마리 등의 물건이 비방을 매개할 단서가 되지 않겠습니까. 절실히 돌려드리고 싶지만 황송하여 감히 그렇게 하지는 못합니다. 이만 줄입니다.

32 백이(伯夷)를……법이니 : 《동래좌씨박의(東萊左氏博議)》에 "백이를 마주 대한 사람은 감히 뇌물을 논하지 못하고, 비간(比干)을 마주 대한 사람은 감히 아첨을 논하지 못한다."라고 하였다. 이에 대한 여조겸(呂祖謙)의 주석에 "백이는 성인(聖人) 중에 청렴한 분이고, 비간은 옛날의 충신이다."라고 하였다. 《東萊左氏博議 卷8》

이운거에게 보냄 계묘년(1663, 현종4) 11월 20일
與李雲擧 癸卯至月二十日

앞서 받은 답장에서 누누이 일깨워 주니, 참으로 은덕을 입었는지라 감사한 마음을 말로 다 할 수 없습니다. 나의 성품이 견개(狷介)하고 좁아서 무릇 재물을 도모한다는 비방에 대해서는 참을 수가 없기 때문에 감히 이전의 편지에서 그렇게 말하였던 것입니다. 그러나 그대의 답장을 받고서 좁은 나의 마음이 넓어졌으니, 내려 준 은덕이 크지 않겠습니까. 다만 유하혜(柳下惠)의 폐단은 또한 공손하지 못한 데에 이르렀으므로 좁은 사람과 똑같이 중도를 잃은 것이니,[33] 우리는 각각 치우친 바를 따라 바로잡아 가야 옳을 것입니다. 번천(樊川)에 대한 비판[34]이 노 남자(魯男子)[35]의 몸에 미친 것에 이르러서는 참으로 부모

33 유하혜(柳下惠)의……것이니 : 맹자가 말하기를 "백이(伯夷)는 좁고 유하혜는 공손하지 못하니, 좁고 공손하지 못함은 군자가 행하지 않는다."라고 하였다. 주희(朱熹)가 이를 주석하기를 "백이와 유하혜의 행실이 모두 지극한 경지에 이르렀으나 이미 치우친 바가 있으니, 폐단이 없지 못하다. 그러므로 행할 수 없는 것이다."라고 하였다. 《孟子集註 公孫丑上》

34 번천(樊川)에 대한 비판 : 번천은 당(唐)나라 시인 두목(杜牧)의 호이다. 여색을 좋아한다고 사람들이 기롱하였다고 전한다. 《宋子大全隨箚 卷5》

35 노 남자(魯男子) : 여색을 멀리하였던 노나라 독신 남자이다. 폭우가 쏟아진 날 밤 이웃 과부가 집이 무너져서 찾아와 묵기를 청하였으나 남자가 문을 닫고 받아 주지 않았다. 과부가 말하기를 "그대는 어찌 유하혜처럼 하지 못하느냐."라고 하니, 남자가 말하기를 "유하혜는 진실로 가능하지만 나는 진실로 불가능하다. 나는 장차 나의 불가능함으로 유하혜의 가능함을 배우려 한다."라고 하였다. 《孔子家語 卷2 好生》

를 모두 여읜 여자에게 장가든 사람이 장인을 때렸다는 무함을 받는 것과 같으니, 세간의 일이란 이처럼 황당한 경우가 많습니다. 그러나 어찌 군자가 더욱 면려하는 데에 일조가 되지 않겠습니까.

닭 두 마리와 오시(烏柴)[36]는 참으로 감사합니다. 그대가 선물한 물건을 시종 물리치는 것은 진실로 괴이한 일입니다. 그러나 온공(溫公 사마광(司馬光))에게조차도 받지 않음으로써 무난히 유도원(劉道原)[37]이 되는 것이니, 그대가 나에게 일러 준 것은 혹 옛사람처럼 되기를 서로 기약한 것이 아니겠습니까. 다만 하신 말씀은 감히 듣지 않을 수 없습니다. 이정(李正)[38] 어르신은 단지 정의(情義)가 깊을 뿐만이 아니니, 선을 즐거워하고 선비를 사랑하는 것으로는 세상에 어찌 다시 이러한 사람이 있겠습니까. 지금 붓을 잡고 행적을 찬술하려고 하니 나도 모르게 서글퍼서 눈물이 더해집니다. 순상(巡相)이 면담을 허락해 준 것은 붕우로서 다행한 일입니다. 이만 줄입니다.

36 오시(烏柴) : 감의 일종으로, 먹감을 가리키는 듯하다. 《송자대전수차》 권5에 따르면 감을 오비(烏椑), 오시(烏柹)라고 하기도 하였다.

37 유도원(劉道原) : 《송자대전수차》 권5에 "송(宋)나라 유서(劉恕)의 자가 도원(道原)이다. 집안이 가난하였으나 털끝 하나도 남에게 망령되이 취하지 않았다. 낙양에서 남쪽으로 돌아갈 때 온공이 옷, 버선, 담비 요를 노자로 주었는데 굳이 사양하므로 억지로 그에게 주었다. 행차가 영천(潁川)에 이르러 모두 봉하여 돌려보내니, 온공이 말하기를 '나에게도 받지 않으니, 다른 사람의 경우는 알 만하다.'라고 하였다."라고 하였다.

38 이정(李正) : 이상(李翔)의 장인인 이성연(李聖淵)을 가리킨다. 장악원 첨정(掌樂院僉正)으로서 졸하였기 때문에 이렇게 부른 것이다. 1662년 5월 9일에 졸하였는데, 송시열이 지은 그의 묘갈명이 《송자대전》 권176에 〈원주목사이공묘갈명(原州牧使李公墓碣銘)〉이라는 제목으로 실려 있다. 《宋子大全隨箚 卷5》

이운거에게 답함 병오년(1666, 현종7) 3월 12일

答李雲擧 丙午三月十二日

산간(山間)에서 석고대죄하는 것은 본래 흔하지 않은 일이거늘 이러한 때에 친구가 편지로 문안하는 것 또한 어찌 보통으로 대우하는 것이겠습니까. 앞의 편지가 상을 당한 송병문(宋炳文)[39]의 처소에서 이르렀고 그 이전에 또한 계우(季羽 이익(李翊))의 편지가 있었으나 모두 감히 답장하지 못하였던 것은 중죄를 지은 사람이 감히 편지로 남에게 누를 끼칠 수 없기 때문이었습니다. 근간에 서책을 안고 산속으로 깊이 들어가려 하였으나 집의 늙은 누이가 질병이 깊어져서 이 때문에 지체되고 있으니, 하루 동안 인간 세상에 머무는 것이 참으로 하루 동안 바늘방석에 앉아 있는 것과 같습니다.

온양(溫陽) 행차에 나섰다고 들었으니, 어찌 이리도 빠르단 말입니까. 이윽고 소명(召命)을 받아 온천욕을 하는 은혜를 입게 되거든, 인하여 탕왕(湯王)의 목욕통에 새겨 놓았던 경계[40]를 진언한다면 또한 좋지 않겠습니까. 나는 마음과 뜻이 훨훨 날아올라 벌써 천성(泉聲)과 산색(山色) 속에 들어와 있기 때문에 머리를 베고 가슴을 도려내는 재앙이 아침저녁 사이에 닥쳐 있는 줄도 스스로 모르고 있습니다. 이만 줄입니다.

39 상을 당한 송병문(宋炳文) : 송준길(宋浚吉)의 장자 송광식(宋光栻)이 세상을 떠나 그의 맏아들 송병문이 그 당시 상중에 있었다. 송병문은 이운거의 사위이다.

40 탕왕(湯王)의……경계 : 130쪽 주2 참조.

이운거에게 답함 병오년(1666, 현종7) 7월 22일

答李雲擧 丙午七月二十二日

지난번 온양 행궁에서 만났을 때에는 조용히 이야기를 나누었다고 할 만합니다마는 가슴속의 회포는 다 토로하지 못하였습니다. 어제 동춘당(同春堂 송준길(宋浚吉))의 인편을 통하여 보내 주신 편지를 받고 무더운 날씨에 체후가 맑고 좋은 줄을 알게 되니, 몹시 위로되고 또 그립기만 합니다.

누누이 일깨워 주신 뜻에 대하여 말하자면 성대한 덕으로 남을 가르쳐 주는 극진한 마음임을 우러러 알 수 있습니다. 가슴에 새겨 담은 나머지 또한 말씀드릴 것이 있습니다. 어리석은 나는 이미 욕된 사람이 되었으니, 스스로를 폐기하는 것 외에는 다시 다른 생각이 없습니다. 그러나 그대 같은 경우에는 숙씨(叔氏)와 계씨(季氏)가 막 청요직(淸要職)에 올라[41] 맑은 의론을 주장하고 있으니, 그 득실과 시비에 대하여 함께 관여하지 않을 수 없습니다. 만에 하나 일을 그르치고 계책을 잃는 단서라도 있다면 이는 이른바 "가족은 애석할 것이 못 되지만 국가를 어떻게 하겠는가."[42]라는 말처럼 실로 마음을 서늘하게 만들 것입니다. 형제분들이 이불을 나란히 하고 누웠을 때에 서로 간의 토론

41 숙씨(叔氏)와……올라 : 숙씨는 이상(李翔)의 바로 아래 동생인 이숙(李翻)을, 계씨는 막냇동생인 이익(李翊)을 가리킨다. 1666년 2월 10일에 이숙은 이조 정랑에, 이익은 사간에 각각 제수되었다. 《顯宗實錄 7年 2月 10日》

42 가족은……하겠는가 : 주희(朱熹)가 말하기를 "가족은 애석할 것이 못 되지만 종묘사직을 어떻게 하겠는가."라고 하였다. 《晦庵集 卷25 答張敬夫書》

이 여기에까지 이르렀는지 모르겠습니다.

이곳의 나는 책을 들고 산속 깊이 들어와서 아침저녁으로 외우고 읊조려, 비록 실제로 터득한 것은 없더라도 고향에서 상종하며 단지 웃고 만날 때와 견주어 보면 조금의 차이는 있습니다. 지금 바위틈에 초가 몇 칸을 지어 그곳에서 말라 죽을 계획을 하고 있으니, 조만간에 그대가 한번 찾아온다면 어찌 빈 골짜기에서 발자국 소리를 듣는 기쁨[43]이 될 뿐이겠습니까. 감히 바랄 일이 아닐 따름입니다. 이만 줄입니다.

43 빈……기쁨 : 《장자(莊子)》 〈서무귀(徐无鬼)〉에 "텅 빈 골짜기에 숨어 사는 이는 사람의 발자국 소리만 들어도 기뻐하는 법이다."라고 하였다.

이운거에게 답함 정미년(1667, 현종8) 6월 19일

答李雲擧 丁未六月十九日

일찍이 위문해 주는 편지를 받았으나 단지 인편이 없기 때문에 여태까지 답장을 쓰지 못하여 항상 스스로 송구하게 여기고 있었습니다. 지금 또 위로하고 존문(存問)하는 편지를 거듭 받고 겸하여 추로(秋露 술 이름)까지 보내 주시니, 그대의 지극한 뜻을 알 수 있어 더욱 감사함을 말로 다 할 수 없습니다. 나는 불행히도 상란(喪亂)이 거듭된 데다가 또 지난달부터 질병이 위독하여 여러 번 죽을 지경에 이르렀습니다. 이제 비록 조금 잠잠해지기는 하였으나 위태로운 증세가 아직 많이 남아 말하지도 못하고 또 먹지도 못하고 있습니다. 하루아침에 눈을 감는 것은 어려움이 없을 듯하니 이렇게 되면 참으로 단잠처럼 편안할 것이겠지만 단지 세상에 알려짐이 없는 사람으로 끝나 버리는 것은 애통하고 슬픈 노릇입니다.

계우(季羽)의 일을 들은 이후로 밤낮 마음으로 아파하고 탄식하였으나 결코 감히 입으로 발설하지 못한 것은 죄를 지은 몸으로 감히 다시 시비를 야기하여 그 죄를 보탤 수 없었기 때문입니다. 예전에 친한 사람과 왕복한 편지에서 가볍게 주고받았던 이야기 때문에 끝내 분분한 논란을 초래하여 혀를 깨물고 배꼽을 물어뜯으며 후회해도 어쩔 수가 없었던 적이 있었습니다. 이에 일깨워 준 한두 가지 내용은 군자의 마음이고 덕이 있는 분의 말씀이라 할 만하니, 공경하고 감탄하는 심정을 견디지 못하겠습니다. 어떻게 하면 마주 대하여 가슴속의 회포를 한번 토로할 수 있겠습니까.

당질(堂姪) 기후(基厚)는 참으로 염려할 만합니다마는[44] 오래지 않아 응당 벗어날 것입니다. 편지를 갖고 온 사람이 새벽에 일어나 돌아가기를 재촉하므로 병든 몸을 억지로 일으켜 단지 이렇게 어지럽게 적으니, 너그럽게 양해해 준다면 매우 다행이겠습니다.

44 당질(堂姪)……만합니다마는 : 송시열의 당질 송기후가 윤휴(尹鑴)의 문하에 들어간 것을 말하는 것으로 보인다.

이운거에게 답함 무신년(1668, 현종9) 6월 24일

答李雲擧 戊申六月二十四日

몹시도 그리워하던 차에 이렇게 보내 준 편지를 받게 되었습니다. 일러 준 뜻이 지극하고도 간절하니, 비록 나처럼 혼미(昏迷)한 사람일지라도 어찌 감동할 줄 모르겠습니까. 그러나 오늘의 일[45]은 바로 성상께서 좋은 옥을 버리고 나쁜 옥을 선택하신 처사입니다. 좋은 옥의 값이 높아질수록 나쁜 옥은 더욱 감히 현혹하거나 속일 수 없는 법이니, 단지 지구(知舊)들이 나를 애련(哀憐)하게 여겨서 해면(解免)할 길을 알려 주기 바랄 뿐입니다.

나는 몇 해 전부터 노쇠함이 더욱 심하여 기력은 줄고 눈은 어두워져서 책을 전혀 보지 못하고 있었는데, 지금 보내온 편지를 받고는 경책이 되고 깨우쳐지는 것이 많습니다. 주자(朱子)의 글은 곡창방통(曲暢旁通)하기 때문에 조금이라도 문리가 있는 사람이면 이해하지 못할 바가 없을 것이고, 그중에 소소하게 의심이 나거나 분명하지 못한 곳은 비록 혹 이해하지 못할지라도 끝내 문제가 될 것이 없습니다. 근간에 윤인경(尹仁卿)과 송상민(宋尙敏)이 황산(黃山)에서 《주자대전(朱子大全)》을 통독(通讀)하고 지금 차의(箚疑)를 만들었다고 하니, 조만간에 보내 준다면 노쇠하고 혼미한 나에게 도움이 되는 바가 많을 것입니다.

45 오늘의 일 : 송시열이 1668년 2월 우의정에 제수된 뒤 여러 차례 사직 상소를 올렸지만 현종이 윤허하지 않은 것을 말한다. 《宋子大全隨箚 卷5》

듣건대 그대의 동생 계우(季羽)가 특지(特旨)로 전관(銓官)에 선입(選入)되었다고 하니,[46] 이는 좋은 벼슬이 아니라서 염려하는 마음이 부질없이 생겨납니다.

46 계우(季羽)가……하니 : 이상(李翔)의 막냇동생인 이익(李翊)이 1668년 6월 17일 이조 참의에 제수되었다. 《顯宗實錄 9年 6月 17日》

이운거에게 답함 경술년(1670, 현종11) 10월 8일

答李雲擧 庚戌十月八日

깊은 산에 칩거해 있느라 그대가 동기간의 참상(慘喪)을 당한 소식을 전혀 듣지 못하였다가 갑자기 안부 편지에서 언급하는 말을 보게 되니, 놀라고도 슬픈 마음을 견디지 못하겠습니다. 몇 번째 형제이며 자손은 있는지 모르겠습니다. 덕망이 있는 가문에 어찌 또한 이러한 일이 있단 말입니까.

나는 운명의 길이 몹시 나빠서 예전부터 비난받는 말들이 모두 무군부도(無君不道)[47]라는 죄목이었는데, 오늘날에 이르러서는 또 한층 더하고 있습니다.[48] 신하가 이러한 명목(名目)을 갖고도 오히려 참고 천지 사이에 살아 숨을 쉬고 있으니, 이보다 더 미련한 사람이 누가 있겠습니까. 오직 성상께서 나를 가엾게 여겨서 이미 목숨을 보전할 수 있게 하셨고 또 덕음(德音)으로 위유(慰諭)하여 귀신도 감읍하였으니, 이 몸이 비록 만번 갈아서 가루가 되더라도 어찌 성은의 만분의 일이라도 보답할 수 있겠습니까.

보내 준 편지는 정중하여 돌보아 주고 측은히 여기는 뜻이 말 밖으로

47 무군부도(無君不道) : 임금을 무시하거나 사람의 도리에 어긋나는 것을 말한다.

48 오늘날에……있습니다 : 1670년 9월 서얼 신분인 송시열의 먼 친척 이세직(李世直)이 송시열에게 원한을 품고서 송시열과 이홍연(李弘淵), 서필원(徐必遠) 등이 역모를 논의하였다고 고변(告變)하였으나, 국문해 보니 모두 허망한 말이었다. 뒤에 이세직은 무고임을 자복하고 죽음을 당하였다.《顯宗實錄 11年 9月 15日》《宋子大全 附錄 卷6 年譜》

넘쳐흐르니, 감사한 마음이 만 배나 되어 형언할 바를 모르겠습니다. 서로 만날 기약이 아득하니, 세한(歲寒)의 날씨에 더욱 만중하기를 빕니다. 예를 갖추지 못합니다.

이운거에게 답함 계축년(1673, 현종14) 2월 3일

答李雲擧 癸丑二月三日

일찍이 족인(族人)을 통하여 편지 한 통을 올려 안부를 물었습니다. 이에 곡진한 편지를 받게 되니, 마치 직접 이야기를 나누는 듯하여 위로되는 심정을 말로 다 할 수 없습니다. 이곳의 맑고 좋은 풍광도 외람되이 관심을 받아 시냇물과 벼랑이 온통 영광을 입었습니다. 그러나 이 적막한 곳으로 들어오는 것은 실로 쉽지 않은 일이니, 목을 빼고 서쪽으로 바라보며 크게 탄식할 뿐입니다.

이곳의 나는 석 달 동안 병들어 누워 지내느라 아직까지 문밖을 나가지 못하니, 동춘당(同春堂)을 장사 지내는 날[49] 반드시 갈 수 있다고 장담하지는 못하겠습니다. 또 제물을 올리며 드리는 글은 균평(均平)하게 짓기가 몹시 어려우니 만약 그대가 지은 제문을 보여 준다면 그 양식(樣式)대로 따라 하여 과도하게 되는 잘못을 꼭 줄이고 싶습니다.

근간에 우연히 양웅(揚雄)의 《태현경(太玄經)》을 보는데 내용이 몹시 낯설어 구두를 끊을 수 없는 곳이 있기까지 합니다. 일찍이 이 책을 이해한 적이 있는지 모르겠습니다. 편지로 서로 토론하기를 간절히 원합니다.

백씨(伯氏) 집안의 혼사는 아이가 잘못 전한 것이 아니라면 필시

49 동춘당(同春堂)을……날 : 송준길(宋浚吉)이 1672년 12월 2일 졸하여 1673년 2월 연기(燕岐)에 장사를 지냈다. 《宋子大全 卷182 同春堂宋公墓誌》

그 아버지가 잘못 들었을 터이니, 아마도 혼사를 이루고 싶은 뜻이 너무 커서 그러한 것이 아니겠습니까. 우습기만 합니다.

선물한 꿩 두 마리는 그곳 학생들이 매우 많다고 들었으니 아마도 세 번 냄새를 맡고 일어난 나머지의 것[50]이 아니겠습니까. 그러나 이렇게 용기를 좋아하는 훌륭한 제자가 있는데도 고변(告變)한다는 나쁜 소문이 들리는 것은 어째서입니까.[51] 한바탕 큰 웃음을 터뜨릴 만합니다. 이러한 이야기는 엄숙하고 경건한 자리에서 감히 내놓고 말할 수 없을 듯하지만 집사는 귀머거리에 의탁하여 세상을 내려다보고 있기 때문에 때때로 이러한 말을 웃음거리로 제공하는 것입니다. 심히 공손하지 못하니, 양해해 주기 바랍니다.

50 세……것 : 제자들이 잡아서 바친 꿩일 것이라는 말이다. 《논어》 〈향당(鄕黨)〉에 "공자가 말하기를 '산기슭 징검다리의 암꿩이 제때를 만났구나, 제때를 만났구나.'라고 하셨다. 자로(子路)가 이 꿩을 잡아서 올리니, 세 번 냄새를 맡고 일어나셨다."라고 하였다.

51 용기를……어째서입니까 : 자로처럼 용감한 제자가 있는데도 비난하는 소문이 어째서 들리느냐며 농담으로 한 말이다. 공자가 말하기를 "내가 자로를 얻은 뒤로부터 나를 비난하는 나쁜 소문이 귀에 들리지 않았다."라고 하였다. 《古文眞寶 後集 卷2 重答張籍書》

이운거에게 답함 계축년(1673, 현종14) 12월 18일

答李雲擧 癸丑十二月十八日

외람되이 신선의 배를 타고 실컷 승유(勝游)하였다가[52] 드디어 복을 과도하게 누린 재앙이 뒤따라 석 달 동안 병에 걸려 온갖 고통을 모두 다 맛보았습니다. 뜻하지 않게도 한 줄기 목숨이 끊어지지 않아 그대의 문안 편지를 받게 되니, 위로되고 후련하기가 안개를 헤치고 푸른 하늘을 보는 것과 같을 뿐만이 아닙니다. 대개 이 병의 증세는 처음에는 유행병과 유사하였으나 병이 깊어지게 되어서는 갖가지 위태롭고 나쁜 증세가 틈도 없이 교대로 찾아왔습니다. 집의 안팎으로 모면한 사람이 없고 무엇보다도 늙은 사람이 더욱 심하니, 지금까지도 생사(生死)의 관문을 완전히 벗어나지는 못하고 있습니다.

보내온 편지의 끝에서 말한 내용은 깊은 산속에서 죽어 가는 사람이 의당 들을 수 있는 바가 아닌데도 이렇게 제기하여 이야기하시니, 냉채도 입으로 분다[53]는 교훈을 듣지 못한 것입니까, 아니면 회옹(晦翁)이 말한 "집인에서 응당 해야 할 말"[54]로 여기는 것입니까?

52 신선의……승유(勝游)하였다가 : 《송자대전수차》 권5에 따르면, 송시열은 1673년 10월에 여주(驪州)의 능소(陵所)에서 고향으로 돌아올 때 이상(李翔) 및 이유태(李惟泰), 민정중(閔鼎重)과 함께 배를 탔고 인하여 화양(華陽)에 도착하였다.

53 냉채도 입으로 분다 : 《초사(楚辭)》 〈구장(九章) 석송(惜誦)〉에 "뜨거운 국을 먹다가 놀란 사람은 냉채를 보고도 입으로 불거늘, 어찌하여 이 뜻을 바꾸지 않는가."라고 하였다.

54 회옹(晦翁)이……말 : 주희(朱熹)가 말하기를 "'그 침묵하는 것이 몸을 보전할 수

어저께 그 부본(副本)을 본 사람이 중씨(仲氏)는 결국 비난과 배척을 받았다고 대략 말해 주었으나, 계씨(季氏)에 대해서는 듣지 못하였습니다. 다만 이른바 힘을 합하여 충주(忠州)를 공격하는 가운데에 집사는 크게 참여하고 있지만, 나와 같은 사람은 또한 말할 만한 것이 있는데도 스스로 감히 공적으로 이야기하지 못하는 것은 세상 사람들이 황보위명(皇甫威明)의 처신[55]으로 비웃을까 가만히 염려하기 때문입니다. 그러나 망녕되이 올린 상소에 대한 비답의 말씀이 극히 엄중하니, 장차 누가 구란(寇亂)의 우두머리[56]가 될지 모르겠습니다.

동춘당(同春堂)의 첫 번째 기일(忌日)이 이미 지났습니다. 생각건대 그는 조물주와 한 무리가 되어 내가 이렇게 걱정하고 고뇌하는 모습을 내려다보고는 한바탕 웃음을 터뜨릴 것입니다.

보내 준 조(租)는 곤궁한 사람을 살려 주는 의리인 줄로 알겠으니, 감사하고 감탄하는 마음을 견디지 못하겠습니다. 언 눈이 산을 에워싸서 사람의 흔적이 아득히 멀리 있습니다. 온 집안에 도기(道氣)가 넘치

있다.'라는 말은 단지 북을 쳐서 원통함을 송사하지 않는 것이 곧 침묵하는 것이니, 집안에서 응당 해야 할 말조차 또한 감히 말하지 못해서는 안 될 것이다."라고 하였다. 《朱子語類 卷107 閔祖》

55 황보위명(皇甫威明)의 처신 : 위명은 후한(後漢)의 명장 황보규(皇甫規)의 자이다. 환제(桓帝) 때에 당옥(黨獄)이 크게 일어나 천하의 명현들이 많이 체포되었다. 황보규는 자신이 서주(西州)의 호걸로서 연좌되지 못한 것을 부끄럽게 여기고는 의당 연좌되어야 한다는 내용의 상소를 올렸다. 《後漢書 皇甫規列傳》

56 구란(寇亂)의 우두머리 : 자사(子思)가 말하기를 "오늘날의 임금은 사람을 등용할 적에는 무릎 위에 올려놓을 듯이 하고, 사람을 물러나게 할 적에는 깊은 못에 떨어뜨릴 듯이 하니, 구란을 일으키는 우두머리만 되지 않더라도 또한 좋지 않겠습니까."라고 하였다. 구란은 외환과 내란을 말한다. 《禮記 檀弓下》

는 것은 아직 허연(許掾)의 충만함을 배우지 못하여[57] 결국 굶주린 기색을 면하지 못하지만, 원안(袁安)[58]처럼 깊이 누워서 지낸 지가 또한 이미 여러 날이 되었습니다.

57 온……못하여 : 허연은 진(晉)나라 때 군(郡)의 상계연주부(上計掾主簿) 벼슬을 지낸 허손(許遜)을 가리킨다. 당(唐)나라 시인 이상은(李商隱)의 〈정주헌종숙사인(鄭州獻從叔舍人)〉에 "모군(茅君)은 누대에 걸쳐 신선의 귀한 신분이고, 허연은 온 집안사람 도기가 충만했네."라고 하였는데, 그 주석에 "《십이진군전(十二眞君傳)》에 '허손은 집안 대대로 선도(仙道)를 사모하였다. 태강(太康) 2년 8월 1일에 홍주(洪州) 서산(西山)에서 허손의 온 집안사람 42명 전부가 대낮에 집채로 승천하였다.'라고 하였다." 하였다. 《唐詩鼓吹 卷7》

58 원안(袁安) : 후한(後漢) 때의 현사(賢士)이다. 낙양에 큰 눈이 내려 한 길 넘게 쌓이자 낙양 영(洛陽令)이 민간을 순찰하였다. 백성들이 모두 눈을 치우고 나왔고 걸식하는 사람도 있었으나 원안의 대문에는 발자국이 보이지 않았다. 낙양 영이 눈을 쓸고 들어가서 쓰러져 누운 원안을 보고 말하기를 "어째서 밖으로 나오지 않는가?"라고 하니, 대답하기를 "큰 눈에 사람들이 모두 굶주리고 있으니 남을 찾아가는 것은 마땅치 않소."라고 하였다고 한다. 《後漢書 袁安列傳》

이운거에게 보냄 갑인년(1674, 현종15) 8월 2일

與李雲擧 甲寅八月初二日

늘그막의 영광[59]이 어찌 이 지경에 이른단 말입니까. 이러한 때에 그대는 벌써 전원에 높이 누워 있으니 "역병은 미리 앓아 버리는 것도 나쁘지 않다."라는 속담이 진실한 말인 것 같습니다. 나는 만의(萬義)에 있는 수장(壽藏)[60]에 와서 명이 내려오기를 기다리고 있습니다. 만약 내가 실제 문제의 근원이라서 결코 용서할 수 없다고 한다면, 응당 여기에서 죽어 그대로 여기에 묻히는 것이 매우 편리하고 좋은 일일 것입니다.

어제 구수(求壽)의 묘소를 차례로 배알하였는데, 당시에 하셨던 말씀을 아득히 떠올리고는 추모의 눈물을 견디지 못하였습니다. 추석에 내가 혹 이곳에 와서 천신(薦新)하게 된다면 서로의 거리가 멀지 않으니, 그대가 찾아와 줄 수 있겠습니까? 조카아이가 가는 길에 대략 안부를 전합니다. 이만 줄입니다.

59 늘그막의 영광 : 주희(朱熹)의 시에 "늘그막의 영광은 간당의 당적에 이름을 올린 것이고, 지난날의 부끄러움은 시신의 갓을 쓴 것이네.〔老去光華奸黨籍, 向來羞辱侍臣冠.〕"라고 하였다. 《晦庵集 卷9 蒙恩許遂休致陳昭遠丈以詩見賀已和答之復賦一首》

60 수장(壽藏) : 생전에 미리 만들어 놓은 무덤을 말한다. 송시열의 원래 장지는 수원(水原) 만의 무봉산(舞鳳山)에 있었는데, 뒤에 풍수로 보아 부인과 합장하는 것이 산운(山運)에 맞지 않는다고 하여 오늘날 충북 괴산군 청전면으로 이장하였다. 《宋子大全 附錄 卷11 年譜》

이운거에게 보냄
與李雲擧

방축(放逐)을 당하여 한강을 지나갈 때에 어떤 방문객이 그대의 중씨(仲氏) 영감에게 농담을 건네므로 나도 그와 함께 한바탕 웃은 적이 있었는데, 그 농담이 그대로 호조 판서에게 전해졌습니다. 지금 듣건대 중씨 영감이 이 소식을 듣고 자못 불안해한다고 하니, 농담을 진담으로 여긴 것입니다. 농담한 사람에게 〈동명(東銘)〉[61]을 읽지 않았다고 한다면 그 사람은 반드시 승복할 것이지만 만약 마음을 담은 농담이라고 한다면 반드시 그렇지 않다고 할 것입니다.

지금 듣건대 주상께서 특별히 허목(許穆)을 제수하여 대사헌으로 삼고[62] 또 같은 시기에 침체되었던 자들을 모두 천거하여 별단(別單)으로 써서 들이도록 명하셨다고 운운하니, 윤휴(尹鑴)는 성공하였다고 할 만합니다. 허목이 발탁된 이유가 단지 예법을 논한 것 때문이라면 크게 해가 되지 않을 듯하지만 만약 국본(國本)이 정해지지 않았다는 상소[63] 때문이라면 사류들이 장차 모두 주멸당할 것이니, 지극히 두려

61 동명(東銘) : 북송(北宋)의 장재(張載)가 지은 명(銘)으로, 농담하는 말과 희롱하는 행동을 깊이 경계하는 내용을 담고 있다. 《古文眞寶 後集 卷10 東銘》

62 허목(許穆)을……삼고 : 1674년(숙종 즉위년) 11월 2일 허목을 특별히 제수하여 대사헌으로 삼았다. 《肅宗實錄 卽位年 11月 2日》

63 국본(國本)이……상소 : 1663년(현종4) 8월 허목이 상소하여, 원자가 탄생한 지 3년이 되었는데도 책봉례를 거행하지 않아 국본이 정해지지 않았다며 세자를 정하기를 청하였다. 《顯宗實錄 4年 8月 5日》

워할 만합니다. 국본이 정해지지 않았다는 상소는 실로 이기(李芑)와 윤원형(尹元衡)의 무리가 사류들이 대군(大君)을 동요시킨다고 지적하여 참살하면서나 썼던 계책인데 지금 성상의 추장(推奬)을 받고 있으니 어찌 두렵지 않겠습니까, 어찌 두렵지 않겠습니까.

이운거에게 답함 갑인년(1674, 숙종 즉위년) 12월 11일

答李雲擧 甲寅十二月十一日

깊은 골짜기에서 문을 닫고 지내는 것이 오로지 텅 빈 골짜기로 달아난 사람[64] 같던 차에 홀연히 대문에서 부르는 소리가 있어 동복으로 하여금 응대하게 하였더니 바로 그대가 보내 준 안부 편지였습니다. 봉투를 열어 빨리 읽어 봄에 고질병이 몸에서 달아남을 문득 느낍니다. 다만 말씀한 내용은 천루(淺陋)한 내가 감히 들을 수 있는 바가 아니니, 어쩌면 음험하다는 이름[65]으로는 부족해서입니까, 아니면 또 상찬계(相贊契)[66]에 들어가려고 하는 것입니까?

선물하신 석어(石魚)는 북쪽 지방에 없는 것이니, 보내 준 뜻을 묵묵히 알겠습니다. 그러나 다리에 피를 흘리며 오령(五嶺)[67]을 넘어 귀양 갈 때에 어떻게 이 물건을 가지고 갈 수 있겠습니까.

초형(草兄 이유태(李惟泰))이 탈이 없는 것은 도가 온전하고 덕이 성

64 텅……사람 : 《장자(莊子)》 〈서무귀(徐无鬼)〉에 "텅 빈 골짜기에 숨어 사는 이는 사람의 발자국 소리만 들어도 기뻐하는 법이다."라고 하였다.

65 음험하다는 이름 : 1672년(현종13) 5월 집의 이상(李翔)이 송준길(宋浚吉)을 높이고 허적(許積)을 비난하는 상소를 올렸는데, 현종은 상소에서 한 말이 간교하고 음험하다며 이상을 삭탈관직하였다. 《顯宗實錄 13年 5月 19日》

66 상찬계(相贊契) : 서로 칭찬하는 계(契)이다. 《송자대전수차》 권5에 "속담에 '옛날에 상찬계를 맺은 자들이 있었는데, 두 사람이 서울에 이르러 서로 칭찬을 주고받아 마침내 벼슬살이까지 하였다.' 한다."라고 하였다.

67 오령(五嶺) : 중국의 대유령(大庾嶺), 월성령(越城嶺), 기전령(騎田嶺), 맹저령(萌渚嶺), 도방령(都龐嶺)의 총칭이다. 이곳의 남쪽은 예로부터 유배지로 알려져 있다.

대한 사람은 감히 손댈 수 없기 때문에 그러한 것이니, 회옹(晦翁)이 일찍이 말하기를 "죽음을 당한 성인(聖人)은 없다."라고 한 것에 초려(草廬)가 거의 가까울 것입니다. 그러나 한 바퀴 더 굴러가 버리면 호백시(胡伯始)의 중용(中庸)[68]이 될 것이니, 이것은 두려워할 만합니다. 어떻게 하면 그를 마주하여 한번 웃을 수 있겠습니까. 예를 갖추지 못합니다.

68 호백시(胡伯始)의 중용(中庸) : 《송자대전수차》 권5에 "백시(伯始)는 동한(東漢) 사람 호광(胡廣)의 자이다. 말을 겸손하게 하고 낯빛을 공손하게 하여 당시에 아첨하니, 서울의 속담에 '천하의 중용은 호백시에게 있다.'라고 하였다. 당고(黨錮)의 화를 당하였을 때에 머뭇거리다가 화를 면하였다."라고 하였다.

이운거에게 답함 갑인년(1674, 숙종 즉위년) 12월 20일

答李雲擧 甲寅十二月二十日

조만간에 오령(五嶺)을 넘어 귀양 갈 처지라서 항상 생사 간의 이별이 갑자기 이루어질까 염려하고 있던 차에 갑자기 사람을 시켜 보내 준 편지를 받게 되니, 마치 얼굴을 마주 대한 듯하여 위로되는 마음을 말로 다 할 수 없습니다.

일찍이 화숙(和叔 박세채(朴世采))에게 답하는 편지에 "공께서 이미 소임을 완수한 것을 부러워한다."라고 한 적이 있습니다.[69] 집사는 소임을 완수한 지가 더욱 이미 오래되었으니, 부러운 마음이 더욱 깊어집니다. 오늘에서야 기쁘게도 옷소매를 붙잡고 함께 돌아갈 수 있게 되었으니, 군이 도료공(度遼公)의 심력(心力)[70]을 허비하지 않아도 될 것입니다. 이는 이(李)・목(睦) 두 대간(臺諫)[71]이 내려 준 은덕이 두텁다

69 화숙(和叔)에게……있습니다 : 화숙은 박세채(朴世采, 1631~1695)의 자이다. 교관이었던 민업(閔業)의 상(喪)에 송시열과 박세채가 정신 착란증이 있던 그 아들 민세익(閔世益) 대신 손자인 민신(閔愼)에게 대신 집상(執喪)하게 하였는데, 이 일로 국구(國舅) 김우명(金佑明)이 상소하여 "생존한 아버지를 죽은 것으로 간주하고 대신 복을 입게 하는 것은 인륜을 문란하게 하는 일이다."라고 맹렬히 공박하였으므로 박세채가 1년 가까이 형조에서 대죄(待罪)하였고 결국 1674년 11월에 삭출되었다.《顯宗實錄 14年 9月 9日》《肅宗實錄 卽位年 11月 20日》

70 도료공(度遼公)의 심력(心力) : 명현들과 함께 찬축당하기를 바라는 마음을 말한다. 도료공은 후한의 도료장군 황보규(皇甫規)를 가리킨다. 168쪽 주55 참조.

71 이(李)……대간(臺諫) :《송자대전수차》 권5에 "헌납 이우정(李宇鼎)과 정언 목창명(睦昌明)이 맨 먼저 흉론(凶論)을 일으켰다."라고 하였다. 1674년 12월 14일 이우

고 할 만합니다. 언제쯤이나 마주 대하여 한번 웃을 수 있을지 모르겠습니다. 이만 줄입니다.

정과 목창명이 논계하여, 기해예송에서 예를 어그러뜨렸다며 송시열을 죄주는 한편 당시 논의에 참여했던 신하들을 탄핵하려 하였으나 대간들과 의견이 일치되지 않아 인피하였다. 이에 18일에는 장령 남천한(南天漢), 지평 이옥(李沃)과 합계하여 송시열을 파직하기를 청하여 윤허를 받았다.《肅宗實錄 卽位年 12月 14日, 18日》《宋子大全 附錄 卷7 年譜》

이운거에게 보냄 갑인년(1674, 숙종 즉위년) 12월 23일

與李雲擧 甲寅十二月二十三日

이전에 보낸 답장은 읽어 보았습니까? 마운령(磨雲嶺)의 눈을 서로 마주 대한 지 이미 오래되었다가 지금은 승방(僧房)에 편안히 앉아 사람들과 이야기를 주고받으며 웃고 있으니, 누리는 복이 지나치다고 할 만합니다. 그러나 며칠을 지나지 않아 응당 지휘하는 명령을 들을 것이니, 어느 곳에 멀리 떨어져서 서로 바라보게 될지 모르겠습니다. 오직 더욱 자애(自愛)하여 도학 붕우의 기대에 부응하기를 바랍니다.

이운거에게 보냄 을묘년(1675, 숙종1) 1월 5일

與李雲擧 乙卯正月五日

자주 사람을 보내어 안부를 물어 주니, 비록 민휼(憫恤)하는 의리는 고맙게 생각하지만 우리가 오늘날 벽립천인(壁立千仞)[72]의 기상을 지니지 못한다면 참으로 글을 읽고서도 힘을 얻지 못할 것입니다. 삭출(削黜)하라는 주장이 한번 아뢰어지자 즉시 윤허의 말씀이 내려졌고[73] 극변(極邊)으로 귀양 보내라는 요청이 한창 펼쳐지고 있으니,[74] 참으로 어디로 갈지 모르는 정처 없는 사람이 되었습니다. 황생(黃生)의 일은 몹시 가련하게 되었고 춘형(春兄 송준길(宋浚吉)) 또한 무덤 속에서 죄를 받게 되었으니, 어쩌면 오늘날의 군자는 옛날에 비해 더욱 두려워할 만하지 않겠습니까.

72 벽립천인(壁立千仞) : 천 길 높이의 우뚝한 벼랑으로, 선비의 드높은 기상을 상징하는 말로 쓰인다.

73 삭출(削黜)하라는……내려졌고 : 175쪽 주71 참조.

74 극변(極邊)으로……있으니 : 1675년 1월 2일 장령 남천한(南天漢)과 정언 이수경(李壽慶)이 합계하여 송시열을 극변에 원찬(遠竄)하고, 송준길의 관작을 추탈(追奪)하고, 이유태(李惟泰)를 삭출하기를 청하였는데 숙종이 윤허하지 않다가 이후 12일 주강(晝講)에서 다시 청하자 송시열을 원찬하도록 명하였다. 《肅宗實錄 1年 1月 2日, 12日》《宋子大全 附錄 卷7 年譜》

이운거에게 보냄 을묘년(1675, 숙종1) 2월 18일

與李雲擧 乙卯二月十八日

그대는 봄이 돌아온 시냇가에서 아마 무우(舞雩)에서 바람을 쐬는 정취[75]가 있을 것인데, 나는 바닷가 외로운 마을에서 고요히 옛날 서책을 마주 대하여[76] 또한 죽음이 눈앞에 닥친 사실도 잊고 있습니다. 일찍이 서산(西山)의 꺾이지 않은 뜻[77]을 두고 지극히 어려운 일이라고 여겼으나 오늘 내가 이 일을 당해서는 또한 심히 걱정하거나 불안해하지 않으니, 어쩌면 또한 석실(石室) 선생[78]이 "단단히 묶었기 때문이다."라고

75 무우(舞雩)에서……정취 : 무우는 기우제를 지내는 곳으로, 제단과 빈터와 수목이 있다고 한다. 공자가 제자들에게 평소에 뜻한 바를 묻자, 증석(曾晳)이 답하기를 "늦은 봄날 봄옷이 완성되면 갓을 쓴 어른 대여섯 명과 어린아이 예닐곱 명과 함께 기수(沂水)에서 목욕하고 무우에서 바람을 쐬고서 노래하며 돌아오겠습니다."라고 하였다. 《論語 先進》

76 바닷가……대하여 : 송시열은 1675년 1월 16일에 배소로 떠나 24일에 철령(鐵嶺)을 넘어 25일에 덕원(德源)의 배소에 이르렀는데, 단정히 앉아 책을 보고 문밖을 나간 적이 없었다. 《宋子大全 附錄 卷7 年譜》 덕원은 지금의 함경도 원산과 문천의 옛 지명이다.

77 서산(西山)의……뜻 : 서산은 주희(朱熹)의 제자 채원정(蔡元定)의 호이다. 남송 영종(寧宗) 경원(慶元) 연간에 주희의 학문을 위학(僞學)으로 몰아 금지할 때, 채원정이 연좌되어 도주(道州)로 유배 가게 되었다. 주희가 문인들과 함께 그를 전별하는 자리에서 탄식하며 눈물까지 흘리는 사람들도 있었으나 평시처럼 의연한 채원정을 보고 주희가 찬탄하기를 "붕우 간에 서로 사랑하는 정과 계통(季通)의 굳은 지조는 둘 다 도리를 얻었다고 할 만하다."라고 하였다. 《宋史 儒林列傳 蔡元定》 계통은 채원정의 자이다.

하신 말씀에 가깝지 않겠습니까. 석실 선생이 곤액을 만나 심양(瀋陽)으로 달려갈 때에 두려워하지 않는 모습에 제공(諸公)들이 감복하자, 선생이 웃으며 말하기를 "이는 바로 죄인을 단단히 묶어 큰 곤장으로 치며 말하기를 '이놈이 곤장을 잘 참아 내는 것은 이놈이 잘 참는 것이 아니라 단단히 묶여 움직일 수 없기 때문이다.'라고 하는 것과 같소."라고 하였습니다. 잘 모르겠으니, 오늘의 나는 서산의 경우입니까, 아니면 석실의 경우입니까? 반드시 가려내는 사람이 있을 것이니, 생각건대 그대는 한바탕 웃음을 터뜨릴 것입니다.

남생(南生)이 천여 리 길을 걸어와 이곳에서 나를 돌보다가 지금 돌아간다고 하고 인하여 지나는 길에 그대를 방문하려고 하니, 그 의리가 가상합니다마는 또한 그의 어리석음이 나보다 심한 것이 우습습니다. 그가 이곳의 일을 잘 이야기해 줄 것이므로 이에 낱낱이 다 말하지 않습니다.

78 석실(石室) 선생 : 김상헌(金尙憲)이다. 호는 청음(淸陰) 외에도 중년에 석실로 물러나 살 때에는 석실산인(石室山人)이라는 호를 사용하였다.

이운거에게 보냄 을묘년(1675, 숙종1) 6월 6일

與李雲擧 乙卯六月六日

편지에서 말씀하신 세 가지 행운은 이제 꼭 나흘이 되었으니 걱정하던 일은 이미 좋게 결말이 나서 이미 네 가지 행운이 되었으리라 생각합니다. 나 또한 행운으로 여기는 것이 세 가지가 있습니다. 그대가 나를 사당(邪黨)의 괴수(魁首)로 추대하였으니, 이는 회옹(晦翁)이 '늘그막의 영광'[79]이라는 것으로, 첫 번째 행운입니다. 하늘에 닿을 듯한 고갯길을 맨발로 넘어 서산(西山)처럼 다리가 피투성이가 된 것[80]이 두 번째 행운입니다. 북쪽으로 오자마자 곧바로 남쪽으로 내려가서 원성(元城)이 운명을 시험한 경우와 흡사한 것[81]이 세 번째 행운입니다. 며칠

79 늘그막의 영광 : 170쪽 주59 참조.

80 서산(西山)처럼……것 : 서산 채원정(蔡元定)이 도주(道州)로 귀양 갈 때 "지팡이를 짚고 나막신을 신고서 아들 채침(蔡沈)과 함께 3000리 길을 걸어가느라 다리가 피투성이가 되었으나 말이나 얼굴에 조금의 기색도 드러내지 않았다."라고 하였다. 《宋史 儒林列傳 蔡元定》

81 북쪽으로……것 : 원성은 북송의 학자 유안세(劉安世)의 봉호이다. 《송자대전수차》 권5에 "술사(術士)가 원성의 운명이 좋다고 일컫자, 장돈(章惇)과 채변(蔡卞)이 반드시 원성을 죽여 그 운명을 시험해 보려고 막 광동(廣東)으로 귀양 보내었다가 광서(廣西)로 옮기고 이미 광서에 도착하면 다시 광동으로 옮겼다. 장돈이 반드시 그를 죽이려고 하였으나 끝내 무탈하였기 때문에 장돈이 '강철 같은 사나이'라고 하였다. 인하여 방면되어 돌아왔다가 1년 만에 세상을 떠났다. 정강(靖康)의 변란이 일어났을 때, 주희(朱熹)는 원성이 정강의 변란을 보지 않은 것을 두고 운명이 좋은 것이라고 하였다."라고 하였다. 함경도 덕원(德源)에 유배되었던 송시열은 1675년 6월에 경상도 장기(長鬐)에 위리안치되었는데, 이를 가리켜 한 말인 듯하다. 《宋子大全 附錄 卷7 年譜》

뒤면 마주 대하여 한바탕 웃으면서 이러한 이야기를 나눌 것이기에 이만 줄이고 하나하나 이야기하지 않습니다.

이운거에게 보냄 을묘년(1675, 숙종1) 6월 9일

與李雲擧 乙卯六月九日

어제의 만남과 이별에 서글픈 심정이 갑절로 느껴집니다. 또 초췌한 모습을 보게 되니, 어찌 걱정과 병 때문에 그러한 것이 아니겠습니까. 또 남들에게 자신은 죄가 없다고 말하지 않는 것[82]은 옛날 신하 된 사람의 도리였으니, 이는 실로 오늘날 마땅히 알아야 할 바입니다. 나머지는 단지 아침저녁으로 책을 보아 스스로 마음을 적셔 주기를 바랄 뿐입니다. 예를 갖추지 못합니다.

82 남들에게……것 : 《예기》 〈곡례 하(曲禮下)〉에 "대부와 사(士)가 죄를 짓고 나라를 떠나되, …… 다른 사람에게 자신은 죄가 없다고 말하지 않고, 부인이 모시게 해서는 안 되며, 3개월이 지나면 평상복으로 돌아온다."라고 하였다.

이운거에게 보냄 을묘년(1675, 숙종1) 6월 21일
與李雲擧 乙卯六月二十一日

근래의 정황은 어떠합니까? 그리워서 달려가는 심정은 말로 다 할 수 없습니다. 근간에 어떤 책을 보며 날로 의취(意趣)가 있는지 모르겠습니다. 모름지기 "성인(聖人)이 나를 속이지 않았다."[83]라는 말의 뜻을 깨달은 뒤라야 비로소 진정한 독서인이 될 것입니다. 만일 중씨(仲氏 이숙(李翻))와 계씨(季氏 이익(李翊))로부터 근래의 소식이 있거든 나에게도 전하여 부쳐 주면 좋겠습니다. 이만 줄입니다.

83 성인(聖人)이……않았다 : 성인의 말씀이 모두 진실하기 때문에 이 말씀을 따라 노력하면 누구나 다 성인처럼 될 수 있다는 것이다. 공명의(公明儀)가 말하기를 "주공(周公)이 '문왕(文王)은 나의 스승이다.'라고 하였으니, 주공이 어찌 나를 속였겠는가."라고 하였다.《孟子 滕文公上》 공명의는 노(魯)나라 현인(賢人)이다.

이운거에게 답함 을묘년(1675, 숙종1) 7월 7일

答李雲擧 乙卯七月七日

지난번 편지에 아직 답장도 못 하였는데 다시 이렇게 거듭 편지를 받게 되니, 기쁘고 감사한 마음을 실로 형언하기 어렵습니다. 내가 태어난 지 겨우 11년이 되던 해에 자일(刺日)하는 사람[84]이 이미 태어났으니, 이 사람이 잉태되던 날에 곧 나의 화복(禍福)이 이미 결정된 것입니다. 이것이 어찌 사람의 힘으로 간여할 수 있는 바이겠습니까.

지난번 편지에서 말씀하신 독서법(讀書法)은 주자(朱子)가 상세히 논하였습니다. 주자가 이른바 "윤화정(尹和靖)은 반년 동안 《대학》과 〈서명(西銘)〉만 읽었을 뿐이었는데, 지금 사람들은 반년 동안에 많은 책을 읽으려고 한다."[85]라고 한 말이 어찌 격언(格言)이며 지론(至論)이 아니겠습니까. 다만 해는 저물고 갈 길은 먼 것이 염려될 뿐입니다.

새옹(塞翁)의 의복(倚伏)[86]이라는 말은 나로 하여금 웃음을 터뜨리

84 자일(刺日)하는 사람 : 해를 찌르는 운기(雲氣)를 가진 사람이라는 말로, 여기서는 윤휴(尹鑴)를 지칭한다.

85 윤화정(尹和靖)은……한다 : 화정(和靖)은 정이(程頤)의 문인 윤돈(尹焞)의 호이다. 주희(朱熹)가 말하기를 "옛날에 윤화정은 이천(伊川)을 뵙고 배운 지 반년 만에 비로소 《대학》과 〈서명〉을 볼 수 있었는데, 지금 사람들은 반년 동안에 많은 책을 읽으려고 한다."라고 하였다. 《大學章句 讀大學法》

86 새옹(塞翁)의 의복(倚伏) : 변방 늙은이의 화복이라는 말로, 화가 복이 되고 복이 화가 된다는 것이다. 새옹은 새옹지마(塞翁之馬)의 고사에서 온 말이고, 의복은 《노자(老子)》 제58장의 "화는 복이 기대는 바이고, 복은 화가 엎드려 있는 바이다.〔禍兮福之所倚, 福兮禍之所伏.〕"라고 한 데에서 온 말이다.

게 합니다. 옛날의 의복은 화(禍)와 복(福)이 함께 감추어져 있었으나 지금은 화와 화만 서로 따르고 있으니, 어찌하여 오늘날의 새옹은 옛날의 새옹과 다르단 말입니까. 직공(直公)이 금을 변상한 일[87]은 비록 쉬운 일이 아니지만 주자가 "잘한 일은 아니다."라고 하였으니,[88] 지식에는 한계가 있고 의리는 무궁하다[89]는 사실을 비로소 알겠습니다.

신위(神位)를 설치하여 멀리 가묘(家廟)를 바라보고 절하는 것은 지극한 효성에서 나온 것인 줄은 알겠으나 정주(程朱)의 글에 보이지 않으니, 그것이 어떠할는지 모르겠습니다. 기일(忌日)에 망곡(望哭)하는 것 또한 명백한 예문(禮文)이 보이지 않습니다. 주자가 "새로운 예법을 만들어 내는 일은 오직 덕이 성대한 사람만이 할 수 있다."라고 하였으니, 이 또한 어떠할는지 모르겠습니다. 그러나 기일에 망곡하는 것은 세인(世人) 중에 간혹 행하는 사람이 있습니다. 이는 나로 말미암아 선례를 만드는 것이 아니라서 크게 부당한 데에는 이르지 않을 듯하니, 어떻게 여길지 모르겠습니다. 나는 참으로 '정처 없이 떠도는 몸이라 끝내 어찌 될는지 모른다.'라는 신세이니, 만약 먼 섬으로 이배(移

87 직공(直公)이……일 : 한 문제(漢文帝) 때 직불의(直不疑)가 낭관(郎官)으로 있을 적에 같은 집을 쓰던 동료가 휴가를 받아 고향으로 가면서 다른 동료의 금을 잘못 가지고 가 버렸다. 금을 잃어버린 동료가 직불의를 의심하자, 직불의는 사죄하고 금을 사서 변상해 주었다. 그 뒤에 휴가 갔던 동료가 돌아와서 금을 돌려주자 금을 잃어버린 동료가 크게 부끄러워하였다. 《漢書 直不疑傳》

88 주자가……하였으니 : 《송자대전수차》 권5에 "주자가 직불의가 금을 변상한 일을 논하여 잘한 일은 아니라고 하면서 '곧은 도를 해침이 있으니, 온전한 도리는 아니다.' 하였다."라고 하였다.

89 지식에는……무궁하다 : 주희의 편지에 나오는 말이다. 《晦庵集 卷34 答呂伯恭》

配)되어 큰 바다가 가로막아 버리게 되면 비록 서로 소식을 듣고자 하더라도 들을 수 있겠습니까.

질문한 "어리석은 사람이 할아버지와 아버지의 나이를 비교한 것과 같다."[90]라는 말은 할아버지와 아버지의 나이는 비교할 수 있는 것이 아닌데도 어리석은 사람이 망녕되이 비교하였으니, 후학이 성현의 우열을 견주는 것은 이것과 무엇이 다르겠느냐는 뜻입니다. 그러나 이는 단지 성인과 성인, 현인과 현인 사이에 그 우열을 감히 견줄 수 없는 의리는 바로 할아버지와 아버지의 나이를 감히 비교할 수 없다는 뜻과 같다는 말일 뿐이고, 할아버지를 성인에 견주고 아버지를 현인에 견준 것은 아닙니다. 이 말이 옳지 않다면 나중에 편지에 알려 주기 바랍니다.

자일(剌日)이라는 말은 《주례(周禮)》에 나옵니다. 《주례》의 십훈(十暈)[91] 중에 세 번째가 휴(鑴)이니, 휴는 '해 옆의 운기(雲氣)가 해를 찌르는 것'을 말합니다. 그렇다면 이 사람을 휴라고 명명(命名)한 실상이 자연히 꼭 들어맞았으니, 이상하고 이상한 일입니다. 이만 줄입니다.

90 어리석은……같다 : 주희가 말하기를 "또 성현의 우열을 논하였으니, 이는 또한 어리석은 사람이 아버지와 할아버지의 나이가 누가 높고 낮은지를 비교한 것과 같은 이야기이다."라고 하였다. 《晦庵集 卷58 答張敬之》

91 십훈(十暈) : 열 종류의 햇빛 기운을 말한다. 첫 번째는 침(祲), 두 번째는 상(象), 세 번째는 휴, 네 번째는 감(監), 다섯 번째는 암(闇), 여섯 번째는 몽(瞢), 일곱 번째는 미(彌), 여덟 번째는 서(敘), 아홉 번째는 제(隮), 열 번째는 상(想)이다. 《周禮 春官宗伯 眡祲》

이운거에게 답함 을묘년(1675, 숙종1) 10월 4일

答李雲擧 乙卯十月四日

계절이 불현듯이 변하여 그리운 마음이 더욱 간절하던 차에 홀연히 이렇게 편지를 받게 되자 그대의 빛나는 얼굴을 대하는 듯하니, 위로되고 감사한 마음이 한량이 있겠습니까. 이곳의 나는 앓던 병이 점점 심해지니, 유자후(柳子厚 유종원(柳宗元))가 말한 "초목 무성한 백월(百越) 땅이여. 나그네 귀신 돌아오기를 바라네."[92]라는 것을 어쩌면 장차 면하지 못하게 되지 않겠습니까.

중우(仲羽)[93]가 심문당한 것은 또한 운기(運氣)와 관련된 것이니, 서로 마주하여 한바탕 웃지 못하는 것이 아쉽습니다. 삼산(三山)에 관한 이야기는 편지에서 말씀한 것이 옳습니다. 대성(大聖)의 후손 중에 오랑캐에 투항하여 흉심(凶心)을 부린 공유덕(孔有德)[94]이 있었으니, 선현(先賢)의 후예라고 하여 어찌 반드시 위로 선조를 닮겠습니

92 초목……바라네 : 유종원이 지은 〈고양양승조군묘지(故襄陽丞趙君墓誌)〉의 명문(銘文) 중에 나오는 말이다. 양양 승 조긍(趙矜)이 유주(柳州)의 관사에서 객사하여 들판에 묻혔다. 그 뒤에 어린 아들 조내장(趙來章)이 장성하여 잃어버린 아버지 무덤을 정성을 다하여 찾아 고향으로 돌아와서 안장하였다. 당시 유종원이 유주 자사로 있으면서 그 일을 도와주었고 묘지명을 지어 그 사실을 드러내었다. 《柳河東集 卷11》 백월은 중국 남방에 월인(越人)들이 거주하는 곳의 총칭이다. 여기서는 남방의 유배지를 뜻한다.

93 중우(仲羽) : 이숙(李䎘, 1626~1688)의 자이다. 본관은 우봉(牛峯), 호는 일휴정(逸休亭)이다. 이상(李翔)의 아우이다. 문과에 급제하여 벼슬이 우의정에 이르렀다.

94 공유덕(孔有德) : 명말(明末)의 무장이다. 모문룡(毛文龍)의 휘하에 있다가 1636년 경중명(耿仲明)과 함께 청(淸)나라에 투항하여 공순왕(恭順王)에 봉해졌다.

까. 그 악인을 편드는 것이 심하다고 하겠습니다.

그대의 중씨(仲氏)와 계씨(季氏)가 혹여 나를 방문해 준다면 얼마나 다행이겠습니까마는 감히 기대하지는 못합니다. 윤생(尹生)은 과연 이처럼 하기가 쉽지 않은 일이니, 동파(東坡)는 외방(外方) 사람에게도 신의(信義)를 구하였거늘,[95] 하물며 이렇게 일찍이 주자(朱子)의 글을 읽은 사람이겠습니까. 답서를 부쳐 보내는 것이 어떻겠습니까? 백종(百宗)[96] 영공(令公)이 남겨 놓은 것은 삼가 잘 받았습니다. 손자 주석(疇錫)은 잠깐 회덕(懷德) 고향으로 돌아갔다가 오래지 않아 돌아올 것입니다. 보내 준 시어(詩語)는 나로 하여금 생각이 유유(悠悠)하게 합니다. 이만 줄입니다.

95 동파(東坡)는……구하였거늘 : 소주(蘇州) 정혜원(定慧院)의 승도(僧徒)인 탁계순(卓契順)이 혜주(惠州)로 귀양 간 소식(蘇軾)을 온갖 고초를 겪고 찾아가서 소식의 아들 소매(蘇邁)의 문안 편지를 대신 전해 준 뒤에 소식의 편지를 받아 곧바로 돌아가려고 하였다. 소식이 탁계순에게 묻기를 "나에게 구하는 것이 있느냐?"라고 하니, 탁계순이 말하기를 "저는 구하는 것이 없기 때문에 혜주까지 온 것입니다. 만약 구하는 것이 있었다면 응당 서울로 달려갔을 것입니다."라고 하였다. 이에 소식은 그 보답으로 〈귀거래사(歸去來辭)〉를 써서 주었다. 《式古堂書畫彙考 卷10 東坡惠州帖》

96 백종(百宗) : 이동명(李東溟, 1624~1692)의 자이다. 본관은 덕수(德水), 호는 학정(鶴汀)이다. 문과에 급제하여 경주 부윤(慶州府尹), 예조 참의, 청송 부사(靑松府使) 등을 역임하였다.

이운거에게 답함 병진년(1676, 숙종2) 3월 18일

答李雲擧 丙辰三月十八日

삼춘(三春)이 이미 저물어 그리운 마음이 날로 깊어 가던 차에 사람을 시켜 보내신 편지를 갑자기 받게 되니, 마치 그대의 가르침을 직접 듣는 듯한지라 이 기쁨을 어찌 다 헤아릴 수 있겠습니까. 계씨(季氏) 영감이 이미 그곳을 다녀갔다는 소식을 듣게 되니, 서로 작별할 때 형제간의 정을 견디기 힘들었을 것이라 멀리서 생각합니다. 그러나 소동파(蘇東坡 소식(蘇軾)) 형제가 경주(瓊州)와 뇌주(雷州)로 귀양 간 것에 견준다면 또한 차이가 있을 터이니,[97] 우리는 오늘날 연평(延平)이 주자에게 일러 준 말씀[98]을 힘을 얻을 터전으로 삼아야 할 것입니다.

이곳의 소식을 말하자면, 여기에 와 있던 두 아우와 손자 들은 먹을 것이 없어 차례로 돌아갔고 아들 녀석도 제 어미의 병 때문에 엊그제 또한 돌아가서 단지 둘째 손자와 서로 마주하여 책을 보는데 자못 전일(專一)하여 맛이 있음을 느낍니다. 회옹(晦翁)이 더 일찍 눈이 멀지 않은 것을 아쉽게 여겼던 적이 있으니,[99] 오늘에야 참으로 나를 속이지

97 소동파(蘇東坡)……터이니 : 당시 이상은 영해(寧海)에 유배되고 이익은 영남(嶺南)에 보임되었는데, 소동파 형제가 겪은 것에 비하면 오히려 나은 상황이라는 말이다. 《宋子大全隨箚 卷5》

98 연평(延平)이……말씀 : 연평은 주희(朱熹)의 스승인 이동(李侗)의 호이다. 이동이 주희에게 말하기를 "만약 떨쳐 버리려고 해도 떨쳐 버릴 수 없는 큰 걱정이 있거든 그저 견딜 수 없는 큰 환란을 만났던 옛사람을 생각하며 자신과 비교하면 또한 조금 안정이 될 것이다."라고 하였다. 《晦庵集 卷45 答廖子晦》

않은 말씀인 줄을 알겠습니다.

다섯 명의 찬축된 사람[100]을 새로 보태었으니, 참으로 이른바 "영해(嶺海)가 쓸쓸하지 않을 것이다."[101]라고 할 만합니다. 회옹이 당고(黨錮)의 화(禍)[102]를 당한 제현(諸賢)들이 죽음을 피하지 않았던 것을 두고 광무황제(光武皇帝), 명제(明帝), 장제(章帝)의 공열(功烈)이라고 하였으니, 오늘날 이들은 어찌 효종대왕께서 수립한 교화 때문이 아니겠습니까.

자일(刺日)[103]의 일은 말하자니 입을 더럽히게 됩니다. 육당(陸棠)[104]이 초년에 양구산(楊龜山)의 칭찬을 성대하게 받아 그의 사위가

99 회옹(晦翁)이……있으니 : 주희가 말하기를 "나는 쇠병이 올해 다행히 극심하지는 않습니다만 기력이 더욱 쇠퇴하고 시력이 완전히 약해져서 문자를 볼 수 없습니다. 눈을 감고 한가하게 앉아 도리어 흐트러진 마음을 수습할 수 있으니, 전날 외면으로 치달렸던 마음이 적지 않았음을 깨닫게 됩니다. 일찌감치 눈이 멀어 독서를 그만두지 못하게 된 것이 자못 아쉽습니다."라고 하였다. 《晦庵集 卷46 答潘叔度》

100 다섯……사람 : 2차 예송 때 송시열과 송준길(宋浚吉)을 변호하다가 귀양 간 홍득우(洪得禹), 조상우(趙相愚), 안세징(安世徵), 안상억(安相億), 고회(高晦)를 가리킨다.

101 영해(嶺海)가……것이다 : 영해는 중국의 오령(五嶺) 밖과 남해(南海)에 걸쳐 있는 지역으로, 변방의 귀양지를 가리킨다. 주희가 말하기를 "아마도 순월(旬月) 사이에 반드시 또 한 번의 폄출이 있을 것이니, 영해의 사이가 쓸쓸하지 않을 것입니다."라고 하였다. 《晦庵集 卷52 答吳伯豐》

102 당고(黨錮)의 화(禍) : 후한(後漢) 환제(桓帝) 때, 환관의 전횡을 막기 위하여 진번(陳蕃)과 이응(李膺) 등이 대장군 두무(竇武)와 함께 환관을 모살(謀殺)하려다가 실패하여 진번과 이응 등 100여 인이 피살되었고 이후로도 화를 당한 사람이 700여 명에 이르렀던 사건을 말한다. 《後漢書 黨錮列傳》

103 자일(刺日) : 해를 찌르는 운기(雲氣)를 가진 사람이라는 말로, 여기서는 윤휴(尹鑴)를 지칭한다.

지 되었던 사실을 듣지 못하였습니까. '사람을 알아보는 안목이 없었다.'[105]라는 것은 또한 회옹이 스스로 탄식한 바이거늘, 윤휴를 잘못 알고 천거한 민 대감[106]을 어찌 반드시 심히 나무라겠습니까.

전후로 질문하신 의의(疑義)는 별지에 기록하여 올렸으나 종전에 한 번도 회답해 주지 않는 것은 어째서입니까? 어쩌면 가르침을 구하는 나의 정성이 돈독하지 못하여 그러한 것입니까? 이제부터는 가르칠 만하지 못하다고 여기지 마시고 끝내 가르쳐 주기를 바랍니다. 김원회(金元會 김징(金澄))가 세상을 떠났다는 소식을 들으니 애통한 심정을 말로 다 할 수 없습니다.

별지

별지에서 말씀하신 것은 본디 옛날부터 지금까지 이런 무리의 일상적인 행태이니, 어찌 괴이할 것이 있겠습니까. 듣자 하니 옥천군(沃川郡)에 사화(士禍)가 크게 일어났다[107]고 합니다. 대개 본군(本郡)

104 육당(陸棠) : 《송자대전수차》 권5에 "육당은 양구산에게 오랫동안 배웠는데, 그의 언행과 거동이 매우 아름다워서 구산이 딸을 그에게 시집보냈다. 그러나 육당은 뒤에 건적(建賊) 범여위(范汝爲)를 따랐다."라고 하였다. 양구산은 송(宋)나라 학자 양시(楊時)이다. 구산은 그의 호이다.

105 사람을……없었다 : 주희가 평소에 양방(楊方)의 풍취와 절조를 알지 못한 것을 부끄러워한 것을 가리킨다. 《晦庵集 續集 卷3 答蔡季通》

106 윤휴를……대감 : 민정중(閔鼎重)이 효종에게 아뢰기를 "현재 윤휴, 윤선거(尹宣擧)와 같은 사람은 모두 유학(儒學)으로 당대의 촉망을 받습니다. 전하께서 특명으로 백의(白衣)를 소견하기를 고사(古事)처럼 하시어 제각기 가진 생각을 진달하게 하여 그들의 재주가 쓸 만하면 채용하고 그렇지 않으면 돌려보내는 것이 옳습니다."라고 하였다. 《孝宗實錄 3年 4月 26日》

에 옛날 전팽령(全彭齡)[108]이란 자가 있었으니, 평소의 행실이 매우 나빴습니다. 그중 한 가지 일을 말하면 그 이웃에 재물을 탐하여 처남을 물에 빠뜨려 죽인 자가 있었는데 전팽령은 또 그 재물을 탐하여 그 사람의 사위가 되었습니다. 또 곽시(郭詩)[109]라는 자가 있었으니, 술로 몸을 망친 처지에 또 논(論)을 지어 정자(程子)의 설을 배척한 자입니다. 이 두 사람이 중봉(重峰) 선생의 사우(祠宇)에 함께 배향되었으니,[110] 이는 대북(大北)이 정권을 잡았을 때 전팽령의 외손이 대북에 붙어 그 세력을 믿고 향인(鄕人)을 위협하여 그렇게 만든 것이었습니다. 인조반정 뒤에 문원공(文元公 김장생(金長生)) 노선생(老先生)이 주상께 청하여 옥천의 이들과 정개청(鄭介

107 옥천군(沃川郡)에……일어났다 : 1676년 전팽령의 외손이자 한찬남(韓纘南)의 생질인 정용(鄭墉)이 이미 사당이 헐려서 향사가 중단된 전팽령과 곽시의 사당을 복설하기 위하여 전팽령의 외손 여이진(呂以振)을 시켜 상소하여 성상의 비답을 받았다. 이에 충청 감사로 있던 조위명(趙威明)과 손을 잡고 사당 복설 문제를 적극 추진하자 유생 박수흠(朴守欽) 등이 조위명에게 정문(呈文)하여 그 부당함을 주장하였는데, 조위명이 선현(先賢)을 모함한다는 죄명으로 박수흠, 곽증(郭橧), 곽노(郭櫓), 여유형(呂有衡), 박명흠(朴明欽), 남명거(南溟擧) 등 6명을 장계를 올려 귀양 보내게 한 사건을 말한다.《宋子大全 卷44 與張淨之》

108 전팽령(全彭齡) : 1480~1560. 본관은 옥천(沃川), 자는 숙로(叔老), 호는 송정(松亭)이다. 중종 때 문과에 급제하여 좌랑, 밀양 부사(密陽府使), 상주 목사(尙州牧使) 등을 역임하였다.

109 곽시(郭詩) : 1501~1539. 본관은 선산(善山), 자는 영이(詠而), 호는 탄암(坦菴)이다. 중종 때 문과에 급제하여 정자(正字)가 되었다. 조헌(趙憲)의 서원에 배향되었으나 정자(程子)를 배척하는 글을 지은 문제로 출향(黜享)되었다.

110 중봉(重峰)……배향되었으니 : 조헌이 주벽(主壁)으로 있는 옥천 표충사(表忠祠)에 전팽령과 곽시가 함께 배향된 것을 말한다.

淸)의 사당 향사를 없애기를 청하였으나, 미처 시행하기도 전에 난리로 인하여 지나쳐 버리게 되었습니다. 효종 때에 동춘(同春)이 탑전에서 진달하여 끝내 노선생의 청을 시행하게 되었으니, 사론(士論)이 통쾌하게 여겼습니다.

듣건대 예전에 적신(賊臣) 한찬남(韓纘南)[111]의 생질 정용(鄭墉)은 젊었을 때부터 폐모론(廢母論)을 극력 주장하였고 또 장모를 구타한 죄로 완남(完南)[112]이 충청 감사로 있을 때에 형벌을 받았습니다. 또 이석형(李碩馨)이라는 자는 자기 어머니가 염병으로 죽자 분상(奔喪)도 하지 않아 어머니의 시신에서 물이 흐르고 벌레가 생기도록 하고도 끝내 염습(斂襲)하지 않았습니다. 이 두 사람은 남들에게 버림을 받았기 때문에 원한을 품고서 방자한 짓을 하고자 한 지가 오래되었습니다.

근자에 전팽령과 곽시의 사당을 다시 세우려고 상소하여 허락을 받았으나 정도(正道)를 지키려는 선비 몇 명이 그들의 세력에 굴하지 않으니, 두 사람은 향중(鄕中)의 무뢰배들을 동원하여 방백(方伯 조위명(趙威明))에게 제소하게 하였습니다. 방백은 정도를 지키려는 선비 16인을 엄하게 가둔 뒤에 장계를 올려 그중 여섯 사람을 서남(西南)의 극변(極邊)으로 귀양 보냈습니다. 그 장계에 이들을 흉도로 지목하였으니, 이는 실로 한찬남도 하지 않았던 바입니다.

111 한찬남(韓纘男) : 1560~1623. 본관은 청주(淸州), 자는 경서(景緖)이다. 선조 때 문과에 급제하였다. 광해군 때 좌승지로 있으면서 이이첨(李爾瞻)의 사주를 받아 해주 옥사(海州獄事)를 일으켰다. 도승지, 호조 판서에 올랐다가 인조반정 때 주살(誅殺)되었다.

112 완남(完南) : 완남부원군(完南府院君) 이후원(李厚源)을 가리킨다.

노선생과 동춘이 함께 망측한 모욕을 받게 되었으니, 이보다 더 통분할 일이 무엇이 있겠습니까. 나 같은 사람이야 두 선생과 함께 배척과 비난을 받는 것은 도리어 영광스러운 점이 있습니다. 다만 괴이한 것은 득세한 무리들이 날뛰는 것은 참으로 형세상 그렇다고 하더라도 폐모한 잔당들도 함께 일어나 흉악한 짓을 다 하는 것이니, 이는 실로 이해할 수 없는 일입니다. 어쩌면 이수경(李壽慶)[113]과 같은 무리가 뜻을 얻었기 때문이 아니겠습니까. 통탄하고 통탄할 뿐입니다.

113 이수경(李壽慶) : 1627~1680. 본관은 한산(韓山), 자는 자인(子仁), 호는 만성(晩醒)이다. 1675년(숙종1)에 정언(正言) 이수경이 송시열의 복제(服制) 문제로 누차 상소하여 송시열, 송준길, 이유태(李惟泰)의 처벌을 청하였다. 《肅宗實錄 1年 1月 2日, 7日》

이운거에게 답함 병진년(1676, 숙종2) 8월 7일

答李雲擧 丙辰八月七日

그리운 마음이 한창 깊어 가던 차에 갑자기 지난달 22일에 보내 주신 편지를 받고 삼가 말씀해 준 뜻을 잘 알겠으니, 위로되고 마음이 놓이기 그지없습니다. 그곳의 관대한 유배 형벌은 진실로 위리안치(圍籬安置)의 형벌에 견줄 바가 아니지만 이곳의 위리안치 형벌을 감옥의 형벌과 견주어 보면 또한 오히려 차이가 있으니, 뒤바꾸어 서로 견주어 보면 주 선생(朱先生)이 "힘을 얻었다."[114]라는 말씀을 징험할 수 있습니다. 다만 질병이 서로 이어져서 학질, 곽란, 설사가 계절이 바뀌듯이 번갈아 생겨나니, 남은 목숨이 얼마 지나지 않아 꺾여서 죽게 되지 않겠습니까. 죽기 전에 비록 몸을 닦아 천명을 기다리려고 하지만[115] 기력이 쇠퇴하여 책을 보는 공부조차 오히려 내던져 두고 있으니, 그 밖의 다른 것이야 또 무슨 말을 하겠습니까.

계씨(季氏) 영감이 원악지(遠惡地)를 얻어 나간 것[116]은 또한 절로

114 힘을 얻었다 : 주희(朱熹)가 이동(李侗)의 "옛사람의 견디기 어려웠던 환란으로 자신에게 견주어 보라."라는 말을 듣고 처음에는 그 말을 그리 옳게 여기지 않았으나 "뒷날 일을 겪고서야 도리어 힘을 얻는 것이 있음을 깨달았다."라고 하였다. 《晦庵集 卷45 答廖子晦》 190쪽 주98 참조.

115 몸을……하지만 : 맹자가 말하기를 "일찍 죽거나 오래 사는 것에 의심하지 않아 몸을 닦아 천명을 기다리는 것이 명을 세우는 것이다."라고 하였다. 《孟子 盡心上》

116 계씨(季氏)……것 : 이상(李翔)의 아우 이익(李翊)이 진주 목사(晉州牧使)에 제수된 것을 말한다. 《承政院日記 肅宗 2年 6月 23日》

본분의 일이니, 낙토(樂土)로 달려가듯이 길을 나섰을 것이라 생각합니다. 도리어 다행인 점이 있으니 사천(泗川), 웅천(熊川), 곤양(昆陽), 함안(咸安) 등의 여러 곳에 유배된 사람들[117]과 생각건대 서로 보살펴 주는 편리함은 있을 것이라는 사실입니다. 주 선생이 사람들에게 귀양 간 계통(季通)의 집안을 가만히 보호해 주라고 부탁한 것[118]은 절로 불문의 법이 되었으니, 계씨 영감은 이 점을 즐겁게 잘 받아들이고 있으리라 생각합니다.

별지는 끝까지 보기도 전에 나도 모르게 한바탕 웃음을 터뜨리게 됩니다. 이 일은 모름지기 노새의 나이[119]나 혹은 불 속에서 연꽃이 생기는 날[120]을 기다려야 할 뿐입니다. 윤생(尹生)의 편지는 답장해야 할 것이 매우 많지만 편지를 갖고 온 인편이 바쁘다고 하여 우선 뒷날을 기다립니다. 예를 갖추지 못합니다.

117 사천(泗川)……사람들 : 《송자대전수차》 권5에 "사천의 최신(崔愼), 웅천의 박명흠(朴明欽), 함안의 고회(高晦), 곤양의 여유형(呂有衡)이다."라고 하였다.

118 주……것 : 계통(季通)은 채원정(蔡元定)의 자이다. 채원정이 위학당(僞學黨)으로 몰려 귀양을 가게 되자 그의 집이 마을 사람들에게 수난을 당하였다. 이에 주희가 황간(黃榦)에게 편지를 보내, 고을 수령이던 임위(任尉)에게 은밀히 도와줄 것을 부탁하였다. 《晦庵集 續集 卷1 答黃直卿》

119 노새의 나이 : 《송자대전수차》 권5에 "불서(佛書)에 노새의 나이, 말의 나이라는 설이 있으니, 어느 해인지 모른다라는 뜻인 듯하다."라고 하였다.

120 불……날 : 흔치 않은 일을 비유한 말이다. 《유마경(維摩經)》 〈불도품(佛道品)〉에 "불 속에서 연꽃이 피어난다면, 이것은 흔치 않다고 할 만하다."라고 하였다.

이운거에게 보냄 병진년(1676, 숙종2) 8월 29일

與李雲擧 丙辰八月二十九日

전날 보낸 답장은 읽어 보았는지 모르겠습니다. 가을이 깊어 가는 지금 일상생활이 편안하며 날마다 새로운 풍취가 있을 줄로 생각하니, 목을 빼고 우러러 바라보는 마음이 날로 더욱 지극해집니다. 나는 설사 증세가 또 괴롭고 걱정되어 어떻게 해야 할지 모르고 있습니다.

어제 듣건대 이무(李袤)가 상소에서 우리들 한 무리가 장차 평림(平林)과 적미(赤眉)의 난을 일으킬 것이라고 하였다[121] 합니다. 일찍이 듣건대 포저(浦渚 조익(趙翼)) 어른께서는 평소에 이산해(李山海)를 크게 미워하였습니다. 그러나 이무가 자주 그 문하에 배알하게 되어서는 이무를 괜찮은 사람이라고 여겨서 남들에게 말하기를 "이무에게는 그 할아버지의 간사함이 없다."라고 하셨으니, 지금에야 사람을 알아보기가 어려운 줄을 더욱 알겠습니다. 우리는 목 위에 머리를 붙이고 있는 처지[122]라

121 이무(李袤)의……하였다 : 1676년 2월 28일 이조 참판 이무가 상소하여 송시열과 그 무리를 논핵하면서, 이들이 추방되거나 귀양 가는 곳에 문객이 모여들고 뇌물이 잇따라 죽음을 같이하기를 결의하니 "만일 외적이 틈을 타고 내란이 틈을 엿보아 한 사람이 입을 놀려 난민(亂民)을 위해 창기(倡起)하면 평림과 적미와 광야(廣野)의 청독(靑犢)이 반드시 없으리라고 어찌 보증하겠습니까."라고 하였다.《肅宗實錄 2年 2月 28日》 평림과 적미와 광야의 청독은 한(漢)나라를 무너뜨리고 신(新)나라를 세운 왕망(王莽)이 무도한 정치를 하자 각지에서 분분하게 의병으로 봉기한 농민 반란군이다.

122 목……처지 : 위학(僞學)의 금령이 엄하여 권신들이 호시탐탐 주희(朱熹)를 노리고 있을 때, 주희가 말하기를 "나는 지금 머리가 언제나 그냥 목 위에 붙어 있는 듯하다."라고 하였다.《朱子語類 卷107 胡泳》

서 죽음은 돌아볼 것이 못 되지만, 단지 반역이라는 이름은 누가 씻어 줄 수 있겠습니까. 하늘의 해가 위에 떠 있으니, 믿을 수 있는 것은 이것일 뿐입니다. 그러나 적미와 평림은 단지 왕망(王莽)을 배반한 자일 뿐이므로 그가 곧 왕망을 자처한 것이니, 자신의 심장(心腸)을 스스로 해쳤다고 할 만합니다. 그러나 더욱 삼가지 않을 수 없습니다.

곡율광(斛律光)의 몽둥이[123]는 또한 집안에 비치해서는 안 될 것입니다. 조심하고 조심하여 경외(畏敬)하는 마음을 보존하고 드넓어서 돌아보고 염려하는 뜻이 없는 이것[124]이 실로 우리 유가(儒家)의 법도이니, 어떻게 힘을 써야 이러한 경계를 엿볼 수 있을지 모르겠습니다.

계씨(季氏) 영감의 부임은 어떻게 결정이 났습니까? 이무가 만약 서울에 가만히 잠복해 있는 것을 두렵게 여긴다면 더욱 크게 불편할 것이니, 속히 임소로 달려가는 것이 좋을 것입니다. 유리함과 불리함이 이미 이와 같을 뿐만 아니라 의리에 편안한 바도 실로 앞 편지에서 말씀드린 바와 같은 데이겠습니까. 여러 가지 이야기는 하나하나 다 말하지 못합니다.

123 곡률광(斛律光)의 몽둥이 : 《송사대진수치》 권5에 "곡률광은 북제(北齊) 때 사람이다. 청백(淸白)으로 알려졌으나 참소를 당하여 죽었다. 죽은 뒤에 재산을 적몰해 보니, 대추나무 가지로 만든 회초리 50여 개만 있을 뿐이었다. 이 회초리는 가동(家僮)을 매질하려고 마련해 둔 것이었다."라고 하였다.

124 조심하고……이것 : 무왕(武王)이 죽은 후 주공(周公)이 어린 조카인 성왕(成王)을 도와 섭정할 때, 사방에 유언비어가 퍼졌는데도 처신에 삼가면서도 당당한 면이 있었음을 칭송한 말이다. 《시경집전(詩經集傳)》 〈빈풍(豳風) 낭발(狼跋)〉의 주에 "정자(程子)가 말하기를 '주공이 처신함에 조심하고 조심하여 경외하는 마음을 보존하고, 성(誠)을 보존함에 드넓어서 돌아보고 염려하는 뜻이 없었으니, 이 때문에 그 성스러움을 잃지 않아 덕음(德音)에 하자가 없으셨던 것이다.' 하였다."라고 하였다.

이운거에게 답함 병진년(1676, 숙종2) 11월 5일

答李雲擧 丙辰十一月五日

지난달 10일에 보내 주신 편지를 받고 매우 위안이 되었으나 단지 인편이 없었던 연유로 이처럼 답장이 늦었기에 매양 송구한 마음이 절절하였습니다. 지금 죽서(竹西)[125] 편으로 또 2일에 보내신 편지를 받게 되니, 감사하고 부끄러운 마음이 더욱 더해집니다.

공부가 이어지지 않는다는 말씀은 나를 몹시 놀라고 두렵게 합니다. 이는 실로 우리의 공통된 걱정거리이지만 스스로 깨닫지 못하는 사람이 어찌 한량이 있겠습니까. 그런데 지금 집사가 이처럼 자각하는 것은 그저 크게 공부해 온 결과이고 또 공부가 이어질 수 있는 계단일 뿐이니, 존경하고 감복하는 마음을 견디지 못하겠습니다.

촉석(矗石)으로의 거취 문제[126]는 이전에 망녕되이 논하였으므로 의당 분수를 넘은 죄를 얻을 것인데도 지나치게 총애와 장려를 받았으니, 천근한 말도 잘 살피시는 성대한 덕을 매우 잘 알겠습니다.

주경(周卿)[127]은 자신의 처신에 미진한 점이 있기 때문에 전적으로

125 죽서(竹西) : 지호(芝湖) 이선(李選)을 가리킨다. 당시 삼척 부사(三陟府使)로 있었는데, 삼척에 죽서루(竹西樓)가 있기 때문에 이렇게 말하였다. 《宋子大全隨箚 卷5》 《承政院日記 肅宗 1年 12月 21日》

126 촉석(矗石)으로의 거취 문제 : 이익(李翊)이 진주 목사로 부임하는 거취 문제를 가리킨다. 《承政院日記 肅宗 2年 6月 23日》 진주에 촉석루가 있기 때문에 이렇게 말하였다.

127 주경(周卿) : 황세정(黃世楨)의 자이다. 《송자대전수차》 권5에 "황세정이 점고

저 사람들만 탓할 수 없으니, 우리들이 함께 마땅히 경계할 줄 알아야 할 것입니다.

"할 수 있는 일은 이미 다 하였다."라고 하신 말씀은 나로 하여금 한번 껄껄 웃게 만듭니다. 그러나 이미 다 하였다면 실로 우리들의 다행이겠지만 아마 아직 반쯤도 다 하지 않은 듯합니다. 해 곁의 운기(雲氣)[128]가 장차 요망한 기운을 다 부리고 나서야 사그라질 것이니, 어찌 엉금엉금 기어서 옛날로 돌아올 이치[129]가 있겠습니까. 과연 말씀하신 바와 같게 되려면 모름지기 명도(明道)와 같은 상서로운 구름[130]이 있고 난 뒤라야 창구(蒼狗)와 백의(白衣)[131]를 변화시킬 수 있고 그렇지 않다면 도리어 해가 가려 깜깜한 날을 겪게 될 것입니다. 우습기만 합니다.

(點考)에 즉시 대답하지 않아 순부(巡部)에서 장형(杖刑)을 집행하였다."라고 하였다.

128 해 곁의 운기(雲氣) : 윤휴(尹鑴)를 가리키는 말이다. 187쪽 주91 참조.

129 엉금엉금……이치 : 초(楚)나라 수릉(壽陵)에 사는 여자(餘子)라는 사람이 한단(邯鄲)에 가서 3년 동안 맵시 있는 걸음걸이를 배웠으나 제대로 배우지 못하고 수릉에서의 걸음마저 잃어버려 결국 엉금엉금 기어서 돌아왔다고 한다. 《莊子 秋水》

130 명도(明道)와……구름 : 주희(朱熹)가 명도 정호(程顥)의 인품을 형용하여 "상서로운 해와 구름이요, 화창한 바람과 단비로다.〔瑞日祥雲, 和風甘雨.〕"라고 하였다. 《晦庵集 卷85 六先生畫像贊 明道先生》

131 창구(蒼狗)와 백의(白衣) : 푸른 개와 흰옷으로, 변덕스러운 세태를 비유한 말이다. 두보(杜甫)의 시 〈가탄(可歎)〉에 "하늘 위의 뜬구름 흰옷 같더니, 잠깐 사이에 푸른 개처럼 바뀌었네.〔天上浮雲似白衣, 斯須改變如蒼狗.〕"라고 하였다. 《杜少陵詩集 卷21》

이운거에게 보냄 병진년(1676, 숙종2) 11월 10일

與李雲擧 丙辰十一月十日

죽서(竹西 이선(李選)) 편에 보낸 답장을 전해 받았습니까? 지금 그대의 계씨(季氏) 영감을 만나 1경(更)의 등불 심지를 돋우고 있으니[132] 족히 해상(海上)의 고사(故事)를 이룰 만합니다.

근간에 무슨 책을 읽고 있습니까? 주 선생(朱先生)이 말하기를 "자신이 크게 진보한 줄을 깨닫지 못하는 것이 참으로 크게 진보한 것이다."[133]라고 하였으니, 지금 그대의 심사(心思)가 어떠한지 모르겠습니다. 하루 이틀이 지난 지금 형제를 그리워하는 그대의 마음을 상상할 수 있고, 아내와의 작별은 또한 마음이 서운할 수 있습니다.

나는 감기로 크게 고생하여 책을 보는 데에 몹시 방해되니, 이날이 참으로 가석합니다. 나머지는 양기가 회복되는 이 계절에 더욱 만중하기를 빕니다.

132 그대의……있으니 : 이상(李翔)의 아우 이익(李翊)이 당시 진주 목사(晉州牧使)로 있었는데, 《송자대전》 권132 〈잡기(雜記)〉에 이달 9일 진주에서 와서 밤에 송시열과 조용히 이야기를 나눈 내용이 기록되어 있다.

133 자신이……것이다 : 주희(朱熹)가 왕장유(汪長孺)에게 보낸 편지에 "편지에서 공부가 크게 진보하였다고 한 말씀은 몹시 듣고 싶었던 바입니다. 다만 이것은 그저 병통일 뿐일 듯하니, 모름지기 다른 사람이 자신의 큰 진보를 알아보고 자신은 도리어 모자람을 보아야 비로소 참으로 진보한 것입니다."라고 하였다. 《晦庵集 卷52 答汪長孺》

이운거에게 답함 정사년(1677, 숙종3) 3월 17일
答李雲擧 丁巳三月十七日

보내 주신 편지를 받고 마음이 기쁘고 후련해집니다. 이곳의 나는 남은 꽃과 새로 난 푸른 잎을 귀로는 듣고 눈으로는 보지 못하니, 죄에 경중(輕重)이 있어 형세(形勢)상 또한 그럴 수밖에 없습니다. "푸른 풀과 구름 낀 바다"라고 하신 말씀에서 더욱 서글픈 회포를 느낍니다.

공부하여 아는 것이 더욱 새로워지면 장차 나날이 새롭고 또 날로 새로워짐을 감당하지 못하게 될 것이니, 다만 알아도 알지 못한 듯이 해야 할 것입니다.

기억하건대, 송강공(松江公)이 탄핵당하였을 때 선조(宣祖)께서 답하기를 "그의 마음이 공정하고 그의 행실이 바르나 그의 말이 너무 곧기 때문이다."라고 하셨으니,[134] 사람을 알아보신 명철함이 지극합니다. 그렇다면 오늘의 일이 생기는 것은 당연한 것입니다.

능침(陵寢)의 변고[135]는 너무도 놀랍고 두려우니, 을해년(1635, 인조13)의 일[136]을 지금 생각해 보면 더욱 두려움을 느낍니다. 민 대감(閔

134 송강공(松江公)……하셨으니 : 송강은 정철(鄭澈)의 호이다. 대사간 등이 정철을 탄핵하며 파직을 주청하자, 선조가 답하기를 "정철의 사람됨은 그 마음이 공정하고 행실이 바르나 오직 그 말이 너무 곧기 때문에 시속에 용납되지 못하고 남에게 미움을 받는 것이다."라고 하였다. 《文谷集 卷21 左議政松江鄭公請諡行狀》

135 능침(陵寢)의 변고 : 숭릉(崇陵)이 무너진 일을 말한다. 1677년 2월 28일 숭릉의 사초가 무너진 데 대해 위안제를 거행하고 개수할 것을 명하였으며, 3월 17일에는 숭릉에 전알(展謁)하였다. 《肅宗實錄 3年 2月 28日, 3月 17日》

大監)은 장차 귀양길에 오를 것입니다. 이는 실로 시운(時運)과 관련된 것이니 어떻게 하겠습니까. 나는 토혈(吐血) 증세가 근간에 극심하니, 오래 살기 어려울 줄을 스스로 알게 됩니다.

136 을해년의 일 : 1635년에 목릉(穆陵) 위에 번개 빛이 대낮처럼 밝고 천둥소리가 밤새도록 끊이지 않아 이튿날 능관(陵官)이 봉심(奉審)해 보니 석물(石物)이 쓰러져서 뒹굴고 사토(莎土)가 파헤친 듯 무너져 있었던 일을 말한다. 《宋子大全隨箚 卷5》《仁祖實錄 13年 3月 14日》

이운거에게 답함 정사년(1677, 숙종3) 5월 10일

答李雲擧 丁巳五月十日

영덕(盈德) 사또가 있지 않았다면 그대와 나는 끝내 약수(弱水)[137]처럼 되고 말았을 것입니다. 지난달 26일의 편지는 말씀하신 뜻이 지극하고 간절하니 서글프고 두려운 마음이 배가 됩니다. 처음에는 소달구지로 영구(靈柩)[138]를 옮겨 수원(水原)에 고장(藁葬)[139]하려고 하였으나 서울의 여러 의론은 모두 "감히 근기 지방으로 향하는 것은 잘못된 것이며 또 조근(趙根)의 상소[140]로 인하여 화기(禍機)가 매우 닥쳐왔다."라고 하기 때문에 창황히 임시로 근처에 장사 지냈습니다.[141] 어제가 바로 장례일이라고 합니다만 이 일에 정을 다 펼치지 못하였으니, 이를 어찌하겠습니까.

137 약수(弱水) : 서해(西海) 속의 선경(仙境)을 둘러싼 물 이름이다. 부력이 약하여 기러기 털조차도 뜨지 않아 사람이 건너갈 수가 없다고 한다. 소식(蘇軾)의 〈금산묘고대(金山妙高臺)〉에 "봉래산(蓬萊山)은 이를 수 없으니, 약수가 삼만 리나 펼쳐져 있네.〔蓬萊不可到, 弱水三萬里.〕"라고 하였다.

138 영구(靈柩) : 부인의 영구를 말한다. 송시열은 1677년 3월 22일 부인 이씨(李氏)의 부음을 들었다. 《宋子大全 附錄 卷7 年譜》

139 고장(藁葬) : 예(禮)를 갖추지 않고 장사 지내는 것을 말한다. 당시 송시열이 유배지에 있었기 때문에 부인을 예장(禮葬)할 수 없었던 것으로 보인다.

140 조근(趙根)의 상소 : 《송자대전수차》 권5에 "조근(趙根) 공이 상소하여 시배(時輩)의 간악한 형상을 아뢰었으나 주상께 전달되지 못하였다."라고 하였다.

141 창황히……지냈습니다 : 시론이 급박하였기 때문에 부인을 공주(公州) 신오(新塢)의 산기슭에 임시로 장사 지냈다. 《宋子大全 附錄 卷7 年譜》

말씀하신 학문에 대한 뜻은 매우 긴요하고도 절실하니, 비록 옛 성현일지라도 바꿀 수 없을 것입니다. 대저 학문하는 데에는 이 마음을 잡기가 몹시 어려우니, 이 마음이 이미 보존되면 이치를 보거나 자신을 살피는 데에 모두 장애가 없고 절로 조리가 있을 것입니다. 내가 만약 몇 년 동안 죽지 않는다면 아마도 때때로 그대의 가르침을 받아 조그마한 진전이 있을 것입니다마는 현재 일의 기미가 이와 같으니, 비록 종전에 세월을 헛되이 보낸 것을 한탄하지만 어찌 미칠 수 있겠습니까.

조근의 상소가 사람의 마음을 강하게 하는 것이 참으로 보내온 편지에서 하신 말씀과 같습니다. 사람들은 모두 무익하고 재앙만 야기할 것이라 허물하지만 만약 이 한마디 말로써 세도(世道)에 도움이 있다면 비록 이 몸이 백번 죽더라도 어찌 애석할 것이 있겠습니까. 이른바 "시례(詩禮)로 무덤을 파헤쳤다."라는 말은 그 사람의 간담을 깨뜨릴 것이니,[142] 참으로 가려운 곳을 긁어 주는 듯합니다. 그러나 이 한 구절은 처음 털끝만 한 차이에서 일어나지만 자신도 모르는 사이에 이러한 지경에 이르고 마는 것이니, 맹자가 "의리와 이익의 차이에서 순(舜)임금과 도척(盜跖)으로 달라진다."라고 논한 것[143]은 어찌 깊이 두려워

142 시례(詩禮)로……것이니 : 《장자》 〈외물(外物)〉에 "유가는 시례로 무덤을 파헤친다.〔儒以詩禮發冢.〕"라고 하였는데, 임희일(林希逸)의 주(註)에 "유세하는 선비가 시서(詩書)와 성인의 말을 빌려서 자신의 간교함을 꾸밈을 비유한 것이다."라고 하였다. 《송자대전수차》 권5에서는 조근이 상소에서 이 말로 윤휴(尹鑴)를 지척하였다고 하였다.

143 맹자가……것 : 맹자가 말하기를 "닭이 울면 일어나서 부지런히 선을 행하는 자는 순 임금의 무리이고, 닭이 울면 일어나서 부지런히 이익을 추구하는 자는 도척의 무리이다. 순 임금과 도척의 구분을 알고자 한다면 다른 것이 없다. 이(利)와 선(善)의 차이일 뿐이다."라고 하였다. 《孟子 盡心上》

할 만한 말씀이 아니겠습니까. 이곳의 실정은 운판(運判)이 매주(梅州)에 이르렀을 때 유언하고서 기다렸던 것과 같으니, 그의 "죽는 것은 어렵지 않다."라는 것[144]이 바로 이 참된 경계입니다. 나머지 이야기는 남의 손을 빌려서 적느라 다 말하지 못합니다. 예를 갖추지 못합니다.

144 운판(運判)이……것 : 운판은 전운 판관(轉運判官)의 준말이고, 매주는 송(宋)나라 직신(直臣) 유안세(劉安世)의 귀양지이다. 간신(奸臣) 장돈(章惇), 채변(蔡卞) 등이 유안세를 여러 곳으로 귀양 보냈다가 매주로 이배(移配)하고는 기필코 그를 죽이려고 한 토호(土豪)를 전운 판관으로 발탁하여 유안세를 죽이게 하였다. 전운 판관이 급히 달려 곧 매주에 당도하게 되자, 매주의 수령이 유안세에게 사람을 보내어 자위책을 강구하도록 권하였다. 그러나 유안세는 놀라는 기색도 없이 손님을 마주하여 술 마시며 이야기를 나누다가 천천히 편지 몇 장을 써서 노복에게 주며 말하기를 "내가 곧 죽을 것이니, 이대로 행하도록 하라."라고 하고 손님을 돌아보며 말하기를 "죽는 것은 어렵지 않다."라고 하였는데, 판관이 유안세가 있는 곳 20리쯤 밖에서 피를 토하고 죽어서 유안세가 위험을 면하게 되었다. 《宋史 劉安世列傳》

이운거에게 답함 정사년(1677, 숙종3) 5월 24일

答李雲擧 丁巳五月二十四日

죽서(竹西) 편에 전해 온 그대의 편지는 위로되고 감사하기 그지없습니다. 죽서의 편지에는 별도로 말한 바가 없으니, 아마 오늘날 처신의 금방(禁方)이 짐짓 그러하기 때문인 듯합니다. 다만 듣건대 종묘에 고하려는 의론[145]이 한창 펼쳐져서 가장 가벼운 처벌도 해외(海外)로 유배 보내는 것이라고 하니, 집사와 서로 만나는 일은 단지 중천(重泉)에서나 기약할 수 있게 되었습니다. 오늘날 세도를 담당할 책임은 다른 사람에게 있지 않으니, 오직 원하건대 글을 읽어 이치를 궁구하며 본원(本源)을 함양(涵養)하여 현인(賢人)의 덕업을 이루기를 천만번 바랍니다. 만약 천리(天理)와 인욕(人欲)의 기미를 털끝만치라도 놓쳐 버리면 천 리(里)나 어긋나게 되는 결과가 곧 눈앞에 펼쳐질 것이니, 이것이 가장 경계할 만한 것입니다.

모소(某疏)[146]를 좋아하는 사람은 좋아하고 좋아하지 않는 사람은 매우 좋아하지 않으니 또한 장차 영해(嶺海)의 귀양지에 한 사람을 더 보태게 할 뿐입니다. 이를 어찌하겠습니까.

145 종묘에 고하려는 의론 : 1674년(현종15) 갑인예송의 패배로 예(禮)를 그르쳤다는 죄를 입어 송시열이 귀양을 가자 1675년(숙종1)부터 조사기(趙嗣基)를 비롯한 남인 측에서 송시열을 종묘에 반역 죄인으로 고하고 극형을 내려야 한다고 지속적으로 주장한 일을 말한다. 《肅宗實錄 1年 閏5月 12日, 3年 6月 20日, 4年 10月 24日》

146 모소(某疏) : 《송자대전수차》 권5에 "조근(趙根)의 상소를 가리키는 듯하다."라고 하였다.

이운거에게 답함 정사년(1677, 숙종3) 5월 그믐

答李雲擧 丁巳五月晦日

외람되이 심부름꾼을 보내어 안부를 물어 주시니, 염려해 주는 뜻이 지극하여 감사한 나머지 어떻게 사례해야 할지 모르겠습니다. 이곳의 나는 아직 새로운 소식을 들은 것이 없으나 의론이 끝내 중지되지는 않을 것이니, 두 손을 맞잡고 공손히 결과를 기다릴 뿐입니다. 집사는 연좌된 바가 비록 중하기는 하지만 어찌 나와 같은 죄과(罪科)에 이르겠습니까. 또 집사의 제목(題目)은 지금 곧 옮겨 갈 곳이 있습니다. 저들이 만약 부끄러워서 목까지 붉어지고 마음이 시들해진다면 필시 강건하게 호기를 부리는 지경에는 이르지 않을 것이니, 집사는 어찌 다시 걱정할 것이 있겠습니까.

세도를 담당할 책임이란 아마도 특별한 일이 없을 듯합니다. 단지 글을 읽어 이치를 궁구하고 경(敬)을 유지하여 함양하면서 실천함이 날로 더욱 돈독해지고 확충함이 날로 원대해지게 한다면, 이른바 도(道)라는 것이 홀연히 자신도 모르는 사이에 나에게 갖추어질 것입니다. 이와 같으면 그 책임이 비록 중하더라도 또한 사양할 수 없을 것이니, 사양할 수 없을 뿐만 아니라 또한 군이 사양할 필요도 없습니다. 평소 사우(師友)에게 들은 것이 이와 같기 때문에 애오라지 그 설을 다 말씀드리는 것입니다.

야성(野城)[147]은 정히 이러한 시절에도 두려워하는 바가 없이 문안

147 야성(野城) : 영덕(盈德)의 별호로, 당시 영덕 현령을 말하는 것으로 보인다.

소식이 끊어지지 않으니, 이는 실로 지금 세상에 드문 사람이지만 가만히 그를 위하여 위태롭게 여깁니다. 나머지 이야기는 질병으로 몹시 괴로워서 남의 손을 빌려 적느라 다 말씀드리지 못합니다. 예를 갖추지 못합니다.

이운거에게 답함 정사년(1677, 숙종3) 7월 24일

答李雲擧 丁巳七月二十四日

소식이 오래도록 막혀서 날마다 그리운 마음을 갖던 차에 이렇게 영덕(盈德)의 우편을 통하여 이달 21일에 보낸 편지를 받게 되니, 말씀한 뜻이 격절(激切)하여 나를 감동하게 합니다. 그러나 어둡고 완고한 이 사람의 뜻은 절로 유유(悠悠)할 뿐이니, 어쩌면 목석(木石)과 같아서 그러한 것입니까, 아니면 물에 빠진 사람이 반드시 웃는 모양[148]인 것입니까?

상을 마친 사람[149]에 대한 말씀은 참으로 옳고 참으로 옳습니다. 듣건대 이들은 반드시 녹훈(錄勳)에 이른 뒤에야 그만두려 한다고 하니, 장차 어떤 일인들 하지 않겠습니까.

이곳은 심한 벽지(僻地)여서 서울 소식을 일절 듣지 못합니다. 일전에 이만형(李萬亨)[150] 군이 윤계방(尹季方)이 멀리 귀양 간 소식을 대

148 물에……모양 : 위급한 상황에서 어떻게 해야 할지 몰라서 도리어 웃는 것을 말한다. 오왕(吳王) 부차(夫差)가 월(越)나라의 공격을 받아 위급해졌을 때 진(晉)나라 조맹(趙孟)이 초륭(楚隆)을 보내 도울 수 없음을 사죄하게 하였는데, 부차가 "물에 빠진 사람은 반드시 웃는다고 하니, 내가 물어보고 싶은 것이 있소. 사암(史黯)은 어떻게 군자가 된 것이오?"라고 하였다. 《春秋左氏傳 哀公20年》

149 상을 마친 사람 : 《송자대전수차》 권5에 "이씨(李氏) 성을 가진 사람이다. 그가 상중에 있기 때문에 남들이 먼저 고묘론(告廟論)을 제기할까 염려하여 우선 논의를 늦추다가 상을 마치게 되어서는 조정에 나아가 속마음을 다 드러내었다."라고 하였다.

150 이만형(李萬亨) : 1638~1706. 본관은 전주(全州), 자는 자하(子夏), 호는 삼우재(三友齋)이다. 장릉 참봉(章陵參奉), 세자익위사 세마, 연풍 현감(延豐縣監) 등을

략 전해 주었고 그 나머지는 아직 듣지 못하였으니, 그다음에 연좌되어 정거(停擧)된 이는 몇 사람인지 모르겠습니다.

나는 지난달 이래로 여름 감기가 특별히 심하여 음식을 완전히 폐하고 있습니다. 도와주는 시인(時人)들이 지극히 많아 귀신 또한 순종한 것이니, 큰 웃음을 한바탕 터뜨리게 됩니다. 이군(李君 이만형)이 떠나갈 때 곧바로 상주(尙州)에서 옥천(沃川)으로 돌아간다고 하였기 때문에 안부 편지를 부치지 않았던 것이니, 어쩌면 문을 나선 뒤에 비로소 그대를 만나려는 계획이 생긴 것이 아니겠습니까?

철옹(鐵甕)[151]은 어제 그의 편지를 받아 보니 앞선 편지에서 한 실수를 크게 뉘우치고 있었습니다. 그러나 세상의 변화는 끝이 없고 사람 마음은 어긋나기 쉬우니 오늘 이후에 다시 어떤 일이 있을지 모르겠습니다. 송병문(宋炳文 송준길(宋浚吉)의 손자)은 병이 매우 위중하여 그 자친(慈親)이 서울에서 급히 돌아오기까지 하였다고 하니 몹시 염려스럽습니다.

역임하였다. 송시열의 문인이다.

151 철옹(鐵甕) : 당시 철옹에 유배되어 있던 이유태(李惟泰)를 가리킨다. 2차 예송 때 윤휴(尹鑴) 등 남인의 배척을 받아 영변(寧邊)에 유배되었는데, 철옹은 영변에 있다. 《草廬集 年譜 卷4》《宋子大全隨箚 卷2》

이운거에게 답함 정사년(1677, 숙종3) 10월 25일

答李雲擧 丁巳十月二十五日

소식이 더욱 오래 막힐수록 그리운 마음이 더욱 간절하였는데, 혹 영덕(盈德)의 인편이 없었다면 한 해가 끝나도록 소식을 듣지 못하였을 것입니다. 이에 자세히 일러 주신 말씀을 듣게 되니 위로되고 감사한 마음을 어찌 말로 다 할 수 있겠습니까. 올해는 크게 흉년이 들어 생계가 으레 곤궁할 것입니다. 더구나 그대 집은 또 집안일을 처리할 사람이 없으니, 그 군박(窘迫)한 사정을 짐작할 수 있습니다. 듣건대 그대의 부인이 와서 함께 지낸다고 하니, 고달픈 귀양살이에 편리함이 있을 것으로 생각하지만 또한 그곳의 경비를 마련하기가 어려울까 염려됩니다.

나는 무더위와 장마의 침범을 받아 늦가을에 거의 죽을 지경에 이르렀고 이달 초부터 갑자기 치루(痔漏)가 발작하여 걷거나 멈추거나 앉거나 누웠을 때 살을 가르듯이 고통스러우니, 죽음을 재촉하는 길로는 이처럼 혹독한 것이 없을 것입니다.

근간에 듣건대 호서인(湖西人)이 천안(天安)에 모여서 밀봉한 상소를 올려[152] 대계(臺啓)를 이었다고 하니, 이 몸이 먼저 죽게 되면 그들의 심력(心力)을 허비하였다고 할 만합니다. 시종(侍從)과 근습(近習)에 대한 말은 진실로 편지에서 하신 말씀과 같습니다. 명분은 실상의

152 호서인(湖西人)이……올려 : 충청도 진사 나성도(羅星度) 등이 상소하여, 기해년 예송과 관련한 송시열의 죄를 종묘에 고하기를 청하였다. 《肅宗實錄 3年 10月 29日》

손님이니, 이미 실상이 있으면 명분이 절로 따라옴은 이치상 당연한 일입니다.

그대는 근래에 무슨 책을 보고 있습니까? 듣건대 문곡(文谷 김수항(金壽恒))은 지금 사서(四書)를 읽고 있으며 그 백씨(伯氏 김수흥(金壽興)) 또한 《논어》와 《맹자》를 읽는다고 하니, 이는 진실로 참되고 절실한 공부입니다. 나처럼 어리석은 사람은 송독(誦讀)만 하는 공부조차 완전히 황폐해졌으니, 무엇 때문에 전날에 아까운 세월을 저버렸는지 모르겠습니다. 이제 와서 한탄하지만 어쩔 수가 없습니다. 점점 추워지는 이 계절에 더욱 보중(保重)하여 우러르는 이 마음을 위로해 주기를 빌 뿐입니다.

이운거에게 답함 정사년(1677, 숙종3) 12월 25일

答李雲擧 丁巳十二月二十五日

초겨울 이후로 한결같이 안부를 듣지 못하였으나 평상시 그리운 마음은 조금도 해이한 적이 없었습니다. 갑자기 우편을 통하여 16일에 보내신 편지를 받고 보니, 그 일상에 함양(涵養)하고 성찰(省察)하는 공부가 진지하고 치밀하여 비록 옛 성현의 말씀일지라도 이와 바꿀 수 없을 것입니다. 만약 이러한 공부를 그만두지 않고 이어 나가 순숙(純熟)한 지경에 이른다면 그 성취한 바가 어찌 한량이 있겠습니까. 늙고 졸렬한 나 또한 이를 통하여 또한 경계하고 감발하는 바가 다소 있으니, 이는 작은 은혜가 아닙니다. 다만 이전에는 일찍이 주자서(朱子書)의 의심스러운 뜻을 편지로 토론한 적이 있었으나 지금은 다시 그러하지 못하니, 현재 무슨 책을 보고 있는지 모르겠습니다. "독서는 정밀함을 귀하게 여긴다."라는 말은 주 선생(朱先生)이 누누이 문인들에게 훈계한 것이니, 이는 학자의 참된 지결(旨訣)인 듯합니다.

나는 근래에 앓던 병이 날이 지날수록 더욱 심해져서 죽기를 빌 때도 있으니, 스스로 헤아려 보건대 남은 날이 며칠 되지 않을 듯합니다. 이에 사류(士類)의 운수가 트인다는 말씀을 듣게 되니, 큰 사발의 수제비는 장차 다른 사람에게 맡겨야 할 것 같습니다.[153] 그러나 지금의

153 큰……같습니다 : 훗날 좋은 시절이 오더라도 자기는 그전에 죽어 좋은 시절을 누리지 못한다는 말이다. 주희(朱熹)가 말하기를 "다만 속담에 이른바 '금년에 자신이 눈 속에서 얼어 죽으면 내년에 어떤 사람이 큰 사발의 수제비를 먹게 될지 모른다.'라는

시귀(蓍龜)[154]는 또한 옛날과 다르니 또한 믿을 수 있겠습니까. 주 선생이 일찍이 채서산(蔡西山 채원정(蔡元定))에게 말하기를 "조정에서 비록 은혜로운 사면을 의논하더라도 스스로는 오래도록 귀양살이할 계획을 하지 않을 수 없다."라고 하였으니, 이는 어찌 우리가 마땅히 가슴에 새겨 둘 말이 아니겠습니까.

박회장(朴晦章)[155]의 일은 지금에야 비로소 정확한 소식을 들었습니다. 이 사람은 가난이 극심하였는데, 이렇게 추위와 굶주림에 죽은 사람이 유독 그 한 몸뿐이겠습니까. 지극히 근심되고 가련합니다. 그러나 그는 본래 뜻이 꺾이지 않은 사람이었습니다. 조위명(趙威明)이 받은 정용(鄭墉)의 뇌물이 마침내 하루아침의 먼지가 되고 말았으니, 이는 탐욕을 부리는 자의 경계가 될 것입니다.

것과 같을까 두렵습니다."라고 하였다. 《晦庵集 卷34 答呂伯恭》

154 시귀(蓍龜) : 주역 점을 칠 때 사용하는 시초(蓍草)와 거북점을 칠 때 사용하는 거북딱지이다. 옛날 일의 시비와 길흉을 점치던 것으로, 사물을 판단하는 기준을 뜻한다.

155 박회장(朴晦章) : 본관은 충주(忠州), 자는 가정(可貞)이다. 황간(黃澗)에 살았다.

이운거에게 답함 무오년(1678, 숙종4) 1월 19일

答李雲擧 戊午正月十九日

그리워하는 마음이 배로 극심하던 차에 홀연히 영덕(盈德) 편에 14일에 보낸 편지를 받게 되니, 종이를 이어 자세히 하신 말씀은 나를 몹시 위로되고 후련하게 합니다. 또 편지를 통하여 교학상장(敎學相長)하는 사실을 알았으니, 날로 새로워지는 공부가 더욱 풍부하게 있음을 알게 되어 부러움과 감탄을 견디지 못하겠습니다. 다만 독서할 분량을 정하여 좇아가는 것은 바로 주 선생(朱先生)이 깊이 경계한 것이거늘 지금 그대는 그렇게 하지 못함을 한스럽게 여기니, 이는 내 마음에 의심이 없을 수 없는 점이 있습니다. 바라건대, 조용히 완미(玩味)하여 흡족하게 함양(涵養)함으로써 종신토록 힘을 발휘할 터전으로 삼는 것이 어떻겠습니까?

"인욕(人欲)에 어두워지기 쉽다."라는 것은 그대에게야 어찌 이와 같은 지경에 이르겠습니까. 나처럼 어리석은 사람은 아침부터 저녁까지 이러한 상태에 있지 않은 때가 없으니, 비록 맑게 다스리고자 하더라도 기질(氣質)이 박잡(駁雜)하고 공부가 지리멸렬하기 때문에 "모래를 쥐어다가 하수를 막는다."라는 말로도 오히려 비유할 수 없을 것입니다. 이 때문에 스스로 걱정하기에도 겨를이 없거늘 어느 겨를에 저들을 걱정하겠습니까. 다만 시인(時人)의 일을 논한 말씀은 진실로 지극한 의론입니다.

나는 병이 날이 갈수록 더욱 심해져서 일어나거나 앉을 수도 없으니, 세상에 살아 있을 날이 얼마 되지 않을 줄을 지극히 잘 압니다. 이치와 형세로 볼 때 당연한 일이니, 괴이할 것이 못 됩니다.

그대의 중씨(仲氏 이숙(李翻)) 영감이 인동 부사(仁同府使)가 되었다는 소식을 들었습니다. 어느 날 부임합니까? 서로의 거리가 오히려 멀어졌으니, 어찌 때때로 소식을 서로 들을 수 있겠습니까. 하고 싶은 말은 감히 일일이 다 하지 못합니다.

이운거에게 보냄 무오년(1678, 숙종4) 4월 11일

與李雲擧 戊午四月十一日

그대의 중씨(仲氏 이숙(李翻))가 내방하여 그 편에 그대의 편지를 받았는데, 자세히 일러 주신 말씀은 실로 나의 마음에 위로가 됩니다. 《기의(記疑)》[156]는 상하권을 나누어 남에게 빌려주신 줄을 알지 못하여 감히 앞 편지에서 보내 주기를 간청하는 일이 있었습니다.

도내(道內)의 상소는 바로 죽은 종에게 위엄을 펼치는 꼴이니, 단지 가소로운 모습만 보일 뿐입니다. 그저 윤휴(尹鑴)가 사람을 죽였다는 오명을 면하려고 이렇게 남의 손을 빌리는 계책을 세운 것이니, 또한 심히 수고로울 것입니다. 사슴이 산림으로 달아나지만 목숨은 푸줏간에 매달려 있는 데다가[157] 질병이 또 따라서 혹독하게 침범하니, 그저 한 번의 죽음이 더디어 사람과 귀신의 마음을 허비하게 하는 것이 우습습니다.

중씨와 조용히 나눈 이야기는 해상(海上)의 좋은 일로 이보다 더한 것이 없을 것입니다. 임영(臨瀛 강릉(江陵))에서 보내온 선물은 말씀한 뜻을 삼가 잘 알겠습니다. 나머지는 더욱 만중하기를 빕니다. 예를 갖추지 못합니다.

156 기의(記疑) : 《송자대전수차》 권5에 "퇴계(退溪)의 《주자서절요기의(朱子書節要記疑)》를 가리키는 듯하다."라고 하였다.

157 사슴이……데다가 : 당(唐)나라 서유공(徐有功)이 시어사(侍御史)에 제수되자, 사양하며 말하기를 "신이 듣건대 사슴이 산림으로 달아나나 목숨은 푸줏간에 달려 있다고 하니, 형세상 참으로 자연스러운 것입니다."라고 하였다. 《新唐書 徐有功列傳》

이운거에게 보냄 기미년(1679, 숙종5) 4월 24일

與李雲擧 己未四月二十四日

봉산(蓬山)에 있을 때는[158] 그래도 매달 한 번 정도 소식을 주고받았으나 지금은 참으로 바람난 말과 소도 서로 미치지 못하는 곳[159]과 같아졌으니, 비록 같은 시대를 함께 살지 않는다고 하더라도 괜찮을 것입니다. 그대는 지금 나날이 새로운 공부를 하여 우뚝이 현인의 덕업을 가져서 온갖 우레가 옆에서 울리더라도 털끝 하나도 흔들리지 않는 경지에 이르렀을 것이니, 세도(世道)를 위하여 매우 다행한 일입니다.

나는 아침저녁으로 명을 기다리고 있으니, 얼마 지나지 않아 이미 죽은 사람들과 함께 어울리지 않겠습니까. 앞 편지에서 질문한 내용을 오래도록 답하지 못하였던 것은 인편이 없었기 때문입니다. 별지에 적어서 올리니, 부디 상세히 살펴보심이 어떻겠습니까?

혼수(婚需)를 언급한 것을 말하자면 그대처럼 도가 있는 사람의 입에서 이러한 말이 나올 줄은 생각하지 못하였습니다. 우리가 이러한 곳에서 힘을 발휘하지 못한다면 글을 읽은 효과를 어디에 쓰겠습니까.

158 봉산(蓬山)에 있을 때는 : 봉산은 장기(長鬐)의 별칭이다. 송시열은 1679년 4월 10일 거제(巨濟)에 이배(移配)되었다. 《宋子大全 附錄 卷7 年譜》

159 바람난……곳 : 아주 멀리 떨어져서 서로 미칠 수 없는 곳을 가리킨다. 제 환공(齊桓公)이 제후의 군대를 거느리고 초(楚)나라를 치자, 초나라에서 사신을 보내어 말하기를 "임금은 북해에 살고 과인(寡人)은 남해에 살아 바람난 말이나 소도 서로 미칠 수 없는 먼 거리이니, 임금께서 우리 땅에 오실 줄은 생각하지도 못하였습니다."라고 하였다. 《春秋左氏傳 僖公4年》

부디 털어 버려서 속히 벗어나기를 바랍니다. 나머지는 더욱 보중하여 사문(斯文)의 기대에 부응하기를 빕니다.

이운거에게 답함

答李雲擧

곡강(曲江) 편에 그대의 편지를 전해 받고서 일상의 체후가 편안한 줄을 기쁘게 알았습니다. 일찍이 가제(家弟) 편에 전해 준 편지는 말씀하신 뜻을 삼가 잘 알겠습니다. 고례(古禮)에 납길(納吉)을 점치는 조목 하나를 더한 것은 본래 감히 마음대로 하지 못하도록 한 뜻이니, 무엇이 문제가 되겠습니까. 다만 좋은 일이 순조롭지 못한 것이 애석할 뿐입니다.

근간에 무슨 책을 읽고 있습니까? 날로 새로워지는 공부가 있을 것으로 생각하지만 직접 말씀을 듣지 못하는 것이 몹시 아쉽습니다.

오늘 바람과 우레의 변고 때문에 제현(諸賢)들이 사면의 은혜를 입어 그대의 중씨(仲氏)와 계씨(季氏)가 모두 이에 포함되었으니,[160] 제현의 덕이 위로 천도(天道)에 감응하였음을 알 수 있습니다. 다만 중씨와 계씨가 일찍 이러한 은덕을 집사에게도 알려 소매를 나란히 하여 집으로 돌아가지 못함이 몹시 아쉬우니, 일소(一笑)할 만합니다.

자신(子愼)의 일[161]을 말하자면, 집사가 오늘 붓을 적셔 기록해야

160 오늘……포함되었으니 : 1679년(숙종5) 10월 2일 밤에 번개가 번쩍이고 유성이 오거성(五車星) 위에서 나와 북극성 밑으로 들어가자, 숙종이 비망기를 내려 스스로 책망하고 신하들을 면려하는 한편 민정중(閔鼎重), 민유중(閔維重), 이숙(李翻), 이익(李翊), 이선(李選) 등을 방면할 것을 명하였다. 《肅宗實錄 5年 10月 2日》

161 자신(子愼)의 일 : 자신은 송상민(宋尙敏)의 자이다. 본관은 은진(恩津), 호는 석곡(石谷)으로, 송시열의 문인이다. 을묘예송이 있은 뒤에 예론(禮論)의 본말과 윤휴

한다는 것이 아닙니다. 조만간 공론이 발의되면 대군자(大君子)께서 천양(闡揚)해 주기를 부탁하려고 합니다. 그가 죽는 날에 사람마다 간담이 떨렸으나 오히려 서울의 사대부 몇 사람이 직접 가서 염습하였고 이어 그 처자식을 도와주고 구휼한 사람들이 매우 많았으니, 사람의 마음이란 속일 수 없음을 알 수 있습니다.

철옹(鐵甕 이유태(李惟泰))의 일은 단지 중씨 영감이 보여 준 한 통만 보았을 뿐, 전혀 들은 것이 없습니다. 비록 들은 바가 있더라도 어찌 입에 올려서 투박한 시속을 따르는 것이 마땅하겠습니까. 단지 그가 살아서 돌아온 것을 기쁘게 여길 뿐입니다. 나머지는 다시 일일이 다 말하지 못합니다.

(尹鑴), 허목(許穆) 등의 잘못을 상세히 기록한 책자를 올리니 숙종이 진노하여 국문하였으나 굴복하지 않다가 장(杖)을 맞고 죽었다. 경신환국 뒤에 신원되어 공조 좌랑에 증직되었고 그 상소문과 책자는 간행되었다.《宋子大全隨箚 卷13 雜著類》《肅宗實錄 5年 3月 12日, 17日》

이운거에게 답함 경신년(1680, 숙종6) 7월 10일

答李雲擧 庚申七月十日

낮에 양천(陽川) 허군(許君) 편을 통하여 편지 한 통을 부쳐 올렸는데, 지금 그대가 보낸 편지를 받았습니다. 말씀하신 뜻이 자세하니 매우 감사하게도 나를 비루하게 여기지 않은 것입니다.

서울에 들어간다는 말씀을 이야기하자면, 이는 세도(世道)에 뜻이 없지 않은 것입니다. 주자(朱子)가 구주(衢州)와 신주(信州) 사이에서 사직을 청하고 돌아간 것[162]과 견주어 보면 조화롭고 순조로운 조짐이 있는 듯하니, 인하여 흰 망아지가 채소를 뜯어 먹었다는 구실로 꽁꽁 묶어 두고 머물게 한다면[163] 조정과 백성들이 아마 잘 다스려지지 않겠습니까. 이 밖에 나머지 이야기는 앞의 편지에 대략 적어 두었으므로 다시 자세히 말하지 않으니, 모두 묵묵히 이해하기 바랍니다.

162 주자(朱子)가……것 : 《송자대전수차》 권4에 "주자가 임안(臨安)에 들어갈 때 그 길이 구주와 신주를 경유하였기 때문에 이곳에 머물며 사직을 청하였다."라고 하였다. 임안은 남송(南宋)의 수도이다.

163 흰……한다면 : 《시경》 〈소아(小雅) 백구(白駒)〉에 "깨끗한 저 흰 망아지가 내 채소를 뜯어 먹었다고 핑계하고 발을 꽁꽁 묶어 잡아 두어 오늘 하루를 더 늘려서 저 어진 이가 여기서 소요하게 하리라.〔皎皎白駒, 食我場苗, 縶之維之, 以永今朝, 所謂伊人, 於焉逍遙.〕"라고 하였다. 여기서는 서울에 오래도록 머물게 한다는 뜻으로 말한 듯하다.

이운거에게 보냄

與李雲擧

그대의 행차가 구성(駒城 용인(龍仁))에 이르렀다는 소식을 가만히 듣고는 인하여 드디어 명에 응할 것이라고 생각하였습니다. 그러나 마침내 구주(衢州)와 신주(信州)의 고사[164]를 본받았으니, 분수령(分水嶺)의 한 걸음은 철문관(鐵門關)이라고 할 만합니다.[165]

나는 외람되이 서책을 교정하라는 명[166]을 받았으나 정신이 어둡고 쇠퇴하여 더욱더 교정할 문제점들이 발견되니, 그대가 사는 근방의 조용한 절을 찾아 그대의 지휘를 몹시 받고 싶으나 질병이 심할 뿐 아니라 수많은 서책을 운반하기 어려워서 이렇게 하지 못하니 한탄한들 어떻게 하겠습니까.

별지의 내용은 삼가 잘 알겠습니다. 대개 당초 운운하는 말을 대략 들었을 때, 마음속으로 '전언(傳言)하는 사람이 이 말은 과연 유(柳) 아무개의 무리에서 나왔다고 하였다. 그렇다면 유 아무개는 글을 지어

164 구주(衢州)와 신주(信州)의 고사 : 224쪽 주162 참조.

165 분수령(分水嶺)의……만합니다 : 주희(朱熹)가 수도 임안(臨安)으로 들어갈 때 길이 분수령을 지나가야 하였는데, 의리상 편안하기 어려운 점이 있었으므로 "그저 힘껏 사직하다가 죄를 얻더라도 어떻게 할 수 없지만, 다만 두 다리는 분수령을 한 걸음도 지나갈 수 없습니다."라고 하였다. 《晦庵集 續集 卷4 答劉晦伯》《宋子大全隨箚 卷4》 철문관은 쇠로 만든 관문으로, 깨뜨릴 수 없다는 의미이다.

166 서책을 교정하라는 명 : 1681년(숙종7) 7월에 송시열에게 《심경석의(心經釋義)》를 교정하여 올리라고 명하였다. 《肅宗實錄 7年 7月 27日》

공자를 무함하고 업신여긴 자이니, 이는 아무개 어른께 도리어 영광이 될 것이다.'라고 생각하였습니다.[167] 그러나 또한 아무 고을의 습속[168]을 상상해 볼 수 있습니다.

지난봄 덕평(德坪)에서 그대와 이야기를 나눌 때 목천서원(木川書院) 원장이 되었다는 말을 듣고 마음속으로 가만히 걱정하여 전날 들었던 내용을 대략 거론하여 그대가 만에 하나라도 헤아릴 수 있도록 하였습니다만, 뜻하지 않게 이로 인하여 소문의 진원지를 추궁받게 되었습니다.[169] 옛날에도 이러한 일이 있었으나 그 기세를 보면 그만두고 말지

167 전언(傳言)하는……생각하였습니다 : 유 아무개는 목천(木川) 사람 유수방(柳壽芳)이다. 1674년(현종15) 송시열이 이유태(李惟泰)를 만난 자리에서 윤선거(尹宣擧)의 서원 건립에 대해 이야기를 주고받던 중 이유태가 말하기를 "길보(吉甫)를 항상 미촌(美村)이라 일컬었는데 세상을 떠난 뒤에 갑자기 노서(魯西)로 일컬으니, 유수방이 '노서, 노서 하는데 그저 달로 선생(達魯先生)이라 일컬을 만하다.'라고 하였으니, 대개 달로화적(達魯花赤)은 바로 고려 때 동방을 관리하던 오랑캐의 벼슬 이름이기 때문이다."라고 하여 외부의 의론을 전하자, 송시열이 "유수방은 공자를 모욕하다가 태학에서 벌을 받았으니, 길보가 이 사람에게 모욕을 당한 것은 도리어 영광이다."라고 하였다. 《宋子大全 卷68 答朴和叔》

168 아무 고을의 습속 : 목천을 가리킨다.

169 목천서원(木川書院)……되었습니다 : 이산(尼山) 사람들이 윤선거를 위하여 사당을 세우려고 열읍(列邑)에 통문을 돌리니, 목천 사람이 그 아래에 "강도(江都)에서 오랑캐의 포로가 되었던 사람을 어찌 향사할 수 있겠는가."라고 적었다. 양성(陽城) 사람 허황(許璜)이 그 글을 보고 송시열에게 말하였다. 그 뒤 이상(李翔)이 목천서원 원장이 되자 송시열이 그에게 목천 사람들을 교화해 주기를 청하였다. 이에 이상의 문인이 윤선거를 욕보인 목천 사람을 다스리려고 윤가(尹家)의 문인에게 물어보니, 오래전에 있었던 일이므로 내버려 두는 편이 낫겠다고 대답하였다. 그러나 문인이 뒤에 그 말을 바꾸어 애초 이러한 일이 없었다고 하며 송시열이 지어낸 말로 돌렸고 윤증(尹拯)이 여러 번 편지를 보내어 송시열에게 소문의 진원지를 다그쳐 물었다. 《宋子大全隨箚 卷5》

는 않을 듯합니다. 어찌 차마 전언한 사람이 곤란을 당하도록 하겠습니까. 차라리 내가 그 허물을 감당하는 편이 나을 것입니다. 나머지 이야기는 남의 손을 빌려서 쓰느라 다 말하지 못합니다. 예를 갖추지 못합니다.

이운거에게 답함
答李雲擧

명(明)나라에서 제도를 만들 때, 동종(同宗)으로 후사를 세웠으나 항렬 순서를 잃은 자에게는 그 아들을 본종(本宗)으로 돌려보내고 후사에 마땅한 사람을 고쳐서 세우도록 허락하였고, 버려진 아이로 나이가 3세 이하이면 비록 성이 다르더라도 수양(收養)을 허락하고 곧 그의 성을 따르게 한다고 하였습니다.[170] 지금 구 봉사(具奉事)는 이미 항렬의 높낮이에 순서를 잃었으니, 본종으로 돌려보내고 마땅한 사람을 고쳐서 세우는 일을 그만둘 수 없었습니다. 또 그 출계(出繼)한 나이가 13세라서 3세 이하이면 수양한다는 법조문에 해당하지 않으니, 그대로 제사를 받들게 하는 것은 전혀 정당하지 않습니다. 그리고 설령 수양하였다고 하더라도 또한 반드시 수양아들이 제사를 받들도록 해야 한다는 법조문이 없으니, 또한 원용할 사례가 될 수 없습니다.

외손(外孫) 봉사(奉祀)가 잘못된 것임에 대하여 말하자면, 이미 주자(朱子)가 왕 상서(汪尙書)에게 답한 분명한 가르침이 있고 또 진(晉)나라 가충(賈充)이 외손을 후사로 삼자 진수(秦秀)가 이미 기강과 법도를 어둡게 하고 어지럽히는 것이라고 논의하였으니,[171] 지금 어찌

170 명(明)나라에서……하였습니다 : 이와 관련된 내용이 《대명률직해(大明律直解)》 권4 〈호율(戶律) 입적자위법(立嫡子違法)〉에 보인다.

171 진(晉)나라……논의하였으니 : 가충은 진나라 무제(武帝) 때 대도독에 오른 인물이다. 가충이 죽어 시호를 의논할 때 진수가 "가충은 아들 여민(黎民)이 요절한 뒤에 종족을 제쳐 놓고 외손을 후사로 삼았으니, 이는 예법을 위배하고 사사로운 정에만

감히 이를 범하고서 실행하겠습니까. 정자(程子)의 모부인전(母夫人傳)을 살펴보면, 부인(夫人)이 세상을 떠나려 할 때 이천(伊川)에게 명하기를 "나를 위하여 내 부모의 제사를 지내되 내년부터는 다시 지내지 말라."라고 하였습니다. 만약 구씨(具氏)의 여러 신주에 여자가 있다면 이를 원용하여 제사를 받들더라도 혹 근거가 없게 되지는 않을 것입니다. 다만 황조(皇祖)의 제도에는 만일 시마(緦麻)나 소공(小功) 이상의 친족이 없을 경우에 원방(遠房)이나 동성(同姓)을 가려 후사를 세우는 것을 허락하였으니, 이른바 원방이라는 것은 곧 단문(袒免)을 하는 친족이고 이른바 동성이라는 것은 또 더욱 먼 친족입니다. 지금 구씨의 번성함은 다른 성씨 중에 으뜸이니, 그 소목(昭穆)에 상당하는 항렬 중에 어찌 후사로 세울 만한 사람이 없겠습니까. 나의 뜻에는 이 밖에 다시 정당한 도리가 없다고 생각하니, 어떻게 여기실지 모르겠습니다.

치우친 처사이다."라고 하면서 시호법에 따라 법도를 혼란시킨다는 의미로 가충의 시호를 '황(荒)'으로 정하였으나 무제가 '무(武)'라는 시호를 내렸다. 《晉書 賈充列傳》

이운거에게 답함

答李雲擧

〔문(問)〕《주자대전(朱子大全)》〈답범백숭서(答范伯崇書)〉의 "또 이르기를 '갑자기 군사를 일으켜서……' 하였다."[172]라는 구절에서 '또 이르기를'이라는 것은 주자의 말입니까?

〔답(答)〕 이는 백숭(伯崇 범염덕(范念德))의 말입니다. 백숭의 뜻은 대개 '마땅히 천자에게 명을 청하여 역적으로 토벌해야 하지만, 여러 대부가 갑자기 군사를 일으켜서 그 아버지를 위협한다면 첩(輒)[173]의 마음에 편안하겠는가.'라고 여겼기 때문에 선생의 대답이 이와 같은 것입니다. '위국(衛國)' 이하는 선생이 답한 말입니다.

〔문〕〈답범백숭서〉의 "자징과의 거리가 멀지 않은데, 그는 참으로 곧고 미덥고……〔子澄相去不遠, 眞直諒云云.〕"라는 구절에서 '진(眞)' 자 아래에 잘못된 글자가 있는 듯합니다.

〔답〕'백숭이 사는 곳은 자징이 사는 곳과 멀지 않은데, 자징은 참으로

172 또……하였다 :《회암집(晦庵集)》권39〈답범백숭(答范伯崇)〉에 "또 이르기를 '갑자기 군사를 일으켜서 아버지를 위협하는 것이 자식의 마음에 편안하겠습니까.' 하였다.〔又云: '遽然興師, 以脅其父, 于人子之心安乎?'〕"라고 하였다.

173 첩(輒) : 춘추 시대 위(衛)나라 영공(靈公)의 손자이고, 괴외(蒯聵)의 아들이다. 괴외가 아버지 영공에게 죄를 얻어 진(晉)나라로 망명하였는데, 영공이 죽자 첩이 임금으로 추대되었다. 괴외가 위나라로 돌아오려고 하자 첩이 괴외의 입국을 막았다.《史記 衛康叔世家》

곧고 미덥고 견문이 많은 유익한 벗'[174]이라는 것입니다. 선생의 뜻이 단연코 이와 같으니, 잘못된 글자가 있음을 보지 못하겠습니다. '익(益)' 자를 바로 '우(友)' 자로 보면 의심할 바가 없을 것입니다.

〔문〕〈여하숙경서(與何叔京書)〉의 "차격(差檄) 한 통을 구하여 건소(建邵)에 오게 한 것이다."[175]라는 구절에 대하여.

〔답〕 윗글에 "뜻을 펼치지 못하였으니, …… 붕우의 책임이다."[176]라는 등의 말이 있으니, 이는 필시 숙경(叔京 하호(何鎬))이 당한 일 중에 온당치 못한 것이 있기 때문에 선생이 숙경을 위하여 이미 조대(漕臺)에게 편지를 보내어 그 곡절을 말하였고, 또 숙경을 위하여 조대에서 차격 한 통을 구하여 숙경이 건소로 오도록 하고, 숙경이 소무(邵武)에 오기를 기다린 연후에 또 담당할 만한 직임을 모색한 것입니다. 이른바 차격은 직임을 차정(差定)하는 공문서입니다.

〔문〕〈여반숙도서(與潘叔度書)〉의 "제호(醍醐)와 독약(毒藥)"[177]이

174 곧고……벗 : 공자가 말하기를 "유익한 벗이 셋이니, 벗이 곧으며, 벗이 미더우며, 벗이 견문이 많으면 유익하다."라고 하였다. 《論語 季氏》

175 차격(差檄)……것이다 : 주희(朱熹)가 하호(何鎬)에게 답한 편지에 "삼가 이미 조대에게 편지 한 통을 보내었고, 또 형을 위하여 차격 한 통을 구하여 건소로 오게 한 것이니, 도착하면 또 서서히 담당할 바를 도모하겠습니다."라고 하였다. 《晦庵集 卷40 答何叔京》

176 뜻을……책임이다 : 주희가 하호에게 답한 편지에서 "노형이 남쪽으로 간 뒤로 날마다 염려가 되었습니다. 보내온 편지를 읽고서 뜻을 펼치지 못하는 줄을 알았고, 심부름꾼에게 자세히 물어서 그 곡절을 다 알게 되었으니, 이는 붕우의 책임이기에 다시 무슨 말을 하겠습니까."라고 하였다. 《晦庵集 卷40 答何叔京》

라는 구절의 소주(小註)에 "성인(聖人)이 훌륭한 말을 후세에 전하는 것은 제호로 사람을 기르는 것과 같고 소인(小人)이 거짓으로 참됨을 가탁하여 천하를 어지럽히는 것은 독약과 같다."라고 하였습니다. 저의 뜻에는 문의(文義)가 그렇지 않은 듯합니다. 성인의 가르침은 하나이니, 군자가 이것으로 천하를 다스리는 것은 마치 제호와 같은 것이고, 소인이 이것으로 천하를 어지럽히는 것은 마치 독약과 같은 것입니다. 이처럼 보는 것이 어떻겠습니까?

〔답〕 본 주석과 그대의 견해는 비록 이치를 이루기는 하지만 아랫글의 뜻과 서로 연관되지 않습니다. 가만히 생각건대 반숙도(潘叔度)의 뜻은 '성현은 응당 인의(仁義)의 설로 군자를 가르치고 엄려(嚴厲)한 뜻으로 소인을 대하여야 하니, 이는 바로 제호로 사람을 기르고 독약으로 질병을 다스리는 것과 같다.'라고 생각한 것입니다. 또 주자가 입언(立言)하여 소인을 경책하기를 청하였기 때문에 아랫글에서 답한 바가 이와 같은 것입니다.

〔문〕 〈답여자약서(答呂子約書)〉의 "문중자(文中子)까지 일례로 타파하다.〔並文中子一併破除〕"[178]라는 구절에 대하여.

177 제호(醍醐)와 독약(毒藥) : 제호는 우유에서 정제한 최상의 음료이다. 주희가 말하기를 "제호와 독약의 비유는 또한 과당한 듯합니다. 성현은 단지 훌륭한 말을 후세에 남겨서 참됨을 따르고 거짓을 버리게 할 뿐이니, 다른 사람에게 어찌 반드시 행할 수 있게 하겠습니까. 하물며 우리의 급선무는 스스로 덕을 밝히는 데에 있으니, 항상 이 생각이 가슴속에 걸려 있게 해서는 안 될 것입니다.〔醍醐毒藥之喩, 恐亦過當. 聖賢只得立言垂世, 從違眞僞, 卻在他人, 如何必得? 況吾輩所急, 在于自明, 正不當常以此念橫在胸中也.〕"라고 하였다. 《晦庵集 卷46 答潘叔度》

〔답〕 선생은 대개 윗글에서 한당(漢唐)의 비루함을 극론하여 동보(同甫)의 잘못을 배척하고 또 문중자까지 아울러 타파하였습니다. 대개 문중자가 스스로 여러 설을 만들어 성인의 경서(經書)에 견주었고 당(唐)나라 초기의 문무(文武) 명신(名臣)을 취하여 공자 문하의 제자들에게 견주었으며, 또 심적(心迹)이 같지 않다는 설을 만들어 후세의 인물을 비호하였기 때문에 선생이 힘껏 그 그릇됨을 분변한 것입니다. 이른바 '파제(破除)'라는 것은 타파하여 제거하는 것입니다.

〔문〕〈답왕장유서(答汪長孺書)〉의 "고의로 우선 이렇게 말한 것이 아니다."[179]라는 말은 그 뜻을 알지 못하겠으니, 한마디 말씀을 내려 주시기를 바랍니다.

178 문중자(文中子)까지 일례로 타파하다 : 문중자는 수(隋)나라 경학가 왕통(王通)의 시호이다. 주희가 여조겸(呂祖儉)에게 답한 편지에 "동보에 대하여 말하자면 뒤에 또 두 번의 편지를 받고서 이미 속마음을 다 드러내어 답장하였고, 최후에 단지 그에게 묻기를 '삼대는 무엇으로 인하여 극진히 다하였고 한당은 무엇으로 인하여 극진히 다하지 못하였는가. 지금 편안히 성현이 눈앞에 계시는데도 무엇 때문에 배우지 않고 반드시 한당을 논하며 그 좋은 곳을 찾는단 말인가.'라고 하고 문중자까지 일례로 한번 타파하여 자못 통쾌하게 논박한 듯하니, 그가 다시 어떻게 변명할 길을 만들어 낼지 모르겠습니다.〔同父后來又兩得書, 已盡底裏答之, 最后只問他三代因甚做得盡, 漢唐因甚做得不盡, 見頓著聖賢在面前, 因甚不學, 而必論漢唐, 覓他好處. 幷文中子一幷破除一上, 似頗痛快著題, 未知渠復如何做轉身一路也.〕"라고 하였다.《晦庵集 卷47 答呂子約》자약(子約)은 여조검의 자이다.

179 고의로……아니다 : 주희가 왕덕보(汪德輔)에게 답한 편지에 "안자(顔子)가 능하면서 능하지 못한 이에게 묻고 많으면서 적은 이에게 물은 것이 고의로 우선 이렇게 말한 것이 아닌 줄을 알아야 비로소 진보하는 곳이 있을 것입니다."라고 하였다.《晦庵集 卷52 答汪長孺》

〔답〕 선생의 뜻은 '안자(顔子)는, 내가 이미 능하고 이미 식견이 많다고 스스로 생각하면서도 고의로 능하지 못하고 식견이 많지 못하다는 말을 하며 우선 남에게 물었던 것이 아니다. 그 마음은 실로 그렇지 않았으니, 대개 안자의 뜻은 진실로 능하지 못하고 많지 못하다고 스스로 생각하였던 것이다.'라고 여긴 것입니다.

〔문〕 〈답양자순서(答楊子順書)〉의 "자로(子路)가 이 말씀을 듣고 과연 기뻐하였으니, 성현의 기상이 어떠한지를 보아야 한다."[180]라는 구절에 대하여.

〔답〕 이것은 성현의 흉중은 초탈하여 얽매인 바가 없기 때문에 모기와 파리가 앵앵거리는 듯한 분잡한 일로 마음을 얽어 묶거나 막히게 하지 않음을 말한 것입니다.

〔문〕 〈답장원덕서(答張元德書)〉의 "필시 설서(說書)는 아닐 것이다."[181]라는 구절에 대하여.

180 자로가……한다 : 주희가 양이정(楊履正)에게 답한 편지에 "지금 다른 것은 논하지 않더라도 단지 공자가 뗏목을 타고 바다로 떠나려는 탄식을 발하면서 유독 자로만이 자신을 따를 것이라고 허여하시자 자로가 이 말을 듣고 과연 기뻐하였으니, 우선 이러한 곳에서 성현의 기상이 어떠한 것인가를 보아야 합니다. 천백 마리의 파리와 모기가 미친 듯이 앵앵거리는 듯한 세간의 허다한 어지러운 일들이 어찌 일찍이 그의 흉중에 들어갈 수 있겠습니까. 만약 이러한 것들을 내려놓지 못한다면 다시 무슨 극기복례를 말하겠습니까. 그저 서로 관련됨이 없을 뿐입니다."라고 하였다. 《晦庵集 卷59 答楊子順》 자순(子順)은 양이정의 자이다.

181 필시……것이다 : 주희가 장흡(張洽)에게 답한 편지에 "그러므로 정 선생이 '경문(經文)을 주해하는 것은 옛날의 뜻이 아니니 도리어 사람을 각박하게 만든다. 한나라

〔답〕'설서'는 경문을 주해한다는 뜻입니다.

〔문〕〈답채계통서(答蔡季通書)〉의 "용납되기를 구하려고 한 것이 아니었다."[182]라는 구절에 대하여.

〔답〕"성현이 진(秦)나라로 가고 채(蔡)나라로 가고 양(梁) 땅으로 가고 제(齊)나라로 갔던 것은 세상에 용납되기를 구하려고 한 것이 아니라 바로 성현은 신령스러운 사람 중에 가장 신령스러운 분이니 성현이 만약 이 백성들을 깨우치지 못한다면 천지 조물주 또한 만물을 만들어 내지 못할 것이기 때문이다."라고 한 것입니다.

〔문〕〈답방백모서(答方伯謨書)〉의 "성현의 글을 읽어 이미 배부르고 기쁘다."[183]라는 구절에 대하여.

선비들이 휘장을 내리고 강송한 것은 필시 경문을 주해한 것은 아닐 것이다.' 하였습니다.〔故程先生有說書非古意, 轉使人薄. 漢儒下帷講誦, 未必是說書.〕"라고 하였다. 《晦庵集 卷62 答張元德》 원덕(元德)은 장흡의 자이다.

182 용납되기를……아니었다 : 주희가 채원정(蔡元定)에게 답한 편지에 "전날 논한 바는 용납되기를 구하려고 한 것이 아니라 바로 마땅히 신령스러워야 할 사람이 신령스럽지 못하면 조물주 또한 장차 만물을 만들어 낼 수 없게 될까 두려웠기 때문이었습니다."라고 하였다. 《晦庵集 續集 卷2 答蔡季通》 계통(季通)은 채원정의 자이다.

183 성현의……기쁘다 : 주희가 방사요(方士繇)에게 보낸 편지에 "한가한 가운데에 무위도식할 수 없지만 글을 읽는 것도 무리를 따라 예를 갖추어 보아 나갈 수 없으니, 일간에 과정에 맞추어 읽어 나가는 것이 몹시 괴롭게 느껴집니다. 양경중이 어떤 사람에게 답한 편지에서 '모관이 성인의 글을 읽어 이미 배부르고 기쁘다.'라고 한 말이 우연히 기억나니, 몹시 가소롭습니다. 그러나 또한 실정에 딱 맞는 말입니다.〔閑中不能無爲, 而所讀書又不能隨衆備禮看過, 日間趕趁程限, 甚覺辛苦. 偶記楊敬仲答人書云恭惟某官讀聖人書, 旣飽而嬉, 甚可笑, 然亦多着題也.〕"라고 하였다. 《晦庵集 續集 卷7 與方伯

○ "예를 갖추어 읽어 간다."라는 말에 대하여 그 뜻을 듣기를 원합니다.

〔답〕 '성현의 글을 읽어 이미 배부르고 기쁘다.'라는 말은 대개 학교의 선생이 글을 읽는 일에 가탁하여 국가의 봉록을 헛되이 소비하는 것을 비판한 뜻입니다. '예를 갖추어 읽어 간다.'라는 말은 과정을 때워서 의식주의 해결을 도모함을 이르니, 그래서 가소롭다고 한 것입니다.

〔문〕 〈여이단보서(與李端甫書)〉의 "소치(小豸)"와 "영릉(零陵)"[184] 이라는 구절에 대하여.

〔답〕 '소치'와 '영릉'은 "소치가 이미 찬축되었다.〔小豸旣逐〕"라는 것을 구절로 삼아야 합니다. 대개 오공(吳公)이 이미 찬축당하였다면 화(禍)가 다음으로 조공(趙公)에게 미치게 될 것이기 때문입니다. 그 아래에 "또 중지되었다.〔又却中輟〕"라고 운운한 것은 그 당시 간당(姦黨)들이 주자를 논죄하려다가 중지하였기 때문에 운운한 것입니다.

謨》 백모(伯謨)는 방사요의 자이다.

184 소치(小豸)와 영릉(零陵) : 주희가 이단보에게 보낸 편지에 "소치가 이미 찬축당하고 영릉이 장차 다음 차례가 되어 또한 반역의 죄과에 해당시키려고 하더니, 어떻게 하여 또 중지되었는지 모르겠습니다. 천명을 면하지 못할 것이니, 장씨가 나를 어떻게 하겠습니까.〔聞小豸旣逐, 零陵卽將次及, 亦欲置之叛逆之科, 不知如何又却中輟? 不免命也, 臧氏其如予何?〕"라고 하였다. 《晦庵集 別集 卷1 李端甫》《주서절요주(朱書節要註)》에 "소치는 시어사(侍御史) 오렵(吳獵)을 가리키는 듯하다."라고 하였고, 《주자서절요기의(朱子書節要記疑)》에 "영릉은 곧 조여우(趙汝愚)이다. 조공(趙公)이 장차 영릉으로 귀양 가게 되기 때문에 운운한 것이다."라고 하였다.

이운거에게 답함

答李雲擧

전날 〈답이단보서(答李端甫書)〉의 한 조목에 대한 답변은 잘못되었습니다. 이른바 "또 중지하였다."라는 것은 소인들이 영릉(零陵)을 반역의 죄과로 논하려다가 중지한 것이고 "천명을 면하지 못할 것이니, 나를 어떻게 하겠습니까."라는 것은 모두 영릉을 가리켜서 말한 것입니다.

이운거에게 답함

答李雲擧

〔문〕 "눈물을 펑펑 쏟았다.〔出涕沱若〕"[185] 운운한 것은 필시 사실이 있을 것이니, 그에 관한 설명을 듣고자 합니다.

〔답〕 당시 사학(史學)하는 사람의 저작인 듯합니다.

〔문〕 "아버지와 할아버지의 나이"[186]에 대하여 퇴계(退溪)는 "아버지와 할아버지의 나이로 다른 사람의 아버지와 할아버지의 나이를 비교하는 것이다."라고 하였습니다.

〔답〕 퇴계의 설은 끝내 본뜻을 이해하지 못한 것이니, 할아버지와 아버지의 나이를 비교하는 것을 말하는 듯합니다.

〔문〕 "충서(忠恕)로 일관(一貫)하다."[187] 운운한 것에 대하여 퇴계는

185 눈물을 펑펑 쏟았다 : 주희(朱熹)가 여조겸(呂祖儉)에게 답한 편지에 "또 전날 《사기》는 시변의 학문이라고 주장했던 것을 말하자면 '근래 도성 사람들이 그 아름다움을 보고 눈물을 펑펑 쏟았다.'라는 장을 통하여 보면 또한 그 극심한 폐단을 알 수 있습니다.〔且如向來主張史記時變之學, 以近日都人觀美出涕沱若之章觀之, 亦可見其流弊之所極矣.〕"라고 하였다. 《晦庵集 卷48 答呂子約》

186 아버지와 할아버지의 나이 : 187쪽 주90 참조.

187 충서(忠恕)로 일관(一貫)하다 : 주희가 진제중(陳齊仲)에게 답한 편지에 "대개 충서의 이치는 하나이지만 사람이 보는 것에 깊고 얕음이 있을 뿐이니, 어찌 그 사이에 간택(揀擇)하고 취사할 바가 있겠습니까. 배우는 사람이 충서로 일관하는 뜻을 알고자 한다면 또한 위도불원한 곳으로부터 힘을 들여야 바야흐로 하나의 기상을 어슴푸레나마

"제중(齊仲)이 충(忠)이 없으면 서(恕)가 나오지 못하는 이치를 알지 못하였기 때문에 충과 서를 두 가지 물건으로 여긴 것이다."라고 하였습니다. 내가 생각건대 두 가지 물건이라고 한 것은 아마도 성인(聖人)의 충서와 학자의 충서인 듯하니, 어떠한지 모르겠습니다.

〔답〕 제시한 의견이 매우 합당합니다. 대개 일이관지(一以貫之)의 충서[188]와 위도불원(違道不遠)의 충서[189]는 두 가지 물건이 아님을 이른 것입니다.

〔문〕 〈여유덕수(與劉德修)〉의 "그곳〔彼〕에서 어느 날 귀양길에 오르는지 모르겠습니다."[190] 운운한 구절에서 '그곳'은 누구를 가리킵

알게 될 것이니, 어찌 분명 두 가지 물건이라서 서로 관여하지 않는다고 할 수 있겠습니까.〔蓋忠恕之理則一, 而人之所見有淺深耳, 豈有所揀擇取舍于其間哉? 學者欲知忠恕一貫之指, 恐亦當自違道不遠處著力, 方始隱約得一個氣象, 豈可判然以爲二物而不相管耶?〕"라고 하였다.《晦庵集 卷39 答陳齊仲》

188 일이관지(一以貫之)의 충서 : 공자가 말하기를 "삼아, 나의 도는 한 가지 이치가 만 가지 일을 꿰뚫고 있다.〔參乎! 吾道一以貫之.〕"라고 하니, 증자(曾子)가 "예."라고 대답하였다. 공자가 나가자 문인들이 "무슨 말씀입니까?"라고 물으니, 증자가 말하기를 "선생님의 도는 충과 서일 뿐이다.〔夫子之道, 忠恕而已矣.〕"라고 하였다.《論語 里仁》

189 위도불원(違道不遠)의 충서 : 공자가 말하기를 "충서는 도와 거리가 멀지 않으니, 자기 몸에 베풀어 보아 원하지 않는 것을 나 또한 남에게 베풀지 말아야 한다.〔忠恕違道不遠, 施諸己而不願, 亦勿施於人.〕"라고 하였다.《中庸章句 第13章》

190 그곳에서……모르겠습니다 : 주희가 유광조(劉光祖)에게 보낸 편지에 "오래도록 안부를 듣지 못하여 염려하던 차에 방릉으로 귀양 간다는 저보의 기사를 보고는 서글퍼져서 침식을 모두 폐하였고 여러 날이 지나도 이 마음이 풀리지 않습니다. 그곳에서 어느 날 귀양길에 오르는지 모르겠습니다.〔方念久不聞動靜, 忽閱邸報有房陵之行, 爲之悵然, 寢食俱廢, 累日不能自釋. 不審彼以何日就道?〕"라고 하였다.《晦庵集 卷38 與劉

니까?

〔답〕 '그곳'은 유덕수가 있는 곳을 가리키니 '그곳에서 어느 날 길에 올라 방릉(房陵)으로 향하는가.'라고 한 것입니다.

〔문〕 "사기(邪氣)라고 욕하는 자들"[191] 운운한 구절의 '사기'는 위학(僞學)이라는 뜻과 같은 것입니까?

〔답〕 당시의 소인들이 선생의 무리를 사기라고 여겨서 욕한 것입니다.

〔문〕 "이들은 남들이 의기를 내게 하지 못한다."[192] 운운한 구절의 '이들'은 당로(當路)의 사람들입니까?

〔답〕 '이들'은 반(潘)과 유공도(劉公度)를 가리킵니다.

〔문〕 "한 통을 부쳐 보낸다.〔附去一角〕"[193] 운운한 구절의 '일각(一角)'은 무엇을 이릅니까?

德修》 덕수(德修)는 유광조의 자이다.

191 사기(邪氣)라고 욕하는 자들 : 주희가 유광조에게 보낸 편지에 "상백이 논한 바는 늦게 들은 것이 몹시 아쉽습니다. 그러나 또한 말이 황문숙을 침범한 것은 몹시 아쉽지만 저 사기라고 욕하는 자들은 또한 돌아볼 것도 없습니다.〔商伯所論, 恨聞之晚. 然亦但恨語侵黃文叔, 彼罵邪氣者亦不足恤矣.〕"라고 하였다. 《晦庵集 卷52 與劉德修》

192 이들은……못한다 : 주희가 유보(劉黼)에게 답한 편지에 "이들은 나아가도 군자가 되지 못하고 물러나도 소인이 되지 못하여 남들이 의기를 내게 하지 못하고 남들로 하여금 마음을 울적하게 만듭니다."라고 하였다. 《晦庵集 卷53 答劉季章》 계장(季章)은 유보의 자이다.

193 한……보낸다 : 주희가 채원정(蔡元定)에게 답한 편지에 "여러 판각한 것은 지금 한 통을 부쳐 보냅니다.〔諸刻, 今附去一角.〕"라고 하였다. 《晦庵集 續集 卷2 答蔡季通》

〔답〕 '일각'은 일봉(一封)이라는 말과 같습니다.

〔문〕 "밝은 하늘이 회복되지 않으니 근심이 끝이 없도다.〔皓天不復, 憂無疆也.〕"[194]라는 구절의 '호천(皓天)'은 어느 책에 나옵니까? '호(皓)'는 호호(浩浩)의 뜻입니까? '불복(不復)'의 '복(復)'을 거성(去聲)으로 보면 "호천이 다시 끝없는 걱정을 근심하지 않는다."라고 말하는 듯하고, 만약 입성(入聲)으로 보면 "밝은 하늘이 회복되지 않으니, 이것이 근심이 끝이 없는 까닭이다."라고 말하는 듯하니,[195] 어떤 뜻으로 보아야 합니까?

〔답〕 '호천'의 '호(皓)'는 호(昊), 호(顥), 호(皡)와 서로 함께 사용합니다. 《운회(韻會)》의 호(顥) 자 주석에 《초사(楚辭)》의 "천백호호(天白顥顥)"의 문장을 인용하여 말하기를 "혹은 호(皓) 자로도 쓴다."라고 하였습니다. '불복(不復)'의 '복(復)'은 마땅히 입성으로 읽어야 하니, 대개 '천운(天運)은 순환(循環)하여 가기만 하고 돌아오지 않는 것이 없다.'라는 뜻입니다. 대개 천운이 회복되지 않기 때문에 내 마음의 근심이 끝이 없는 것입니다.

194 밝은……없도다 : 주희가 전 시랑에게 보낸 편지에 "순경자가 '밝은 하늘이 회복되지 않으니, 근심이 끝이 없도다. 천추에 반드시 되돌아옴은 옛날의 떳떳한 이치이니, 제자들은 힘써 배울지어다. 하늘이 잊지 않을 것이다.'라고 하였으니, 이것이 바로 구구한 나의 오늘의 뜻입니다.〔荀卿子云: '皓天不復, 憂無疆也. 千秋必反, 古之常也. 弟子勉學, 天不忘也.' 此正區區今日之意也.〕"라고 하였다. 《晦庵集 續集 卷3 與田侍郎》

195 복(復)을……듯하니 : 복(復)이 거성이면 '다시'의 뜻이 되고, 입성이면 '회복하다'의 뜻이 된다.

이운거에게 답함 임술년(1682, 숙종8) 1월 20일

答李雲擧 壬戌正月二十日

4일에 보낸 편지는 즉시 받았으니, 그리워하던 마음에 몹시 위로됩니다. 전날 올렸던 글[196]은 '옳지 못한 일을 한 죄'[197]를 면할 수 없음을 스스로 잘 압니다. 얼핏 듣건대 문곡(文谷)이 이 일로 인하여 여론에 인피(引避)하였다고 하니, 풀을 치면 놀라지 않는 뱀이 어디 있겠습니까. 어떤 이는 또한 응당 스스로 탄핵해야 한다고 권하지만 실로 물결을 밀어 파도를 조장함으로써 분분한 형세를 보태고 싶지 않기 때문에 입을 다문 채 날을 보내고 있으니, 어떻게 여기실지 모르겠습니다. 다만 생각건대 나처럼 외로운 사람은 비록 산간(山間)에서 자취가 없어지더라도 불가할 것이 없으나 그대 같은 경우는 한집안의 중씨(仲氏)와 계씨(季氏)가 세도(世道)를 담당하여[198] 백성들의 아픔과 가려

196 전날 올렸던 글 : 송시열이 1681년 12월 14일 상소하여, 이이(李珥)와 성혼(成渾)이 무고를 당한 상황을 밝히고 아울러 김장생(金長生)을 종사하는 반열에 올리기를 청하였다.《肅宗實錄 7年 12月 14日》

197 옳지……죄 : 제반 사실을 따져 보지도 않고 일을 벌이는 것을 말한다. 춘추 시대 정(鄭)나라와 식(息)나라 사이에 약속을 위반한 일이 있어 식후(息侯)가 정나라를 쳤다가 대패하여 돌아갔다. 사관이 이 일에 대하여 평하기를 "군자는 이것으로 식나라가 장차 망하리라는 것을 알 수 있다. 식나라는 자신의 덕을 헤아리지 않았고, 역량을 헤아리지 않았고, 친한 이를 친하게 여기지도 않았고, 사실에 근거하여 자기의 말을 따져 보지도 않았고, 누구에게 허물이 있는지 살피지도 않았다. 이 다섯 가지 옳지 못한 죄를 범하고서 남을 공격하였으니, 패전한 것이 또한 당연하지 않겠는가."라고 하였다.《春秋左氏傳 隱公11年》

움을 함께 느끼니, 감히 중씨와 계씨를 위하여 걱정하는 것이 아니라 국난(國難)을 위하여 걱정하는 것입니다.

《가례집람(家禮集覽)》은 다행히 젊은 학생들의 도움에 힘입어 이미 두 번째 교정을 거쳤으나 교정 때마다 매번 아쉬움이 남으니, 이른바 '먼지를 쓸어 내는 일'이라고 한 것은 좋은 비유라 하겠습니다. "강을 기울이고 바다를 뒤엎는다.〔傾湫到海〕"라는 비유는 인용한 뜻을 알지 못하겠으니, 나중의 편지에서 일러 주기를 바랍니다. 예를 갖추지 못합니다.

198 중씨(仲氏)와……담당하여 : 이숙(李翽)은 1681년 12월 26일 이조 판서에, 이익(李翊)은 같은 달 22일에 대사성에 제수되었다. 《肅宗實錄 7年 12月 22日, 26日》

이운거에게 보냄 임술년(1682, 숙종8) 4월 5일

與李雲擧 壬戌四月五日

소식이 좀 뜸하였으니 너무나도 그립습니다. 장맛비가 내리는 이때 일상의 체후가 무탈하리라 생각합니다. 나의 질병은 끝내 어떻게 할 수 없음을 스스로 알기 때문에 엉금엉금 기어 서쪽으로 돌아와서 선영을 바라보며 아침저녁 사이에 목숨이 다하기를 기다리고 있으니, 다시 말씀드릴 만한 것이 없습니다.

근간에 무슨 책을 보며 날마다 새롭게 터득하는 것이 있습니까? 입과 배는 스스로 찾아서 먹을 수 있으나 오직 덕을 진전시키고 학업을 닦는 것은 몹시 어려운 일이니, 자리를 함께하여 서로 면려하지 못함이 몹시 아쉽습니다. 무엇보다 그대의 가문에 중씨(仲氏)는 이미 인재 선발의 직임을 맡았고 계씨(季氏)도 승진하여 자리를 옮겼으니,[199] 국가의 우락(憂樂)이 오로지 한집안의 손에 매여 있는 듯합니다. 장차 어떻게 결말이 지어질지 몰라 염려하는 마음을 잊을 수 없습니다. 그대의 부인이 우리 집안의 외손을 불러서 보았다[200]는 소식을 멀리서 들었으니, 돈목(敦睦)한 정의(情義)를 볼 수 있어 감사한 마음을 말로 다 할 수 없습니다. 예를 갖추지 못합니다.

199 중씨(仲氏)는……옮겼으니 : 이숙(李䎘)은 1681년 12월 이조 판서에 제수되었고, 이익(李翊)은 대사헌을 거쳐 1682년 2월 형조 판서에 제수되었다. 《肅宗實錄 7年 12月 26日, 8年 2月 19日·27日》

200 그대의……보았다 : 《송자대전수차》 권5에 "이공(李公)의 부인이 바로 선생 부인의 종질녀이기 때문에 아래에 '돈목'이라는 말이 있는 것이다."라고 하였다.

이운거에게 답함 임술년(1682, 숙종8) 12월 20일

答李雲擧 壬戌十二月二十日

세모에 그대를 그리워하는 마음이 전날보다 갑절이나 더하던 차에 홀연히 우편을 통하여 이렇게 문안 편지를 받으니, 구름을 헤치고 푸른 하늘을 바라본다는 말로도 이 마음을 다 비유할 수 없습니다.

나는 처음 연석(筵席)에 들어가서 벼슬을 그만두려는 청을 이루지 못하였으니, 곧바로 대궐 문을 나와서 연달아 상소하여 윤허를 청하는 것은 형세상 그렇게 할 수밖에 없습니다. 자신과 타인의 일은 서로 상관이 없습니다. 그대의 경우를 말하자면 주상의 지우(知遇)와 사람들의 기대가 지극히 깊고 클 뿐만 아니라 나이와 기력도 젊고 왕성하니, 어찌 동강(東岡)[201]만 고수하여 성상의 뜻을 저버리겠습니까. 두 상서(尙書)[202]가 필시 헤아려 알렸을 것이니, 다른 사람의 말을 기다리지 않을 줄로 생각합니다.

현재 무슨 책을 읽고 있는지 모르겠습니다. 대저 우리가 남은 세월이 많지 않으니, 죽기 전에 모쪼록 이치를 보고 몸을 반성하는 것을 구경(究竟)의 법으로 삼는다면 또한 마땅하지 않겠습니까. 나머지는 질병과 쓸데없는 사무 때문에 남의 손을 빌려서 적느라 다 말하지

201 동강(東岡) : 벼슬에 나가지 않고 물러나 있는 곳을 말한다. 후한(後漢)의 주섭(周燮)이 벼슬을 사양하자, 종족이 권하며 말하기를 "선대 이래로 은총이 이어졌거늘, 그대만 어찌 유독 동강의 산비탈을 지키고 있는가."라고 하였다. 《後漢書 周燮列傳》

202 두 상서(尙書) : 이상(李翔)의 두 동생인 이숙(李翽)과 이익(李翊)을 가리킨다.

못합니다. 예를 갖추지 못합니다. 그저 새해에는 더욱 건승하기를 빌 뿐입니다.

이운거에게 답함 계해년(1683, 숙종9) 6월 16일

答李雲擧 癸亥六月十六日

분암(墳菴)[203]으로 돌아와서 누워 있으나 시사에 대한 근심은 실로 간절합니다. 그대와 화숙(和叔)이 뒤를 이어 물러났다는 소식[204]을 연달아 듣게 되니, 그 까닭을 알지는 못하나 혀를 차며 탄식하는 심정은 견디지 못하겠습니다. 그러던 차에 지금 우편으로 그대의 편지를 받으니 위로되고 후련한 심정이 어찌 끝이 있겠습니까.

다만 이해할 수 없는 점이 있습니다. 늙은 내가 물러나서 쉬는 것은 본래 바른 이치이지만, 그대로 말하자면 뒤로는 이미 마흔이 지났고 앞으로는 일흔에 미치지 않은 나이[205]인데도 성대한 명망과 실상은 실로 세상에 드물게 있는 바입니다. 게다가 또 성상의 권우(眷遇)까지 지극히 깊으시거늘, 어찌 이러한 시국에 조정의 논의를 조화롭게 하고 부화한 의론을 진정하여 주상의 지우(知遇)에 보답하지 않는단 말입니까.

오늘의 일은 바로 창해(滄海)의 물이 새는 배에 조타수가 없는 것과 같으니, 한심하다고 할 만합니다. 이는 어찌 어진 사람이 아무 걱정

203 분암(墳菴) : 묘소를 보살피기 위하여 세운 암자이다. 송시열은 이때 판교(板橋)에 있었다.

204 그대와……소식 : 1683년 6월 8일 공조 참판 박세채(朴世采)가 상소하고 돌아가자 호조 참의였던 이상이 대로(大老)가 이미 갔으므로 홀로 머무를 수 없다며 상소를 남겨 두고 곧장 돌아갔다. 《肅宗實錄 9年 6月 8日》 화숙은 박세채의 자이다.

205 뒤로는……나이 : 이상이 당시 나이는 64세였다.

없이 보아 넘길 때이겠습니까. 나는 산골짜기에 묻히는 것이 제격이니 실로 다른 생각이 없습니다.

이운거에게 답함 계해년(1683, 숙종9) 7월 27일

答李雲擧 癸亥七月廿七日

어제 전재(全宰)[206]의 행차 편에 보내 주신 편지를 받게 되니, 기쁘고 후련하기 그지없습니다. 다만 시사 문제를 언급할 것이 없지는 않지만 우리가 이미 한가한 사람이 되었으니 그저 문을 닫고 책을 볼 뿐 함께 간섭하지 말아야 옳을 것입니다. 주 부자(朱夫子)는 세도(世道)를 자임하였기 때문에 비록 한산한 처지에 있더라도 지구(知舊)들과 시비를 논설하여 만에 하나라도 부지하기를 바랐던 것이니, 어쩌면 맹자가 변론하기를 좋아하는 의리[207]가 아니겠습니까. 각자의 처지가 같지 않으면 말을 내는 절도(節度) 또한 다른 법입니다. 하물며 말한 바가 반드시 하나하나 이치에 맞지 않는다면 단지 남의 비판과 비웃음만 살 것이니, 이는 또한 모를 수 없는 점입니다. 나는 이 계율을 잡아 지키려고 하지 않는 사람은 아니지만 간혹 참아 내지 못하여 망녕되이 드러내는 경우가 있으니, 참으로 이른바 기질의 병통은 하나로 굳어져서 고칠 수 없다는 것입니다. 게다가 또 성상께서 오히려 차마 내버리지 못하셔서, 어제 성상의 별유(別諭)를 받아 보니 나에게 《주자대전차의(朱子大全箚疑)》

206 전재(全宰) : 전의 현감(全義縣監)으로 보인다.

207 맹자가……의리 : 어지러운 세상을 다스려지는 세상으로 만들기 위하여 부득이 논변할 수밖에 없다는 말이다. 공도자(公都子)가 묻기를 "외인들이 모두 선생님께서 변론하기를 좋아한다고 하니, 감히 묻습니다. 어째서입니까?"라고 하니, 맹자가 말하기를 "내가 어찌 변론하기를 좋아하겠는가. 내가 부득이해서이다. 천하에 사람이 살아온 지 오래되었는데, 한번 다스려지고 한번 어지러웠다."라고 하였다. 《孟子 滕文公下》

를 수정하게 하고 인하여 불러들이시는 전교가 있었습니다. 황공하여 몸 둘 곳이 없어 어떻게 해야 할지 모르겠습니다.

현재 무슨 책을 읽고 있습니까? 《주자대전차의》를 수정하는 일은 속히 완성하지 않음으로써 성상의 지극한 뜻을 저버려서 안 될 것입니다. 혹 중간에 고요하고 편리한 장소로 한 곳을 구하여 붕우 몇 명을 불러들여 도움을 받으려고 하니, 그대 또한 혹 때때로 왕림하여 가르쳐 줄 수 있겠습니까? 몹시 바라고 또 바랍니다. 이 대감(李台監)은 바로 이러한 시국에 마침 중임을 담당하게 되었으니, 지구의 마음에 서로 염려하지 않을 수 없습니다.

이운거에게 답함 갑자년(1684, 숙종10) 9월 19일
答李雲擧 甲子九月十九日

액정서(掖庭署) 사람이 밤에 편지를 전해 왔기 때문에 미처 답장을 부치지 못하였으니, 여유가 없었을 뿐만 아니라 또한 감히 할 수도 없었습니다. 주상께서 어진 이를 예우하는 것은 성상의 권우(眷遇)에서 나와서 다른 사람과 상관이 없는 일인데도 지금 보내온 편지의 내용이 이와 같으니, 황공한 마음을 견디지 못할뿐더러 또한 남들이 볼까 두렵습니다. 무엇보다 나는 이와 서캐처럼 미천한 사람일 뿐인데도 성상의 문병을 자주 받게 되니, 분수를 헤아려 보건대 놀랍고 두려워서 참으로 몸 둘 곳이 없습니다.

담종(痰腫) 때문에 뜸을 뜨기까지 하였다는 말씀을 들으니, 염려되기 그지없습니다. 나는 어찌 말할 만한 것이 있겠습니까. 그런데도 향리의 분분한 말들은 갈수록 더욱 심해지니 "도리어 한가한 시비도 없다."[208]라고 한 것은 회옹(晦翁)이 참으로 나를 속인 것이 아니겠습니까. 아니면 오늘날의 향리는 옛날의 향리와 다른 것입니까. 무엇보다도 관학(館學)의 소장(疏章)은 사체(事體)가 지극히 엄중한 것이거늘 이 못난 나를 위하여 일으킨다면 이미 그 체모를 크게 잃은 것입니다. 듣건대 이 도내에서도 뒤따라 일으키려는 의론이 있다고 하니, 나를

208 도리어……없다 : 주희가 말하기를 "향리가 비록 궁벽하고 적적하기는 하지만 도리어 한가한 시비도 없는 것은 또한 즐거워할 만합니다."라고 하였다. 《晦庵集 卷29 答李公晦書》

몹시 두렵게 만듭니다. 문하에는 반드시 많은 선비의 중망을 받는 이가 있을 것이니, 부디 유념하였다가 그들로 하여금 타일러서 그만두게 함이 어떻겠습니까? 천만번 바라고 바랍니다. 동춘당(同春堂)이 임종할 때에 "나는 죽을 것이다. 그러나 내 뒤에 죽는 사람은 반드시 나를 부러워할 것이다."라고 하였습니다. 지금 과연 두 번이나 징험하게 되니, 어찌하고 어찌하겠습니까.

이운거에게 보냄 갑자년(1684, 숙종10) 9월 27일

與李雲擧 甲子九月二十七日

추운 기운이 갑자기 닥쳐온 이때에 삼가 고요히 지내는 체후가 진중하리라 생각합니다. 나는 이미 거북이처럼 웅크려 지냈으니, 새봄이 돌아왔을 때 이 몸이 살아 있을지 모르겠습니다. 무엇보다도 질병이 점점 심해져 책을 볼 수 없어 마음이 항상 유쾌하지 못하지만 또한 억지로 할 수가 없으니, 스스로 가련하게 여긴들 어떻게 하겠습니까.

근래의 일은 몹시 두려워할 만합니다. 그대처럼 충신(忠信)하고 학덕(學德)을 지닌 사람이라도 한번 말을 삼가지 못하여 재앙이 중씨(仲氏)와 계씨(季氏)에게 미쳤으니,[209] 오늘날 도를 곧게 하여 행동할 수 있겠습니까. 내가 주자(朱子)의 학문을 옹호하였다는 이유로 비난이 갈수록 격렬해져서 이처럼 그대까지 연루시키고 말았으니, 참으로 이른바 재앙은 자신이 만들어 내었거늘 공연히 선량한 사람을 더럽힌다[210]는 것입니다. 스스로 허물한들 무슨 소용이 있겠습니까. 오늘날의 재앙은 장차 윤휴(尹鑴)와 허적(許積) 때보다 더 심해질 것이니, 어찌

209 그대처럼……미쳤으니 : 《송자대전수차》 권5에 "당시 이공이 편지로 윤증(尹拯)을 준엄하게 지척하였다가 저들의 미움을 크게 받아 이공의 중씨와 계씨가 모두 논핵을 당하였다."라고 하였다.

210 재앙은……더럽힌다 : 동한(東漢) 시대 당고(黨錮)의 화가 일어났을 때, 하복(夏馥)이 장검(張儉) 등이 망명하였다는 소식을 듣고 탄식하며 말하기를 "재앙은 자신이 만들어 내었거늘 공연히 선량한 사람을 더럽히는구나."라고 하였다. 《後漢書 黨錮列傳 夏馥》

하고 어찌하겠습니까. 그러나 다른 사람들에게 말하지 않는다면 매우 다행이겠습니다.

이운거에게 답함 갑자년(1684, 숙종10) 11월 4일

答李雲擧 甲子十一月四日

어제 우편을 통하여 그대의 편지를 받았는데, 간곡하게 반복한 말씀은 늙고 모자란 나를 경계한 것이 많았습니다. 대개 중년 이후는 글을 읽는 시절이 아니라고 하였으니, 이는 회옹(晦翁)의 말입니다. 그러나 회옹은 중년 이전에 통달하지 않은 책이 없었기 때문에 그 말이 이와 같지만 우리와 같은 경우는 경서 5, 6십 책을 아직 환히 꿰뚫지 못하였는데도 인생의 남은 시간이 많지 않으니, 어찌 문득 포기하고는 회옹이 이렇게 말하였다고 할 수 있겠습니까. 또 회옹의 70년 인생 일을 살펴보면 서책에 부지런히 노력한 것이 또한 지극하였습니다.

나는 지협(砥峽)에 있는 말손(末孫 송회석(宋晦錫))의 질병이 매우 위중하다는 소식을 갑자기 듣고는 지극한 정에 마음이 급박하여 추위를 무릅쓰고 길을 나섰다가 신병(身病)이 크게 일어나서 객지에 쓰러져 누워서 할아버지와 손자가 서로 가련히 여기고 있으니, 이곳의 광경은 말로 다 할 수가 없습니다.

말씀하신 민손(閔孫)[211]은 나이가 배필을 택할 때가 지났고 그 성품과 행실 또한 아름답습니다. 또 삼가 듣건대 선대장(先大丈 이유겸(李有謙))께서 일찍이 영외(嶺外)에 벼슬하실 때 그의 증조부인 상서공(尙

211 민손(閔孫) : 송시열의 민씨(閔氏) 외손녀로, 송시열의 측실 딸이 민주경(閔周鏡)에게 출가하여 낳은 딸을 가리킨다. 이상(李翔)의 서자 이만현(李晩顯)은 곧 송시열의 외손녀의 사위이다.《宋子大全隨箚 卷5》

書公)과 함께 교분이 몹시 두터웠다고 합니다. 만약 비루하게 여기지 않고 의논하여 취해 주신다면 도리상 몹시 좋을 것이니, 오직 헤아리기를 어떻게 하실지에 달려 있을 뿐입니다.

이운거에게 보냄 을축년(1685, 숙종11) 1월 25일

與李雲擧 乙丑正月二十五日

봄추위가 몹시 이상한 이때에 삼가 고요히 지내시는 체후가 어떠한지 모르겠습니다. 지극히 그리워하는 마음은 조금도 느슨해지지 않습니다.

민손(閔孫)의 혼사는 편지에서 하신 말씀이 있었을 뿐만 아니라 나의 뜻에도 더욱 빨리 마치고 싶기 때문에 6일로 앞당겨 정하여 가부를 기다리고 있으니, 부디 분명하게 알려 주시는 것이 어떻겠습니까? 직접 참여할지의 여부 또한 알고 싶습니다.

나는 일찍이 치도(致道 권상하(權尙夏)) 형제와 약속하여 산에 들어가서 책을 교정하느라 일이 없지 않더니, 그들 형제가 갑자기 일이 생겨 돌아갔기 때문에 나 또한 남쪽으로 돌아와서 문을 닫고 끙끙 병을 앓고 있습니다. 무엇보다 말손(末孫 송회석(宋晦錫))의 병이 몹시 위험하고 심각합니다. 주손(疇孫 송주석(宋疇錫))은 탄핵을 받아 심문을 받고 있으나 또 본관(本館 성균관)에서 정거(停擧)의 형벌을 시행할 것이기에 사학(四學)이 구차히 동조하려 하지 않으니, 옥문(獄門)으로부터 곧바로 돌아오는 길을 찾게 될 것입니다. 만약 그렇게 된다면 장차 함께 지내며 글을 보아 처음에 원하던 바를 이룰 수 있을 것이니, 얼마나 다행이고 다행이겠습니까. 다만 세도(世道)가 이와 같으니, 일이 장차 어떻게 될지 모르겠습니다.

도학이 멸시당하고 절의가 배척받고 있으니, 단지 머리카락을 풀어헤치고 옷깃을 왼쪽으로 여미는 오랑캐가 되어 버릴까 염려될 뿐만 아니라 국가가 망하는 것을 장차 발꿈치를 들고서 기다릴 수 있을 것이니,

한밤중에 이를 생각하면 자신도 모르게 눈물이 줄줄 흘러내립니다. 게다가 이곳의 유생들은 시세(時勢)를 헤아리지 못한 채 함께 몰려가서 대궐 문에서 호소하려고 합니다. 이는 형곡(硎谷)[212]의 구덩이 속으로 자신을 내던지는 것과 다름이 없으니, 이렇게 힘껏 만류해도 믿고 따를지 모르겠습니다. 사학이 정론을 잘못 발의했다가 한원(翰院)의 깊은 비판을 받았으니, 호남에서 나를 공격하는 글이 오래지 않아 장차 이를 것입니다. 삼가 이렇게 행장(行裝)을 묶어 귀양지로 떠날 날을 기다리고 있으니 이때의 광경은 을묘년(1675)[213]과 견주어 보아 어떠할지 모르겠습니다. 저 사람들의 권세가 이렇게까지 거셀 줄 어찌 생각이나 하였겠습니까. 다행히 귀양길을 면하게 된다면 몹시 회옹(晦翁)과 율곡(栗谷)의 글을 싸안고 산속으로 깊이 들어가 암석(巖石) 사이에서 이 도를 죽음으로 지키고 싶으니, 세도에 대한 책임을 그대가 장차 다른 사람들에게 떠넘길 수 있겠습니까. 그러나 어떤 사람의 편지를 보건대 그대 또한 위태롭다고 하니, 어찌 손을 잡고 함께 귀양길로 떠날 뜻이야 없겠습니까. 얼굴을 마주하여 속마음을 다 토로할 길이 없어 그저 답답함만 더할 뿐입니다. 나머지 이야기는 남의 손을 빌려서 적느라 다 말하지 못합니다. 예를 갖추지 못합니다.

212 형곡(硎谷) : 여산(驪山)의 골짜기 이름이다. 진 시황(秦始皇)이 선비들을 파묻은 곳이다.

213 을묘년 : 송시열이 장기(長鬐)에 위리안치된 해이다. 《宋子大全 附錄 卷7 年譜》

이운거에게 보냄 을축년(1685, 숙종11) 2월 9일

與李雲擧 乙丑二月九日

앞에 보낸 답장은 받아 보았습니까? 봄이 바뀌어 겨울이 되니 하늘의 운수 또한 그러합니다. 하나의 이치는 서로 감응하는 법이니 사람의 일을 알 수 있습니다. 우리들은 단지 문을 닫고 책을 보면서 여생을 보낼 뿐입니다. 이 기세를 보면 또한 장차 회옹(晦翁)을 겁주어 달아나게 할 것이니,[214] 윤휴(尹鑴)는 오늘의 일이 있을 줄을 미리 알았다고 할 만합니다. 두렵고 두렵습니다.

214 이……것이니 : 성리학을 집대성한 주희(朱熹)가 도학이 멸시당하고 절의가 배척당하는 현재 상황을 본다면 질겁하여 달아날 것이라는 말이다. 주희가 말하기를 "어제 원선(元善)을 방문하여 그가 《시경》의 이남(二南)과 〈칠월(七月)〉을 연주하며 노래하는 소리를 들으니, 자못 들을 만하였습니다. 다만 공자를 겁주어 달아나게 할까 두려울 뿐입니다."라고 하였다. 《晦庵集 卷44 答蔡季通》

이운거에게 답함 을축년(1685, 숙종11) 2월 19일

答李雲擧 乙丑二月十九日

민가(閔家)의 인편이 돌아올 때 그대의 답장을 받으니, 한량없이 기쁘고 위로가 됩니다. 근래의 일은 옳고 그름을 논하지 않더라도 추악한 말을 서로 가하기까지 하니, 차마 듣지 못하겠고 차마 말하지 못하겠습니다. 이러고도 오히려 사대부라고 할 수 있겠습니까. 오직 세상을 버리고 은둔하여 자취를 감추는 것만이 좋은 계책이 될 뿐입니다.

시부모에게 음식을 대접하는 비유[215]는 감히 내가 알 바가 아닙니다. 일찍이 듣건대 고시(古詩)에 이르기를 "가련하도다. 흉년이 든 청산에서 그대에게 줄 것은 소나무 가지뿐일세."라고 하였습니다. 이번에 올리는 것은 단지 이것뿐일 것이리라 생각하니, 한번 웃을 만합니다. 보내 주신 조(租) 한 섬은 감사하기 그지없습니다. 솔잎으로 허기를 달래고 있던 차에 늙은이의 배가 이를 먹고 놀라고 괴이하게 여길 것이니, 도리어 병이 생기지 않겠습니까. 우습습니다. 나머지 이야기는 이만 줄입니다. 예를 갖추지 못합니다.

○ 이곳은 상소하려는 의론이 혹 그치기도 하고 혹 일어나기도 하니, 끝내 어떻게 될지 모르겠습니다. 늙은 사람의 말은 또한 믿음을 사지

215 시부모에게……비유 : 《가례(家禮)》 권3 〈혼례(昏禮)〉에 시부모에게 음식을 올리는 예법이 있다. 송시열의 외손녀와 이상(李翔)의 서자 사이에 혼담이 오가는 중이었으므로 이전 편지에서 이에 대한 언급이 있었던 듯하다.

못하기 때문에 필시 형벌의 재앙을 만난 뒤에야 그만둘 것이니, 두렵고 두렵습니다.

이운거에게 답함 을축년(1685, 숙종11) 4월 3일

答李雲擧 乙丑四月三日

우러러 그리워하던 중에 보내 주신 편지를 받고서 일상의 공부에 이처럼 간절하게 경계하고 반성하는 줄을 가만히 알게 되니, 날로 새로워지는 유익함이 있지 않겠습니까. 적이 흠앙하는 마음을 견디지 못하겠습니다.

이곳의 나는 주손(疇孫)이 서울로 올라간 뒤에 더욱 강론하는 공부가 없습니다. 어제 듣건대 도원(道源) 대간(大諫)이 장헌(掌憲) 홍수주(洪受疇)에게 탄핵을 받았다[216]고 하니, 손자 아이도 장차 면하지 못하고 돌아올 것이기에 밤낮으로 묵묵히 빌고 또 빌고 있습니다. 어찌 윤휴(尹鑴)의 불타는 기세가 이처럼 극한에 이른단 말입니까. 듣건대 옥천(沃川)의 유생들이 마침내 상소하려고 길을 떠났다고 합니다. 반드시 대우(大愚)의 재화(災禍)[217]를 당할 것이니 또 누구를 탓하겠습니까. 대개 듣건대 그들이 윤 승지(尹承旨)[218]가 형신(刑訊)을 받았다는 설에 격동되어 그렇게 한 것입니다. 천하의 일에 작은 것을 참지 못하

216 도원(道源)……받았다 : 도원은 송규렴(宋奎濂)의 자이다. 1685년 3월 25일 대사간 송규렴이 상소하여 정거(停擧)하는 벌을 받은 유생들을 용서해 주기를 청하여 윤허를 받았다. 그러자 다음 날인 26일 장령 홍수주가 명을 거두기를 계청하고 송규렴을 체직할 것을 청하였으나 숙종이 윤허하지 않았다. 《肅宗實錄 3月 25日, 26日》

217 대우(大愚)의 재화(災禍) : 대우는 여조겸(呂祖儉)의 호이다. 여조겸은 조여우(趙汝愚)를 구원하기 위해 상소하였다가 찬축당하여 죽었다. 《宋史 呂祖儉列傳》

218 윤 승지(尹承旨) : 윤증(尹拯)의 종제(從弟)인 윤진(尹搢)을 가리킨다.

면서 큰 계책을 어지럽히지 않는 자가 어찌 있겠습니까. 진실로 측은해 할 만합니다.

이운거에게 답함 을축년(1685, 숙종11) 12월 8일

答李雲擧 乙丑十二月八日

뜻밖에 편지를 받고 하신 말씀을 삼가 잘 알았습니다. 저 사람은 귀양지로 간 뒤에[219] 진실로 보내온 편지에서 말씀한 일이 있음을 알게 될 것입니다. 그러나 이는 바로 주 선생(朱先生)이 말한 "천백 마리의 파리와 모기가 미친 듯이 앵앵거리더라도 나를 어찌 손상하겠는가."[220]라는 말과 같은 것입니다. 또 일찍이 "바다를 건너가 도적을 불러서 날을 정하여 대궐을 범하려고 하였다.〔越海招寇, 指日犯闕.〕"라는 죄명을 받게 되었고 당시 사람들 또한 이 제목을 찾아 윤휴(尹鑴)와 허적(許積)

219 저……뒤에 : 이이(李珥)가 일찍이 어머니를 잃고 금강산에 들어가 승려 생활을 하였는데, 윤증(尹拯)이 나양좌(羅良佐)에게 보낸 편지에서 자신의 아버지인 윤선거(尹宣擧)가 병자호란 때 강화도에서 구차하게 살아남은 것을 변호하면서 "율곡은 입산(入山)한 죄가 있었지만 선친은 꼭 죽어야 하는 의리가 없었다."라고 하였다. 송시열 측에서 이를 문제 삼아 선현을 무함했다며 공격하자, 홍수주(洪受疇)가 윤증을 두둔하며 상소하기를 "이이가 산에 들어갔던 것은 과실이 있었다고 할 수 있지만 그의 성덕(盛德)에는 관계가 없기에 선배들도 일찍이 이를 숨기지 않았습니다. 옛적에 사람들이 이이가 산에 들어갔을 때의 일을 물으니, 선정신(先正臣) 김장생이 머리를 깎은 듯하다고 대답하였습니다. …… 이이가 이미 산에 들어갔으면 머리를 깎고 깎지 않고는 대단치 않은 행적이므로 가려낼 것이 못 되기에 김장생이 주의하거나 머뭇거리지 않았던 것입니다. 그러기에 고(故) 상신(相臣) 장유(張維)가 그 문답을 기록하여 소설(小說)을 지어서 그의 문집에 편입하였습니다."라고 하여 이이가 삭발을 했었다는 증거로 김장생을 끌어대는 바람에 조정에 일대 시비가 일어났고, 홍수주는 결국 함경도 경흥(慶興)에 유배되었다.《明齋遺稿 別集 卷3 答羅顯道》《明齋年譜 卷2》《肅宗實錄 11年 5月 26日, 10月 9日》

220 천백……손상하겠는가 : 234쪽 주180 참조.

의 뜻을 받드는 것에 불과할 뿐이었습니다. 이전에는 이미 순조롭게 받아들였거늘 지금은 어찌 모면하기를 구하겠습니까.

다만 저들이 노선생(老先生 김장생(金長生))께서 삭발한 설에 대하여 애초에 개의치 않았다고 한 것은 무망(誣罔)이 심하다고 할 만합니다. 삭발 운운한 것은 그가 만들어 낸 것이 아니니, 응당 계곡(谿谷 장유(張維))과 함께 그 책임을 나누어 가져야 할 것입니다. 다만 계곡이 세상에 있지 않기 때문에 혼자서 극변(極邊)에 유배되는 형률을 받게 된 것이니, 이는 그가 억울하다고 할 듯합니다. 그러나 재야인사가 조정의 의론에 간여하는 것은 몹시 큰 죄과입니다. 지난번에 스승에 대한 무함을 신설(伸雪)한 것[221]은 진실로 부득이한 처지에서 나온 일이었으니, 오늘의 일과는 사체(事體)가 같지 않습니다. 그대는 여러 번 봉사(封事)를 올려 득실을 말하면서도 어찌 이 일을 율곡(栗谷)이 선조(宣祖)에게 한 것처럼 성상께 직접 아뢰지 않습니까. 이는 일찍이 김 학사가 방문하여 묵을 때에 생각한 바를 대략 말한 적이 있으나 그는 소관(小官)이라서 생각건대 감히 이것을 진언하지 못할 것입니다. 민유중(閔維重) 대감은 중신(重臣)이니, 그 의리상 혹 한마디 말을 할 수 있지 않겠습니까. 나머지는 남의 손을 빌려서 쓰느라 다 말하지 못합니다. 예를 갖추지 못합니다.

221 스승에……것 : 1685년 9월 30일 송시열은 김장생의 유고를 진헌하면서 "신이고 참찬(參贊) 송준길(宋浚吉)과 함께 김장생이 말하는 것을 들었는데 '일찍이 변형(變形)하였는지를 율곡에게 은근히 물었더니 「비록 변형은 하지 않았지만 그렇다 해서 마음이 푹 빠지는 데에 무슨 도움이 있겠는가.」라고 대답하였다' 하였습니다. …… 그가 머리를 깎지 않았다는 실상은 자연히 나타난 것이니 이것이 바로 이이의 기상(氣象)이었습니다."라고 하여 김장생이 무함을 받았음을 밝혔다. 《肅宗實錄 11年 9月 30日》

이운거에게 보냄 병인년(1686, 숙종12) 2월 13일

與李雲擧 丙寅二月十三日

봄눈이 또 내려 한기가 사라지지 않는 이때, 고요히 지내는 일상의 체후가 어떠한지 모르겠습니다. 오늘의 일로는 책을 보는 것보다 나은 것이 없으니, 현재 어떤 글을 보고 있는지 모르겠습니다. 나는 여전히 병으로 칩거하여 괴롭게도 의취(意趣)가 전혀 없고, 때때로 옛글을 읽기는 하지만 한두 판(板)을 지나가면 벌써 정신이 피곤하고 뜻이 시들해져서 책을 덮고 묵묵히 앉아 있게 되니, 종전에 좋은 세월을 헛되이 저버린 것을 몹시 한탄합니다.

근간에 보건대 윤손(尹孫)이 중경(重卿)에게 청하여 새 묘소 계단 아래의 밭을 샀는데, 중경은 단지 평상의 값만 받고 높은 값을 요구하지 않았습니다. 사대부는 이처럼 의리를 숭상하고 이익을 잊어야 할 것이니, 그대를 위하여 어진 태수를 얻게 된 것을 축하합니다. 이만 줄입니다. 예를 갖추지 못합니다.

이운거에게 보냄 정묘년(1687, 숙종13) 4월 5일

與李雲擧 丁卯四月五日

청화(淸和)한 계절에 접어든 이때 삼가 일상의 체후가 어떠한지 모르겠습니다. 한가하게 지내며 도를 음미하는 사이에 날로 새로워지는 공부가 있을 줄로 생각합니다마는 달려가서 그 의취를 물어보지 못하는 것이 몹시 아쉽습니다.

가만히 듣건대 시사(時事)가 분분하여 추하고 욕된 일이 더욱 보태져서 성상의 처분이 더욱 엄해지고 저들의 횡포가 더욱 심해진다고 하니, 장차 국면을 벗어날 곳을 알지 못하겠습니다. 어제 회인(懷仁)의 편지를 받아 보니, 전날 윤휴(尹鑴)를 도왔던 실수는 잘못된 것이었고 오늘의 추하고 욕된 일은 모두 여기에서 나온 것이라고 극언하였으나 이는 사리를 파악한 말이 아닙니다. 주자(朱子)가 진식(陳寔)과 순숙(荀淑)[222]에 대하여 칭찬한 말이 지극하여 '도가 넓고 마음이 공평하다.〔道廣心平〕', '가함도 없고 불가함도 없다.〔無可不可〕', '가을 달 차가운 강〔秋月寒江〕', '연이은 봉우리가 마주하여 일어난다.〔連峯對起〕'라는 등의 말로 찬(贊)하였으나, 순욱(荀彧)과 진군(陳群)[223]이 불의에 빠짐에 미쳐서는 그 잘못의 근원을 거슬러 올라가 진식과 순숙을 추죄(追罪)하여 말하기를 "필시 잘못을 덮어 주고 적당히 꾸며 댄 의론

222 진식(陳寔)과 순숙(荀淑) : 모두 후한(後漢)의 명현(名賢)이다. 특히 순숙은 아들 8형제가 모두 훌륭하여 순씨 팔룡(荀氏八龍)으로 일컬어졌다.

223 순욱(荀彧)과 진군(陳群) : 순욱은 순숙의 손자이고 진군은 진식의 손자이다.

이 있었을 것이니, 부정한 학설이 멋대로 유행하는 것은 홍수와 맹수의 피해보다 심한 까닭이다."[224]라고 하였습니다. 오늘날 율곡(栗谷)을 모멸하고[225] 권(權)·김(金)을 지척(指斥)하는 주장[226]은 윤가(尹家)에서 비롯되어 점점 삭발의 무함이 있게 되었고 또 삼학사(三學士)까지 배척하게 된 것이니, 의리가 남김없이 끊어져 버렸습니다. 어찌 전날 칭찬한 바가 있다고 하여 논변하여 물리치지 않을 수 있겠습니까. 비록 만 가지 모욕을 당하더라도 후회하는 바가 없이 진실로 달갑게 여길 것입니다. 저 회인은 주자의 글을 기쁘게 읽었으면서도 오히려 이러한 주장을 하였으니, 다른 사람이야 오히려 무슨 말을 하겠습니까. 또 기억하건대 주자가 소동파(蘇東坡)를 어진 사람이라 하였고[227] 또 "시

224 필시……까닭이다 : 주희(朱熹)가 말하기를 "상상컨대 또한 당시의 부형과 사우들 사이에 또한 꾸미고 덮어 주는 일종의 의론이 따로 있어 갑자기 듣는 사람들로 하여금 그 그릇됨을 깨닫지 못하고 참으로 이를 옳게 여겨서 필시 만분의 일이라도 나라를 살리고 백성을 구제할 수 있는 깊고 기이한 계책이 있을 것이라고 여기도록 하였습니다. 부정한 학설이 멋대로 유행하는 것은 홍수와 맹수의 피해보다 심한 까닭이니, 맹자가 어찌 나를 속였겠습니까."라고 하였다. 《晦庵集 卷35 答劉子澄》

225 율곡(栗谷)을 모멸하고 : 264쪽 주219 참조.

226 권(權)……주장 : 권·김은 권순장(權順長)과 김익겸(金益兼)을 가리킨다. 병자호란 때 윤선거(尹宣擧)와 함께 강화(江華)에 들어가서 죽기를 맹세하고 성을 지키다가 성이 함락되자 이 두 사람과 윤선거의 처 이씨(李氏)는 자결하였으나 윤선거는 성을 빠져나와 목숨을 부지하였다. 윤증(尹拯)이 "선친은 꼭 죽어야 하는 의리가 없었다."라고 한 것에 대해 송시열은 이 두 사람의 절의를 깎아내린 일이라 여긴 것이다. 《明齋遺稿 別集 卷3 答羅顯道》《肅宗實錄 11年 5月 26日》

227 주자가……하였고 : 주희가 말하기를 "동파의 이 첩(帖)을 옥산(玉山) 왕씨(汪氏)를 통하여 보고 어진 사람의 말은 널리 전하지 않을 수 없다고 여겨서 다음 해에 상평사(常平司)의 서재(西齋)에다 돌에 새긴다."라고 하였다. 《晦庵集 卷82 跋東坡與

들지 않고 빼어난 자태를 지녔으며 견고하고 변하지 않는 절조를 가졌으니, 백 대의 뒤에도 상상할 수 있을 것이다."[228]라고 찬(贊)하였습니다. 그러나 그의 학설이 적지 않게 세도(世道)를 해치게 되어서는 공박하고 분석하는 데에 여력을 남기지 않았고 심지어 왕안석(王安石)보다 심하다고까지 하였으니,[229] 일찍이 칭찬하여 그 죄를 다스리지 않았던 것은 어디로 가버렸단 말입니까. 나머지는 병이 심하여 여기에서 줄이고 하나하나 다 말하지 못합니다.

林子中帖 再跋》

228 시들지……것이다 : 주희가 말하기를 "동파 노인은 빼어나고 시들지 않는 절조를 가졌으며 견고하고 변하지 않는 자태를 지녔네. 대나무와 바위가 이와 거의 유사할 것이니, 백 대의 뒤에 이 화상을 보는 사람은 아마도 상상할 수 있을 것이다."라고 하였다.《朱子大全 卷84 跋陳光澤家藏東坡竹石》

229 공박하고……하였으니 :《회암집》 권30 〈답왕상서(答汪尙書)〉에 보인다.

이운거에게 답함 무진년(1688, 숙종14) 1월 10일

答李雲擧 戊辰正月十日

매양 학문과 덕의 진전이 세월과 함께 모두 새로울 것으로 생각하지만 함께 모여서 가르침을 받아 허물과 후회를 없애지 못함을 몹시 아쉬워하였습니다. 이에 보내 주신 편지를 받고서 몸이 편치 않은 증후가 있음을 알게 되니, 맑게 수양하고 고요히 정양하는 중에 어찌 바깥의 사기(邪氣)가 틈을 타서 침범함이 있단 말입니까. 염려되기 그지없습니다.

아이를 잃은[230] 늙은 아비의 애통함은 과연 또한 나 자신의 죄인 줄을 스스로 잘 알지만 또한 슬픔을 그칠 수가 없습니다. 대개 생각건대 아버지로서의 계책이 졸렬하여 늘 배고픔과 추위에 떨게 하였습니다. 또 생각건대 그 여식이 스스로 글을 읽을 줄 알았는데 《소학》을 보기를 좋아하여 의리에 어둡지 않았습니다. 또 지난번에 대가(大家)의 혼담도 물리칠 수 있었으니 이는 남자도 하기 어려운 일입니다. 재주가 없더라도 모두 저마다의 자식이니, 오늘의 비통함은 단지 천륜의 사랑에서 나온 것일 뿐만이 아닙니다. 이에 슬픔을 위로할 수 있는 지극한 말씀을 들으니, 감사하기 그지없습니다. 삼가 말씀에 부응하여 마음을 손상하는 데에는 이르지 않도록 하겠습니다. 장지(葬地)는 지금 술인(術人)을 불러 의논하고 있으니, 날짜까지 정해지기를 기다렸

230 아이를 잃은 : 1687년 12월 15일에 민씨(閔氏)의 부인이 된 서녀(庶女)가 죽었다. 《宋子大全 附錄 卷10 年譜》

다가 그대 아드님을 맞이하여 와서 도움을 받도록 하겠습니다. 나머지는 병이 깊어 모두 말하지 못합니다.

이운거에게 답함 무진년(1688, 숙종14) 2월 27일

答李雲擧 戊辰二月二十七日

보내 주신 편지는 감사합니다. 나의 비통한 회포는 시간이 지날수록 더욱 깊어지니, 노인의 심약(心弱)이 심하다고 하겠습니다. 전보(塡補)[231]는 본래 주자(朱子)의 문인들이 인륜을 두텁게 한 설입니다. 지금 일러 주는 말씀을 듣게 되니, 감복하고 감복합니다.

별지는 너무나도 놀랍고 탄식할 만합니다. 계씨(季氏)는 본래 충직하고 곧은 사람이기 때문에 일찍이 윤휴(尹鑴)와 허적(許積)의 모함을 받았던 것이니, 오늘의 일은 어찌 괴이할 것이 있겠습니까. 오직 그대가 당한 것은 곧 뜻밖의 일입니다. 그러나 무도한 일이 닥쳐올 때는 또한 모름지기 자신을 반성하여 터럭만치도 부족함도 없고 난 뒤라야 마음에 편안할 수 있습니다. 마침 외손의 집에 왔다가 조복형(趙復亨)[232]의 과부가 된 딸을 보내고 지금 또 이 행차를 보내게 되니, 나의 심사가 어떻겠습니까. 예를 갖추지 못합니다.

231 전보(塡補) : 보전(補塡)으로, 상기(喪期)의 달수를 채우는 것을 말한다. 주희(朱熹)가 말하기를 "지금의 추복과 같이 보전하는 것은 그 뜻이 또한 후한 쪽에 가깝습니다.〔補塡如今追服, 意亦近厚.〕"라고 하였다. 《晦庵集 卷58 答葉味道》 송시열의 민씨 외손녀는 이상(李翔)의 며느리이다. 이상의 며느리가 친정어머니의 상을 당하였기 때문에 이러한 말이 있는 것이다. 255쪽 주211, 270쪽 주230 참조.

232 조복형(趙復亨) : 조근(趙根, 1631~1680)으로, 본관은 함안(咸安), 자는 복형, 호는 손암(損庵)이다. 문과에 급제하여 사간원 정언, 강서 현령(江西縣令), 충청도 도사 등을 역임하였다. 송시열의 문인이다. 저서로 《손암집(損庵集)》이 있다.

이운거에게 보냄 무진년(1688, 숙종14) 4월 18일

與李雲擧 戊辰四月十八日

지금 청화(淸和)한 계절에 고요히 지내는 체후가 늘 편안하시리라 생각하니, 구구하게 그리워하며 우러르는 마음은 어느 날인들 지극하지 않은 적이 없습니다. 나는 일찍이 붕우 한두 명과 대략 문회(文會)[233]를 만들었으나 이제는 각각 일 때문에 돌아갔으니, 이날은 가석하다 할 만합니다.

돈암서원(遯巖書院) 제문은 외람되이 부탁을 받았으나 정신이 쇠락하고 근력이 문득 다하여 감히 생각을 일으키지 못하니, 이는 여러 해 전의 공암서원(孔巖書院)의 일과 유사합니다. 내가 노선생(老先生)의 향사에 어찌 성심을 다하고 싶지 않겠습니까마는 질병에 빠져 있는 처지를 어떻게 하겠습니까. 지금 일이 이미 눈앞에 닥쳐와서 몹시 낭패스러운 형세이기 때문에 장보(章甫)를 그대에게 보내니, 바라건대 즉시 부응하여 보내 주시는 것이 어떻겠습니까? 새로 제수된 관직이 혹 이미 제직되었거든 바라건대 수고를 잊고 모임에 임하여 여러 일을 이끌어 주신다면 사림(士林)의 큰 다행이겠습니다.

233 문회(文會) : 학문을 위한 모임을 말한다. 공자가 말하기를 "군자는 학문을 통하여 벗을 모으고, 벗을 통하여 인을 보강한다.〔君子以文會友, 以友輔仁.〕"라고 하였다. 《論語 顔淵》

이운거에게 보냄 무진년(1688, 숙종14) 5월 9일

與李雲擧 戊辰五月九日

나라가 불행하여 그대의 중씨(仲氏) 상국(相國)이 갑자기 세상을 떠났습니다.[234] 지구(知舊) 간의 사사로운 정은 우선 논하지 않더라도 그가 일찍이 "시사(時事)가 이 지경에 이르렀으니 우리 형제가 또한 떠나가면 누가 다시 부지할 자가 있겠는가. 장차 병이 낫기를 기다렸다가 출사할 것이다."라고 하였다는 말을 들었는데, 지금 홀연히 이렇게 되고 말았습니다. 그 임금을 사랑하고 나라를 걱정하는 마음은 이제 끝이 나서 이룰 수 없게 되었으니, 생각건대 그 정령(精靈)은 또한 땅속에 깊이 뭉쳐 남을 것이기에 더욱 아픈 마음을 견디지 못하겠습니다. 위패를 설치하여 곡하니 비통함과 한탄이 가슴속에 가득합니다. 아, 하늘이 실로 만든 일이니 어찌하고 어찌하겠습니까. 삼가 생각건대 우애가 더욱 돈독하였으니 비통하고 침통한 마음을 어떻게 견딜 수 있겠습니까. 깊이 스스로 마음을 달래고 억제하여 멀리서 걱정하는 나의 마음을 위로해 주기를 삼가 바랍니다. 병들어 깊은 골짜기에 엎드려 있는 처지라서 몸소 찾아가 위로할 길이 없어 더욱 목이 메고 막힙니다. 예를 갖추지 못합니다.

234 그대의……떠났습니다 : 이숙(李翻)은 1688년 5월 2일에 세상을 떠났다. 《肅宗實錄 14年 5月 2日》

이운거에게 보냄 무진년(1688, 숙종14) 7월 28일
與李雲擧 戊辰七月二十八日

가을 더위가 갈수록 심해지는 이때 그대의 체후가 진중하리라 멀리서 생각하니, 구구하게 그리워하는 마음을 스스로 그만둘 수 없습니다. 가만히 생각건대 오늘의 일은 이미 백척간두에 서 있는 형세이니, 비록 깊은 못에 임하고 엷은 얼음을 밟듯이 조심하더라도 벗어나지 못할까 두렵습니다. 하물며 외면의 일만 신경 쓰느라 남에게 빌미를 주었으니, 등짐벌레〔蝜蝂〕[235]가 짐이 이미 무거운데도 스스로 그 무게를 더하는 것과 같은 점이 있는 데이겠습니까. 금일 경외(京外)가 흉흉하여 하늘에까지 뻗칠 형세이지만, 만약 스스로 돌아보아 부끄러운 점이 없다면 나에게 무슨 손상이 되겠습니까. 내가 들은 바에 의하면 그대가 처신한 바가 완전히 온당하지는 못할까 적이 두렵습니다. 지난해 목인(木人)[236]과 청인(淸人)의 다툼이 있었을 때 그들이 나와 무슨 상관이 있었습니까. 그런데도 글을 지어 관청에 송사함으로써 그들의 노여움과 모욕을 초래하였으니, 이것이 몹시 한탄스럽습니다.

오늘의 일[237]에 이르러서는 막중한 강상(綱常)과 관련된 옥사로 늑기

235 등짐벌레 : 이 벌레는 몸은 작으나 물건을 잘 짊어지고 아무리 힘이 들어도 그만두지 않는다고 한다. 《柳河東集 卷17 蝜蝂傳》

236 목인(木人) : 《송자대전수차》 권5에 "목천인(木川人)의 일을 가리킨다."라고 하였다.

237 오늘의 일 : 《송자대전수차》 권5에 "이씨(李氏)들이 사는 향리에 음행(淫行)으로 인한 옥사가 있었으나 추관(推官)들이 느슨하게 다스렸다. 이공이 분개하여 추관에

에 한심한 일이니, 진실로 멀리 피하려고 해도 그럴 겨를이 없을 것입니다. 그런데 무엇 때문에 스스로 원고와 피고가 되어 이미 송관(訟官)과 감사(監司)에게 말하고 또 소장(疏章)에 올려서 마치 천륜을 위하여 억울함을 송사하는 자처럼 한단 말입니까.

옛날 하종악(河宗萼)[238] 집안의 일이 있었을 때 퇴계(退溪) 선생은 남명(南冥)이 반드시 깊이 다스리려고 한 일을 몹시 의아하게 여겼습니다. 이정(李楨)의 집을 허물어 버리게 되어서는 자못 이러저러한 이야기들이 있어 퇴계와 남명 문하의 사이가 벌어지도록 만들었고, 정인홍(鄭仁弘)이 퇴계를 욕하게 되어서는 사이가 극도로 멀어지고 말았습니다.[239] 이것은 하종악의 옥사가 어떠한지는 논하지 않더라도

게 편지를 보내어 그 사정을 상세히 기록하기를 마치 입증하는 사람처럼 하였다. 끝에는 또 소장을 올려 감사와 수령이 강상의 변고에 신경을 쓰지 않는다고 하였다. 이른바 음행한 자는 바로 유두성(柳斗星)으로, 이공에게는 먼 척속(戚屬)이었다. 이에 수많은 비방이 함께 몰려와서 심지어 이공이 그의 전답과 재산을 빼앗으려고 이 일을 저지른 것이라고까지 하였다."라고 하였다.

238 하종악(河宗萼) : 《선조실록》 2년 4월 19일 기사 등에는 '萼'이 '岳'으로 되어 있다.

239 하종악(河宗萼)……말았습니다 : 진주(晉州)의 고(故) 진사(進士) 하종악의 후처가 홀로 살았는데, 음행이 있다는 소문이 자자하였다. 조식(曺植)이 우연히 자기 문인인 정인홍과 하항(河沆)에게 말하여 이들이 감사에게 통보하여 옥사를 일으켰고, 조식은 하종악의 후처와 인척 관계로 몰래 비호했다 하여 자신의 친구인 이정과 절교하였으며, 하항 등은 친구들을 데리고 하종악의 집을 헐어 버렸다. 이에 감사가 하항 등을 잡아 가두자 이 일로 조정의 논의가 분분하였다. 이정이 이황(李滉)에게 서신으로 이러한 사연에 대해 묻자, 이황이 "친구 사이에 사소한 일로 서로 외면하여 화해하지 못하는 것은 나로서는 모를 일이다."라고 대답하였는데, 나중에 이 서신이 세상에 전해지자 정인홍은 이황을 추급하여 비난하는가 하면 공격하는 글을 써서 죽을 때까지 계속하였다. 영남 선비들의 분당 화근도 사실은 이 일로 시작된 것이다. 《宣祖修正實錄

양현(兩賢) 간의 득실은 현격한 차이가 있게 되었습니다. 지금 보내온 편지에 도리어 퇴계를 인용하여 스스로 증거로 삼은 것은 어째서입니까. 이는 지난해의 소본(疏本)에서 "윤휴(尹鑴)가 관직을 구한다."라고 말한 것과 마찬가지이니, 어찌 그렇게도 살피지 못함이 심한 것입니까.

죽사(竹事)에 이르러서는 전혀 "오이밭을 지날 때 신발 끈을 고쳐 매지 않는다."[240]라는 혐의를 피하지 않아 병판(兵判 이익(李翊))과 함께 모두 송안(訟案)에 들어가게 되었습니다. 그래서 좋아하지 않는 자들이 앞다투어 환호작약하며 기꺼이 말하려고 하는 것이니, 두렵지 않을 수 있겠습니까. 앞 편지에서 속마음을 대략 말씀드렸으나 밝게 살펴 주지 않으시니, 부끄러워서 죽을 지경입니다. 그러나 오히려 차마 성급히 그만두지 못하고 다시 이렇게 번거롭게 말씀드리는 것이니, 너그럽게 헤아려 주신다면 매우 다행이겠습니다.

2年 5月 1日》 송시열은 이정의 집을 허물었다고 하였으나 실록에 따르면 허물어진 것은 하종악의 집이었다.

240 오이밭을……않는다 : 〈군자행(君子行)〉에 "군자는 환란을 미연에 방지하여 혐의를 받을 만한 처신을 하지 않나니, 오이밭을 지나갈 때는 몸을 구부려서 신발 끈을 고쳐 매지 않고, 오얏나무 밑에서는 손을 들어 모자를 바로잡지 않는다.〔君子防未然, 不處嫌疑間, 瓜田不納履, 李下不整冠.〕"라고 하였다.《樂府詩集 卷32》

이운거에게 답함 무진년(1688, 숙종14) 8월 2일
答李雲擧 戊辰八月二日

밖의 의론이 어지러우니, 우려를 견디지 못하겠습니다. 나의 망녕된 생각에는 그대의 처신에 혹 미진한 바가 있어 그렇게 된 듯합니다. 그래서 편지 한 통을 외람되이 적어 문의(文義)[241]에게 부탁하여 그로 하여금 전하도록 하였으나 지금 보내오신 편지를 받아 보니 아직 전달되지 않은 줄을 알겠습니다.

이제 흉흉한 의론이 산처럼 치솟고 파도처럼 놀라워서 장차 한바탕 전장에서 나를 무찌르려고 한다는 소문을 듣게 되니, 내 몸도 살피지 못하면서 그대를 걱정할 겨를을 내며 스스로 태산을 걸머지고서 섶을 걸머진 남을 염려하는 격이라 스스로 웃습니다.

옛날 스승의 강석(講席)에서 경변(經變)의 뜻[242]을 강론하는 말씀을 들을 때에 "율곡(栗谷)이 만약 계신다면 반드시 이와 같지 않을 것이다."라고 하셨습니다. 지난번에 마침 동보(同甫 이희조(李喜朝)의 자)를 만나 언급하면서 대략 거론하였으나 나 자신의 의사는 한 터럭도 감히 끼워 넣지 못하였습니다. 그런데도 지금 곧바로 내가 파옹(坡翁 성혼(成渾))을 헐뜯었다고 하여 장차 소장을 올려 나를 벌주려 한다고 하니, 두렵고 두렵습니다. 그러나 만약 과연 그렇게 한다면 나 또한 곡절

241 문의(文義) : 문의 현령(文義縣令) 김만준(金萬埈)을 가리키는 것으로 보인다.

242 경변(經變)의 뜻 : 《송자대전수차》 권5에 "우계(牛溪)가 강화(講和)를 청한 일을 논한 것이다."라고 하였다. 성혼이 임진왜란 때 일본과의 강화에 찬성한 사실을 말한다.

을 상세히 다 진술하여 스스로 해명해야 저들 또한 반드시 오해가 풀릴 것입니다. 아쉽게도 지역이 멀리 떨어져서 지은 글을 자문하지 못하기 때문에 응당 망발한 내용이 있어 분란을 만들게 될 것이니, 미리 스스로 염려할 뿐입니다.

전날 별지 중에 인용한 퇴계(退溪)에 관한 이야기는 자세히 살펴보지 못하고 말한 듯합니다. 대개 남명(南冥)이 음부(淫婦)의 옥사를 주장하다가 일이 이정(李楨)의 집을 허무는 데까지 이르고 말았으니, 퇴계가 이를 몹시 잘못되었다고 하였습니다.[243] 이로부터 심하게 두 문하 사이가 벌어진 것이니, 문원공(文元公) 노선생(老先生)의 간행 원고를 보면 알 수 있습니다. 나머지는 남의 손을 빌려서 적느라 다 말하지 못합니다. 예를 갖추지 못합니다.

243 남명(南冥)이……하였습니다 : 276쪽 주239 참조.

이운거에게 보냄

與李雲擧

오늘날의 일이 이렇게 극한에 이른 것은 대개 주자(朱子)를 모욕한 윤휴(尹鑴)를 지척(指斥)한 데서 발원하여 점차 확대되어 이 지경에 도달한 것입니다. 임금을 죽인 역적은 누구나 죽여도 된다고 하였으나 공자도 진항(陳恒)을 토죄(討罪)하지 못하였으니,[244] 이는 시세(時勢)가 그러하였기 때문입니다. 지금 나는 자신과 시세를 헤아리지 못하고 망녕되이 만에 하나라도 세도(世道)를 부지하려 하다가 도리어 하늘을 찌를 기세를 도발하였습니다. 심지어 대사성(大司成)이 감히 '장주(莊周)가 공성(孔聖)을 모욕한 일'을 제목으로 삼아 대성전(大成殿) 아래에서 많은 선비에게 시험을 보이기까지 하였습니다. 이는 공성의 귀하신 신명을 꾸짖어 달아나게 하려는 처사이니,[245] 놀라고 분개한 마음을 견딜 수 있겠습니까. 이는 어리석고 망녕된 내가 만에 하나도 막아내지 못하고 도리어 그 형세를 격동시킨 것이니, 비록 몹시 자책하고 후회하더라도 소용이 없습니다.

지금 또 듣건대 내가 우계(牛溪)를 모욕하였다고 하여 장보(章甫)와 진신(搢紳) 들이 합사(合辭)하여 논죄하려 한다고 하니, 나의 모골이 송연해집니다. 그러나 나 또한 상소를 올려 그 사실의 전말과 곡절을

244 공자도……못하였으니 : 제(齊)나라 대부 진항이 간공(簡公)을 시해하자 공자가 노(魯)나라 애공(哀公)에게 토벌하기를 청하였으나 받아들여지지 않았다. 《論語 憲問》

245 공성의……처사이니 : 259쪽 주214 참조.

자세히 논하려고 하니, 그렇게 하면 저들도 오해가 풀릴 것입니다. 지금 저들은 사실과 의리는 헤아리지 않고 오직 위세만으로 위협하여 억누르려 하니, 이는 바로 적신(賊臣) 윤휴의 수단을 그대로 이어받은 것입니다. 그 원인을 따져 보면 실로 전수(傳授)받은 곳이 있어서 그런 것입니다. 편벽된 행실과 방탕한 말의 재앙이 홍수나 맹수의 화보다도 심하다는 말[246]이 어찌 우리를 속인 것이겠습니까. 두렵고 두려울 뿐입니다.

246 편벽된……말 : 《맹자》 〈등문공 하〉에서 맹자가 말하기를 "나 또한 인심을 바로잡아 부정한 학설을 종식시키며 편벽된 행실을 막으며 방탕한 말을 추방하여 세 성인을 계승하려고 하는 것이니, 어찌 변론을 좋아하겠는가. 내 부득이해서이다."라고 하였다. 주희(朱熹)가 이를 주석하기를 "부정한 학설이 멋대로 유행하여 사람의 심술을 파괴함이 홍수와 맹수의 재앙보다 심하고 이적(夷狄)과 찬시(簒弑)의 화보다 참혹하였기 때문에 맹자가 깊이 두려워하고 힘써 바로잡은 것이다."라고 하였다. 《孟子集註 滕文公下》

이운거에게 답함 무진년(1688, 숙종14) 8월 10일

答李雲擧 戊辰八月十日

근래에 왕복 편지를 통하여 체후가 편안한 줄을 연이어 알게 되니, 얼마나 다행인지 모르겠습니다. 나는 소손(小孫 송회석(宋晦錫))의 병이 위독하여 마음과 정신을 태우고 있으니, 그저 스스로 가련하여 탄식만 할 뿐입니다. 온계(溫溪)에 보낸 편지를 상고하여 제시한 뜻[247]은 분명할 뿐만이 아닙니다. 그러나 이강이(李剛而 이정(李楨))에게 보낸 긴 편지가 그 앞 권에 있으니, 나는 뒤 권을 제대로 보지 못하였고 그대는 앞 권을 제대로 보지 못한 것입니다. 이 수십 권의 편지조차 그대와 나의 정신이 처음과 끝을 온전히 살피지 못하니, 늙고 혼매한 나야 말할 것이 못 된다지만 고요히 수양하는 그대 또한 다시 이와 같은 것은 어째서입니까. 이강이에게 보낸 편지에 관한 곡절은 또한 노선생(老先生)의 유고에 보이기 때문에 그 두 판(板)을 올려 드리니, 보신 뒤에 돌려주는 것이 어떻겠습니까? 나머지는 남의 손을 빌려서 적느라 다 말하지 못합니다. 예를 갖추지 못합니다.

247 온계(溫溪)에……뜻 : 《송자대전수차》 권5에 "이공(李公)이 퇴계(退溪)가 온계의 향인(鄕人)에게 보낸 편지를 인용하여 퇴계는 하종악(河宗萼)의 일에 매우 엄격하였다고 주장하였다."라고 하였다. 이 편지는 《퇴계집》 권40에 〈여온계동내(與溫溪洞內)〉라는 제목으로 실려 있다. 하종악의 일에 대해서는 276쪽 주239 참조.

이운거에게 답함 무진년(1688, 숙종14) 10월 16일

答李雲擧 戊辰十月十六日

사랑에 가리고 이치에 어두워서 감정에 내맡겨 슬퍼하느라 질병이 크게 일어났으나[248] 슬퍼할 시간이 얼마 남지 않은 것[249]을 도리어 다행으로 여깁니다. 이러한 때에 받은 그대의 위로 편지는 자세하고 간절함이 보통의 경우보다 특출하니, 이 마음의 슬픈 감정은 더욱 흘러내리는 눈물을 견디지 못하겠습니다.

말씀하신 오늘의 일[250]은 이러한 날이 있을 줄을 오래전부터 알았으나 또한 이처럼 심할 줄은 몰랐습니다. 그대는 스스로 자기 마음을 믿고서 세상의 화를 가벼이 범하고 있으니, 지혜에 마음을 다하는 자라면 아마 이와 같지는 않을 것입니다. 종전에 여러 번 나의 우견(愚見)을 말씀드렸으나 돈독히 자신을 다스리는 것처럼 나의 말을 믿지 못하

248 사랑에……일어났으나 : 1688년 10월 5일에 막냇손자 송회석(宋晦錫)이 세상을 떠났다. 막냇손자는 이려서 어머니를 여의자 선생이 슬하에 두고 길렀는데, 기질이 청명하고 성정(性情)이 정직하였기 때문에 송시열이 몹시 사랑하였다. 병석에 누운 지 5년 만에 끝내 일어나지 못하니, 특별히 애통해하여 당시 심한 이질을 앓으면서도 병을 무릅쓰고 초상에 임하였다. 《宋子大全 附錄 卷11 年譜》

249 슬퍼할……것 : 한유(韓愈)의 〈제십이랑문(祭十二郎文)〉에 "모혈(毛血)은 날로 더욱 쇠약해지고 지기(志氣)는 날로 쇠미해지니 곧 너의 뒤를 따라 죽지 않겠느냐. 사후에 지각이 있다면 그 헤어짐이 얼마나 되겠느냐. 사후에 지각이 없다면 슬퍼할 시간은 얼마 남지 않고 슬퍼하지 않을 날은 무궁할 것이다."라고 하였다. 《韓昌黎集 卷23》

250 오늘의 일 : 275쪽 주237 참조.

여 마침내 뒷날을 좋게 하는 도를 생각하지 못하였으니, 개탄스러운 마음이 깊고 절절합니다. 그러나 지금의 일로 되돌아보면 내가 우견을 말씀드린 시기가 이미 늦었던 것입니다.

방백(方伯)의 상소는 어떠한 주장인지는 모르겠으나 그대가 세상 사람들에게 바라는 것은 엉성하다고 할 만합니다. 남들도 나와 같다고 생각하는 것은 참으로 군자의 마음입니다. 그러나 율옹(栗翁 이이(李珥))이 실패한 것은 실제 이것 때문입니다. 그러므로 《주역》에 때와 의리에 대한 경계가 있는 것이니, 오직 이치에 밝은 사람인 뒤라야 이 말에 참여할 수 있습니다. 우리는 격물치지(格物致知)에 힘을 다하지 못하여 장차 무관한 외면의 일 때문에 스스로 보전하지 못하게 되었으니, 어떻게 하겠습니까. 하고 싶은 말은 여기에 그치지 않지만 마음과 정신이 슬프고 어수선하여 다하지 못합니다. 남의 손을 빌려서 적습니다. 예를 갖추지 못합니다.

이운거에게 답함 무진년(1688, 숙종14) 10월 25일

答李雲擧 戊辰十月二十五日

한번 걸린 병이 지루하게 이어져서 날로 어떻게 할 수 없는 지경으로 달려가니 장차 손자 아이를 따라 죽게 될 것입니다. 참으로 이른바 슬퍼할 시간이 얼마 남지 않았다[251]는 것이 도리어 다행스럽습니다. 질문하신 책은 이러한 때에도 읽고 있다고 하니, 위로되고 감사한 마음을 절로 그만둘 수 없습니다.

어제 듣건대 본병(本兵)이 뜻을 거슬러 체직되었다[252]고 하니, 비록 몹시 두려운 일이기는 하지만 짐을 벗게 된 것은 다행이라 할 만합니다. 그대가 당한 일[253]은 아직도 결말이 나지 않아 시비가 점점 들끓고 있으니, 걱정과 초조함으로 인하여 거의 애가 탈 지경일 것입니다. 이에 감사의 상소가 도로 내려왔다는 말씀을 듣게 되니 다소 위로가 됩니다.

내가 퇴계(退溪)와 우계(牛溪) 두 현인을 무함하고 헐뜯었다고 하여 상소하려는 의론이 한창 들끓고 있기 때문에 장차 남을 걱정할 겨를이 없고 그저 낭패당하고 있는 일을 바라만 볼 뿐입니다. 운기(運氣)가

251 슬퍼할……않았다 : 283쪽 주249 참조.

252 본병(本兵)이……체직되었다 : 본병은 병조 판서 이익(李翊)을 가리킨다. 금군(禁軍)의 각궁(角弓) 중에 파손된 것이 많아 검칙하지 않은 죄로 내금위장 등이 파직되자, 이익이 상소해서 인피(引避)하여 체직되었다. 《肅宗實錄 14年 10月 16日》

253 그대가 당한 일 : 275쪽 주237 참조.

이와 같으니, 어찌하고 어찌하겠습니까. 나머지는 남의 손을 빌려서 적느라 다 말하지 못합니다. 예를 갖추지 못합니다.

이운거에게 보냄 기사년(1689, 숙종15) 2월 5일

與李雲擧 己巳二月五日

특별히 사람을 보내어 편지로 문안해 주셨습니다. 대개 앞의 상소에서는 우계(牛溪)의 일과 선인(先人 송갑조(宋甲祚))이 무함을 받은 일을 변명하여 호소하였고 또한 대략 시사를 언급하여 제신(諸臣)에게 다른 뜻이 없음을 밝혔습니다.[254] 이어서 사관(史官)이 성지(聖旨)를 전유(傳諭)하여 우리 집에 있는 효종의 비밀 서찰을 보시려고 하였습니다. 그냥 올릴 용기가 없어서 잠시 길가의 관사(官舍)에 나아가 절하고 보내려고 하였으나 병 때문에 결국 하지 못하였습니다. 그런데 오늘 밤에 갑자기 들리는 소식[255]이 있으니, 이는 참으로 목 위에 머리만 붙여 놓은 형국입니다. 이 한 사람 늙은 신하야 애석할 것이 없지만 사류(士類)들이 참화를 당할까 몹시 두렵습니다. 이를 구원하려고 하다가 도리어 재촉하고 말았으니, 이 또한 하늘의 뜻이란 말입니까. 병이 심하여 남의 손을 빌려서 적습니다. 예를 갖추지 못합니다.

254 앞의……밝혔습니다 : 1689년 2월 1일 송시열이 소장 2본을 올렸는데, 그중 한 본에서는 자신이 성혼(成渾)을 헐뜯었다는 설과 아버지 송갑조가 과거에 급제하였을 때 인목대비에게 사은하지 않았다는 무함에 대해 해명하였다. 다른 본에서는 원자의 책봉이 너무 빠르다고 진달하였는데, 이에 숙종이 노하여 그대로 두면 임금을 무시하는 무리들이 연달아 일어날 것이라고 하며 송시열의 관작을 삭탈하고 도성 밖으로 내쫓을 것을 명하였다. 《肅宗實錄 15年 2月 1日》

255 오늘……소식 : 1689년 2월 4일 장령 이윤수(李允修)와 지평 이제민(李濟民)이 논계하여 송시열을 극변에 귀양 보내기를 청하였는데, 숙종이 송시열을 제주목(濟州牧)에 안치하고 천극(栫棘)을 더할 것을 명하였다. 《肅宗實錄 15年 2月 4日》

송자대전

제47권

書서

이자삼[1] 무 에게 답함 경술년(1670, 현종11) 6월 3일

答李子三 埅○庚戌六月三日

새들조차 드문 이곳에 이렇게 문안 편지가 오리라고 누가 생각하였겠습니까. 실로 두터운 권우(眷遇)를 우러러보게 됩니다. 이 내한(李內翰)이 원대한 포부를 이루지 못하고 갑자기 세상을 떠났으니 어찌 단지 한집안의 애통한 일일 뿐이겠습니까. 다만 차마 보지 못할 일이 항상 눈앞에 펼쳐져 있으니 그대의 슬픈 심정은 더욱 끝이 없을 것입니다. 나는 한결같이 병으로 누워 지내나 오히려 한번의 죽음이 모자랄 뿐이니, 백 년 인생이 끝나기 전에 또 어떤 괴로운 빛이 있을지 모르겠습니다. 만나서 이야기할 길이 없으니, 무더위와 비에 더욱 자중하기 바랍니다. 이만 줄입니다.

1 이자삼(李子三) : 이무(李埅, 1621~1703)로, 본관은 전주(全州), 자는 자삼, 호는 낙계(駱溪)이다. 중종의 서자 덕양군(德陽君) 이기(李岐)의 현손으로, 1653년(효종4) 문과에 급제하여 정언, 우부승지, 호조 참판 등을 역임하였다. 시호는 장정(莊靖)이다.

이자삼에게 답함 계축년(1673, 현종14) 12월 26일

答李子三 癸丑十二月二十六日

동교(東郊)에 머물던 날에 대략 그대의 안부를 알 수 있었습니다. 강을 거슬러 올라 동쪽으로 돌아올 때 마음속에 어긋남이 있음[2]을 몹시 느꼈고 겨우 돌아와서는 크게 병이 나서 한 줄기 숨을 겨우 보전하고 있었는데, 생각지도 못하게 그대의 귀한 편지가 깊은 산길을 뚫고 도착하여 펼쳐서 읽어 본 뒤로는 고질병이 어디 갔는지 문득 사라졌습니다.

기억하건대 옛날 중씨(仲氏)가 살아 있을 때 보낸 편지에서 한 말에 내가 '자삼(子三)은 참으로 실성(失性)한 사람'이라고 농담으로 답장한 적이 있습니다. 지금 이렇게 죄를 지은 사람에게 문안 편지를 보내고 있으니, 또한 전날의 실성 증세가 아직 남아 있는 것이 아니겠습니까. 우습기만 합니다. 또 기억하건대 사성(思誠 권시(權諰))이 일찍이 동춘당(同春堂 송준길(宋浚吉))에게 부탁하여 그대로 하여금 궁벽한 군(郡)의 군수가 되도록 하였는데, 지금은 이렇게 할 뜻이 없습니까? 만약 호남과 영남 사이에 있을 것 같으면 아마도 서로 만나서 이야기하기에 편리할 듯합니다. 나머지는 세모(歲暮)에 더욱 자중자애하기 바랍니다. 예를 갖추지 못합니다.

2 마음속에 어긋남이 있음 : 《시경》 〈패풍(邶風) 곡풍(谷風)〉에 "길 가기를 더디고 더디 하여, 마음속에 어긋남이 있도다.〔行道遲遲, 中心有違〕"라고 하였다. 발은 앞으로 가려고 하지만 마음은 가고 싶지 않아 마음과 발이 서로 어긋난다는 뜻이다.

이자삼에게 답함 을묘년(1675, 숙종1) 6월 20일

答李子三 乙卯六月二十日

오늘의 이 일은 그대 또한 어찌 함께 책임이 있지 않겠습니까. 한편으로 그대의 책임이 많지 않을 듯도 하니, 이는 무슨 마음입니까. 한바탕 웃음이 날 만합니다. 방금 동경(東京)에서 안부 편지를 전해 왔으나 이곳의 일이야 어찌 굳이 물을 것이 있겠습니까. 여러 가지 이야기는 하나하나 다 말하지 못합니다.

○ 그대는 지금 서울에 있습니까? 혹은 청교(靑郊)에 있을 듯도 합니다. 부탁한 돈와설(遯窩說)은 뜻에 부응하여 지어 드릴 수도 있습니다. 그러나 그대는 남의 구설에 오르내리는 일이 이미 많거늘, 하물며 다시 이러한 글 때문에 구설을 더하게 된다면 나의 어질지 못함이 심하다고 할 것입니다. 또 듣건대 일찍이 내 손에서 나온 글들은 으레 분서(焚書)의 죄목에 들어간다고 하니, 그때 그대의 돈와(遯窩)도 무탈하기를 보장하기 어려울 듯합니다. 이 때문에 감히 청을 들어줄 수 없으니, 한번 웃음을 지으리라 생각합니다.

이자삼에게 보냄 경신년(1680, 숙종6) 6월

與李子三 庚申六月

연전에 편지 한 통이 바다의 배소(配所)로 날아 들어왔으니,[3] 이 몸이 아직도 이 세상의 사람인 줄을 비로소 알았습니다. 강호의 오리와 기러기는 아무런 영향을 끼치지 못합니다.[4] 무엇보다 곡강(曲江)의 은전(恩典)이 널리 산 자와 죽은 자 사이에 미치고 있거늘[5] 그대만 홀로 풍년거지가 된 것은 어째서입니까. 기학(騎鶴)과 도구(菟裘)[6]는 지금

3 연전에……들어왔으니 : 송시열은 1679년 4월 거제도(巨濟島)로 이배되었다가 1680년 5월에는 충청도 청풍(淸風)으로 이배되었다. 이무(李堥)가 연전에 보낸 편지를 송시열이 거제도에 있을 때 받은 듯하다. 《宋子大全 附錄 卷7 年譜, 卷8 年譜》

4 강호의……못합니다 : 벼슬길에 나아갈 사람은 많으니, 자신과 같은 사람은 존재감이 없다는 뜻으로 한 말이다. 양웅(揚雄)의 〈해조(解嘲)〉에 "강호의 언덕이나 발해의 섬에 기러기 네 마리가 날아와 앉아도 많아지지 않고, 오리 한 쌍이 날아가 버려도 적어지지 않는다."라고 하였다. 《漢書 揚雄傳》

5 곡강(曲江)의……있거늘 : 당(唐)나라 장구령(張九齡)이 일찍이 현종에게 안녹산(安祿山)은 배반의 관상이 있음을 극언하고 그를 제거하기를 청하였으나 듣지 않았는데, 천보(天寶) 연간의 난리를 겪은 뒤에 장구령의 선견지명을 추후에 생각하여 관원을 보내어 곡강에 있는 그의 묘소에 치제하게 하였다. 《新唐書 張九齡列傳》 송준길(宋浚吉)이 일찍이 허적(許積)을 논척(論斥)하였는데, 경신대출척 뒤에 송준길의 묘소에 치제하였기 때문에 이렇게 말한 것이다. 《肅宗實錄 6年 5月 18日》

6 기학(騎鶴)과 도구(菟裘) : 기학은 학을 타는 것으로, 양주학(揚州鶴)의 고사에서 온 말이다. 옛날 여러 사람이 모여 저마다의 소원을 말하였는데 어떤 사람은 양주 자사(揚州刺史)가 되기를 원하였고, 어떤 사람은 재물이 많기를 원하였고, 어떤 사람은 학을 타고 하늘에 오르기를 원하였다. 이에 한 사람이 "허리에 돈 10만 관을 차고서 학을 타고 양주를 날고 싶다.〔腰纏十萬貫, 騎鶴上揚州.〕"라고 하였다고 한다. 《淵鑑類

무탈합니까? 원숭이와 학(鶴)도 모두 부질없는 일[7]이라고 하였으니, 이 말은 참으로 맛이 있습니다. 예를 갖추지 못합니다.

函 鳥3 鶴3》 도구는 춘추 시대 노(魯)나라의 지명으로, '은거지'라는 뜻으로 쓰인다. 《춘추좌씨전(春秋左氏傳)》 은공(隱公) 11년 기사에 "내가 장차 도구 땅에 집을 짓고 그곳에서 늙으리라."라고 하였다. 《송자대전수차》 권5에 따르면 이무는 양주에 별업(別業)이 있었다.

7 원숭이와……일 : 주희(朱熹)의 시에 "원숭이가 슬퍼하고 학이 원망함은 모두 부질없는 일이니, 다만 선생께서 팔짱 끼고 돌아갈까 염려될 뿐이네.〔猿悲鶴怨渾漫事, 只恐先生袖手歸.〕"라고 하였다. 《晦庵集 卷2 送籍溪胡丈赴館供職》

남중휘[8] 이성 에게 답함 임자년(1672, 현종13) 3월

答南仲輝 二星○壬子三月

그대를 그리워하던 마음이 한창 깊던 차에 홀연히 이렇게 편지를 받게 되니, 위로되고 감사한 마음을 말로 다 형용할 수 없습니다. 곡식을 사들이는 일을 막았다는 비방은 과연 그러한 일이 전혀 없었는지는 모르겠으나 또한 죽고 사는 문제에 마음이 다급하여 윗사람을 비방하는 것이 죄과가 됨도 알지 못한 것이니, 이 또한 슬퍼할 만합니다. 다만 각 고을에서 만약 그대의 뜻이 이와 같은 줄을 알았다면 어찌 차츰차츰 나누어 주지 않음으로써 부질없이 죽어 가는 모습을 보았겠습니까. 이 사람은 언제나 굶주린 기색을 면하지 못하지만 이러한 시절에는 오히려 구렁에 뒹굴다가 죽지 않는 것만으로도 분수를 크게 넘는 다행일 것입니다. 후생들은 이것이 한미한 선비에게 언제나 있는 일인 줄을 모르고 처음 보는 일로 여겨서 서로 함께 말을 전하여 그대에게까지 걱정을 끼쳐 드디어 녹봉을 떼 내어 구원하도록 하였으니, 그대의 지극한 뜻을 잘 알겠고 겸하여 깊이 두렵고 부끄럽기도 합니다. 인하여 이천(伊川)의 "상공(相公)의 비단이 비록 많다고 하더라도 추위에 떠는 사람에게 다 나누어 주지 못한다."[9]라는 말을 되뇌게

8 남중휘(南仲輝) : 남이성(南二星, 1625~1683)으로, 본관은 의령(宜寧), 자는 중휘, 호는 의졸(宜拙)이다. 1662년 문과에 급제하여 지평, 대사성, 예조 판서 등을 역임하였다. 시호는 장간(章簡)이다.

9 이천(伊川)의……못한다 : 송(宋)나라 때 재상이 이천 정이(程頤)에게 비단을 선물하자, 정이가 사양하며 말하기를 "상공의 비단이 비록 많다고 하더라도 천하에 추위에

되니, 삼가 생각건대 그대가 이 말을 들으면 또한 이마를 찌푸릴 것입니다.

박 선생(朴先生)의 비각(碑閣)[10]에 관한 일은 말씀드리자면, 공역은 지금 비로소 시작되었으나 끝내 완성하기가 어려울까 걱정됩니다. 제생(諸生)이 전날 일러 주신 뜻을 받들어 머리를 모으고 서로 경하하지만 제생은 말〔馬〕도 없고 양식도 없어 대궐 앞에 나아갈 수 없고 단지 봇짐지기의 글만 올렸을 뿐이니, 그저 이 사람이 그대에게 사랑을 받아 혹 만에 하나라도 견책을 줄일 수 있으리라고 믿을 뿐입니다. 편지와 함께 보내 주신 종이와 음식은 모두 황송하게 잘 받았습니다. 나머지는 병을 무릅쓰고 적느라 다 말하지 못합니다. 예를 갖추지 못합니다.

떨고 있는 사람들에게 두루 미치지는 못할 것입니다."라고 하였다. 《二程遺書 卷21 師說》

10 박 선생(朴先生)의 비각(碑閣) : 《송자대전수차》 권5에 "회덕(懷德) 흥룡(興龍)에 취금헌(醉琴軒) 박팽년(朴彭年) 선생의 비각이 있다."라고 하였다.

남중휘에게 답함 임자년(1672, 현종13) 5월

答南仲輝 壬子五月

저번에 인편을 통하여 회답 편지를 받았고 이를 통해 쌀 한 말과 땔나무 한 다발도 보내 주셨습니다. 일찍이 선현(先賢)의 서첩(書帖)에서 율곡(栗谷) 노선생(老先生)이 송구봉(宋龜峯 송익필(宋翼弼))에게 조기 세 마리를 보내 준 일을 보고는, 매양 선정(先正)의 돈독한 풍의(風儀)는 선물에 있지 않고 마음에 있다고 생각하였습니다. 지금 다시 집사에게서 이를 보게 되니, 이에 인심의 순박함과 각박함은 고금과는 관계가 없는 줄을 알겠습니다. 사직 상소를 속히 작성하여 올리는 것은 대개 힘껏 사직하지 않고 일부러 꾸물거린다는 비방을 두려워하기 때문이니, 바라건대 심부름꾼을 구하여 발송하는 것이 어떻겠습니까? 예를 갖추지 못합니다.

남중휘에게 답함 임자년(1672, 현종13) 11월

答南仲輝 壬子十一月

그대의 답장은 위로되고 감사하기 그지없습니다. 다만 감기가 오래도록 낫지 않는다는 소식을 들으니 염려되는 마음이 실로 깊습니다. 사창(社倉)으로 돕는 일은 실로 옛날의 도(道)에 부합하니, 한 지방의 사람들이 큰 은혜를 입을 뿐 아니라 주 부자(朱夫子)가 당일에 정성스러웠던 뜻을 오늘에 다시 볼 수 있었습니다. 그것이 세교(世敎)와 관계된 것이 또 어떠하겠습니까.

약재(藥材) 두 종류와 진미(珍味) 두 가지는 삼가 감사하게 잘 받았습니다. 나는 신병(身病)이 이미 괴롭고 윤씨(尹氏) 사위[11]의 생사 문제도 아직 분명하지 않으니, 속이 타고 답답하여 견디기 어렵습니다. 나머지는 병을 무릅쓰고 적느라 다 말하지 못합니다. 예를 갖추지 못합니다.

11 윤씨(尹氏) 사위 : 송시열의 둘째 사위인 윤박(尹搏)을 말한다.

남중휘에게 보냄 임자년(1672, 현종13) 11월 9일

與南仲輝 壬子十一月九日

새벽까치가 기쁜 소식을 알려 준 뒤에 정다운 편지가 이윽고 이르니, 놀라고 위로되는 마음을 어찌 다 형용할 수 있겠습니까. 다만 편지 속에 아프다는 글자가 있어 이내 염려되는 마음이 깊어집니다. 윤여망(尹汝望 윤문거(尹文擧)) 같은 사람을 어디에서 얻을 수 있겠습니까. 친구들의 편지에서 인후(仁厚)하고 충신(忠信)한 그를 모두 칭찬하니, 더욱 세도(世道)를 위하여 그의 죽음[12]이 애통할 뿐입니다.

보내 주신 술, 과일, 젓갈, 고기는 눈 속에 파묻힌 추운 골짜기에 사는 사람에게 매우 알맞은 것이기는 하지만 스스로 헤아려 보건대 분수에 맞지 않습니다. 보내 준 편지지도 참으로 감사합니다. 이만 줄입니다. 예를 갖추지 못합니다.

별지

최봉승(崔奉承)을 엄히 치죄(治罪)하여 흠이 많은 내가 향당(鄕黨)과 주려(州閭)에서 죄를 면하게 되었으니, 감사와 다행함이 어찌 끝이 있겠습니까. 듣건대 공주 목사(公州牧使)의 내행(內行)에 지급할 물건을 그가 모두 없애고 시장에서 약탈하여 충당할 때 내가 그의 구실이 되었다고 하니, 바로 주 부자(朱夫子)가 말한 "아무개

12 그의 죽음 : 윤문거는 1672년 10월 28일에 세상을 떠났다. 《宋子大全 卷162 石湖尹公神道碑銘》

에게 무슨 권세가 있겠는가."[13]라고 한 것과 같아 도리어 우습기만 합니다.

회덕(懷德) 사창(社倉)의 일[14]은 내가 몇몇 사대부들과 체결하여 한결같이 주 부자의 사목(事目)에 의거하여 시행한 것입니다. 오활한 선비의 일이라서 비록 어긋나는 점이 있기는 하지만, 관곡(官穀)은 상환(償還)하지 않는다고 해서 주자의 양법(良法)에 죄를 얻을 리는 전혀 없기 때문에 감히 지난번의 소청(所請)이 있었던 것입니다. 지금 회답을 받아 보건대 진실로 이러한 염려가 있으니, 그대가 오이밭과 오얏나무 아래에서 경계하는 깊은 뜻[15]을 알 수 있습니다. 이를 따라서 해 나간다면 춘형(春兄 송준길(宋浚吉))의 대반(大盤)에 섞어서 강해(江海)의 물로 씻어야 할 것입니다. 근래에 보건대 이 고을의 백성들이 북백(北伯)[16]을 추모하여 칭송함이 날이 갈수록 성대해지니, 이 또한 어쩌면 그대의 교화가 아니겠습니까.

13 주 부자(朱夫子)가……있겠는가 : 《송자대전수차》 권5에 "주자가 어떤 사람의 의지하는 말을 듣고 말하기를 '나에게 무슨 권세가 있겠는가.'라고 하였다."라고 하였다.

14 회덕(懷德) 사창(社倉)의 일 : 회덕현(懷德縣) 남쪽 신동리(新洞里)에 사창을 설치하였는데, 당시 남이성(南二星)이 관찰사로서 감영의 쌀 20섬과 둔조(屯租) 60여 섬을 원조하였다. 《宋子大全 卷142 懷德縣新洞社倉記》

15 오이밭과……뜻 : 〈군자행(君子行)〉에 "군자는 환란을 미연에 방지하여 혐의를 받을 만한 처신을 하지 않나니, 오이밭을 지나갈 때는 몸을 구부려서 신발 끈을 고쳐 매지 않고, 오얏나무 밑에서는 손을 들어 모자를 바로잡지 않는다.〔君子防未然, 不處嫌疑間, 瓜田不納履, 李下不整冠.〕"라고 하였다. 《樂府詩集 卷32》

16 북백(北伯) : 청주 목사(淸州牧使)로 있다가 함경 감사로 옮겨 제수된 남구만(南九萬)을 가리킨다. 청주에 유애각(遺愛閣)이 있고 송시열이 기문을 지었다. 남이성은 남구만의 숙부이다. 《顯宗實錄 12年 7月 15日》《宋子大全 卷142 淸州牧使南公遺愛閣記》

다만 중기(重記)에 감축(減縮)될 염려가 있다는 말씀은 아마 그렇지는 않을 듯합니다. 그대가 비록 회덕 사람의 요청에 부응하더라도 몇 섬이 아무 현(縣) 사창에 있고 몇 년 뒤에 본곡(本穀)을 상환해야 한다고 중기에 분명히 기록해 둔다면 어찌 감축될 일이 있겠습니까. 부디 이를 다시 헤아려 주기 바랍니다. 그러나 이는 그 이치가 이와 같음을 말한 것일 뿐이고 감히 강요하는 것은 아닙니다. 둔조(屯租) 50여 섬을 허락해 주시니 매우 다행입니다. 속히 세 고을의 첩문(帖文)을 작성하여 이곳으로 보내 주는 것이 어떻겠습니까? 주자의 훌륭한 법을 그대를 통하여 몸소 직접 보게 될 줄은 생각하지 못하였습니다. 옛날에 한 문공(韓文公 한유(韓愈))이 자사(刺史) 장유(張愉)에게 말하기를 "응당 후세 사람들이 그대의 이름이 있음을 알게 하겠노라."라고 하였습니다. 이는 비록 농담에 가까운 말이지만 또한 실제로 장유의 이름이 전해졌으니, 앞으로 이 사창을 기록하는 사람 중에 어찌 농담을 잘하는 사람이 없겠습니까. 몹시 우습기만 합니다.

남중휘에게 답함 계축년(1673, 현종14) 4월

答南仲輝 癸丑四月

어제 돌아온 뒤로 용무(冗務)가 많던 차에 보내 주신 편지를 갑자기 받게 되니, 몹시 위로되고 후련한 마음을 다 형언할 수 없습니다. 시사(時事)가 이와 같은 데에 이르렀으니, 제공(諸公)이 논감(論勘)을 받는 것은 오히려 말할 것이 못 됩니다. 그러나 찬궁(欑宮)이 이처럼 완전하지 못하니, 오늘의 신하는 누구나 몹시 놀라고 두려워하게 됩니다. 이렇게 중외(中外)가 황황(遑遑)한 날을 당하여 그대가 면직을 청하는 것은 너무 성급한 처신이 아니겠습니까. 또 지난해에 흉년이 더욱 심하였던 곳은 비록 보리가 누렇게 익은 뒤라도 몹시 다급할뿐더러 가뭄이 또 혹심하니, 적절하게 구황(救荒)할 방책 또한 마땅히 생각해야 할 바입니다.

여러 가지 종이는 삼가 잘 받았습니다. 음조(陰糶)는 이어서 응당 받게 될 것이고, 술과 안주는 모두 참으로 감사합니다.

비례부동(非禮不動)은 어쩌면 문상공(汶上公)을 통하여 들은 것이 아니겠습니까.[17] 나는 민 대감과 함께 만나 새길 곳을 의정(議定)한 뒤에 작업하기로 당초 약속하였으나 민 대감이 면직을 청하느라 출동

17 비례부동(非禮不動)은……아니겠습니까 : '비례부동' 네 글자는 곧 숭정황제(崇禎皇帝)의 어필(御筆)인데, 민정중(閔鼎重)이 연경(燕京)에서 가져와서 송시열에게 보내어 화양동(華陽洞) 바위에 새겼다.《宋子大全 卷147 崇禎皇帝御筆跋》 문상공은 민정중(閔鼎重)을 가리킨다.

할 수가 없어 장차 그의 아들과 각수(刻手)만 보내려고 하였습니다. 이 또한 내가 산에 들어가기를 기다린 뒤에 서로 통지하여 비로소 오려고 하기 때문에 이곳에 온 공인(工人)은 우선 돌아가게 하였고 그 양식과 반찬은 임시로 여기에 보관에 두었습니다. 이는 이곳에서 바로 산중으로 보내려고 하는 것이니, 번거롭게 하지 않으려는 것은 참으로 편지에서 하신 말씀과 같습니다. 나중에 공역이 시작되면 부탁드릴 일이 몇 건 있을 듯합니다. 이 일은 비록 작은 것이지만 관계된 바는 작지 않으니, 어찌 속인들과 의논할 수 있겠습니까.

남중휘에게 보냄 갑인년(1674, 현종15) 7월 27일

與南仲輝 甲寅七月二十七日

지금의 일은 참으로 이른바 "늙은 내가 운명이 박하여 제현(諸賢)에게 누를 끼친 것이다."[18]라는 것입니다. 다만 그대가 큰 병이 겨우 멈추자마자 천 리 먼 귀양길을 떠났으니,[19] 필시 말하기 어려운 점이 있을 것입니다. 그러나 원성(元城)이 남쪽 끝과 북쪽 끝으로 귀양 갔으나 한 번도 병들지 않았으니,[20] 신명이 어쩌면 도와준 것이 아니겠습니까. 나 또한 -원문 결락- 응당 조석 간에 찬축당할 것이니, 만약 남쪽 변방으로 귀양 간다면 서로 소식을 들을 수 있어 영해(嶺海)의 사이가 참으로 쓸쓸하지는 않을 것입니다.[21] 가제(家弟)가 필시 나의 소재를 알지 못

18 늙은……것이다 : 주희(朱熹)가 말하기를 "그저 우리 무리가 곧 허다한 공격을 받는 것이 또한 우스우니, 어쩌면 또 하나의 좋지 못한 운기가 대단히 행해져서 그런 것이 아니겠습니까. 아니면 또한 늙은 내가 운명이 박하여 여러 벗에게 누를 끼친 것일 것입니다."라고 하였다. 《晦庵集 續集 卷1 答黃直卿》

19 그대가……떠났으니 : 남이성(南二星)은 1674년 7월 25일에 진도(珍島)에 유배되었다. 《顯宗實錄 15年 7月 25日》

20 원성(元城)이……않았으니 : 원성은 북송(北宋)의 명신 유안세(劉安世)의 봉호이다. 《송자대전수차》 권5에 "술사(術士)가 원성의 운명이 좋다고 일컬었다. 장돈(章惇)과 채변(蔡卞)이 반드시 원성을 죽여 그 운명을 시험해 보려고 막 광동(廣東)으로 귀양 보내었다가 광서(廣西)로 옮기고 이미 광서에 도착하면 다시 광동으로 옮겼다. 장돈이 반드시 그를 죽이려고 하였으나 끝내 무탈하였기 때문에 '강철 같은 사나이〔鐵漢〕'라고 하였다."라고 하였다.

21 영해(嶺海)의……것입니다 : 영해는 중국의 오령(五嶺) 밖과 남해(南海)에 걸쳐 있는 지역으로, 변방의 귀양지를 가리킨다. 주희가 말하기를 "아마도 순월(旬月) 사이

할 것이니, 번거롭더라도 이 편지를 잘 전해 주기를 부탁합니다. 아침에 소식을 처음 들었으나 참으로 편지를 올릴 면목이 없었습니다. 이윽고 생각하니 지완(志完)[22]으로 처신하실 듯하여 애오라지 이 편지를 적어 정안사(靜安寺)[23] 다리 위의 전송을 대신합니다. 나머지는 부디 신명의 가호가 있기를 빌 뿐입니다.

에 반드시 또 한 번의 폄출이 있을 것이니, 영해의 사이가 쓸쓸하지 않을 것입니다."라고 하였다. 《晦庵集 卷52 答吳伯豐》

22 지완(志完) : 송(宋)나라 추호(鄒浩)의 자이다. 유후(劉后)를 세우기를 간언하다가 죄를 얻었다. 전획(田晝)을 보고 눈물을 흘리자, 전획이 정색하고 말하기를 "그대는 이 일을 스스로 만족해하지 말라. 선비가 마땅히 해야 할 일이 여기에 그치지 않는다."라고 하니, 추호가 말하기를 "그대가 나에게 내려 준 은혜가 두텁다."라고 하였다. 《宋史 鄒浩列傳》

23 정안사(靜安寺) : 남송(南宋) 경원(慶元) 연간에 도학(道學)을 위학(僞學)으로 규정하여 주희의 학문을 일절 금지하였을 때, 주희가 도주(道州)로 귀양 가는 제자 채원정(蔡元定)을 문인들과 함께 전별하였던 절이다.

남중휘에게 답함 을묘년(1675, 숙종1) 9월 28일

答南仲輝 乙卯九月二十八日

재앙은 자신이 만들어 내었거늘 공연히 선량한 사람을 더럽히게 되니,[24] 매양 스스로 두렵고 부끄럽습니다. 전후로 보내 주신 편지는 꾸짖음을 보이는 뜻이 없을 뿐만 아니라 지극한 말씀으로 긍휼히 여기시는 정성이 말 밖에까지 넘쳐흘러, 덕이 성대한 군자의 마음을 볼 수 있습니다. 환란에도 마음이 움직이지 않는 것은 본래 경험해 본 일이기 때문에 짐짓 이것으로 면려하고 나아가게 하니, 더욱 고맙고 고맙습니다. 그대가 양이(量移)되었으니 어찌 기쁨을 견딜 수 있겠습니까. 다만 황생(黃生)을 생각하면 가련하고 염려가 될 뿐입니다.[25] 숙환이 잘 나았다고 하니, 비록 '원성(元城)'의 '성(誠)' 자[26] 효과이기는 하지만 또한 어쩌면 신명이 도와준 것이 아니겠습니까. 나는 2000리의 행역(行役)에도 진실로 질병이 없었으나 지난달부터 풍토병 증세가 갑자기

24 재앙은……되니 : 동한(東漢) 시대 당고(黨錮)의 화가 일어났을 때, 하복(夏馥)이 장검(張儉) 등이 망명하였다는 소식을 듣고 탄식하며 말하기를 "재앙은 자신이 만들어 내었거늘 공연히 선량한 사람을 더럽히는구나."라고 하였다. 《後漢書 黨錮列傳 夏馥》

25 그대가……뿐입니다 : 황세정(黃世楨)과 남이성이 함께 진도(珍島)에 유배되었는데, 남이성만 양이되었기 때문에 한 말이다. 《承政院日記 肅宗 1年 7月 10日》

26 원성(元城)의 성(誠) 자 : 송(宋)나라 명신 원성 유안세(劉安世)가 죽음의 환란을 겪으면서도 태연한 모습을 유지하였다. 어떤 사람이 어쩌면 그렇게 태연할 수가 있느냐고 물으니, 곧 말하기를 "성(誠)일 뿐이다."라고 하였다고 한다. 《宋名臣言行錄 後集 卷12》

일어나 손가락뼈가 돌출되고 피를 토하고 배가 아프니, 이곳이 여토(癘土)[27]임은 참으로 보내온 편지에서 말씀한 바와 같습니다. 그러나 또한 어찌 운명이 아니겠습니까.

계명(季明)[28]의 죽음은 애통한 마음이 어찌 끝이 있겠습니까. 소식이 막힌 지 두 해 만에 영원히 고인이 되고 말았습니다. 참으로 "슬퍼할 시간이 얼마 남지 않았다."[29]라는 것은 알지만 눈물이 옷깃을 적시니, 이것이 무슨 마음인지는 저도 모르겠습니다. 하고 싶은 말을 어찌 열에 하나라도 다할 수 있겠습니까. 단지 마음으로 이해하시기를 바랄 뿐입니다. 손가락이 곧게 굳어 글자 모양을 이루지 못하였으니, 양해하시기 바랍니다.

27 여토(癘土) : 고온 다습한 기후로 질병이 잘 생기는 남방을 이른다. 이때 송시열이 장기(長鬐)에서 귀양살이하고 있었다. 《宋子大全 附錄 卷7 年譜》

28 계명(季明) : 김익경(金益炅, 1629~1675)의 자이다. 본관은 광주(光州)이고, 김장생(金長生)의 손자이다. 1662년(현종3)에 문과에 급제하여 형조 참의, 대사간, 예조 참판 등을 역임하였다.

29 슬퍼할……않았다 : 한유(韓愈)의 〈제십이랑문(祭十二郎文)〉에 "모혈(毛血)은 날로 더욱 쇠약해지고 지기는 날로 쇠미해지니 곧 너의 뒤를 따라 죽지 않겠느냐. 사후에 지각이 있다면 그 헤어짐이 얼마나 되겠느냐. 사후에 지각이 없다면 슬퍼할 시간은 얼마 남지 않고 슬퍼하지 않을 날은 무궁할 것이다."라고 하였다. 《韓昌黎集 卷23》

이비중[30] 민장 에게 답함

答李斐仲 敏章

국휼(國恤) 중에 사대부가 장사(葬事) 지내는 것은 이미 금령(禁令)이 없고 예법의 뜻에도 방해되는 바가 없습니다. 다만 장례를 치른 뒤에 으레 은제(殷祭)가 있으나 이것은 금제(禁制)에 구애되는 바일 뿐 아니라 정히 종묘(宗廟)와 산릉(山陵)에 제향을 정지하는 때를 당하여 신하의 마음에 또한 편안하기 어려운 바입니다. 만약 이로 인하여 장례를 치른 뒤에 우제(虞祭)를 폐한다면 자식 된 마음에 또한 차마 하지 못할 바이니, 이것이 곧 난처한 것입니다. 비록 우제를 행하더라도 퇴계(退溪)의 기제(忌祭)의 설(說)처럼 강쇄(降殺)하여 행한다면 혹 무방할 듯하지만 여기에는 분명한 예문(禮文)이 없어 근거 없이 실행하기가 어려울 뿐입니다.

그리고 또 하나의 설이 있습니다. 그대 집안에서 장차 천장(遷葬)을 행하려고 하니, 천장하고 우제를 지내는 것은 본래 구준(丘濬)이 지은 《가례의절(家禮儀節)》의 설입니다. 주자(朱子)의 설은 천장하고 우제가 없고 단지 장례가 끝났을 때 묘소에 전(奠)을 올리고 곡할 뿐입니다. 이른바 전을 올린다는 것은 단지 평상시에 참례하는 것에 비견될 뿐이니, 편치 않은 뜻이 없을 듯합니다. 오늘날의 사대부 집안은 천장한 뒤에 주자의 설을 쓰지 않고 구씨(丘氏)의 《가례의절》을 따르고 있으

30 이비중(李斐仲) : 이민장(李敏章, 1620~1694)으로, 비중(斐仲)은 그의 자이다. 이경여(李敬輿)의 맏아들이다.

니 비록 두터움을 따르는 뜻이기는 하지만 또한 편치 않은 듯합니다. 그러므로 내가 어떤 사람의 질문에 비록 평상시의 천장일지라도 반드시 주자의 설을 위주로 하라고 답하였던 것이니, 어떻게 여기실지 모르겠습니다. 모쪼록 이중(彝仲)[31] 영감과 함께 헤아려서 잘 생각한 뒤에 회답하여 일러 주시기 바랍니다.

31 이중(彝仲) : 이민서(李敏敍, 1633~1688)의 자이다. 본관은 전주(全州), 호는 서하(西河)이다. 이민장(李敏章)의 동생으로, 송시열의 문인이다. 1652년(효종3)에 문과에 급제하여 광주 목사(光州牧使), 대제학, 이조 판서 등을 역임하였다. 저서로 《서하집(西河集)》이 있다. 시호는 문간(文簡)이다.

이혜중[32] 민적 에게 답함 병오년(1666, 현종7) 12월 28일

答李惠仲 敏迪○丙午十二月二十八日

시골에서 지내는 비루한 사람이므로 지극한 정성을 보이지 않더라도 괴이할 것이 없건만, 이렇게 보내 준 편지를 받음에 친히 소개의 말씀까지 보태어 주시니 미천한 내가 감당할 수 있는 바가 아닙니다. 시킨 일이 온당하지 않은 것에 이르러서는 더욱 황공함을 견디지 못하겠습니다. 선대인에 관한 문장[33]은 감당하지 못할 일인 줄은 지극히 잘 알고 있으나 외람되이 이름을 가탁하는 영광을 탐내어 감히 끝내 사양하지 못하였던 것입니다. 이에 지극한 칭찬과 허여의 말씀을 듣게 되니, 더욱더 부끄러워서 땀이 흐릅니다.

나는 수많은 사람의 지목을 받고 나서도 아직 죽지 않고 있습니다. 부모 같은 성상께서 가까이 계시니[34] 밤낮으로 복을 빌 뿐입니다. 황우(黃友)[35]는 젊어서부터 상종하여 실로 골육 간의 정과 같았습니다. 갑

32 이혜중(李惠仲) : 이민적(李敏迪, 1625~1673)으로, 본관은 전주(全州), 자는 혜중, 호는 죽서(竹西)이다. 이경여(李敬輿)의 둘째 아들로 태어났으나, 숙부 이정여(李正輿)에게 입양되었다. 1656년(효종7)에 문과에 급제하여 한성부 우윤, 도승지, 이조참판 등을 역임하였다. 저서로 《죽서집(竹西集)》이 있다.

33 선대인에 관한 문장 : 송시열이 지은 이경여의 신도비명을 가리키는 듯하다. 《宋子大全 卷157 白江李公神道碑銘》

34 부모……계시니 : 《시경》 〈주남(周南) 여분(汝墳)〉에 "방어의 꼬리가 붉거늘, 왕실이 불타는 듯하도다. 비록 불타는 듯하지만, 부모가 매우 가까이 계시니라.〔魴魚赬尾, 王室如燬. 雖則如燬, 父母孔邇.〕"라고 하였다. 임금의 덕이 부모와 같아 바라보면 매우 가까이 계시니 또한 그 수고로움을 잊을 수 있다는 말이다.

자기 그의 부음을 듣게 되니 애통한 심정이 오장을 꿰뚫습니다. 이날 밤 곡하는 자리에 달려가서 통곡하였으나 조금도 슬픔이 씻기지 않습니다. 무엇보다도 원통해하며 피눈물을 뿌린 그의 글이 눈앞에 삼삼히 남아 있으니, 죽기 전에 어찌 차마 잊을 수 있겠습니까. 이에 편지 한 통을 써서 그 맏아들을 위로하려고 하니, 번거롭더라도 우편을 통하여 전해 주시는 것이 어떻겠습니까?

새해가 장차 이르려고 하는 이때 삼가 대석인(大碩人 모부인(母夫人))께서 오복을 두루 받으시기를 빌며 또 그대의 일상에 경사가 더하기를 빕니다. 예를 갖추지 못합니다.

35 황우(黃友) : 황진(黃璡, 1634~1666)을 가리킨다. 자는 군미(君美)이다. 이민적은 그의 매제(妹弟)이다. 《宋子大全隨箚 卷5》

이혜중에게 보냄 임자년(1672, 현종13) 2월 18일

與李惠仲 壬子二月十八日

늙고 병든 사람은 그리움이 많아 매양 그대를 향하는 마음이 지극하고 지극하니, 이는 즐겁게 종유하던 사적인 정일뿐더러 그대에게 바라는 기대가 깊기 때문이기도 합니다. 이에 우편을 통하여 보내 주신 편지를 받아 보건대 내가 그대에게 말하고 싶었던 이야기를 도리어 나에게 해 주니 나의 민첩하지 못한 죄를 피할 길이 없지만, 또한 그대가 남에게 일러준 내용을 자신에게 되돌려 보지 않는 것이 의아합니다. 나와 같은 사람은 자신의 처지를 헤아려 보는 것이 분명합니다. 굳게 문을 닫고서 견고하게 거절하는 것이 진실로 마땅한 일이니, 어찌 이와 같은 시절에 그대 같은 인망(人望)과 문지(門地)로 도리어 침체되고 어두운 나에게 부탁하면서 마음에 한 가지 일도 고려하지 않는단 말입니까.

범녕(范甯)이 왕필(王弼)을 기롱한 것[36]은 그 말이 비록 촉급하기는 하지만 뜻은 고아하다고 할 만합니다. 환 장군(桓將軍)처럼 거칠고 악한 자도 이에 평승루(平乘樓)의 탄식이 있었으니,[37] 만일 뒷날 사람

36 범녕(范甯)이……것 : 범녕은 진(晉)나라 때 유학자이고, 왕필은 삼국(三國) 시대 위(魏)나라 유학자이다. 범녕은 당시 풍속이 부허(浮虛)함을 서로 부채질하여 고아한 유속(儒俗)을 날로 침체시키는 것을 보고는 "그 근원이 왕필과 하안(何晏)에게서 시작되었으니, 두 사람의 죄는 걸주(桀紂)보다 심하다."라고 여겨서 논(論)을 지어 그들을 배격하였다. 《晉書 范汪列傳 甯》

37 환……있었으니 : 환 장군은 동진(東晉)의 장군 환온(桓溫)을 말한다. 황제 혁(奕)을 폐위하고 간문제(簡文帝)를 옹립한 뒤에 찬탈을 꾀하다가 병사하였다. 환온이

중에 오늘날의 일을 보는 이가 있다면 나는 가만히 그대를 위하여 두려워하게 됩니다. 나로 말하자면 연전에 자신의 분수를 헤아리지 못하고 망녕되이 헤아려 짐작한 바가 있어 그릇되게 찌르고 어긋나게 부딪쳐서 시의(時宜)에 맞지 않았습니다. 그래서 제현이 팔짱을 낀 채로 보며 코를 막고 가만히 웃기만 하여, 마침내 교묘한 탄환이 몰래 발사되게 하여 낭패를 당하고 돌아오게 되었습니다. 어제 또 지난날의 잘못을 징계하지 못하고 다시 못난 의견을 올려서 언행을 조심하지 못하였기 때문에 지금 이렇게 곤액을 당하게 되었으니, 오히려 무슨 말을 하겠습니까. 서로 깊이 허여함을 믿고 감히 이렇게 속마음을 모두 토로하였으니 도리어 송구한 마음만 더합니다. 나머지는 병을 무릅쓰고 적느라 다 말하지 못합니다. 예를 갖추지 못합니다.

강릉(江陵)에서 북벌할 적에 동료들과 함께 평승루에 올라 중원을 바라보며 탄식하기를 "마침내 중원을 매몰시켜 백 년의 기업(基業)이 폐허가 되게 한 것은 왕이보(汪夷甫) 등 여러 사람이 책임을 지지 않을 수 없다."라고 하였다. 《通鑑節要 卷28 晉紀 孝宗穆皇帝》 평승루는 큰 배 위에 높이 세운 누각을 이른다.

조억망[38] 세환 에게 답함 을묘년(1675, 숙종1) 5월 10일
答趙嶷望 世煥○乙卯五月十日

잔루(殘漏)의 시작(詩作)[39]이 있었다는 소식을 들은 이후로 필시 서로 뒤따라 영해(嶺海)를 넘어 귀양 가게 되어 서로 함께하는 편리함이 있으리라 생각하였습니다. 그런데 오히려 지방관의 인끈을 내려 주니,[40] 이는 실로 알 수 없는 일입니다. 그곳은 완산(完山)과의 거리가 심히 멀지 않을 것이니, 완산에 있던 경원(慶源)으로 귀양 간 사람[41]의 식구들을 반드시 긍휼히 여겨서 돌보아 주는 조치가 있으리라 생각합니다. 채서산(蔡西山)이 귀양 간 뒤에 주자(朱子)가 사람들에게 그의 집안을 가만히 도와주기를 부탁하였으니,[42] 군자의 가법(家法)은 절로

38 조억망(趙嶷望) : 조세환(趙世煥, 1615~1683)으로, 본관은 임천(林川), 자는 억망, 호는 수촌(樹邨)이다. 1657년(효종8)에 문과에 급제하여 병조 정랑, 전라도 관찰사, 승지 등을 역임하였다.

39 잔루(殘漏)의 시작(詩作) : 《송자대전수차》 권5에 "조공(趙公)이 군흉(群凶)이 악행을 버젓이 저지르는 것을 보고 시를 지어 탄식하다가 무리의 노여움에 크게 저촉되었다. '잔루'라는 글자는 필시 그 시구절의 말일 것이다."라고 하였다. 잔루는 새벽이 다해 갈 무렵에 떨어지는 누호(漏壺), 즉 물시계를 일컫는다.

40 지방관의……주니 : 조세환은 당시 무주 부사(茂朱府使)에 제수되었다. 《承政院日記 肅宗 1年 5月 26日》

41 경원(慶源)으로……사람 : 정상룡(鄭祥龍)을 가리킨다. 정상룡이 양호(兩湖)의 유생(儒生)을 거느리고 송시열을 신원하다가 경원으로 찬축되었다. 정상룡은 호남 사람이다. 《肅宗實錄 1年 2月 13日》

42 채서산(蔡西山)이……부탁하였으니 : 서산은 주희(朱熹)의 제자인 채원정(蔡元定)의 호이다. 채원정이 위학당(僞學黨)으로 몰려 귀양 가게 되자, 그의 집이 마을

이와 같은 것입니다. 지금 망발을 면하지 못하였으니, 이 또한 감사(監司)와 수령(守令)을 자유롭지 못하게 하는 한 가지 일이 아니겠습니까. 우습고 우습습니다.

사람들에게 수난을 당하였다. 이에 주희가 황간(黃榦)에게 편지를 보내 고을 수령이던 임위(任尉)에게 은밀히 도와줄 것을 부탁하였다. 《晦庵集 續集 卷1 答黃直卿》

조억망에게 답함 을묘년(1675, 숙종1) 7월 5일

答趙嶷望 乙卯七月五日

천 리 밖에서 편지가 오니, 참으로 노을 아래의 맑은 모습[43]이라 하겠습니다. 저 사람들이 그대를 유기지(劉器之)로 대우하여[44] 북쪽으로 귀양 보낸 뒤에 곧이어 남쪽으로 보내고는 바야흐로 스스로 대견해하다가 이렇게 통탄하고 분개하는 말을 하는 것은 어째서입니까. 또 중승(中丞)으로부터 작은 고을의 관리로 나간 것[45]은 이미 이(李)·두(杜)와 더불어 이름을 나란히 할 수 있는 일이니,[46] 황보위명(皇甫威明)[47]이

43 노을……모습 : 손작(孫綽)의 〈유천태산부(遊天台山賦)〉에 "적성에는 붉은 노을 일어 표시를 세우고, 폭포는 날아 흘러서 길을 나누었도다.〔赤城霞起而建標, 瀑布飛流以界道.〕"라고 하였다. 《文選 卷8》 당시 조세환이 폄출되어 무주 부사(茂朱府使)가 되었는데, 무주에 적성이 있기 때문에 이를 인용한 것이다. 《宋子大全隨箚 卷5》

44 유기지(劉器之)로 대우하여 : 유기지는 송(宋)나라 명신 유안세(劉安世)로, 기지(器之)는 그의 자이다. 관련된 내용은 305쪽 주20 참조.

45 중승(中丞)으로부터……것 : 조세환은 1675년 1월 겸집의(兼執義)에 제수되었다가 5월에는 무주 부사에 제수되었다. 《肅宗實錄 1年 1月 24日, 5月 26日》

46 이(李)……일이니 : 후한(後漢)의 범방(范滂)이 죽음의 길로 떠나면서 모친에게 마지막 인사를 드리자, 모친이 "네가 이제 이응(李膺)·두밀(杜密)과 더불어 이름을 나란히 할 수 있게 되었으니, 죽는다고 한들 또 무슨 유감이 있겠느냐."라고 하였다. 《後漢書 黨錮列傳 范滂》

47 황보위명(皇甫威明) : 후한(後漢)의 명장 황보규(皇甫規)를 말한다. 위명은 그의 자이다. 환제(桓帝) 때에 당옥(黨獄)이 크게 일어나 천하의 명현들이 많이 체포되었다. 황보규는 자신이 서주(西州)의 호걸로서 연좌되지 못한 것을 부끄럽게 여기고는 의당 연좌되어야 한다는 내용의 상소를 올린 적이 있다. 《後漢書 皇甫規列傳》

된 것을 두려워하지 말기 바랍니다. 우습기만 합니다. 성대한 선물은 감사하게 잘 받았습니다. 앞의 편지와 종이 선물은 참으로 감사합니다. 정생(鄭生)이 가지고 간 편지는 곧 이것에 사례한 것입니다.

서리 내리는 계절이 머지않았으니, 필시 붉은 치마와 같은 가을빛을 감상하실 것입니다. 그때 지은 빼어난 시구를 꺼리지 말고 보내 주기 바랍니다마는 그때까지 저들이 이 몸을 이 세상에 남겨 둘지 모르겠습니다. 이만 줄입니다.

조억망에게 답함 임술년(1682, 숙종8) 6월 3일
答趙嶷望 壬戌六月三日

깊고 깊은 골짜기 속에서 의선(誼先)을 만났고 인하여 그대의 편지를 받게 되니, 병세의 경중이 과연 전에 들은 바와 같아 걱정되는 마음을 무어라 말할 수 없습니다. 그리고 말씀한 뜻이 처량하고 괴로워서 평소의 씩씩했던 마음이 없는 듯하니, 어쩌면 밤낮으로 국사(國事)에 골몰한 나머지 기운이 시들고 뜻이 무너져서 그런 것이 아니겠습니까. 한번 웃을 만합니다. 하빈(河濱)에 관한 문장은 여러 번 간곡한 말씀을 들었고 지금 또 거듭 말씀하시니, 어찌 감히 끝내 사양하겠습니까. 그러나 쇠를 녹일 정도로 가물고 뜨거운 날씨라서 붓을 잡을 수 있는 때가 아닐뿐더러 병마저 오래도록 지속되고 있으니, 좀 서늘해질 때를 기다려야 할 형편입니다. 대략 추정(秋丁)[48]쯤이 되면 아마 그대의 부탁을 저버리지 않게 될 것입니다.

호남 유생(儒生)들의 상소에 새로운 의론[49]이 갑자기 일어나서 남들에게 시비(是非)를 받고 있다고 합니다. 근래에야 비로소 그 소식을 듣고는 마음속으로 개탄(慨歎)하였으나 어찌 미리 알 수 있는 이치가 있겠습니까. 별지(別紙)를 읽어 본다면 나의 뜻이 어디에 있는지 알 것입니다. 그러나 남들에게 말하지 말기 바랍니다. 나머지 이야기는

48 추정(秋丁) : 중추(仲秋) 즉 8월의 첫째 정일(丁日)을 가리킨다.

49 호남……의론 : 전라도의 생원 최기옹(崔綺翁) 등이 문원공(文元公) 김장생(金長生)을 문묘에 종사(從祀)하기를 청하였다.《承政院日記 肅宗 8年 4月 12日》

베개에 기대어 남의 손을 빌려서 쓰느라 다 말하지 못합니다. 예를 갖추지 못합니다.

별지

유현(儒賢)을 존숭하는 일은 반드시 임금이 몸소 행하고 마음으로 터득한 뒤에 나와야 하고, 또 유현을 분명히 알고 돈독히 믿은 뒤에야 전대에 빛나고 후세에 공이 있을 것입니다. 옛날 송(宋)나라 이종 황제(理宗皇帝)가 정자(程子)와 주자(朱子)를 한갓 높이 받들기만 하고 그 효과가 전혀 없었던 것은 진실로 이처럼 하지 않았기 때문입니다. 본조(本朝)에서 오현(五賢)[50]을 배향(配享)하는 일이 수십 년 동안 힘을 다하여 주청한 뒤에 갑자기 행해졌으니, 어찌 성대하고 아름다운 일이 아니겠습니까. 그러나 이륜(彝倫)을 막고 종사(宗社)를 망치는 일이 바로 그 뒤에 있었기 때문에 민속(民俗)을 비웃는 자들로 하여금 이 문제를 구실로 삼아 "유현을 숭상하는 것이 과연 무슨 도움이 있는가."라고 말하도록 만들었습니다. 나는 이러한 연유로 을해년(1635, 인조13) 이후 무릇 이 일로 찾아와서 소초(疏草)를 청하는 것은 일절 모두 사양하였으니, 대개 나의 소견을 감히 갑자기 바꾸지 못하였기 때문입니다.

기축년(1649, 효종 즉위년)에 유직(柳稷)의 무함하는 상소[51]가 있

50 오현(五賢) : 한훤당(寒暄堂) 김굉필(金宏弼), 일두(一蠹) 정여창(鄭汝昌), 정암(靜菴) 조광조(趙光祖), 회재(晦齋) 이언적(李彦迪), 퇴계(退溪) 이황(李滉)을 가리킨다.

51 유직(柳稷)의 무함하는 상소 : 관학(館學) 유생 홍위(洪葳) 등이 이이(李珥)와 성혼(成渾)을 문묘에 배향하기를 청하자, 경상도의 진사(進士) 유직 등이 상소하여

자, 문곡(文谷 김수항(金壽恒))이 제생(諸生)이 소를 올려 변명하려고 한다면서 나에게 상소문의 초고를 청하기에 나는 기꺼이 받아들이고 즉시 부응하여 지어 주었습니다. 이는 무함을 변명하는 일은 서두르지 않아서는 안 되고 문묘(文廟)에 종사(從祀)하는 일은 반드시 임금이 유현을 분명히 알고 돈독히 믿은 뒤에야 될 수 있다고 생각하였기 때문입니다. 더구나 인조께서 채진후(蔡振後) 등의 험담에 깊이 빠져드신 뒤로는 말씀이나 행동으로 드러난 것을 말하자면 미안한 마음을 견딜 수 없을 정도였으니, 이는 제생의 도리상 응당 뉘우치고 자책하기에 겨를이 없어야 할 것입니다.

지난 십여 년 전에 이곳의 장보(章甫)들이 선사(先師) 문원공(文元公 김장생(金長生))의 종사를 청하려고 하여 그 문장이 이미 완성되기까지 하였으나 내가 지난날의 소견을 고집하여 힘껏 말려서 중지되었습니다. 그러나 사문(師門)에 관계된 일을 내가 힘껏 말리는 것은 몹시 인정이 아니기 때문에 매양 마음속으로 자책하여 마치 서리 맞은 풀처럼 위축되어 있었습니다. 지금은 성상의 학문이 고명(高明)하여 양현(兩賢 이이(李珥)와 성혼(成渾))의 도(道)를 깊이 알고 많은 선비의 요청을 쾌히 승낙하시니, 이는 장차 양현의 도를 행하시려는 것입니다. 평소 자책하였던 바가 마음에 너욱 절실하여 당시에 내가 힘껏 말리지만 않았더라면 오늘 문원공도 양현과 함께 종사되는 성전(盛典)이 행해졌을 것이라 생각합니다. 마침 임금께서 오현을 종사하는 일에 대하여 하문(下問)하시기 때문에 드디어

이이의 학문은 육구연(陸九淵)에게서 나왔고 성혼은 도가류(道家流)라고 비판하며 문묘 배향을 반대하였다.《孝宗實錄 即位年 11月 23日, 1年 2月 22日》

이로 인하여 선사를 언급하기는 하였으나 오로지 마음에 자책하고 있다는 것을 위주로 하였을 뿐이고 또한 감히 함께 종사하기를 청하지는 못하였습니다. 전후의 내 뜻이 단연코 이와 같거늘, 더구나 새로운 의론에 대해서는 천루(淺陋)한 내가 감히 알 수 있는 바가 더욱 아닙니다.

대개 우리나라의 문헌은 예로부터 증거할 것이 없으니, 이미 문묘에 종사한 선현들도 안목을 갖춘 사람이 본다면 또한 어찌 그중에 의논할 만한 분이 없겠습니까. 이처럼 중대한 일은 백세(百世)가 앞에 있고 만세(萬世)가 뒤에 있으니, 결코 가볍게 의논하고 가볍게 거행해서는 안 될 것입니다. 오늘날 후배들이 만약 나의 이 말을 듣는다면 반드시 "느리고 용렬하여 함께 말할 만한 사람이 못 된다." 라고 할 것이기 때문에 무릇 와서 묻는 사람이 있어도 일절 사양하고 감히 대답하지 않았던 것입니다. 그러나 지금 와서 묻는 뜻이 지극하기 때문에 감히 속마음을 모두 말씀드리는 것이니, 삼가 헤아려 살펴 주기 바랍니다.

홍원구[52] 석기 에게 답함 경술년(1670, 현종11) 11월 29일

答洪元九 錫箕○庚戌十一月二十九日

언 눈이 산을 에워싸서 쓸쓸히 홀로 앉아 있던 차에 홀연히 그대의 아름다운 편지가 내 손에 전해졌습니다. 하물며 웅혼한 시편과 걸출한 구절은 바로 한유(韓愈)의 〈남산(南山)〉·두보(杜甫)의 〈북정(北征)〉과 우열을 다툴 정도이겠습니까. 서너 번 음미하여 보니, 실로 평생의 통쾌한 일이라 하겠습니다. 다만 빈산의 초동(樵童)과 목동(牧童)이 사는 마을에 보내 준 것은 참으로 이른바 크게 제목에 맞지 않는 것이고 또 용렬한 내가 감당할 수 있는 바가 아니니, 이는 그대가 이에 농담을 크게 좋아한 것입니다. 그러나 성대한 은혜를 감히 저버릴 수 없어 모모(嫫母)의 찡그림[53]을 본받고자 합니다.

손자 녀석이 최동고(崔東皐)[54]의 "싸움으로 차오산(車五山)[55]을 대

52 홍원구(洪元九) : 홍석기(洪錫箕, 1606~1680)로, 본관은 남양(南陽), 자는 원구, 호는 만주(晩州)이다. 1641년(인조19)에 문과에 급제하여 정언, 단양 군수(丹陽郡守), 남원 목사(南原牧使) 등을 역임하였다.

53 모모(嫫母)의 찡그림 : 모모는 황제(皇帝)의 비(妃) 이름이다. 어진 덕행이 있었으나 모습이 추하였기 때문에 흔히 추녀(醜女)의 대명사로 쓰인다. 《장자(莊子)》〈천운(天運)〉에 "월(越)나라 미인 서시(西施)가 가슴이 아파서 얼굴을 찡그리자 그 마을의 추녀가 이를 보고 아름답게 여겨 자기도 가슴을 쓰다듬으면서 얼굴을 찡그렸다."라고 하였다. 자신의 재주는 헤아리지 않고 억지로 남을 흉내 내는 것을 비유한 말이다.

54 최동고(崔東皐) : 최립(崔岦, 1539~1612)으로, 본관은 통천(通川), 자는 입지(立之), 호는 동고·간이당(簡易堂)이다. 당대 일류의 문장가로 인정받아 중국과의 외교 문서를 많이 작성하였다.

적한다.”라는 말을 외우면서 “왕전(王翦)의 60만 대군[56]을 얻지 못하면 염파(廉頗)가 성벽을 견고하게 하여 스스로 지키는 것[57]만 같지 못하다.”라고 하였으니, 이 말이 맛이 있기 때문에 감히 장평(長平)에서 사졸을 묻은 것[58]을 본받지 못합니다. 우습고 우습습니다.

55 차오산(車五山) : 차천로(車天輅)로, 본관은 연안(延安), 자는 복원(復元), 호는 오산이다. 시문에 탁월하여 부친인 차식(車軾), 아우 차운로(車雲輅)와 함께 삼소(三蘇)로 불렸다.

56 왕전(王翦)의 60만 대군 : 왕전은 진(秦)나라의 백전노장이다. 시황(始皇)이 초(楚)를 치려면 병사가 얼마나 필요하겠느냐고 묻자, 젊은 장수 이신(李信)은 20만이면 된다고 하고 왕전은 60만이 아니면 불가능하다고 하였다. 시황이 “왕 장군은 늙었구나. 어찌 겁을 내는가.”라고 하며 이신을 보냈으나 이신이 초나라 군사에게 크게 패하고 달아나니, 시황이 왕전에게 사과하고 60만의 병력을 거느리게 하였다. 이에 왕전이 초나라 군사를 크게 격파하였다. 《史記 白起王翦列傳》

57 염파(廉頗)가……것 : 염파는 전국(戰國) 시대 때 조(趙)나라의 명장(名將)이다. 조나라가 진(秦)나라와 장평(長平)에서 대치하고 있을 때, 염파가 성벽을 고수하며 싸우려 하지 않자 진나라가 이간책을 써서 조나라가 염파 대신 조괄(趙括)을 장수로 삼게 하였다. 그 결과 진나라 장수 백기(白起)에 의하여 조나라 군대가 대파되었다. 《史記 廉頗藺相如列傳》

58 장평(長平)에서……것 : 장평은 산서성(山西省) 고평현(高平縣) 서북쪽에 있는 지명이다. 진나라 장수 백기가 장평에서 조나라 조괄의 군대를 대파한 뒤, 항복한 군졸 40여만 명을 이곳에 산 채로 파묻었다. 《史記 廉頗藺相如列傳》

홍원구에게 답함 갑인년(1674, 현종15) 11월 17일

答洪元九 甲寅十一月十七日

일전에 방문해 주신 일은 지금까지도 감사하고 있었는데, 이렇게 또 편지를 받게 되어 더욱 마음속으로 고마움을 더하게 됩니다. 보여 주신 글[59]은 나를 산처럼 기운이 솟게 하여 곧바로 유계요연(幽薊遼燕)[60]의 사이를 치달리고 싶도록 만듭니다. 오(吳)·손(孫)[61] 등 장수들의 군진 중에 전령을 보내어 우리 동방에 이러한 의론과 정신이 있음을 알게 하지 못하는 것이 애석할 뿐입니다. 그러나 회옹(晦翁 주희(朱熹))이 말하기를 "비록 당시에 쓰이지는 못하더라도 후세에 쓰이는 데에는 문제가 되지 않는다."라고 하였으니, 삼가 단단히 싸매어 보관해 두었다가 하늘의 해가 다시 밝아지기를 기다린 뒤에 중국의 장상(將相)들에게 자랑스럽게 내보여야 할 것입니다.

가만히 듣건대, 김수홍(金壽弘)[62] 장령(掌令)이 노필(老筆)로 큰 상

59 보여 주신 글 : 홍석기(洪錫箕)가 오삼계(吳三桂)가 황명(皇明)을 위하여 군사를 일으켰다는 소식을 듣고는 오 장군의 격문을 본뜬 글을 지었는데, 이를 가리키는 것으로 보인다. 홍석기의 문집에 송시열에게 보낸 편지와 송시열이 답한 편지인 이 글이 함께 실려 있다. 《晩州遺集 卷1 擬告天下檄, 擬吳將軍露布》

60 유계요연(幽薊遼燕) : 유주(幽州), 계주(薊州), 요주(遼州), 연주(燕州) 지방으로, 모두 오늘날의 북경 일대에 있던 고을 이름이다.

61 오(吳)·손(孫) : 오삼계와 손승종(孫承宗)을 가리킨다. 《宋子大全隨箚 卷5》

62 김수홍(金壽弘) : 본관은 안동(安東)으로, 김상용(金尙容)의 손자이다. 음보(蔭補)로 기용되어 장령, 승지, 호조 참판 등을 역임하였다. 효종의 국상 때 송시열의 복제를 반대하였고 중국 연호도 송시열과 달리 청(淸)나라 강희(康熙)를 사용하기를

소를 지어 이 사람의 죄상을 극론하였으나 장차 올리려다가 사람들의 저지를 받았다고 합니다. 영감께서는 월지두(月氏頭)[63]로 마시려고 하시니 그 문사의 날카로움은 의당 성난 파도와 높이를 다툴 정도이건만, 저 사람은 이 일개 서생(書生)을 죽이려는 데에 어찌 이렇게도 씩씩하고 용감한지 모르겠습니다. 우습기만 합니다.

주장하였다.

63 월지두(月氏頭) : 월지의 머리라는 말로, 월지국 왕의 머리로 만든 술 그릇이다. 한(漢)나라 때, 흉노가 월지 왕의 머리를 취하여 술 마시는 그릇을 만들고 연회의 모임 때마다 반드시 이것으로 술을 돌렸다. 그래서 고시(古詩)에 "돌아갈 땐 말 위에서 월지두로 마셔야 하고말고.〔歸鞍須飮月氏頭〕"라고 하였다.《俛宇集 卷96 答余仲陽》

홍원구에게 답함 을묘년(1675, 숙종1) 9월 27일

答洪元九 乙卯九月二十七日

이러한 때[64]에 편지로 안부를 물어 주는 일은 또한 쉬운 일이 아닙니다. 더구나 일찍이 빈 화양동(華陽洞) 골짜기까지 가서 서실을 점검하셨다고 하니, 이는 옛사람에게도 드물게 있는 일이라서 그대의 높은 의리를 알게 됩니다. 어떻게 감사해야 할지 모르겠습니다. 내가 목석과 같아 근심이 있는 줄도 모르는 것은 학문한 힘이 있어서 그러한 것이 아니라 어찌할 수 없다는 사실을 잘 알기 때문에 운명으로 알고 편히 여기는 것일 뿐입니다. 담쟁이 오솔길에서 기다리는 일[65]은 신년이 아닌데도 이러한 길한 경사가 있으니, 또한 그대의 지극한 뜻을 볼 수 있습니다. 그러나 한강(漢江) 물은 또한 응당 서북(西北)으로 흐를 것이니 그대 정원의 낙락장송이 주인의 만절(晩節)과 정히 잘 어울림을 매양 상상해 봅니다. 나머지 사람들은 대부분 한탄스러울 뿐입니다. 나머지는 더욱 보중(保重)하시기 바랍니다.

별지

예전에 노봉(老峯 민정중(閔鼎重)) 민 대감이 연경(燕京)에 사신으로

64 이러한 때 : 송시열은 1675년 6월에 장기(長鬐)에 위리안치(圍籬安置)되었다.

65 담쟁이……일 : 당(唐)나라 맹호연(孟浩然)의 시 〈숙업사산방대정대부지(宿業師山房待丁大不至)〉에 "그 사람 자러 온다고 기약하였으므로, 거문고 하나 들고 담쟁이 오솔길에서 기다리노라.〔之子期宿來, 孤琴候蘿徑.〕"라고 하였다.

갔을 적에 숭정황제(崇禎皇帝)의 어필(御筆)을 구하려고 “어필을 파는 자가 있으면 비록 만금이 들더라도 아끼지 않겠다.”라고 하였습니다. 어떤 명(明)나라 사람이 와서 대자(大字)로 쓴 ‘비례부동(非禮不動)’ 네 글자를 보여 주기에 돈으로 보상하려고 하였으나 받지 않고 달아나듯이 돌아갔으니, 이는 아마 민 대감의 성심(誠心)에 감동하였기 때문일 것입니다. 내가 일찍이 민 대감과 이 어필을 영원히 보존할 계획으로 화양동 석벽(石壁)에 모각(模刻)하였는데 위가 덮였고 옆이 가려져서 바람과 비를 막을 수 있었습니다. 당초의 계획은 그 모각 옆에 집을 짓고 산승(山僧)이 지키도록 하고 이름을 ‘환장(煥章)’이라 하려고 하였으니, 이는 《논어》의 “환호문장(煥乎文章)”[66]이라는 말에서 취한 것입니다. 그러나 일이 성취되기 전에 이 화(禍)를 만났으니, 형세상 조석 간에 죽게 될 것입니다.

생각건대, 옛날 효종대왕께서는 청(淸)나라 오랑캐와는 불공대천의 원수임을 생각하고 통분하고 미워하여 기필코 대의(大義)를 펴려 하였더니, 하늘이 무심하여 갑자기 승하하시고 말았습니다. 그러자 민 대감이 효종대왕의 뜻을 추모하여 임금께 향한 충심(忠心)을 이 일에다 부치려 하였으니, 그 심정이 애처롭다고 할 만합니다. 그러나 집이 끝내 완성되지 못하면 민 대감의 뜻마저 매몰될까 두려워서

66 환호문장(煥乎文章) : 찬란한 문장을 말한다. 공자가 말하기를 “위대하시다, 요(堯)의 임금 노릇 하심이여. 높고 커서 오직 하늘이 위대하거늘, 오직 요 임금만이 그와 같았으니, 그 공덕이 넓고 넓어 백성들이 형용하지 못하는구나. 높고 크도다, 그 공업이여. 찬란하도다, 그 문장이여.〔大哉, 堯之爲君也! 巍巍乎! 唯天爲大, 唯堯則之. 蕩蕩乎! 民無能名焉. 巍巍乎, 其有成功也! 煥乎, 其有文章!〕”라고 하였다. 《論語 泰伯》

'환장'이란 이름을 동편에 있는 절에다 옮겨서 '환장암(煥章菴)'이라 하였습니다. 여기에 그 뜻을 드러내는 글이 없어서는 안 될 것이니, 그대가 먼저 나서 주기를 바랍니다. 옛날 주 봉사(朱奉使)가 홀로 냉산(冷山)에 갇혀 있을 적에 읊은 '반룡막급(攀龍莫及)'이라는 구절[67]이 도군(道君 휘종(徽宗))의 제문(祭文)에 발표되어 지금까지 천하에 유전(流傳)되고 있으니, 비록 오늘날일지라도 또한 혹 그 뜻을 즐겨 들으려는 사람이 있을 것입니다. 부디 소홀히 여기지 마십시오.

67 옛날……구절 : 남송(南宋) 고종(高宗) 때 주변(朱弁)이 자청하여 금(金)나라로 사신 갔다가 16년 동안 억류되었다. 그가 갇혀 있는 중에 휘종의 승하 소식을 듣고 지은 글에 "임금 따라 죽으려고 해도 죽지 못하고 북쪽 추운 곳에서 눈물만 흘리노라.〔攀龍鱗而莫及, 淚灑氷天.〕"라는 구절이 있다.《宋史 朱弁列傳》

홍원구에게 답함 을묘년(1675, 숙종1) 10월 21일

答洪元九 乙卯十月二十一日

겨우 손자 녀석의 행차를 통하여 그대의 지극하고 두터운 뜻에 대략 보답하였는데, 방금 아이들 편에 보내 주신 편지를 받았고 그들이 또 편안하게 지내시는 일상 안부를 자세히 말해 주었습니다. 요즘 술래잡기하는 병풍에 기대어 잠이 드는 산림의 한가로운 정취를 누릴 것입니다. 이곳의 일은 손자 녀석이 그 한두 가지를 말씀드렸을 것으로 생각합니다. 일찍이 대련(大練)에 달려가셨다는 말씀을 들으니, 홍 대간(洪大諫) 형제를 만나 보았는지 모르겠습니다. 필시 원빈(元賓)의 감회[68]가 있었을 것입니다. 예를 갖추지 못합니다.

68 원빈(元賓)의 감회 : 원빈은 당(唐)나라 문장가 이관(李觀)의 자(字)이다. 한유(韓愈)의 〈답이수재서(答李秀才書)〉에 "원빈이 죽은 뒤 그의 글이 더욱 귀중해졌으며, 원빈을 생각해도 볼 수 없으니 원빈이 사귀던 사람을 보면 원빈을 보는 것과 같다."라고 하였다. 《唐宋八大家文鈔 卷5》

홍원구에게 답함 병진년(1676, 숙종2) 4월 29일

答洪元九 丙辰四月二十九日

단지 사람이 살 수 있는 땅이 아닐 뿐만 아니라 또한 인적(人跡)이 이를 수 있는 곳도 아니거늘, 생각지도 않게 이웃 승려를 멀리 보내와서 이렇게 생사 간의 안부를 물어 주시니, 참으로 이른바 "도의(道義)와 고풍(高風)을 지닌 사람은 대부분 세상 밖에 있다."라는 것입니다. 인하여 보내 주신 편지와 거의 수천 자에 이르는 장편 시 여러 편을 받게 되니, 이는 정밀하고 깊은 성정을 두터이 기른 사람이 아니면 어찌 여기에 미칠 수 있겠습니까. 고요한 가운데서 터득한 바는 동적인 사람이 미칠 수 있는 바가 아님을 비로소 알겠습니다.

이곳의 저는 열기와 습기로 온갖 병증이 교대로 침범하고 있습니다. 종전부터 오래도록 점질(痁疾)을 앓아 남은 목숨이 거의 끊어질 듯하니, 이치와 형세상 당연한 일이라 하겠습니다. '순하게 받아들인다.〔順受〕'[69]라는 두 글자를 항상 이마 위에 붙여 두어 조금 힘을 얻고 있을 뿐입니다.

편지에서 하신 말씀이 정중하여 처음에는 보내신 시에 모두 화운(和韻)하려 하였으나 편지를 갖고 온 승려가 하루만 잠깐 묵고 몹시 급하게 돌아가려고 하여 다 짓지 못합니다. '환장(煥章)'[70]의 뜻을 남김없이

69 순하게 받아들인다 : 맹자가 말하기를 "명 아닌 것이 없으나 그 정명(正命)을 순하게 받아들여야 한다.〔莫非命也, 順受其正.〕"라고 하였다. 《孟子 盡心上》

70 환장(煥章) : '환호문장(煥乎文章)'을 줄인 말이다. 송시열은 민정중(閔鼎重)이

드러내는 것은 그대와 같은 필력과 문기(文氣)가 아니라면 혹 억지로 이끌려 짓더라도 끝내 또한 녹록한 글이 되어 그 뜻이 매몰되고 말 것입니다. 지금 세상에 이러한 저작을 내어 풍성(風聲)을 진작하여 효종대왕의 남기신 공렬을 드날리지 못하는 것이 애석할 뿐입니다. 그러나 천년 뒤에 지사(志士)와 영웅이 또한 반드시 이 일에 눈물을 훔칠 것입니다. 하고 싶은 말은 병을 무릅쓰고 적느라 열에 하나도 다 하지 못하니, 모두 묵묵히 이해하시기 바랍니다.

○ 복어 서른 마리를 보내 드립니다. 일찍이 석담(石潭 이이(李珥))의 편지를 보니, 건어(乾魚) 몇 마리를 편지 봉투에 넣어 구봉(龜峯)에게 보낸 적이 있었습니다. 선배들의 풍류가 대개 이와 같았습니다. 설탕과 쌀은 이 지역에 없는 것이니, 참으로 감사한 마음이 더욱 깊습니다.

연경에서 구해 온 숭정황제(崇禎皇帝)의 어필을 화양동(華陽洞) 석벽에 모각하고, 그 옆에 집을 짓고 이름을 '환장'으로 하려고 하였다. 그러나 귀양 가는 바람에 모각한 '환장'을 근처 절에다 옮기고 '환장암(煥章菴)'이라 하였다. 328쪽 주66 참조.

홍원구에게 보냄 무오년(1678, 숙종4) 1월

與洪元九 戊午正月

새해 원단(元旦)에 옛 재앙이 모두 없어졌으니 송축해 마지않습니다. 제가 지금까지 목숨을 유지하는 것은 실로 당초에 생각하지 못하였던 바이지만, 무엇보다 질병이 점점 고통스러워서 살아 있을 날이 얼마 되지 않은 줄을 스스로 알게 됩니다. 환장(煥章)[71]은 남다르게 뛰어나고 웅건하니, 노경의 필력이 나이를 따라 쇠퇴하지 않았음을 몹시 축하드립니다. 문곡(文谷)의 시를 만약 차운하여 보여 주신다면 더욱 다행이겠습니다.

71 환장(煥章) : 328쪽 주66 참조.

이군미[72] 경휘 에게 답함 경자년(1660, 현종1) 12월 21일

答李君美 慶徽○庚子十二月二十一日

오늘 영감의 편지를 받아 보고 묵은 병이 몸에서 사라짐을 문득 느끼게 되니, 감사한 마음을 말로 형용하기 어렵습니다. 곡부(曲阜) 상사(上舍)가 갑자기 고인이 되었으니, 영감께서 친애하던 정에 어떻게 슬픔과 괴로움을 견디십니까? 병든 나는 외람되이 성상의 보살핌을 입어 직명(職名)에서 체직되니, 나의 다행함이 어찌 끝이 있겠습니까. 다만 체직이 한 칸 사이로 옮겨 갔을 뿐이니,[73] 완전히 온전한 일은 보기가 어려움을 알 수 있습니다.

편지를 통하여 성상의 옥체가 화락하시어 접견이 자주 이루어짐을 알게 되고, 하늘이 또 눈을 내려서 내년의 태평과 풍년에 대한 희망을 징험해 주니, 굳이 부적을 대문에 적을 필요가 없을 것입니다. 다만 병으로 시든 몸이라서 기뻐도 환호작약하지 못하는 것이 몹시 아쉬울 뿐입니다.

김우(金友) 무리를 통하여 영감께서 기쁘게 누 국사(婁國師)가 되었다는 소식을 들었으니, 이는 적인걸(狄仁傑)로 나를 처우하려는 것입니다. 그러나 내가 어찌 영감의 마음을 엿보지 못하는 데에까지 이르겠

72 이군미(李君美) : 이경휘(李慶徽, 1617~1669)로, 본관은 경주(慶州), 자는 군미, 호는 묵호(默好)이다. 1644년(인조22)에 문과에 급제하여 강화 유수(江華留守), 경기 감사, 이조 판서를 역임하였다. 시호는 익헌(翼憲)이다.

73 체직이……뿐이니 : 당시 송시열이 사직하여 이조 판서에서 체직되고 송준길(宋浚吉)이 대신하였기 때문에 이렇게 말한 것이다. 《宋子大全隨箚 卷5》

습니까. 한바탕 큰 웃음을 터뜨릴 만합니다.

그대의 계씨(季氏 이경억(李慶億)) 영감은 대방(帶方)[74]을 대처하는 방법이 매우 좋으니, 참으로 나처럼 비루하고 막힌 사람의 스승이라 하겠습니다. 많은 이야기는 병 때문에 손이 떨려 다 적지 못합니다. 예를 갖추지 못합니다.

74 대방(帶方) : 윤휴(尹鑴)를 가리킨다. 《송자대전수차》 권1에 "대방은 남원(南原)의 옛 이름이다. 윤휴의 관향이다."라고 하였다.

이군미에게 답함 을사년(1665, 현종6) 5월 19일
答李君美 乙巳五月十九日

오늘의 일은 '큰 경사〔大慶〕'라는 말로 어찌 다 감당할 수 있겠습니까. 말로는 다 형용할 수 없습니다. 후거(後車)에 싣는 것[75]은 따로 합당한 사람이 있으니, 내가 장차 조가(朝家)를 위하여 하례하려고 하였으나 느슨하여 미치지 못하다가 그대에게 선수를 빼앗겨 버렸습니다. 그러나 물러나서 붓끝에 먹을 적셔 자연(子淵)의 〈성주득현신송(聖主得賢臣頌)〉[76]을 이어서 지으려고 합니다.

석이(錫爾)[77] 영감과는 바쁘고 어수선하여 이야기를 나누지 못한 것이 몹시 아쉽습니다. 나를 위하여 사과해 주기를 바랍니다. 당일의 일은 무슨 유익함이 있겠습니까. 일찍이 사슴이 들판의 풀을 버리는 것을 본 적이 있습니까. 만나서 이야기할 길이 없으니, 혹심한 무더위에 더욱 자중자애하시기 바랍니다.

75 후거(後車)에 싣는 것 : 왕을 보좌할 훌륭한 인물을 얻어 돌아오는 것을 말한다. 주(周)나라 문왕(文王)이 사냥을 나서기 전에 점을 쳤더니 "잡을 것은 범도 곰도 아니고 왕패(王霸)를 보좌할 인물이다."라는 괘(卦)가 나왔다. 드디어 사냥을 나갔다가 위수(渭水)에서 강태공(姜太公) 여상(呂尙)을 만나 후거에 싣고 돌아왔다. 《史記 齊太公世家》 송준길(宋浚吉)이 온천으로 거둥한 현종을 입대(入對)하고 인하여 수가(隨駕)하여 도성에 들어간 일을 가리킨다. 《宋子大全隨箚 卷5》

76 자연(子淵)의 성주득현신송(聖主得賢臣頌) : 자연은 한(漢)나라 왕포(王褒)의 자(字)이다. 그가 지은 〈성주득현신송〉에 "인군은 현인을 구하는 데 부지런하고, 인재를 얻는 데서 편안해진다."라고 하였다. 《古文眞寶 後集 卷1》

77 석이(錫爾) : 이경휘의 동생 이경억(李慶億)의 자이다.

이군미에게 보냄 을사년(1665, 현종6) 10월 8일
與李君美 乙巳十月八日

평소에 넉넉한 은택을 만난 적이 없으니, 어제의 일은 참으로 여론의 시기를 불러들일 수 있어 도리어 두려워할 만합니다. 또 파공(坡公)에게 "청산을 마주하여 세상일을 말하거든, 큰 술잔으로 그대에게 벌주를 먹이리라."라는 구절이 있으니,[78] 혹 이러한 계율을 범한 것이 없겠습니까. "사람은 청음(淸陰 김상헌(金尙憲))과 동계(桐溪 정온(鄭蘊))가 될 만하다."라는 이 한마디는 그대가 상심하고 통탄하여 말한 것임을 느끼지만 또한 몹시 분수를 넘은 것으로 보입니다.

밤사이에 체후가 맑고 좋으실 줄로 생각하니, 몹시 위로되고 그립습니다. 서책을 보내 주기로 허락하였으니 승려에게 주시면 매우 다행이겠습니다.

○ 《화본어류(華本語類)》, 《전한서(前漢書)》, 《후한서(後漢書)》, 《강목발명(綱目發明)》, 《강목서법(綱目書法)》.

78 파공(坡公)에게……있으니 : 파공은 동파(東坡) 소식(蘇軾)을 가리킨다. 소식의 시 〈증손신로(贈孫莘老)〉에 "아, 나와 자네는 오랫동안 무리를 떠났으니, 아무 일도 듣지 않아 귀와 마음이 다 식었네. 만일 청산을 마주하여 세상일을 말하거든, 의당 큰 술잔으로 자네에게 벌주를 먹이리라.〔嗟予與子久離羣, 耳冷心灰百不聞. 若對靑山談世事, 當須擧白便浮君.〕"라고 하였다. 《東坡全集 卷4》

심중미[79] 유 에게 답함 갑진년(1664, 현종5) 2월

答沈仲美 攸○甲辰二月

그대를 그리워하는 마음은 조금도 해이해진 적이 없으니, 이는 빈말이 아닙니다. 단지 졸렬한 나는 근래에 여러 가지 일이 많이 생겨 감히 보통 사람처럼 처신할 수 없었기 때문에 편지로 안부를 묻는 일조차 우물에 빠진 듯이 적막하여 항상 마음에 스스로 부끄러워하였습니다. 뜻밖에 사람을 시켜서 보낸 편지가 갑자기 이르러 위로하고 존문(存問)함이 깊고 지극하니, 이 뜻을 어떻게 보답할 수 있겠습니까.

"지극한 정〔至情〕"이라는 말씀에 이르러서는 구절을 다 읽기도 전에 저도 모르게 눈물이 줄줄 흘러내립니다. 지금 세상 사람들이 효도로 다스리시는 아래에서 친히 가르침을 받을 수 없다는 것이 개탄스러울 뿐입니다. 만약 유형(兪兄 유계(兪棨))이 죽지 않는다면 반드시 실행할 일이 있을 것이지만 듣건대 그가 정침(正寢)으로 옮겨서 병석에 누운 지가 이미 오래되었다고 합니다. 소생할 길이 없을 듯하니, 어찌하고 어찌하겠습니까.

나는 정초에 일 때문에 스스로 논열하다가 시휘(時諱)를 크게 저촉하여[80] 중외(中外)의 소장(疏章)이 몹시 엄절(嚴截)하다고 하니, 문을

79 심중미(沈仲美) : 심유(沈攸, 1620～1688)로, 본관은 청송(靑松), 자는 중미, 호는 오탄(梧灘)이다. 1650년(효종1)에 문과에 급제하여 지평, 대사간, 형조 참의 등을 역임하였다. 문집으로 《오탄집(梧灘集)》이 있다.

80 시휘(時諱)를 크게 저촉하여 : 수찬 김만균(金萬均)이 병자호란 때 할머니가 청(淸)나라 군에 의해 돌아가셨다는 이유로 청나라 사신과의 면대를 기피하자, 승지 서필

닫고서 입을 다문 채 지내지만 후회한들 무슨 소용이 있겠습니까. 그러나 구구한 나의 뜻은 이 때문에 다 없어지지는 않으니 비록 죽더라도 전혀 여한이 없습니다. 깊이 사랑해 주는 은혜를 입어 이렇게 속마음을 모두 토로하였으나 도리어 송연(悚然)한 마음이 더합니다. 날씨가 따뜻해지는 이때 삼가 더욱 보중(保重)하여 자친(慈親)의 마음을 위로해 주기 바랍니다.

원(徐必遠)이 그 상소를 들이지 않았다. 송시열은 이 일로 인하여 사직 상소를 올리고 서필원을 논척하였다.《顯宗實錄 4年 11月 6日, 5年 1月 20日》

심중미에게 답함 병오년(1666, 현종7) 6월

答沈仲美 丙午六月

18일에 보낸 편지를 지난달에 받았으니, 바로 객지에서 적은 편지였습니다. 적막한 중에 받은 편지는 발자국 소리에도 기쁘던 보통 때[81]와 어찌 비교하겠습니까. 지금까지 가슴속에 간직하고 있으니, 삼가 그대의 후덕한 뜻을 알 수 있습니다.

지금 불볕더위에 그대의 일상생활이 더욱 신명의 도움을 받고 있으리라 생각합니다. 나는 부평초와 범경(泛梗)[82] 같은 신세인지라 바람을 따라 굴러다니다가 지금 이렇게 동쪽으로 온 것은 선영과 가깝기 때문입니다. 게다가 또 우거하는 낙산(洛山) 아래는 산이 깊고 물이 감돌아 사람과 몹시 멀리 떨어져 있으니, 죄를 지은 사람으로서는 칩거하여 움츠려 있기에 편리하기도 합니다. 종일토록 대문을 닫아걸고 책을 볼 수 있지만 기력이 약하고 어두워서 안화(眼花)가 피어올라 시력이 흐릿하니, 지난날 귀중한 세월을 헛되이 보내 버린 것을 스스로 한탄할

81 발자국……때 : 《장자(莊子)》 〈서무귀(徐无鬼)〉에 "텅 빈 골짜기에 숨어 사는 사람은 사람의 발자국 소리만 들어도 기뻐하는 법이다.〔逃空虛者, 聞人足音跫然而喜.〕"라고 하였다.

82 범경(泛梗) : 물 위에 떠내려가는 목우인(木偶人)이라는 말로, 정처 없이 떠도는 신세를 말한다. 옛날 진흙으로 빚은 토우인(土偶人)이 복숭아나무로 만든 목우인에게 "나는 서안(西岸)의 흙이라서 비가 내려 무너지더라도 서안에 있지만, 그대는 동국(東國)의 복숭아나무로 만들어진 사람이니, 비가 내려 치수(淄水)가 넘쳐흘러 그대를 띄우고 흘러가 버리면 둥둥 뜬 그대는 장차 어찌 되겠는가."라고 하였다. 《戰國策 齊策3》

뿐입니다. 만날 길이 아득히 없으니 무더운 계절에 더욱 자중자애하기 바랍니다.

안율보[83] 진 에게 답함 병오년(1666, 현종7) 10월 17일

答安栗甫 縝○丙午十月十七日

일찍이 병이 심하다는 소식을 듣고 염려되는 마음이 몹시 극심하다가 곧이어 벼슬을 그만둔 줄을 알고는 바야흐로 마음속으로 기뻐하였습니다. 지금 이렇게 편지를 받게 되니 참으로 뜻밖의 일입니다. 다만 먼 길에 말고삐를 잡는 것은 혹 병이 조금 나았을 때 더 조심해야 할 우려가 있지 않겠습니까.

별지(別紙)에서 하신 말씀은 지극히 놀랍습니다. 인심(人心)과 세도(世道)가 한결같이 이 지경에 이르고 말았으니, 어찌하고 어찌하겠습니까.

명륜당기(明倫堂記)는 그대의 부탁을 어기기 어려워서 겨우 이렇게 지어 올립니다. 그러나 마침 정씨(鄭氏) 척족의 관례(冠禮)와 우리 집안의 여혼(女婚)으로 연일 어수선하여 겨우 짧은 시간만 할애하였기 때문에 문장이 몹시 졸렬하고 껄끄러우니, 기문으로 사용할지는 영감의 밝은 감식안에 맡길 뿐입니다. 사판(祠版)을 예전 그대로 다시 봉안하는 일은 이미 조정에서 명한 바가 있으니, 형세상 마땅히 따라야 할 것입니다. 그러나 어제 춘형(春兄)을 만나 보니 춘형은 고치는 것만 못하다고 하였으나 나는 앞의 일을 보지 못하였기 때문에 누가 옳은지

83 안율보(安栗甫) : 안진(安縝, 1617~1685)으로, 본관은 죽산(竹山), 자는 율보, 호는 학촌(鶴村)이다. 1652년(효종3)에 문과에 급제하여 동부승지, 대사간, 개성 유수(開城留守) 등을 역임하였다.

모르겠습니다. 세 차례 고유하는 글은 다만 말씀하신 대로 따를 뿐입니다. 춘형의 의견대로 할 것 같으면 이는 쓸 수가 없으니, 모름지기 따로 지어야 할 것입니다.

후추와 전복은 참으로 감사합니다. 손님을 접대하느라 바빠서 이만 줄입니다.

이택지[84] 유택 에게 보냄 을사년(1665, 현종6) 12월 9일

與李澤之 惟澤○乙巳十二月九日

노형(老兄)의 회답 편지는 감사하고 위로되기 그지없습니다. 초형(草兄 초려(草廬) 이유태(李惟泰))은 지금 어디에 있습니까? 간성(杆城)이 또 어물(魚物)을 보내왔으나 선물만 보내고 편지가 없기에 내가 편지로 책망하기를 "예법이 갖추어지지 않으면 정녀(貞女)가 가지 않으니,[85] 어찌 그렇게도 예법이 물건에 미치지 못한단 말인가."[86]라고 하였으니, 그가 어떻게 생각할지 모르겠습니다. 모쪼록 답서(答書)를 적어 미촌(美村 윤선거(尹宣擧))에게 부쳐 주고 혹 나에게도 보내 주는 것이 어떻겠습니까?

84 이택지(李澤之) : 이유택(李惟澤, 1600~1668)으로, 본관은 경주(慶州), 자는 택지, 호는 유곡(柳谷)이다. 이유태의 형이다. 벼슬은 현감을 지냈고, 효자로 정려(旌閭)를 받았다.

85 예법이……않으니 : 범씨(范氏)가 말하기를 "혼인의 예(禮)가 갖추어지지 않으면 정녀가 가지 않고, 예악이 갖추어지지 않으면 현자가 처하지 않나니, 현자가 처하지 않는다면 어찌 현자를 즐겁게 하여 그 마음을 다할 수 있겠는가."라고 하였다. 《詩經集傳 鹿鳴》

86 예법이……말인가 : 《서경》 〈낙고(洛誥)〉에 "선물은 예의를 중시하여 예의가 물건에 미치지 못하면 선물이 아니라고 하니, 이는 선물에 마음을 쓰지 않았기 때문이다."라고 하였다.

이퇴지[87] 유겸 에게 답함 신해년(1671, 현종12)

答李退之 惟謙○辛亥

집안의 젊은이가 돌아와서 그대의 덕에 감동한 뜻을 성대하게 말하였으니, 참으로 관명(官名)을 저버리지 않았다[88]고 하겠습니다. 이에 심부름꾼을 시켜서 보내온 편지를 받게 되니, 마음이 더욱 기쁘고 후련해집니다. 다만 물어 주신 거취 문제는 주림 배를 끌어안고 몹시 웃게 만듭니다. 나는 여전히 서산(西山)과 마하(麻霞)[89]의 빈한한 일개 서생일 뿐이니, 이 한 손으로 어떻게 백만 명의 죽어 가는 사람들을 구제할 수 있겠습니까. 대저 나라의 운명이 끊어지려 하니, 출사(出仕)하든 물러나든 모두 죽음일 뿐입니다. 다만 죽을 만한 자리를 얻기가 어렵습니다.

김, 종이, 술, 안주는 참으로 감사하고 감사합니다. 만나서 이야기를 나눌 길이 없으니, 남은 무더위에 더욱 자중자애하기 바랍니다.

87 이퇴지(李退之) : 이유겸(李惟謙, 1613~1674)으로, 본관은 경주(慶州), 자는 퇴지, 호는 동가(東嘉)이다. 초려(草廬) 이유태(李惟泰)의 아우이고, 벼슬은 현감을 지냈다.

88 관명(官名)을 저버리지 않았다 : 《송자대전수차》 권5에 "이퇴지가 당시 함열 군수(咸悅郡守)로 있었기 때문에 이렇게 말한 것이다."라고 하였다.

89 서산(西山)과 마하(麻霞) : 《송자대전수차》 권5에 "서산과 마하는 모두 지명이다. 대개 선생이 일찍이 왕래하면서 강학하던 곳이다. 마하는 금산(錦山)에 있으니, 시남(市南)이 살던 곳이다."라고 하였다. 시남은 유계(兪棨)의 호이다.

나우천[90] 성두 에게 보냄 신축년(1661, 현종2) 1월 10일

與羅于天 星斗○辛丑正月十日

세밑에 우편으로 보낸 편지는 읽어 보았습니까? 남은 추위가 오히려 혹독한 이때 정사를 돌보는 체후가 어떠하십니까?

표문(表文)은 삼가 취사(取捨)의 명을 기다릴 뿐입니다. 《심경석의(心經釋疑)》 한 책은 우선 먼저 교정하여 올립니다. 기력을 몹시 소비하였기 때문에 오자(誤字)와 탈자(脫字)는 그대로 원래의 자리에다 적고 또 줄 밖에도 적어서 의심하거나 미혹될 걱정을 면하게 하였습니다. 대개 반드시 별본(別本)으로 고쳐 적은 뒤라야 판목에 새길 수 있을 것이니, 만약 길보(吉甫 윤선거(尹宣擧))의 뜻처럼 미루어서 옮기기만 한다면 모양을 이루지 못할 것입니다. 이 일이 한번 이루어지면 다시 고칠 수 없기 때문에 비록 몇 달이 지체되어도 오직 진선진미하여 유감이 없기를 바랄 뿐입니다. 옛말에 "교정을 보는 일은 먼지를 쓸어내는 것과 같다."라고 하였으니, 이후에 어찌 다시 추후의 아쉬움이 없기를 보장할 수 있겠습니까. 만약 응당 헤아려 보아야 할 부분이 있으면 모름지기 박화숙(朴和叔 박세채(朴世采))에게 물어서 취사를 결정하는 것이 어떻겠습니까? 지금 화숙이 교정한 것을 보건대 물을 부어도 새지 않을 정도라고 할 만하니, 이 사람의 기력이 여기에 이를

90 나우천(羅于天) : 나성두(羅星斗, 1614~1663)로, 본관은 안정(安定), 자는 우천, 호는 기주(碁洲)이다. 벼슬은 호조 좌랑, 이산 현감(尼山縣監), 해주 목사(海州牧使) 등을 역임하였다.

줄은 생각지도 못하였습니다. 만일 나의 말을 채택하여 과연 별본을 만들 것 같으면 모름지기 책의 지면을 조금 넓게 하여 글자체를 조금 크게 해야 할 것입니다. 왜냐하면 때때로 분주(分註) 가운데 분주가 필요하기 때문이니, 이렇게 하지 않으면 글자를 배정할 수 없을 것입니다. 이후의 두 책도 교정이 이루어지는 대로 올려 드리도록 하겠습니다.

최사정[91] 탁 에게 보냄 무자년(1648, 인조26) 6월 29일

與崔士精 琢○戊子六月二十九日

지난번에 답장을 적어 연산(連山) 함장(函丈)에게 전송(轉送)하여 전달되기를 바랐는데, 받아서 읽어 보셨을 줄로 생각합니다. 지금 무덥고 답답한 날씨에 일상의 체후가 어떠하십니까? 그립고 그립습니다. 당신이 다스리는 고을[92]은 본래 극지(劇地)로 일컬어지는 곳인데, 삼가 생각건대 평소에 충신(忠信)과 곧은 도에 의지하여 정사를 시행하시기 때문에 어떤 경우도 자득하지 않음이 없을 것입니다. 그러나 저의 지극히 사랑하는 마음에 다시 바라건대, 온통 정신을 쏟아부어 부지런하고 민첩한 노력을 애써 더하는 것이 어떻겠습니까? 오래도록 아량에 감복하여 감히 분수를 넘는 일임을 잊어버렸으니, 삼가 너그럽게 양해해 주시리라 생각합니다.

무안(務安) 유무중(兪武仲)은 필시 당신의 지우(知遇)를 받고 있을 것입니다.[93] 그에게 긴급하게 알릴 일이 있으니 부디 이 편지를

91 최사정(崔士精) : 최탁(崔琢, 1587~1652)으로, 본관은 전주(全州), 자는 사정이다. 1629년(인조7)에 문과에 급제하여 형조 좌랑, 인제 현감(麟蹄縣監), 영광 군수(靈光郡守) 등을 역임하였다.

92 당신이 다스리는 고을 : 1648년 2월 5일 최탁은 영광 군수에 제수되었다. 《承政院日記 仁祖 26年 2月 5日》

93 무안(務安)……것입니다 : 유무중은 당시 무안 현감이었던 유계(兪棨)를 가리킨다. 《承政院日記 仁祖 24年 4月 12日》 무중(武仲)은 유계의 자이다. 영광과 무안의 거리가 가깝기에 한 말이다.

사람을 보내서 전달해 주시기를 바랍니다. 인하여 그의 답장을 받아 이 심부름꾼에게 부쳐 주시는 것이 어떻겠습니까? 많은 이야기는 멀리 보내는 편지라서 다 하지 못합니다. 삼가 더욱 자중자애하시기를 빕니다.

송사원[94] 국귀 에게 보냄 을묘년(1675, 숙종1)

與宋士元 國龜○乙卯

죽으려고 하여도 죽지 못한다는 말씀을 들었으나 나와 같은 사람은 살려고 하여도 장차 살 수가 없으니, 어찌 이렇게도 정히 서로 반대가 된단 말입니까. 우연히 석주(石洲 권필(權韠))의 〈아욕사(我欲死)〉 시에 "살아서 고생이 없거늘 죽어서 무엇 하려고 하나. 고생이 뼛골에 사무쳐도 살기를 원한다오."라고 한 것을 보았으니, 어쩌면 우리 두 사람을 두고 말한 것이 아니겠습니까. 그러나 내가 살려고 하는 것은 다른 이유가 없습니다. 굴원(屈原)은 시대를 넘나들려는 소원을 두었는데 1500년 뒤에 오직 회옹(晦翁)만이 그 뜻을 알았으니,[95] 이는 어찌 쉽게 속인들과 말할 수 있겠습니까.

교산(橋山)에 대하여 하신 말씀[96]은 만약 군자의 시중(時中)[97]이라

94 송사원(宋士元) : 송국귀(宋國龜)로, 본관은 은진(恩津), 자는 사원이다. 김집(金集)의 문인이다.

95 굴원(屈原)은……알았으니 : 주희(朱熹)가 말하기를 "굴평(屈平)이 지난 일은 미칠 수가 없고 장래의 일은 알 수가 없기 때문에 영원히 살아서 시대를 넘나들려는 소원을 두었던 것이니, 이는 또한 당시 사람들의 망녕된 짓을 견디지 못하여 종국에 어떻게 결말나는가를 확인하고 싶었던 것이다."라고 하였다. 《晦庵集 續集 卷6 答劉德修》 주희와 굴원과의 시간적 거리는 1500년이 된다.

96 교산(橋山)에……말씀 : 회덕(懷德)에 있는 선영의 나무가 종인(宗人) 송시중(宋時中)의 간여하에 거의 다 잘려 나갔다. 이에 송시열이 문족(門族)에 편지를 보내어 이를 다스리도록 당부한 것에 대해 송국귀가 취한 견해를 말한다. 교산은 송시열의 선산인 판교산(板橋山)을 줄인 말이다. 이와 관련된 내용은 송시열이 1679년 민정중(閔

면 어찌 이러한 일이 있겠습니까. 우리 문중에 당신과 같은 어른이 있는데도 오히려 사람이 없다고 하니, 어쩌면 정벌(征伐)하는 것이 읍손(揖遜)하는 것만 못하다고 여기는 것이 아니겠습니까.[98] 우습기만 합니다.

鼎重)에게 보낸 편지의 별지(別紙)에 사세히 보인다.《宋子大全 卷60 與閔大受(己未八月二十一日)》

97 군자의 시중(時中) : 공자가 말하기를 "군자가 중용을 행하는 것은 군자이면서 언제나 중(中)에 처하기 때문이고, 소인이 중용에 반대로 하는 것은 소인이면서 거리낌는 바가 없기 때문이다.〔君子之中庸也, 君子而時中; 小人之反中庸也, 小人而無忌憚也.〕"라고 하였다.《中庸章句 第2章》이는 송시중(宋時中)의 이름을 빗대어 말한 것이다.

98 어쩌면……아니겠습니까 : 족인(族人)들이 송시중의 죄를 다스리지 않는 것은 어쩌면 탕무(湯武)의 정벌이 요순(堯舜)의 읍손만 못하다고 여긴 것이 아니겠는가라는 말이다.

송자대전

제48권

書서

이계주[1] 단하 에게 보냄 무술년(1658, 효종9) 11월

與李季周 端夏○戊戌十一月

주자(朱子)가 말하기를 "장 위공(張魏公 장준(張浚))이 손수 유언을 적어 두 아들에게 주기를 '내가 일찍이 국가의 재상이 되었으나 중원(中原)을 회복하여 조종(祖宗)의 치욕을 다 씻지 못하였으니 돌아가서 선인(先人)의 묘소 곁에 묻히고 싶지 않다. 죽거든 나를 형산(衡山)에 묻어 주면 족할 것이다.'라고 하였는데, 장식(張栻) 등이 감히 공의 뜻을 어기지 못하여 형산현(衡山縣) 남악(南嶽)의 북쪽에 장사 지냈다."라고 하였습니다.

어떤 사람이 묻기를 "어버이가 돌아가시면서 불교의 의식으로 장사 지내라고 유언하였다면 어떻게 해야 합니까?"라고 하니, 주자가 말하기를 "이것은 조처하기 어려운 일이다."라고 하였습니다. 어떤 사람이 말하기를 "또한 유언을 따르지 않아도 됩니까?"라고 하니, 주자가 말하기를 "아들 된 마음에 차마 하지 못할 일이 있으니, 이 일은 모름지기 자세히 헤아려서 조처하여야 할 것이다."라고 하였습니다.

어떤 사람이 묻기를 "가령 어머니가 죽고 아버지가 살아 계실 때, 아버지가 세속의 제도대로 상복(喪服)을 입고 불교의 의식대로 화장해

1 이계주(李季周) : 이단하(李端夏, 1625~1689)로, 본관은 덕수(德水), 자는 계주, 호는 외재(畏齋)이다. 택당(澤堂) 이식(李植)의 아들이며 송시열의 문인이다. 1662년(현종3)에 문과에 급제하여 이조 정랑, 대사성, 좌의정 등을 역임하였다. 저서로 《외재집(畏齋集)》이 있다. 시호는 문충(文忠)이다.

주기를 요구한다면 어떻게 해야 합니까?"라고 하였습니다. 주자가 말하기를 "그대는 어떻게 하겠는가?"라고 하니, "따르지 않아야 할 뿐입니다."라고 하자, 주자가 말하기를 "의복은 외적인 일이므로 따르더라도 무방하겠으나 화장으로 말하면 불가하다."라고 하였습니다.

나는 학식이 변변찮아 주자의 설만 삼가 지킬 뿐이고 다른 것은 들은 바가 없습니다. 그래서 지금 이를 기록하여 올려보내니, 효자의 정성스럽고 참된 마음은 여기에서 반드시 조처할 바를 얻을 것입니다.

이계주에게 답함 임인년(1662, 현종3) 12월

答李季周 壬寅十二月

아득히 먼 지방에 있어 안부 소식은 비록 즉시 주고받지 못하지만 그대를 그리워하고 믿는 마음은 날로 더욱 높아만 갑니다. 뜻하지 않게 이렇게 멀리서 진중(珍重)한 편지를 보내어 위로와 존문(存問)을 지극하게 하고 또 선대의 문집의 한 부분을 보여 주니, 일의 체모가 융숭하고 두터운 것이라서 스스로 헤아려 보건대 몹시 송구할 뿐입니다.

지금 이 추운 겨울에 그대의 체후가 만안(萬安)하리라 생각합니다. 나는 노년에 객지에 머물면서 그저 의식주만 해결할 뿐이지만, 깃들어 지내는 곳이 수월하고 편안하여 점점 타향이 고향처럼 되어 갑니다.[2]

삼가 생각건대 이 자서(字書)[3]는 당초에 정단몽(程端蒙)과 진순(陳淳)이 지은 두 책[4]이 있기는 하지만 정단몽의 저작은 간약(簡約)하여 궁구하기 어렵고 진순의 저작은 산만하여 피곤해지기 쉬우니, 적절히 중도에 맞아 요점을 얻으면서도 구비된 것은 아마 이 자서이지 않겠습니까. 초학자와 관련된 저작일 뿐만 아니라 무릇 피부에 병이 든 사람들에게도 모두 정문(頂門)의 일침(一鍼)이 될 수 있을 것입니다. 이에

2 타향이……갑니다 : 송시열은 1662년 10월 22일 여산(礪山)의 황산(黃山) 마을로 이사하여 우거하였다. 《宋子大全 附錄 卷4 年譜》

3 자서(字書) : 이단하의 부친인 이식(李植)이 저작한 《초학자훈증집(初學字訓增輯)》을 가리킨다. 송시열이 서문을 지었다. 《宋子大全 卷137 初學字訓增輯序》

4 정단몽(程端蒙)과……책 : 정단몽이 지은 《훈몽자의(訓蒙字義)》와 진순이 지은 《성리자의(性理字義)》를 가리킨다. 이들은 모두 주희의 문인이다. 《宋子大全隨箚 卷5》

가숙(家塾)에 베껴다 두고 서로 강독하게 하고 인하여 "뛰어난 공인(工人)이 홀로 애쓴 마음을 깨닫노라."[5]라는 구절을 되뇌어서 선배가 후학들에게 은혜를 끼친 뜻을 알게 할 것입니다.

붓 세 자루는 참으로 감사하기 그지없습니다. 나머지는 세모에 더욱 자중자애하기 바랍니다.

5 뛰어난……깨닫노라 : 두보(杜甫)의 시 〈제이존사송수장자가(題李尊師松樹障子歌)〉에 "이미 그대와 뜻이 서로 맞는 것을 알겠나니, 곧 뛰어난 공인이 홀로 애쓴 마음을 깨닫노라.〔已知仙客意相親, 更覺良工心獨苦.〕"라고 하였다. 《古文眞寶 前集 卷9》

이계주에게 답함 계묘년(1663, 현종4) 9월 10일

答李季周 癸卯九月十日

이렇게 여러 장에 적어 일러 주신 편지를 받으니, 속마음을 남김없이 다 토로하였다고 할 만합니다. 이러한 편지를 받을 수 없는 자신임을 스스로 잘 알므로 그저 부끄러울 따름입니다. 다만 고향으로 돌아가서 고요히 병을 치료하려는 계획이 있음을 알게 되었으니, 이는 실로 자신만이 알 수 있는 사정이라서 실제 남들이 감히 간여할 수 있는 바가 아닙니다. 그러나 주 부자(朱夫子 주희(朱熹))가 어떤 사람에게 준 편지를 한번 기억하건대,[6] 그 대지(大旨)는 스스로 생계를 꾸릴 수 있는 계책을 대략 강구하는 것 또한 호연지기(浩然之氣)를 기르는 한 가지 방법이라는 것이었습니다. 대개 사람이 위로 마른 흙을 먹고 아래로 누른 물을 마시며 살아갈 수 없다면[7] 의식주를 해결할 계책을 강구하지 않을 수 없고, 계책을 강구하다가 혹 마음에 흡족하지 못한 일이 있으면 기운을 기르는 데에 방해됨이 없을 수 없으니, 기운을 기르지 못하고서 병을 치료할 수 있는 경우는 혹시라도 없는 것입니다. 내가 어릴

6 주……기억하건대 : 주희가 허승(許升)에게 보낸 답장에 "의식을 해결할 자본이 조금이라도 있으면 곧 남에게 영합하여 자신의 뜻을 무너뜨리는 일을 면할 수 있으니, 이것이 또한 기운을 기르는 데에 하나의 도움이 될 것입니다."라고 하였다. 《晦庵集 卷39 答許順之》

7 사람이……없다면 : 사람은 지렁이처럼 세상에 아무것도 요구하는 것이 없을 수는 없다는 말이다. 맹자가 말하기를 "지렁이는 위로 마른 흙을 먹고 아래로 누른 물을 마신다."라고 하였다. 《孟子 滕文公下》

때부터 가만히 듣건대 그대의 선대감(先大監 이식(李植)) 시절부터 청빈(淸貧)하기가 한결같이 가난한 선비와 같았다고 하였으니, 오늘 벼슬을 그만두고 돌아가서 의식주를 걱정하느라 마음을 어지럽히게 되는 폐단을 면할 수 있을지 모르겠습니다. 만약 면할 수 있다면 내가 좋아하는 바를 따를 뿐이니,[8] 다른 것은 돌아볼 겨를이 없을 것입니다.

선대의 문집을 간행하는 일을 말하자면, 내가 비록 그 일의 적임자는 아니지만 이미 부탁을 받았으니, 혹시 한 통을 베껴서 나의 개인 소장으로 삼을 수 있다면 응당 간추리고 정돈하여 후세에 내보일 계책을 도모할 것입니다. 이 일은 부디 마음에 담아 두지 마는 것이 어떻겠습니까?

주자가 또 지인(知人)들에게 말할 적에 서책을 버리고 의약을 가까이하는 것을 병을 치료하는 급선무로 삼게 하였고,[9] 또 매양 사람들에게 마음을 화평하게 하고 기운을 가라앉히기를 권하면서 마음을 기르는 것과 병을 다스리는 것이 동일한 방법이라고 하였습니다. 그대를 절절히 사랑하지만 도움을 드릴 길이 없어 감히 들었던 말을 외워서 바치니, 고명한 그대의 뜻에 부합할지 모르겠습니다. 나 또한 하나하나

8 내가……뿐이니 : 공자가 말하기를 "부(富)가 만약 구해질 수 있는 것이라면, 말채찍을 잡는 천한 일이라도 내가 또한 하겠거니와, 만약 구해질 수 없는 것이라면, 내가 좋아하는 바를 따르겠다."라고 하였다. 《論語 述而》

9 주자가……하였고 : 주희가 여조겸(呂祖謙)에게 보낸 답장에서 "한장(韓丈)이 상요(上饒)에서 보낸 편지와 우연지(尤延之)의 편지를 받아 보니, 모두 내가 노형(老兄)에게 우선 인사(人事)를 물리치고 서책을 버리며 정신을 전일하게 하고 의약을 가까이하기를 권하도록 하였습니다. 나의 뜻 또한 깊이 이를 생각하고 있으니, 바라건대 더욱 여기에 다소 유의하기를 천만번 바랍니다."라고 하였다. 《晦庵集 卷34 答呂伯恭》

나의 일을 거론하여 그대에게 질문하고 싶으나 혹 고요히 정양하는 처지에 번거로움을 끼칠까 염려되기 때문에 감히 말씀드리지 못할 뿐입니다.

이계주에게 답함 갑진년(1664, 현종5) 1월 20일

答李季周 甲辰正月二十日

일찍이 호우(湖寓)로부터 그대의 편지가 전해졌고 이제 또 거듭 그대의 편지를 받게 되니, 감사한 마음은 실로 사례할 길이 없습니다. 나는 병이 근래에 상란(喪亂)으로 인하여 한층 더 심해져서 거의 죽을 뻔한 적이 여러 번이었습니다. 지금은 다행히 조금 나아졌으나 아직도 귀신의 관문을 완전히 벗어나지는 못하고 있습니다.

잠시 진현(鎭縣)에 이르렀다는 말씀을 들었습니다. 그곳은 산수가 수려한 고을로 일컬어지니, 정히 시선(詩仙)에게 걸맞은 곳이건만 한 수의 시도 짓지 못한 것이 몹시 아쉽습니다.

《초학자훈증집(初學字訓增輯)》은 비로소 간행한다는 소식을 듣게 되니, 기쁘고 다행스럽기 그지없습니다. 권자(圈字)는 음각하든 양각하든 모두 안 될 것이 없습니다. 그러나 열람하는 사람이 책을 펼쳤을 때 분명하게 볼 수 있도록 하려면 아마도 음각하는 것이 더 좋을 듯합니다. 회옹(晦翁 주희(朱熹)) 부자가 《자치통감강목(資治通鑑綱目)》을 편찬할 때에 연도(年度)에다 반드시 붉은색으로 표시한 것에서 그 뜻을 알 수 있습니다. 서문과 발문은 병이 낫기를 기다렸다가 즉시 지어 올리겠습니다.

종이와 꿩은 참으로 감사합니다. 나머지는 남은 추위에 더욱 자중자애하기 바랍니다.

이계주에게 답함 갑진년(1664, 현종5) 3월 21일

答李季周 甲辰三月二十一日

이별의 회포는 서글픈 마음을 견디지 못하겠으니 더구나 지금은 더욱 이별할 때가 아닌 데이겠습니까.[10] 관인(官人)이 전해 준 그대의 편지를 네댓 번 읽어 보니, 전송한 뒤의 그리움에 몹시 위로됩니다.

말씀하신 "좁은 길에는 으레 장애되는 일이 많다."라는 것은 단지 오늘날에만 그러한 것이 아니라 한단자(邯鄲子)가 〈범희문론(范希文論)〉을 지으면서 석수도(石守道)의 말을 인용한 것[11]도 이와 흡사한 사안이 될 것입니다. 그러나 놀라움을 견디지 못할 뿐입니다.

홍 대간(洪大諫)과는 이미 소상히 이야기를 나누었습니까? 빨리 그 내용을 알고 싶습니다. 그대가 혹 벼슬을 그만두고 돌아오고 만다면

10 지금은……데이겠습니까 : 남조(南朝) 양(梁)나라 심약(沈約)의 시 〈별범안성(別范安成)〉에 "평소 젊은 시절에는 헤어져도 만날 기약이 쉽더니, 그대와 함께 늙어 버린 지금은 다시 이별할 때가 아니라네.〔生平少年日, 分手易前期. 及爾同衰暮, 非復別離時.〕"라고 하였다. 《古今詩刪 卷9 梁詩》

11 한단자(邯鄲子)가……것 : 범희문은 북송(北宋)의 명재상 범중엄(范仲淹)이고, 석수도는 북송의 직신(直臣) 석개(石介)이다. 송나라 인종(仁宗) 경력(慶曆) 연간에 범중엄, 부필(富弼), 한기(韓琦) 등의 현인이 등용되자 석개가 이를 기뻐하여 〈경력성덕시(慶曆聖德詩)〉를 지어 충사(忠邪)가 크게 밝혀졌다고 하자, 범중엄이 넓적다리를 어루만지며 한기에게 말하기를 "이 도깨비 같은 무리 때문에 일을 그르치겠다."라고 하였다. 공연한 말썽으로 조정의 화합을 방해하는 무리를 지적한 것이다. 《宋史 儒林列傳 石介》 한단(邯鄲)은 조(趙)나라 서울이니, 아마도 당시 조씨(趙氏) 성을 가진 사람이 〈범희문론〉을 지어 석개의 말을 인용한 일이 있었던 듯하다. 《宋子大全隨箚 卷5》

성문(聲聞)이 또한 더욱 어긋나게 될 것입니다. 부디 더욱 자중자애하기 바랍니다. 오늘은 기운이 다하여 나른함을 느끼지만 노년의 형세이니 어떻게 하겠습니까. 이만 줄입니다.

이계주에게 보냄 갑진년(1664, 현종5) 7월 16일

與李季周 甲辰七月十六日

일찍이 회덕(懷德) 고향에 있을 때 멀리서 우편으로 보내온 편지를 받았으니, 마치 직접 만나 이야기를 나누는 듯하여 그리움으로 목마르던 마음에 몹시 위로되었습니다. 근래에 장차 마천령(磨天嶺)으로의 행차[12]가 있을 것이라는 소문을 가만히 들었는데, 참으로 그러한지 모르겠습니다. 그렇게 된 연유를 알 수 없으니, 혹 나의 운명이 각박하여 그대에게까지 연루된 것이 아니겠습니까. 만약 그러하다면 늘그막의 영광[13]이 참으로 적지 않을 것입니다. 다만 그대는 평소에 건강한 골격이 아니라서 이 때문에 깊이 염려가 됩니다. 그러나 흥망과 사생에 대한 설(說)이 그대 선조의 문집에 여러 번 나오니, 태연히 행하여 털끝만치도 돌아보거나 연연하는 기색이 없으리라 삼가 생각합니다. 사대부가 평소에 공부한 것은 이러한 시절에 사용하는 것입니다.

나는 근래에 지은 죄가 작지 않아 감히 도성으로 보내는 편지를 쓰지

12 마천령(磨天嶺)으로의 행차 : 이난하(李端夏)가 함경북도 병마평사(咸鏡北道兵馬評事)로 폄출(貶黜)된 것을 말한다. 《송자대전수차》 권5에 "당시 평사(評事)가 오래도록 폐해져서 북변(北邊)에 야인(野人)의 소요가 있었다. 조정에서 다시 평사를 설치하여 이랑(吏郎)을 차견(差遣)하려고 하니, 사람들이 모두 피하였기 때문에 여러 번 바뀌어 공에게 미친 것이다."라고 하였다.

13 늘그막의 영광 : 주희(朱熹)의 시에 "늘그막의 영광은 간당(奸黨)의 당적에 이름을 올린 것이고, 지난날의 부끄러움은 시신(侍臣)의 갓을 쓴 것이네.〔老去光華奸黨籍, 向來羞辱侍臣冠.〕"라고 하였다. 《晦庵集 卷9 蒙恩許遂休致陳昭遠丈以詩見賀已和答之復賦一首》

못하고 있습니다. 그러나 이제 그대가 멀리 떠난다는 소식을 듣게 되어서는 한마디 말이 없을 수 없고 또 그대가 조정으로 돌아올 때까지 조물주가 내 몸을 살려 둘지 보장할 수 없을 듯도 하기 때문에 편지하지 않는 관례를 깨트리고 이렇게 적었습니다. 다만 바라건대 유원성(劉元城)[14]의 유사(遺事)를 익숙히 읽어 보는 것이 어떻겠습니까? 마음을 쓰는 것을 이 유원성 노인처럼 한다면 필시 그윽한 산신령이 찾아와서 위난을 보호해 줄 것입니다. 부디 이렇게 하시기를 천만번 바랍니다.

14 유원성(劉元城) : 북송(北宋)의 명신 유안세(劉安世)로, 원성(元城)은 그의 봉호이다. 유안세가 죽음의 환란을 겪으면서도 태연한 모습을 유지하였다. 어떤 사람이 어쩌면 그렇게 태연할 수가 있느냐고 물으니, 곧 말하기를 "성(誠)일 뿐이다."라고 하였다고 한다. 《宋名臣言行錄 後集 卷12》

이계주에게 보냄 갑진년(1664, 현종5) 12월 24일

與李季周 甲辰十二月二十四日

올해는 추위가 심하여 남쪽 지방의 매화 또한 섣달이 다한 줄 모르고 있습니다. 그곳 북쪽의 추위는 묻지 않아도 알 수 있는데, 일상의 체후가 어떠한지 모르겠습니다. 옛사람이 이르기를 "북방은 추위가 많다."라고 하였으니, 사람이 건강을 견고하고 치밀하게 관리하여야 병 없이 장수할 것입니다. 먼 곳에서의 바람은 또한 이것일 뿐이니, 또한 이것으로 자신을 살피는 것이 어떻겠습니까?

나는 지난가을에 집을 떠나 속리산(俗離山) 속으로 들어와서 예닐곱 달 정도 지낼 계획이었는데, 또한 그대가 부탁한 문집 한 통도 함께 가지고 왔습니다. 그런데 지난달 그믐 전날 갑자기 며느리가 세상을 떠났다는 소식을 듣고 허겁지겁 산을 나왔으니,[15] 그의 죽음이 또한 몹시 놀랍습니다.

다시 듣건대 조정의 풍랑이 나로 인하여 크게 일어나서[16] 아직도 가라앉지 않았다고 하니, 나의 위태로움과 두려움이 어찌 백척간두 끝에 서 있는 것과 같을 뿐이겠습니까. 며느리의 장례가 끝나면 다시

15 지난달……나왔으니 : 송시열은 1664년 11월 20일에 며느리 유씨(柳氏)의 부음을 듣고 바로 황호(黃湖)로 돌아갔다. 《宋子大全 附錄 卷5 年譜》

16 조정의……일어나서 : 1664년 10월 28일에 정관재(靜觀齋) 이단상(李端相)이 상소하여, 서필원(徐必遠)과 국구(國舅)인 김우명(金佑明)의 일 때문에 송시열이 조정에 나오기 어려워하는 것이라고 진달하여 김우명의 노여움을 샀다. 《顯宗實錄 5年 10月 28日》

속리산으로 깊이 들어가 그대로 단교 화상(斷橋和尙)[17]이 될 계획입니다. 그대의 선조 문집 목록과 전날의 편지는 지난달 10일쯤에 용편(龍便)[18]을 통해 왔고, 지금 또 그대의 중씨(仲氏 이신하(李紳夏))가 기록하여 보여 준 것을 받았으니, 서로 대조하여 고증할 것입니다.

여러 가지 이야기는 마침 바쁜 일이 생겨서 하나하나 말하지 못합니다. 단지 더욱 신명의 가호를 받아 멀리서 염려하는 나의 마음에 부응하기를 빕니다.

17 단교 화상(斷橋和尙) : 《송자대전수차》 권5에 "옛날에 어떤 승려가 다리〔橋〕를 끊고 참선하였기 때문에 단교 화상이라고 하였다."라고 하였다.

18 용편(龍便) : 용안(龍安)의 인편이라는 말인 듯하다.

이계주에게 보냄
與李季周

듣건대 북방 백성들이 유우(俞友)를 사랑하는 것이 조주(潮州)의 한유(韓愈)와 다름이 없다고 하니, 정말 그렇습니까? 만일 징험할 만한 사실이 있으면 부디 기록하여 보여 주는 것이 어떻겠습니까? 백사(白沙)에 대해서도 또한 그렇습니다.[19] 일찍이 듣건대 그곳에 큰 시구절이 있다고 하니 "하늘 밖의 성난 소리 북해에서 들리고, 눈 속의 시름겨운 빛 음산에 보이네.〔天外怒聲聞瀚海, 雪中愁色見陰山.〕"[20]라고 한 것은 과연 이와 같습니까? 나의 숙부가 고산(高山)으로 부임할 때에 신풍부원군(新豐府院君 장유(張維))이 시를 지어 주기를 "북쪽으로 떠나는 친구를 익숙히 보내니, 그대를 보내고서 조비경(趙飛卿)[21]을 대신하도다.

19 유우(俞友)를……그렇습니다 : 유우는 시남(市南) 유계(俞棨)를 가리킨다. 유계는 1650년(효종1)에 함경도 온성(穩城)으로 귀양을 간 적이 있으며, 백사 이항복(李恒福)은 1617년(광해군9) 폐모론이 일어났을 때 극력 반대하다가 이듬해 함경도 북청(北青)에 유배되어 그곳에서 죽었다.《光海君日記 10年 1月 6日》《孝宗實錄 1年 10月 28日》 당(唐)나라 한유는 불교를 비판하였다가 조주로 좌천되었는데, 그곳의 백성을 교화하고 폐해를 제거하였다. 이후 조주에 부임한 왕척(王滌)이 한유의 사당을 새로 짓기를 원한다면 들어주겠다고 하였더니 백성들이 기꺼이 와서 1년 만에 사당이 완공되었다.《東坡全集 卷86 潮州韓文公廟碑》

20 하늘……보이네 : 차천로(車天輅)가 명천(明川)으로 귀양 갈 때에 지은 시라고 한다.《惺所覆瓿藁 卷26 鶴山樵談》

21 조비경(趙飛卿) :《송자대전수차》 권5에 "비경은 포저(浦渚) 조익(趙翼) 공의 자(字)이다. 신해년(1611)에 정인홍(鄭仁弘)이 문원공(文元公) 이언적(李彦迪)과 문순

인생의 부침일랑 조물주에게 일임하고, 병조의 탐관 노릇은 본받지 말았으면.〔慣送親知作北行, 送君仍代趙飛卿. 升沈一任鑪錘手, 莫學騎曹傲吏名.〕"이라고 하였으니, 이는 정히 그대를 위하여 읊조릴 만합니다. 또 동악(東岳 이안눌(李安訥)) 어른이 귀양 가는 사람에게 준 시에 "장백산 앞 구관의 길에, 대명 천하의 일개 서생일세.〔長白山前九關路, 大明天下一書生.〕"라고 하였으니, 사람의 마음을 시원하게 만듭니다. 또 정군평(鄭君平 정두경(鄭斗卿))이 남을 전송한 시에 "원수대[22] 앞에서는 모름지기 술을 마실 것이고, 귀문관[23] 밖에서는 시를 읊지 마시게나.〔元帥臺前須飮酒, 鬼門關外莫吟詩.〕"라고 하였으니, 이는 비록 매우 훌륭하기는 하지만 걱정 근심으로 인하여 방랑하는 뜻이 있음을 면하지 못하니, 그대는 반드시 선택하는 바가 있어야 할 것입니다.

공(文純公) 이황(李滉)을 추하게 헐뜯었다. 이에 조공(趙公)이 차자를 올려 변론하다가 고산 찰방(高山察訪)으로 폄출되었다."라고 하였다.

22 원수대 : 함경도 안변(安邊) 학포현(鶴浦縣)에 있다. 바닷가에 큰 못이 있고 못 가운데에 작은 봉우리가 있다. 옛날 지병마사(知兵馬使)가 이 봉우리에서 노닐며 쉬었기 때문에 누대의 이름으로 삼은 것이다. 《新增東國輿地勝覽 卷49 安邊都護府》

23 귀문관 : 《송자대전수차》 권5에 "마운령(磨雲嶺) 이북의 경성(鏡城) 땅에 있다. 마주 대한 바위가 있어 가파르고 검기 때문에 이렇게 부르는 것이다."라고 하였다.

이계주에게 답함 을사년(1665, 현종6) 8월 21일
答李季周 乙巳八月二十一日

어제 용안(龍安)의 박생(朴生)이 전해 준 5월 25일에 보낸 편지에서는 단지 무탈하다는 글자만 얻었으니, 이는 몹시 다행스러운 소식입니다. 답장을 적어 나의 의견을 하나하나 말씀드릴 생각이었으나 갑자기 김영숙(金永叔 김만기(金萬基)) 등 여러 사람이 회덕(懷德)의 선영에서 북쪽으로 돌아간다는 소문을 듣고 이 기회를 잃으면 다시 편지를 부칠 사람이 없을 것이라고 여겼기 때문에 급히 이렇게 적어 정(鄭)·유(兪)를 제향하는 일[24]에 대하여 알립니다.

유형(兪兄)에 대한 평가[25]는 편지에서 하신 말씀이 매우 타당하니, 말 한마디로 한 사람의 일생을 덮어 버리는 것은 절로 옛날의 도가 아닙니다. 하물며 지금 잘못된 바는 단지 억지로 미봉하여 일이 없고 난 뒤에야 그만두려는 뜻에서 나온 것임에 있어서이겠습니까. 한 문공(韓文公 한유(韓愈))이 조주(潮州)로 좌천된 뒤에 올린 표문(表文)에 그 가련한 모습을 다 드러내었고 또 태전(太顚)[26]에게 준 편지는 주

24 정(鄭)……일 : 이단하가 당시 함경 감사로 있던 민정중(閔鼎重)과 의논하여 정문부(鄭文孚)와 유계(兪棨)의 사당을 건립하였다. 《宋子大全隨箚 卷5》

25 유형(兪兄)에 대한 평가 : 《송자대전수차》 권5에 따르면, 현종 초에 송시열과 송준길(宋浚吉)은 참소 때문에 도성을 떠났으나 유계만 홀로 관직에 있다가 마침내 서울에서 죽으니, 어떤 사람들이 이것으로 유계의 출처(出處)에 대한 절도(節度)를 의심하였는데, 여기에서 이른바 평가라는 것은 이 일을 가리키는 듯하다.

26 태전(太顚) : 당(唐)나라 한유가 조주 자사(潮州刺史)로 있을 때 친하게 지냈던

부자(朱夫子)에게 비판을 받은 것이 적지 않았는데도 오히려 백대(百代)의 유종(儒宗)이 된 것은, 대개 작은 허물로 큰 선행을 가릴 수 없기 때문입니다. 만일 의심하는 사람이 있거든 부디 이러한 말로 해명하는 것이 어떻겠습니까?

정 평사(鄭評事)[27]는, 내가 아이 시절에 일찍이 그가 지은 임진왜란 때의 격문(檄文)을 읽어 보고 그 사람됨을 상상할 수 있었으나 그 사업이 이와 같을 줄은 생각하지 못하였습니다. 고서(古書)에 "큰 환란을 막았으면 제사를 지내 준다."[28]라는 글이 있으니, 지금 이것으로 하사받은 지역에서 제사를 지내는 것은 어찌 의심할 것이 있겠습니까. 나의 견해가 이와 같으나, 여론은 어떠할지 모르겠습니다.

듣건대 제공이 건의하여 그대를 조정으로 돌아오게 해달라고 청하였다고 하니, 도성을 다시 볼 날이 머지않을 것입니다. 부디 아직 출발하기 전에 그 일을 강구하여 확정하는 것이 어떻겠습니까? 북백(北伯 민정중(閔鼎重))이 만약 그대와 의견을 주고받은 뒤라면 반드시 그대의 뜻을 이룰 수 있을 것입니다. 말하고 싶은 내용은 몹시 바빠서 대략도 다 하지 못합니다.

승려이다.

27 정 평사(鄭評事) : 《송자대전수차》 권5에 "정 평사는 정문부로, 호는 농포(農圃)이다. 선조(宣祖) 때 급제하여 관직이 부사(府使)에 이르렀다. 임진왜란에 북평사(北評事)로 의병을 일으켜 왜적을 토벌하여 북로(北路)를 회복하였다. 갑자년(1624, 인조 2)의 옥사에 원통하게 죽었다가 곧 신원되었다. 회령(會寧)의 현충사(顯忠祠)에 제향되었다."라고 하였다.

28 큰……준다 : 《예기(禮記)》 〈제법(祭法)〉에 "큰 재앙을 막았으면 제사를 지내 주고, 큰 환란을 막았으면 제사를 지내 준다."라고 하였다.

○ 그대가 조정으로 돌아온 뒤에는 안부를 묻기가 쉽지 않을 것입니다. 단지 진중하고 또 진중하기를 바랄 뿐입니다.

이계주에게 답함 병오년(1666, 현종7) 4월 13일

答李季周 丙午四月十三日

보내 주신 편지를 받으니 직접 정담을 나누는 듯하여 다행함을 어찌 다 형언할 수 있겠습니까. 일러 주신 말씀은 삼가 잘 알겠습니다. 비록 성상의 하유(下諭)가 없더라도 의리상 즉시 행궁(行宮) 밖으로 달려가서 그 죄를 청해야 할 것이지만 남은 파란이 아직 다하지 않아 처신이 몹시 곤란하기 때문에 깊이 엎드려서 기회를 기다렸던 것입니다. 이에 밝은 성상께서 거듭 내리신 별지(別旨)를 받게 되니, 감읍하고 황공한 마음을 어찌 말로 다 할 수 있겠습니까.

말씀하신 선대감(先大監)의 유의(遺意)를 이야기하자면, 너무도 흠앙(欽仰)하는 마음을 견디지 못하겠습니다. 선배들의 마음가짐과 행사(行事)가 대부분 이와 같았기 때문에 후배들이 공경하고 본받을 곳이 있게 되었고 백성들 또한 그 내려 준 은혜를 받게 되는 것입니다. 그러나 오늘날에는 말할 수도 없으니, 어찌하고 어찌하겠습니까.

근래에 유고(遺稿) 중에서 의논한 맥락을 가만히 살펴보건대, 대저 경서(經書)를 위주로 하고 《주자어류(朱子語類)》 등 송유(宋儒)의 글로써 증명하고 있으니, 그 입언(立言)한 논리는 아무리 쳐부수어도 깨뜨릴 수 없습니다. 비록 덕이 몹시 겸손하여 전파하지 말라고 경계하셨지만 이와 같은 공안(公案)은 필시 사고(四庫) 속에서 인멸되어 버릴 종류가 아니니, 사람들이 비록 깊이 숨겨 두려고 하더라도 숨겨질 수 있겠습니까.

오늘날 영남의 일[29]은 참으로 가련합니다. "성서(聖庶)는 적통(嫡統)

을 빼앗는다."[30]라는 것은 한(漢)나라 사람들이 무왕(武王)을 가리켜서 말한 것입니다. 책을 끼고 있는 어린아이조차 외울 수 있는 구절이거늘 1400명의 유건(儒巾)을 쓴 이들이 여기에 어두워서 도리어 그 일을 뒤집어 남을 공격하는 자료로 삼으니, 책을 제대로 읽지 못한 것임을 알 수 있습니다. 어찌 이들과 함께 옳고 그름을 따질 수 있겠습니까. 단지 못난 나로 말하자면 얻은 죄목이 위로 종묘사직과 관련되었기 때문에 깊이 스스로 죄를 인책하지 않을 수 없습니다.

최생(崔生)[31]은 고요한 속에 서로 함께 지냈는데, 그가 돌아가면 유익할 점이 많을 것입니다. 또 그 사람됨이 질박하고 강하니, 아마도 처음과 끝이 한결같을 것입니다.

29 영남의 일 : 영남 사람 유세철(柳世哲) 등 1000여 인이 소를 올려 국가의 예를 논하면서 송시열이 나라의 종통(宗統)을 몰래 빼앗으려 한다고 하였고, 또 우리 국가 300년 동안 전해 오던 종적(宗嫡)의 통서(統緖)가 마침내 어둡고 밝지 못하게 되었다고 하였다. 《宋子大全 附錄 卷5 年譜》

30 성서(聖庶)는 적통(嫡統)을 빼앗는다 : 성서는 성덕을 갖춘 서자라는 말이다. 《한서(漢書)》 〈매복전(梅福傳)〉에 "제후는 종통을 빼앗고, 성서는 적통을 빼앗는다."라고 하였다. 그 주석에 "적통을 빼앗음은 문왕(文王)이 장자인 백읍고(伯邑考)를 버리고 무왕(武王)을 세운 것이 이것이다."라고 하였다.

31 최생(崔生) : 최신(崔愼, 1642~1708)으로, 본관은 해주(海州), 자는 자경(子敬), 호는 학암(鶴庵)이다. 회령(會寧)에 살았다.

이계주에게 보냄 병오년(1666, 현종7) 4월 20일

與李季周 丙午四月二十日

늙고 병든 과부 누님이 지난해부터 우리 집에서 봉양을 받고 있었는데, 갑자기 위독하다는 소식을 듣고 즉시 산중에서 내달려 돌아왔습니다. 겨우 하룻밤을 묵었을 때 이렇게 융숭한 은혜[32]가 걱정으로 심란한 가운데에 더욱 더해지니, 감격하고 두려운 마음을 견주기 어렵습니다. 지금의 병세(病勢)는 만에 하나도 소생할 길이 없는 듯하니, 만일 예상한 바와 같지 않게 된다면 어찌 감히 시종 발을 묶어 둘 수 있겠습니까. 단지 하늘의 처분을 기다릴 뿐입니다.

근년 이래로 더욱더 쓸쓸하고 외로워서 일상적인 이야기조차 함께 나눌 사람이 없습니다. 더구나 문장과 의리상에서는 더욱 막히고 답답하지만 말할 사람이 아무도 없습니다. 그대가 나를 비루하게 여기지 않고 외람되이 훈도(薰陶)의 은덕을 내려 주었기 때문에 나 또한 감히 속마음을 다 드러내지 않을 수 없으니, 묵묵히 이해해 주리라 생각합니다. 지극하고 간절한 뜻을 담은 편지를 받았기에 감히 이렇게 자세히 말씀드린 것입니다. 그러나 남에게 말하지는 말 것이니, 잔당들이 사람을 해칠까 두렵습니다. 수많은 이야기는 심신(心神)이 어수선하여 다 하지 못합니다. 이만 줄입니다.

32 융숭한 은혜 : 1666년 4월 5일 현종이 사관(史官)을 보내어 별유(別諭)로 소명(召命)을 내렸다. 《宋子大全 附錄 卷5 年譜》

이계주에게 답함 병오년(1666, 현종7) 5월 26일

答李季周 丙午五月二十六日

홀로 산중(山中)에 앉아 청량한 물소리만 듣고 있다가 홀연히 공영(公營)[33]으로부터 이달 13일에 보내신 편지를 전달받게 되니, 위로되고 후련한 마음이 안개를 헤치고 푸른 하늘을 보는 듯할 뿐만이 아니라서 감사하기 그지없습니다.

누님의 병환은 이전보다 조금 안정되었기 때문에 이달 보름부터 청주(淸州)의 낙양산(洛陽山) 아래로 들어와서 남의 정사(亭舍)를 빌리고[34] 가족을 옮겨 와서 단란하게 모여 있습니다. 이는 다른 뜻이 있는 것이 아니라, 그저 사람이 많은 큰길가에 앉아 있으면 날마다 남들과 한가한 이야기만 나누게 되니 스스로 생각건대 여생이 많이 남지 않은 처지에 이렇게 세월을 끝내 버린다면 서책에 머리를 파묻고 지낼 일이 이루어질 기약이 없을 듯하므로 마음을 결단하여 이곳에 온 것일 뿐입니다. 이곳으로 온 지 열흘 남짓밖에 되지 않았으나 읽은 책을 비교해 보면 이전에 두세 달 읽은 분량에 맞먹을 듯합니다.

그대 아드님의 뜻에 대하여 말하사면, 몹시 부끄럽고도 감사합니다. 자고 먹는 일은 시골집이 두셋 있으므로 의탁할 곳이 없지는 않을 듯하지만, 단지 주인인 내가 공소(空疎)하여 어떻게 멀리서 찾아온

33 공영(公營) : 공주(公州) 감영(監營)을 가리키는 것으로 보인다.

34 청주(淸州)의……빌리고 : 송시열은 1666년 5월 2일에 청주 침류정(枕流亭)을 빌려서 우거하였다. 《宋子大全 附錄 卷5 年譜》

뜻에 부응할 수 있겠습니까. 게다가 바다에서 몹시 먼 곳이라서 식사 때의 음식물은 단지 산나물뿐입니다. 평소에 이러한 음식에 익숙한 사람이 아니면 필시 견딜 수 없을 것이니, 이 점 또한 염려하지 않을 수 없습니다.

부탁한 선대의 원고 중에 시선(詩選)은 거의 필사가 끝나 갑니다. 일이 끝나면 즉시 올려 드릴 터이니, 그릇된 곳을 바로잡아 주면 가을이나 겨울에 친한 고을 원에게 부탁하여 먼저 판각하고 문고(文稿)는 그다음으로 착수하려고 합니다.

최생(崔生 최신(崔慎))이 스스로 만일 머무를 경비를 마련한다면 한 해를 보낼 계획이라고 하였으니, 만약 그렇게 되면 그 돌아오는 길은 지금 굳이 염려할 것이 없습니다. 수많은 이야기는 멀리 보내는 편지라서 감히 많이 말하지 못합니다. 예를 갖추지 못합니다.

별지

별지에서 하신 말씀은, 얘기하자면 나 또한 이 사람에 관한 소문은 들었으나 아직 만나 보지는 못하였습니다. 나의 뜻에는 몹시 부합되고, 더구나 지금 손자 녀석이 덕수(德水)의 외손 반열에 참여할 수 있다면 또 어찌 하나의 좋은 일이 아니겠습니까. 다만 가제(家弟)의 말을 들어 보면 이혜중(李惠仲 이민적(李敏迪))이 금산(錦山)으로 시집보내려 한다고 하니, 이번 달이 지나면 저쪽의 뜻을 알 수 있을 것입니다. 그 밖에도 혼담이 오가는 몇 곳이 있으니, 저쪽에서 이루어지지 못하면 응당 그대에게 알려서 주(周)나라 사람들이 천하게 여기는 바[35]를 그대에게 청하도록 하겠습니다.

다만 마음에 걸리는 일이 하나 있습니다. 손자 아이가 지금 행하고 있는 계모(繼母)의 심제(心制)가 아직 몇 달 남아 있습니다. 주자(朱子)가 상중에 혼사를 의논하는 것은 상중을 틈타서 장가가는 것과 같은 점이 있다고 하였으니, 지금 이처럼 혼담을 주고받는 것은 혹 예법을 범하는 혐의가 있지 않겠습니까? 주자가 말한 것은 혼인하는 자 본인이 최복(衰服)을 입은 것을 가리키는 듯하고 이를 해석하는 사람은 조부(祖父) 때문이라고 운운하기도 하니, 혹 무방하지 않겠습니까? 또 이미 심상(心喪)이라고 한다면 곧 복(服)이 없는 것이니, 상복(喪服) 중인 것과 오히려 차이가 있지 않겠습니까? 부디 헤아려 보고 일러 주기 바랍니다.

시(詩) 재선류(再選類) 한 책을 올려 드립니다. 책 형태의 크기가 단지 이와 같으면 되겠습니까? 근년에 종잇값이 귀하여 책을 인쇄하는 사람들이 으레 많이 넣는 것을 걱정하니, 내 생각에는 이것보다 조금 작게 하여 오늘날 유행하고 있는 《위소주집(韋蘇州集)》이나 《이의산시집(李義山詩集)》의 형태처럼 하는 것이 어떻겠습니까? 이렇게 할 것 같으면 종이 한 장에 3절(絶)도 가용할 수 있습니다.

○ 원본(原本) 시집(詩集) 1권의 첫째 줄에 '택당유고(澤堂遺稿)'라고 적고 둘째 줄에 '시(詩)' 자를 적었는데, 문집(文集) 첫째 권 첫째 줄에 '택당문고(澤堂文稿)'라고 적고 둘째 줄에 곧바로 '문(文)' 자를 적어 넣었으니, 이는 앞뒤가 다르게 된 것입니다. 나의 뜻에는

35 주(周)나라……바 : 전국 시대 종횡가(縱橫家)인 소대(蘇代)가 말하기를 "주나라 사람들은 중매쟁이를 천하게 여기니, 양쪽 집 모두 자랑하기 때문입니다. 신랑 집에 가서는 '신부가 예쁘다.'라고 하고 신부 집에 가서는 '신랑이 부자이다.'라고 합니다."라고 하였다. 《戰國策 卷29 燕策1》

시(詩)와 문(文)을 막론하고 첫째 줄에는 모두 '택당집(澤堂集)'이라고 적고 둘째 줄에 시(詩)이면 '시(詩)' 자를 적고 부(賦)이면 '부(賦)' 자를 적어 표(表), 갈(碣), 잠(箴), 명(銘)을 각각 그 실상에 따라 드러내기를 한결같이 《주자대전(朱子大全)》의 형태처럼 하는 것이 마땅할 듯합니다. '택당유고'의 '고(稿)' 자는 한집안에서 스스로 겸양하는 뜻이기 때문에 응당 '집(集)' 자로 고쳐야 할 것입니다.

또 재선류 한 책을 갖고 살펴보면 의심스럽거나 잘못된 곳이 매우 많으니, 등본(謄本)에 오류가 있는 것이 아니면 원본에 아마 또한 이러한 것이 있는 듯합니다. 지금 올려보내는 것을 먼저 원본으로 개정하여 돌려주는 것이 어떻겠습니까?

대략 생각해 보건대 문집을 간행하는 일은 공역이 너무 커서 만약 한 고을에만 전담시킨다면 혼자서 감당하기에 어려움이 있을 것입니다. 그래서 먼저 한두 책을 남쪽 지방의 고을 원으로 있는 가제에게 부탁하려고 합니다. 또 그 가능한 형편에 따라 주목(州牧)이나 방백(方伯)에게 차츰차츰 부탁하여 사람들이 어렵게 여기지 않도록 한 뒤에 한곳에 수합하려고 합니다. 남을 번거롭게 하는 것은 선친의 뜻이 아닐 것이기 때문입니다. 짐짓 이렇게 하여야 크게 흔적이 없을 것이니, 어떻게 여기실지 모르겠습니다. 그렇다면 인찰(引札)[36]은 마땅히 한 사람 손에서 나와서 어긋나거나 가지런하지 않음이 없어

36 인찰(引札) : 《송자대전수차》 권5에 "인찰은 곧 사란(絲欄)을 이른다."라고 하였다. 사란은 바둑판처럼 가로세로로 여러 평행선을 그어 정(井) 자 모양으로 된 각각의 칸살을 말한다. 글씨를 쓸 때 글자의 간격을 고르게 하기 위하여 종이 밑에 받친다. 정간(井間) 또는 영지(影紙)라고도 한다.

야 할 것입니다. 여러 가지 사안을 한꺼번에 회답해 준다면 매우 다행이겠습니다.

이계주에게 답함 병오년(1666, 현종7) 7월 22일

答李季周 丙午七月二十二日

진언한 의견이 받아들여지지 않아 장차 향리로 돌아가려고 한다는 말씀을 듣게 되니, 이는 예로부터 전해 오는 사군자(士君子)의 가법(家法)입니다. 그러나 진달한 말은 필시 뼈대와 조리가 있을 것이니, 세도(世道)를 위하여 탄식하고 애석하게 여깁니다. 다만 성상께서 끝내 인재를 버리지는 않으실 것이니, 그렇다면 나아가고 물러나기가 어렵다고 할 만합니다. 오직 여가가 있는 때에 글을 읽어 이치를 살펴서 자신하지 못하던 것을 더욱 정진하여 시대의 요구에 부응하는 것 또한 군자가 뜻을 펴지 못하였을 때의 의리입니다. 나와 같은 사람 또한 일찍이 사우(師友)를 따라 이러한 말을 들어 왔으나, 단지 자신이 못나서 사론(士論)에 얻은 죄가 모두 춘추(春秋)와 한법(漢法)[37]에서 용납

37 춘추(春秋)와 한법(漢法) : 《송자대전수차》 권5에 "춘추의 무장(無將)과 한법의 부도(不道)를 가리킨다."라고 하였다. 무장은 임금이나 부모를 장차 위해(危害)하려는 마음을 먹어서는 안 됨을 이른다. 춘추 시대 노 장공(魯莊公)의 아우 숙아(叔牙)가 장공을 시해할 생각을 굳히자, 숙아의 아우인 계우(季友)가 숙아에게 독약을 먹고 자살하게 하였다. 이에 대하여 《춘추공양전(春秋公羊傳)》 장공(莊公) 32년 조에 "공자 아가 지금 시해하려는 생각만 가졌을 뿐인데, 말은 어찌하여 직접 시해한 자와 동일하게 다루었는가. 임금과 부모에게는 시해할 생각조차 가져서는 안 된다. 가지기만 하여도 주벌을 당하는 것이다.〔公子牙今將爾, 辭曷爲與親弑者同? 君親無將, 將而誅焉.〕"라고 하였다. 부도는 대역부도죄(大逆不道罪)를 말한다. 한 고조(漢高祖) 유방(劉邦)이 "지금 항우(項羽)가 강남(江南)에서 의제(義帝)를 시해하였으니, 대역부도하다."라고 하였다. 《史記 高祖本紀》

하지 못하는 것이기 때문에 뜻을 결단하여 스스로를 폐기한 것입니다. 또 생각건대 죽을 일이 날로 닥쳐와서 처음에 먹었던 마음을 저버리게 될까 두려운지라, 책을 안고 깊이 들어와서 아침저녁으로 완미하고 살피며 피곤할 때에는 손자 아이를 시켜서 곁에서 읽거나 읊게 하니, 또한 어두운 마음을 경책하고 나태한 마음을 격동할 수 있습니다. 다만 이렇게 하다가 죽기를 바랄 뿐입니다. 그대로 말하자면 명망과 실상이 모두 높은 데다가 사람들이 또 부자(父子)가 서로 대를 이어 태사공(太史公)[38]처럼 되기를 기대하고 있으니, 그렇다면 어찌 초야에서 인생이 끝나기를 허락하겠습니까.

별지의 내용은 염려해 주는 사랑을 받은 것이니, 부디 시종 변함없이 유념해 주기 바랍니다. 멀리서 보내는 편지라서 감히 많은 말을 하지 못합니다. 단지 헤아려 주기를 바랄 뿐입니다.

38 태사공(太史公) : 《사기(史記)》를 지은 한(漢)나라 사마천(司馬遷)을 가리킨다. 아버지 사마담(司馬談)의 뒤를 이어 한나라의 태사령(太史令)을 지냈기 때문에 태사공으로 불렸다.

이계주에게 답함 병오년(1666, 현종7) 10월 12일

答李季周 丙午十月十二日

심부름꾼을 시켜서 보내온 편지를 삼가 받게 되니, 그대를 향하던 그리운 마음에 몹시 위로됩니다. 또 전원으로 자취를 감추어 책자에 뜻을 다 기울이고 있는 줄을 알게 되니, 오늘날 이 한 가지 일만이 오히려 자신에게 속한 것입니다. 비록 도에 깊이 도달하기를 바라기는 어렵겠지만 이 마음을 유지하여 밖으로 내달리는 데에 이르지 않는다면 몸을 편안하게 하고 명을 세울 곳이 있음을 점점 깨닫게 될 것입니다. 평소에 들은 것이 이와 같으나 힘껏 실행하지 못한 채 노년이 갑자기 닥치고 말았으니, 매양 궁벽한 오두막에서의 탄식[39]만 갖게 됩니다. 이에 언급하신 말씀을 듣고는 나도 모르게 정신이 감동하고 뜻이 일어나게 됩니다마는, 어떻게 하면 그대의 여광(餘光)을 직접 가까이하여 스스로 경책(警策)할 수 있겠습니까.

나는 남의 정사(亭舍)를 오래도록 빌리기가 어려워서 시냇물과 바위 사이에 조금 나아가 몇 칸짜리 초가집을 짓고 들어와서 지낸 지가 벌써 여러 달이 되었습니다. 지금은 조금 일이 생겨서 서쪽으로 회덕(懷德 고향)에 도착해 있으나 그믐날 이전에는 응당 새집으로 돌아가 세말(歲末)을 보낼 것입니다.

39 궁벽한 오두막에서의 탄식 : 제갈량(諸葛亮)의 〈계자서(誡子書)〉에 "나이는 때와 함께 치달리고 뜻은 해와 함께 떠나가서 마침내 시들어 버리면 궁벽한 오두막에서 슬피 탄식한들 장차 무슨 소용이 있겠는가."라고 하였다. 《小學 嘉言》

별지는 대략 소폭(小幅)으로 아룁니다. 문집 중에 줄 밖의 찌〔籤〕에 대하여 또한 작은 질문을 갖추어 올립니다. 대개 이러한 일을 주고받으며 의논할 때에 일일이 심부름꾼을 보내기가 어려우니, 혹 서울 인편을 통하여 서원(西原)의 저리(邸吏)에게 부친다면 절로 전해 올 수 있을 것입니다.

최생(崔生)은 돌아가기를 원하지만 얇은 의복조차도 마련할 길이 없기 때문에 그저 호소할 만한 두 고을에다 그대의 권위를 빌려 겨울을 지낼 밑천을 구하고 있으니, 필시 실언함으로써 그대의 수치가 되지는 않을 것입니다.

말씀하신 사창(社倉)에 관한 의견을 이야기하자면, 이는 주 부자(朱夫子)가 일찍이 뜻을 다하였던 일이니 오늘날 시행하는 것이 어찌 몹시 좋지 않겠습니까. 그러나 당시에 반드시 주청(奏請)하였던 것은 그 일을 조칙으로 반포하여 천하가 모두 행하게 하려던 뜻이었습니다. 만약 무원(婺源)이나 금화(金華)의 사창이라면 반숙도(潘叔度)가 단지 집안의 곡식을 내어서 행하더라도 주 부자가 "그 지위에서 벗어났다는 경계에 문제가 될 것이 없다."라고 하였으니,[40] 지금 그대가 혐의스럽게 여기는 것은 지나치게 겸손한 것이 아니겠습니까. 오직 바라건대 힘을 다하여 완성하여 다른 사람이 본보기로 취하게 한다면 그 시행되는 범위가 어찌 넓어지지 않겠습니까.

40 무원(婺源)이나……하였으니 : 반숙도는 주희(朱熹)의 제자 반경헌(潘景憲)으로, 숙도는 그의 자이다. 주희가 무주(婺州) 금화현(金華縣)의 사창에 대한 기문에서 말하기를 "만약 그 집안에 여유가 있을 경우에 이를 미루어 이웃 마을에 나누어 준다면, 이는 진실로 우리 성인께서 허여한 바로써 지위에서 벗어났다는 경계에 문제가 될 것이 없다."라고 하였다. 《晦庵集 卷79 婺州金華縣社倉記》

서로의 거리가 아득히 머니, 세한(歲寒)에 자중자애하기 바랍니다. 예를 갖추지 못합니다.

이계주에게 답함 병오년(1666, 현종7) 12월 7일

答李季周 丙午十二月七日

얼음과 눈이 계곡을 막아 그저 텅 빈 골짜기에 숨어 사는 사람[41]이 되던 차에 갑자기 이 상사(李上舍)를 만나 그대의 편지를 받게 되니, 이 기쁨은 말로 다 표현할 수 없습니다.

예로부터 사군자(士君子) 가운데 처음에는 녹사(祿仕)로 시작하지만 끝내 세도(世道)의 책임을 졌던 자도 있고 혹은 이로운 은택이 백성에게 미쳤던 사람도 있고 혹은 몸이 이미 낭패를 당한 사람도 있으니, 진실로 하나의 잣대로 처신할 수 없는 것입니다. 요컨대 많은 부와 높은 지위를 사양하는 것이 그런대로 온당한 도리일 것입니다.

나는 노년에 서책을 보려는 계획으로 급히 이곳에 와서 향리의 번잡한 괴로움을 크게 벗어났으나 단지 병마(病魔)가 나를 떠나지 않으니, 결국 그들이 따르는 대로 맡겨 놓을 뿐입니다.

선대의 원고 한 책은 삼가 잘 받았습니다. 별지는 얼른 살펴보건대 정밀하고 철저하여 유감스러운 점이 없으니, 말씀하신 대로 감정(勘定)하여야 할 것입니다. 다만 '완평공(完平公)' 아래의 분주(分註)에 '이공(李公) 원익(元翼)' 운운한 것은 그대의 생각에 '공(公)' 자가 중첩됨을 꺼린 것입니다. 내 생각에는 아래의 '공' 자가 이미 분주 중에 들어 있다면 위의 '공' 자와 서로 방해되는 데에 이르지 않을 것이고, 또 분주

41 텅……사람 : 《장자》 〈서무귀(徐无鬼)〉에 "텅 빈 골짜기에 숨어 사는 이는 사람의 발자국 소리만 들어도 기뻐하는 법이다."라고 하였다.

중의 '공' 자를 없애 버리면 후생들이 선배를 존경하는 뜻이 아닐 것이니, 어떻게 여기실지 모르겠습니다. 다시 일러 주시기 바랍니다.

이중(彝仲)[42]과는 어제 과연 조용히 이야기를 많이 나누었으니, 이보다 더 큰 다행이 어디 있겠습니까. 최생(崔生)은 멀리서 염려해 주신 덕분에 객지의 어려움을 잘 견디고 있습니다. 지금 몇 집안과 의혼(議婚)하고 있으니, 혹 얘기가 잘 된다면 좋을 것입니다. 이만 줄입니다. 예를 갖추지 못합니다.

42 이중(彝仲) : 이민서(李敏敍, 1633~1688)의 자이다. 본관은 전주(全州), 호는 서하(西河)이다. 송시열의 문인이다. 1652년(효종3)에 문과에 급제하여 광주 목사(光州牧使), 대제학, 이조 판서 등을 역임하였다. 저서로 《서하집(西河集)》이 있다. 시호는 문간(文簡)이다.

이계주에게 답함 정미년(1667, 현종8) 4월 9일

答李季周 丁未四月九日

가제(家弟)가 돌아오는 편에 그대의 답장을 받으니, 상세하게 일러 주신 말씀은 하나같이 모두 잘 알겠으나 단지 막혀 있는 것은 얼굴을 보는 일일 뿐입니다. 지금 이미 분수령(分水嶺)을 지났을 줄로 생각하니, 어느 날 말고삐를 돌려서 돌아올지 모르겠습니다.

나는 늙은 누나의 질병 때문에 아직도 선영에 머물고 있습니다. 며칠 뒤에 형세를 보아 동쪽으로 들어가서 수십 일 동안 칩거하여 보내려고 합니다. 이 뒤로는 꽃 핀 언덕과 난초 핀 골짜기가 오직 뜻에 맞을 뿐일 것입니다.

혼사 문제[43]는 다시 논의할 것이 없으니, 가제의 뜻에는 중춘(仲春)에 여쭙고 마치려고 합니다. 선대의 문집은 정서한 것을 인편을 통하여 보내 주면 비록 올해 여름일지라도 또한 간행할 길이 있을 것입니다. 책의 형태는 이전에 제시한 것이 몹시 적당합니다. 지금 이령(李令)을 만나 보니, 그가 받은 편지가 화양(華陽)에 체류되어 있다고 하였습니다. 지금 잠시 출사하였다는 소식을 듣자니 윤보(胤甫)[44] 선공(先公)의 무자년(1648, 인조26) 시(詩)가 갑자기 기억나 감회를 가누지 못하겠기에 별지에 적어서 올립니다. 일기 두 책은 근래의 일로 인하여 더욱

43 혼사 문제 : 이단하의 막내딸과 송시열의 손자 송회석(宋晦錫)이 혼인하는 일을 가리킨다.

44 윤보(胤甫) : 유계(兪棨)의 아들인 유명윤(兪命胤, 1629～1669)의 자이다.

감히 잠깐도 보관해 둘 수가 없으니, 한 통을 재촉하여 베낀 뒤에 이형(李兄)을 통하여 돌려드리겠습니다.

별지

유시남(兪市南 유계(兪棨))이 척화를 주장하다가 귀양 가게 되었고, 사면의 은혜를 입은 뒤에 인하여 서용(敍用)되자 여러 번 사직하는 것을 미안하게 여겨서 잠시 기성(騎省)의 제수에 사은숙배하고 돌아갔습니다. 돌아가는 길에 방문하여 시를 남겼는데, 그 연구(聯句)에 "동료들은 정성을 다하여 함께 출사하기를 권하고, 산속 벗들은 손짓하며 돌아오지 않음을 원망하도다.〔儕流款款要同趣, 山友招招怨不歸.〕"라고 하였습니다. 이는 실로 오늘날 우리의 진풍경이기 때문에 애오라지 적어서 올립니다.

박 아무개가 점친 시초 점괘는 참으로 길합니다. 그러나 반드시 나타난 용의 덕이 있은 뒤라야 대인을 봄이 이로운 구오(九五)의 일이 있을 것이니,[45] 나와 같은 사람은 또한 밭에 있는 용을 볼 수 없을 것입니다. 그대의 점괘인 불이(拂頤)[46]는 혹 전야(田野)에서

45 나타난……것이니 : 《주역》 〈건괘(乾卦) 구이(九二)〉에 초야에 있는 현자(賢者)를 비유하여 "나타난 용이 밭에 있으니, 대인을 만나봄이 이롭다."라고 하였고, 〈건괘 구오〉에 성군과 현신이 만나는 것을 비유하여 "나는 용이 하늘에 있으니, 대인을 만나봄이 이롭다."라고 하였다. 또 〈건괘 구오 상(象)〉에 "나는 용이 하늘에 있다는 것은 대인의 일이다."라고 하였다.

46 불이(拂頤) : 기르는 도리를 위배하는 것을 말한다. 《주역》 〈이괘(頤卦) 육삼(六三)〉에 "기름에 위배되면 바르더라도 흉하여 10년이 되어도 쓰지 못하니, 이로운 바가 없다.〔拂頤, 貞凶, 十年勿用, 无攸利.〕"라고 하였다.

자신을 길러 능치 못한 바를 증진하면 10년 뒤에 나가서 시대의 쓰임이 되어 태삼(泰三)의 형상[47]에 부합하는 것이 아니겠습니까. 이와 같다면 전후로 점친 것은 참으로 서로 어긋나지 않고 실로 서로 부응하는 것입니다. 신명이 일러 준 것이 우연이 아닌 듯하니, 부디 묵묵히 궁구한 뒤에 일러 주기를 바랍니다.

"척리(戚里)가 현명한 것은 국가의 복이다."라고 한 것은 퇴계(退溪)의 교훈이니, 참으로 좋은 말입니다. 그러나 선비 된 자는 결코 이를 믿고서 사공(事功)을 행해서도 안 되며 또한 이에 의뢰하여 형화(刑禍)를 면해서도 안 되니, 단지 그의 현명하고 불초함에 맡겨 두고 본인은 간여함이 없어야 할 것입니다. 가표(賈彪)와 기명언(奇明彥)[48] 등의 사람들이 이 도리에 어두웠던 것이 애석합니다.

47 태삼(泰三)의 형상 : 태괘(泰卦) 구삼(九三)의 형상을 말한다. 《주역》〈태괘 구삼 상(象)〉에 "가고서 돌아오지 않음이 없음은 천지가 교제하는 것이니."라고 하였다.

48 가표(賈彪)와 기명언(奇明彥) : 가표는 후한(後漢) 환제(桓帝) 때의 사람이고, 기명언은 고봉(高峯) 기대승(奇大升)으로, 명언은 그의 자이다. 두 사람 모두 임금의 외척과 결탁하여 사공을 도모한 일이 있다. 동한(東漢) 당고(黨錮)의 환란 때에 가표가 말하기를 "내가 서쪽으로 가지 않으면 큰 환란이 해결되지 못할 것이다."라고 하고 낙양(洛陽)에 들어가서 태후의 아버지인 두무(竇武)를 설득하여 황제에게 글을 올리게 하여, 연루된 명사들이 대부분 석방되었다. 《後漢書 黨錮列傳 賈彪》 기대승은 명종 때 청양군(靑陽君) 심의겸(沈義謙)과 결탁하여 사공을 도모하였다. 《宋子大全隨箚 卷5》《沙溪全書 卷2 答辛用錫李玉汝》

이계주에게 답함 정미년(1667, 현종8) 4월 27일

答李季周 丁未四月二十七日

연이어 문안 편지를 받고 이를 통해 이성(二聖)께서 영액(靈液)의 효험을 크게 거두었다는 소식[49]을 듣게 되니, 외복(畏伏)하여 기뻐함이 참으로 동이를 뒤집어썼다가 하늘을 바라보는 것과 같습니다.

마음을 다스리기가 어렵다고 하신 말씀은 참으로 학자들의 공통된 병통입니다. 그러나 그러한 병통을 아는 것이 곧 이를 다스릴 수 있는 약석일 것입니다. 나처럼 몹시 거칠고 어리석은 사람은 잃어버린 줄도 깨닫지 못하고 있으니, 어찌 마음을 수습하는 공부가 있겠습니까. 그러나 경(敬)을 지키는 실제 노력을 조금도 느슨히 해서는 안 되니, 원하건대 그대와 함께 절차탁마의 노력을 크게 더하여 일부분이라도 엿볼 수 있기를 바랄 뿐입니다.

이 사람은 비록 장애가 될 만한 종적은 없지만, 마음속으로 헤아려 보고 다음과 같이 생각하였습니다. 군부(君父)를 뵙고서 끝내 한마디 말도 없이 물러나는 것은 평소의 마음에 감히 편안한 바가 아니고, 오활하고 괴이한 이야기를 다시 진달하려 하더라도 이미 시험하여 효험이 없는 내용으로 모독할 수 없는 일이니, 단지 이 한 가지 일이 곧 절로 처신하기 어려운 것입니다. 또 생각건대 한번 길하면 한번

49 이성(二聖)께서……소식 : '이성'은 현종과 자전(慈殿)을 가리킨다. 1667년 4월 15일 현종은 자전을 모시고 온양 행궁(溫陽行宮)에 행차하였다. 온천욕으로 효험을 보았다는 의미인 듯하다. 《顯宗實錄 8年 4月 15日》

흉하다는 경계는《주역》가운데에 몹시 분명하니, 이 또한 갑자기 그 경계를 깨뜨려서는 안 될 것입니다. 이 때문에 다리를 단단히 고정하여 조금도 문지방을 넘으려고 하지 않은 것입니다.

홍상(洪相 홍명하(洪命夏)) 운운하신 말씀은 마음으로 가만히 아름답게 여기지만 감히 이러한 일에 입을 대지는 못하겠습니다. 최생(崔生)이 마침 한번 부르면 닿을 수 있는 거리에 떨어져 있으니, 그대가 보내는 편지는 우선 그를 만날 때를 기다리겠습니다. 매우 바빠서 이만 줄입니다.

이계주에게 답함 정미년(1667, 현종8) 윤월[50] 1일

答李季周 丁未閏月一日

보내신 편지가 또 이르니 기쁘고 위로되기 그지없습니다. 다만 체후가 불편하다는 말씀을 듣고는 편지를 받고서 기뻐하던 마음이 금세 사라졌습니다. 오랜 시간 천방(天放)[51]의 즐거움을 누리다가 하루아침에 구속을 당하게 되었고 게다가 또 시사(時事) 문제가 뜻에 어긋났으니, 그렇게 병이 생기는 것은 형세상 당연한 일입니다. 마음을 수습하여 안으로 돌이켜 살펴보며 두텁게 쌓고 엷게 쓴다면 자연히 완전하게 건강해질 것입니다. 이는 단지 병을 치료하는 것일 뿐만 아니라 겸하여 또한 마음을 기르는 중요한 방법입니다. 다만 분잡하고 어수선한 가운데 이를 유지하기가 몹시 어려울 뿐이니, 허노재(許魯齋)가 "천만 사람 가운데에 있더라도 언제나 나 자신이 있음을 알아야 한다."라고 한 것[52]이 또 해상(海上)의 단방(單方)[53]일 것입니다. 매양 이것을 몸을 편안

50 윤월 : 1667년에는 4월에 윤달이 들었다.

51 천방(天放) : 자연스러운 가운데에서 스스로 즐거워하는 것을 말한다. 장자(莊子)가 말하기를 "순일(純一)하여 치우치거나 방종함이 없는 것을 천방이라고 한다.〔一而不黨, 命曰天放.〕"라고 하였다. 《莊子 馬蹄》

52 허노재(許魯齋)가……것 : 허노재는 원(元)나라 허형(許衡)으로, 노재(魯齋)는 그의 호이다. 허형이 "비록 천만 사람 가운데에 있더라도 언제나 나 자신이 있음을 알아야 하니, 이것이 경(敬)을 지키는 대략이다."라고 하였다. 《心經附註 卷3 牛山之木章》

53 해상(海上)의 단방(單方) : 《주자서절요기의(朱子書節要記疑)》에는 "선인(仙人)이 복용하는 단방의 약을 가리키는 듯하다."라고 하였고, 《송자대전수차》 권5에는 "의서(醫書)에 《해상단방(海上單方)》이 있으니, 곧 진(秦)나라 때 방사(方士)의 책이다."

하게 하고 명을 세우는 묘법(妙法)으로 여겨 왔으나 말해 줄 만한 사람이 없었는데, 지금 보내온 편지를 받고 문득 말씀드리니 한번 유의해 보시기 바랍니다.

피차간을 화합시키는 것은 명도(明道 정호(程顥))와 같은 덕을 지닌 사람만이 가능할 것이고 그 나머지 사람은 진흙에다 물을 섞는 상황〔拖泥帶水〕[54]을 피하지 못합니다. 이는 바로 천리(天理)와 인욕(人欲)이 서로 같은 듯하나 실제는 다른 것으로, 주자가 이를 상세히 언급하였습니다. 또 천하의 형세는 둘이 서로 버티다가 끝내 결판이 나지 않는 것이 없습니다. 반드시 이기고자 한다면 반드시 장의(張儀)와 소진(蘇秦)의 방술(方術)을 사용해야 할 것이고 그렇지 않다면 온몸이 가루가 되고 말 것입니다. 어찌 변화를 살펴보고 점괘를 완미하여 말류에 허물이 없기를 구하는 것만 같겠습니까. 이는 근래에 구구한 나의 졸렬한 방법이지만 춘형(春兄 송준길(宋浚吉))은 혹 그렇게 여기지 않는 점이 있으니, 이는 곧 어진 사람의 마음으로 또한 하나의 도리라 할 것입니다. 이만 줄입니다.

라고 하였다. 진한(秦漢) 시대에 선도(仙道)를 추구하는 술사(術士)들이 바닷가에 많이 살았다고 한다.

54 진흙에다……상황 : 《주자대전차의(朱子大全箚疑)》에 "타니대수(拖泥帶水)란 관중(管仲)과 상앙(商鞅)의 식견을 공맹(孔孟)의 규모에다 섞는 것은 진흙에다 물을 부어 하나로 혼합하는 것과 같다는 말이다.〔拖泥帶水, 謂以管商見識, 雜於孔孟規模, 是如取泥帶水, 混合爲一.〕"라고 하였다.

이계주에게 보냄 정미년(1667, 현종8) 윤월 6일

與李季周 丁未閏月六日

대성(臺省)에서 탄핵하는 말이 있자 그 말의 출처를 힐문하는 것은 일의 체면을 몹시 잃은 것이니,[55] 이에 대해서는 송조(宋朝)의 제공(諸公)이 절실하게 논하였습니다. 지금 《승정원일기(承政院日記)》에 이미 그러한 것이 있다고 하였으니, 말한 사람이 만들어 낸 것이 아니거늘 그 말을 들은 사람이 무슨 상관이 있다고 이렇게 캐물어 몇 사람을 크게 낭패하도록 만든단 말입니까. 위아래로 사체(事體)를 무너뜨리는 것이 이것보다 큰 것이 없기 때문에 앞 편지에서 대략 언급하였던 것이지, 감히 남을 위하여 변호하려는 것이 아니었습니다. 그러나 "자주 간하면 욕을 당한다."[56]라는 경계를 생각하지 않을 수 없고, 또한

55 대성(臺省)에서……것이니 : 1666년 1월 청(淸)나라에 항복한 안추원(安秋元)이라는 자가 갑자기 달아나서 조선으로 돌아왔다가 또다시 청나라로 들어간 일이 있었다. 청나라는 우리가 약속을 어기고 포로를 받아들였다는 이유로 사신을 보내어 조사를 벌였다. 이에 영의정 정태화(鄭太和)가 현종에게 청하여 자신이 그 죄를 감당하겠다고 하니, 현종이 사신에게 힘껏 청하여 일이 조금 완화되었으나 마무리되지는 않았다. 1667년에 우의정 허적(許積)을 보내어 다시 청나라에서 해결하게 하였는데, 현종이 감당하여 벌금을 무는 것으로 결정되자 대관(臺官) 이숙(李翻), 김익겸(金益廉), 김징(金澄) 등 7인이 정태화, 허적 및 좌의정 홍명하(洪命夏)를 탄핵하였다. 이에 현종이 그중 정태화가 탄핵당한 일의 출처를 힐문하자, 《승정원일기》를 인용하여 증명하는 일이 있었다. 《顯宗實錄 7年 1月 15日, 8年 1月 12日·29日, 2月 11日》《宋子大全隨箚 卷5》

56 자주……당한다 : 공자의 제자 자유(子游)가 말하기를 "임금을 섬김에 자주 간하면 욕을 당하고, 붕우 간에 자주 충고하면 소원해진다."라고 하였다. 《論語 里仁》

응당 짐작해야 할 바도 있으니, 그 말을 통하여 짐작해 보면 몸이 속히 물러나지 않을 수 없습니다. 오늘날 세상은 거취(去就)의 의리가 모두 어두워졌기 때문에 주상의 마음에 이들 무리는 소나 말처럼 묶어 두고 노비나 돼지처럼 꾸짖으면서 부릴 수 있다고 여기시는 것이니, 세도(世道)는 어떻게 할 수 없게 되었습니다.

이계주에게 답함 정미년(1667, 현종8) 6월 18일

答李季周 丁未六月十八日

금년은 무슨 운기(運氣)란 말입니까. 지난달에 또 작은딸이 죽었습니다. 딸을 묻은 뒤로 나의 신병(身病)이 갑자기 심해져서 거의 죽게 된 상태로 지낸 지가 며칠이 되었습니다. 지금은 다행히 조금 안정되었지만 말을 하거나 음식을 먹는 일은 아직도 할 수가 없으니, 이는 목구멍의 증세가 매우 고통스럽기 때문입니다. 속담에 "환갑이 되는 해는 사람에게 불리하다."라고 하였으니, 어쩌면 또한 터무니없는 말은 아니지 않겠습니까. 때때로 가만히 생각해 보건대, 환갑이 된 나이는 적은 나이가 아니므로 조금도 유감스러운 바가 없지만, 단지 장년(壯年)에 뜻한 바를 힘써 행하지 못하여 지금까지 소문난 것도 없이 죽는다면 이는 매우 부끄럽고 통탄스러운 일일 것입니다.

삼가 지난달 29일에 보낸 편지와 별지를 받고서 병든 몸이 갑자기 소생하는 듯함을 느꼈으니, 매우 위로되고 감사합니다. 다만 이 몸이 귀신의 책망을 받아 재앙이 이 지경에 이르렀으니, 이는 실로 하나의 커다란 공안(公案)으로 또한 사람들의 비난이 있을 것입니다. 그리고 저 황연(黃埏)과 이석복(李碩馥)이 헐뜯은 것[57]에 대하여 그대는 어찌

57 황연(黃埏)과……것 : 1667년 2월 26일 유학(幼學) 황연이 상소하여, 송시열과 송준길(宋浚吉) 등이 허목(許穆)·윤휴(尹鑴) 등의 남인을 논의가 맞지 않고 색목(色目)이 같지 않다는 이유로 물리쳤다고 비난하였다. 이어서 5월 11일에는 유학 이석복이 상소하여, 당파만을 앞세운다며 서인 세력을 비판하였다. 《顯宗實錄 8年 2月 26日》《顯宗改修實錄 8年 5月 11日》

그리도 심하게 놀라고 괴이하게 여긴단 말입니까. 비난이 장차 다시 뒤를 이어 일어날 것이니, 만일 일일이 말하려고 한다면 혀가 닳을 것입니다. 어찌하고 어찌하겠습니까.

강가 고요한 곳에서 이야기를 나누려던 계획은 이미 앞서 놓쳐 버렸으니, 가을을 기다렸다가 전날 화양동(華陽洞)에 있을 때처럼 중간의 조용한 곳에서 서로 만났으면 합니다. 이것은 실로 간절한 마음이지만 어찌 바랄 수가 있겠습니까. 요즈음 항상 마음속으로 '이 병(病)이 다행히 나으면 죽기 전까지 다시는 하루라도 헛되이 시간을 보내지 않을 것이다.'라고 스스로 말하고 있으니, 그대는 이 뒤로 이 사람이 과연 이렇게 하는가를 주시하다가 만일 이렇게 하지 못하면 즉시 책망하여 깨우쳐 주는 것이 어떻겠습니까? 만나서 이야기할 길이 없어 이 편지에다 드러내어 말하였으니, 혹 잘 살펴 줄 것으로 생각합니다.

이계주에게 답함 정미년(1667, 현종8) 7월 27일

答李季周 丁未七月二十七日

아들 녀석이 돌아와서 그대의 편지를 전해 주었는데, 말씀하신 뜻을 모두 잘 알겠으므로 기쁘고 후련하기 그지없습니다.

나는 병증이 뿌리를 굳게 박고서 반드시 이기려는 형세가 있으니, 쇠잔한 목숨이 비록 보전되더라도 가을철 열기처럼 끝내 오래가지는 못할 것입니다. 손자 녀석이 외람되이 그대의 보살핌을 받아 그대 집안 자제들이 친구로 허여하게 하였으니, 이는 참으로 닭이 봉황의 무리에 들어간 것이기에 부끄럽기도 하고 감사하기도 합니다. 그러나 혼사 때문에 그를 돌아오도록 해야 하니, 이날이 애석할 뿐입니다.

선대 문집의 형태는 삼가 그대의 의견을 잘 알았습니다. 아들 녀석이 그대에게 병든 학(鶴)이 산을 그리워하는 근심이 있다고 하였으니, 이는 참으로 오늘날의 공통된 심정입니다. 어떤 큰 역량을 지닌 사람이 있어 순챗국과 농어회[58]를 먼저 먹을는지 모르겠습니다. 한번 외방의 수령으로 나가고 싶다는 말씀은 참으로 그러합니다. 강물에 배 띄우는 청아한 풍취를 멀리서 상상하며 애오라지 그대를 위하여 회옹(晦翁)의 "저 사람이 할 수 있다면 내가 어찌할 수 없겠는가."라는 말을

58 순챗국과 농어회 : 벼슬을 버리고 고향으로 돌아가는 것을 말한다. 진(晉)나라 장한(張翰)이 혼란한 세상에 벼슬살이를 나갔다가 가을바람이 불어오자, 고향의 별미인 농어회와 순챗국을 그리워하며 말하기를 "인생이란 뜻에 맞음이 귀하거늘, 어찌 수천 리 밖에서 벼슬하여 이름과 작위를 구하겠는가."라고 하고는 벼슬을 버리고 고향으로 돌아갔다. 《晉書 文苑列傳 張翰》

월 뿐입니다.

○ 오늘날 생계가 모두 어려운데 이 사람이 더욱 심합니다. 형세로 보아 앞으로 화양동(華陽洞)에서 도토리를 주워야 할 텐데 다람쥐들과는 민첩함을 겨룰 수 없을 듯하니, 몹시 우습기만 합니다.

별지

'멀리 지방에서 조정의 권력을 잡고 있다.〔遠執朝權〕'라는 것이 오늘의 첫째가는 죄안(罪案)이기 때문에 무릇 조정의 의론과 관련된 것은 크게 이해관계가 없는 일일지라도 감히 물음에 대답하지 않았습니다. 그러나 지금 그대가 성심을 다하여 알려 왔으니, 또한 어찌 차마 저버릴 수 있겠습니까. 오늘날의 시사(時事)를 두고 곧바로 태괘(泰卦)에 해당한다고 하면 이는 진실로 지나친 것이지만, 비괘(否卦) 중의 작은 태괘라고 한다면 어찌 안 될 것이 있겠습니까. 송(宋)나라가 남쪽으로 옮겨 간 것은 갓과 신발이 거꾸로 뒤집힌 일입니다. 그러나 남송(南宋) 효종(孝宗) 때에 조금 평안해진 것은 정강(靖康)이나 덕우(德祐)[59] 연간과 비교해 보면 차이가 있습니다.

대개 그대의 주된 의도는 '거친 것을 포용해 주고, 하수(河水)를 맨몸으로 건너는 용맹을 쓰고, 멀리 있는 것을 버리지 않고, 붕당을 없앤다.'[60]라는 뜻을 말하려고 하였기 때문에 우선 태괘라는 아름답

59 정강(靖康)이나 덕우(德祐) : 정강은 송나라 흠종(欽宗)의 연호이고, 덕우는 송나라 공종(恭宗)의 연호이다.

60 거친……없앤다 : 《주역》 〈태괘 구이(九二)〉에 "거친 것을 포용해 주고, 하수를 맨몸으로 건너는 용맹을 쓰고, 멀리 있는 것을 버리지 않고, 붕당을 없애면 중도에 배합하리라."라고 하였다. 《송자대전수차》 권5에 "당시 이공(李公)이 이조 정랑으로

고 길한 이름을 피하지 않았던 것이니, 보는 사람들이 자신의 뜻으로 의도한 본뜻을 받아들인다면 거의 알 수 있을 것입니다. 졸렬한 나의 이름이 외람되게 훌륭한 사람들의 틈에 끼인 것을 말하면, 몹시 영광스러운 일입니다. 어떤 사람의 말은 미혹된다고 할 만하지만 보내온 편지에서 나를 위하여 변명한 것은 또한 너무 불필요한 일을 한 듯합니다.

그리고 북백(北伯 민정중(閔鼎重))은 몹시 얻기 쉽지 않은 사람이니, 이런 사람이 많다면 절반은 구제할 수 있지만 기울어지는 큰 집을 어찌 나무 한 그루로 지탱할 수 있겠습니까. 내 생각에 그대는 상하 간의 교제가 없는 듯하니, 벼슬하기 전의 마음을 빨리 되찾아 몇 권의 남은 책이나 읽는 것이 무엇보다 착실한 일일 듯합니다. 윤보(胤甫 유명윤(兪命胤)) 또한 그렇게 해야 할 것이지만 이 사람은 고을 원이 되어 봉양하기에 편하게 되었으면 더욱 좋겠습니다. 그러나 이러한 일들은 절대 다른 사람에게 말하지 말기 바랍니다. 이 별지를 없애지 않으려거든 되돌려 보내 주는 것이 어떻겠습니까?

손자 녀석에 대하여 말하자면, 굳이 과거에 급제하기를 바라는 것은 아니지만 그가 이미 유가(儒家)의 서적에 입문(入門)할 곳이 없으니, 한가하게 세월만 보내기보다 차라리 세속을 따라 과거에 응시하여 문호(門戶)를 유지할 계책을 세우는 편이 나을 것이라는

상소하면서 태괘를 인용하여 시사를 논하기를 '병자년(1636, 인조14) 이래로 국세(國勢)가 조금 안정되었으니, 비괘 중의 작은 태괘라고 할 만합니다. 모름지기 거친 것을 포용해 주고, 하수를 맨몸으로 건너는 용맹을 쓰고, 멀리 있는 것을 버리지 않고, 붕당을 없애는 뜻을 사용하여 나라를 다스려야 할 것입니다.'라고 하였고, 또 제현(諸賢)을 등용하기를 말하면서 또한 선생을 언급하였다."라고 하였다.

생각이 마치 주자(朱子)가 아들 수지(受之 주숙(朱塾))에게 바랐던 것과 같았기 때문에 그가 좋아하는 대로 들어주었던 것입니다. 다만 성품과 기질이 나태하고 게으르나 할아버지와 손자 사이에 박절하게 독촉하고 싶지 않기 때문에 지금 시험 삼아 서울로 보내어 붕우(朋友)의 도움을 받으려고 하니, 그대의 자질(子姪)인 제현(諸賢)이 참여를 허락하여 함께 강습할 수 있도록 하는 것이 어떻겠습니까? 만일 그의 말과 몸가짐에 옳지 않은 점이 있다는 소문을 들으면 부디 불러서 엄하게 꾸짖어 주기 바라니, 그가 그대의 말을 감히 어기지 못할 것입니다.

이계주에게 답함 정미년(1667, 현종8) 8월 27일

答李季周 丁未八月二十七日

예조 낭관이 내려와 그를 통해 그대의 문안 편지를 받게 되니, 마음에 위로되기가 한량이 없습니다. 나는 손자 주석(疇錫)이 혼사를 마치기를 기다렸다가 화양동(華陽洞)에 데리고 들어가서 서로 마주하여 책을 볼 것이고, 내달 초에 제사 지내는 일로 잠시 나왔다가 형세를 살펴보고 다시 들어갈 작정입니다.

《소학언해(小學諺解)》는 봄에 교정한 첫 번째 책인데 근심으로 애가 타는 중에 별안간 보아 넘긴 것입니다. 매양 나의 정성을 다하지 못하는 것을 몹시 아쉬워하였는데, 지금 또 이처럼 하고 말았습니다. 그러나 여러분이 표시한 것은 몹시 정밀한 듯하니, 이후로 다시 교정을 더한다면 의당 더욱 정밀해져서 유감이 없게 될 것입니다. 그렇게 하지 않고 대략 교정하여 간행한다면 뒷날 사람들이 오늘의 일을 보는 것이 아마 오늘날 사람들이 옛날의 일을 보는 것과 같지 않겠습니까. 대개 전대(前代)의 사람들은 오직 사람들이 쉽게 이해할 수 있기만을 바랐을 뿐, 여러 글자의 본뜻은 전혀 돌아보지 않고 임의대로 풀이하여 그 뜻이 제대로 살아나지 못하게 하였기 때문에 글의 뜻은 비록 통할지라도 글자의 뜻은 어두워지게 된 것입니다. 이는 내가 평소에 늘 병통으로 여겼던 것이기 때문에 지금은 오직 원래 글자의 뜻을 힘써 보호하려고 그 아래에 언해(諺解)하여 두 가지 모두 온전하게 한 것이니, 만약 종이 아래에 찌를 붙인 것을 상고해 본다면 나의 뜻이 어디에 있는지를 알 수 있을 것입니다.

대저 이 책이 장차 간행되어 유포된다면 세도와 관계된 바가 가볍지 않을 것이니, 삼가 바라건대 그대가 비록 이미 천전(遷轉)되었더라도 시종일관 이 일을 자임하여 여러 사람의 안목을 수합한 뒤에 한 사람의 손에 완성하여 하자가 전혀 없기를 기약하는 것이 어떻겠습니까?

봄에 교정한 첫 번째 책은 춘형(春兄)이 주관한 것입니다. 그러나 또한 하자가 전혀 없기를 보장하기가 어려우니, 부디 함께 유의해 주는 것이 어떻겠습니까? 상의할 만한 부분이 있거든 개인적으로 물어 주시면 응당 눈먼 견해를 다 말씀드리겠습니다. 다만 그대가 지금 인사(人事)를 담당하는 지위에 있기 때문에 편지를 주고받는 것은 혐의스러울 듯하니, 이 점은 염려할 만합니다. 나머지는 바빠서 다 말하지 못합니다. 예를 갖추지 못합니다.

이계주에게 보냄 정미년(1667, 현종8) 12월 24일

與李季周 丁未十二月二十四日

날을 받아 청기(請期)하는 것은 본래 신랑 집의 일이기 때문에 가제(家弟)[61]가 이것을 아뢰어 명을 기다리려고 하는 것입니다. 문명(問名)과 납길(納吉)은 옛날 예법에 그렇게 하였습니다. 그러나 주자(朱子)가 《가례(家禮)》에서 이것들을 없애 버리고 단지 납채(納采), 납폐(納幣), 친영(親迎)만 남겨 두어 간편함을 좇았으니, 후학이 그렇게 행하여도 모자라거나 장애되는 바가 없으나 구준(丘濬)의 《가례의절(家禮儀節)》에는 이것을 그대로 두었습니다. 그러나 그 축사(祝辭)와 서식(書式)에 "점을 쳐 보니 길하다는 점괘가 나왔다.〔卜之叶吉〕"라고 하거나 "점을 쳐 본다.〔加之卜占〕"라고 하는 등의 말을 모두 없애려고 한 것은 어째서입니까. 문명은 장차 점을 쳐 보려는 것이고 납길은 그 점괘를 알려 주는 것이니, 점을 치려고 하지 않는다면 문명은 또한 쓸데없는 일이 아니겠습니까. 이미 점을 치지 않았다면 이른바 납길이라는 것은 무슨 일이겠습니까. 만약 점을 친다면 축사와 서식에 모두 이러한 말을 없애려고 하는 것은 또 무슨 뜻입니까. 이는 모두 알 수 없는 일입니다.

대저 옛날 사람은 복서(卜筮)를 중하게 여겼기 때문에 반드시 사당에 나아가서 거행하여 그 예법이 매우 엄격하였습니다. 오늘날 사람은

61 가제(家弟) : 송시열의 막냇동생 송시걸(宋時杰)을 가리킨다. 당시 송시걸의 손녀와 이단하(李端夏)의 아들 이자(李螀)의 혼담이 진행되고 있었다.

이미 그 방법을 알지 못하고 이른바 점을 친다는 것도 복채를 구하는 맹인(盲人)에게 묻는 데에 지나지 않거늘, 이러고도 점을 쳤다고 하면 속이는 것에 가까울 것입니다. 그러므로 저희 집안에서는 주 문공(朱文公 주희(朱熹))의《가례》에 의거하여 문명과 납길의 의절(儀節)을 사용하지 않고, 오직 혼인 날짜는 서로 알아야 하기 때문에 신부 집과 서로 의논하여 가려내어 정하고 있습니다. 그러나 편지에서 하신 말씀은 참으로 예법을 아까워하여 양을 남겨 두려는 뜻[62]이니, 흠앙(欽仰)하는 마음을 견디지 못하겠습니다. 응당 가제에게 이야기하여 말씀하신 것처럼 거행하도록 하겠습니다. 납폐와 친영은 예법에 의거하면 이미 같은 날에 거행할 수 없습니다. 선왕조(先王朝 효종)에 승지 심광수(沈光洙)가 탑전에서 아뢴 것을 계기로 주상께서 특별히 1개월 전에 거행하도록 하여 영원히 정식(定式)이 되었습니다. 이는 어길 수 없으니 어떻게 하겠습니까. 서식은《가례의절》에 실린 것을 사용하더라도 참으로 안 될 것은 없습니다마는, 문헌(文獻)이 있는 그대의 집안에서 정주(程朱)의 사륙문(四六文) 형식을 사용하지 않는다면 거칠고 소략하다는 혐의가 있을 것이니 어떻게 여기실지 모르겠습니다.

가제는 응당 증조부를 계승한 종자(宗子)인 종질(從姪) 전(前) 찰방(察訪) 송기륭(宋基隆)을 주인(主人)으로 삼을 것입니다. 이 종질은 고(故) 충신(忠臣) 주부(主簿) 송시영(宋時榮)의 아들입니다. 지금 청주

62 예법을……뜻 : 형식이라도 남겨 두면 나중에 본질을 회복할 수 있다는 뜻이다. 자공(子貢)이 초하룻날 태묘에 고하면서 바치는 희생양을 없애려고 하자, 공자가 말하기를 "자공아, 너는 그 양을 아까워하느냐. 나는 그 예를 아까워한다."라고 하였다.《論語 八佾》

(清州) 마암리(馬巖里)에 살고 있으니, 납폐할 때에 만일 남평(南平)[63]을 멀다고 여기시면 이 조카의 집에서 거행하여도 좋을 듯합니다. 또 가형(家兄)은 아버지를 계승한 종자(宗子)이고 또 최장방(最長房)으로 고조부의 제사를 받들고 있습니다. 《가례》에 종자에게 일이 있으면 다음 종자에게 명한다는 글이 있으니, 납폐를 진산(珍山)에서 거행하더라도 또한 좋을 것입니다. 오직 헤아려 보아 어떻게 할지 알려 주시는 대로 거행하겠습니다. 친영하는 절목(節目)은 한결같이 《가례》를 따라야 할 것이니, 아이들을 시켜서 말씀하신 대로 기록하여 올립니다. 신랑의 옷은 이미 섭성(攝盛)[64]한다고 하였으니 그렇다면 마땅히 대부(大夫)의 복식을 사용해야 하고, 흉배(胸背)[65]와 같은 것은 그대로 두어도 괜찮고 없애 버려도 괜찮을 것입니다. 신랑의 폐백은 마땅히 《가례》를 따라 기러기를 사용하여야 합니다. 기러기가 없다면 나무에 새기는 문양에 어찌 굳이 검은 갈까마귀를 사용할 필요가 있겠습니까. 또 기러기를 사용하는 것은 음양을 따라 왕래하는 뜻을 취한 것이니, 다른 물건으로 대신하는 것은 아마도 온당치 않을 듯합니다.

63 남평(南平) : 전라남도 나주시 남평읍 등 동부 지역 일대에 있었던 고을 이름으로, 당시 송시열의 막냇동생인 송시걸의 임소(任所)였다. 《宋子大全隨箚 卷5》

64 섭성(攝盛) : 옛날 혼례를 올릴 적에 신랑과 신부가 타는 수레와 입는 복식을 일반적인 제도보다 한 등급 올려서 함으로써 성대한 예식임을 보이던 것을 말한다.

65 흉배(胸背) : 관복(官服)의 가슴과 등에 붙이는 수놓은 헝겊이다.

이계주에게 보냄 무신년(1668, 현종9) 1월 그믐
與李季周 戊申元月晦日

몇 시각 동안의 총총(悤悤)한 만남으로 어찌 그간의 적조(積阻)하였던 회포를 다 풀 수 있겠습니까. 작별한 뒤로 더욱 그리운 마음만 더해 갑니다. 지금 여행하는 정황은 어떠합니까? 호남은 예로부터 청절(淸絶)로 일컬어진 고장이라서 곳곳에 있는 매화, 대나무, 귤, 유자가 강락(康樂)의 시흥(詩興)[66]을 도와줄 것으로 생각하니, 시낭(詩囊)에 담아 둔 시를 나에게 보내 줄 수 있겠습니까?

나는 산촌(山村)으로 돌아와서 한결같이 궁벽하고 적막하게 지냅니다. 다만 최생(崔生)이 아침저녁으로 나와 함께하고 있으니, 참으로 회옹(晦翁)이 말한 "저 사람의 어리석음은 나보다 더 심하다."라는 것입니다.

아무튼 남쪽과 서쪽 사이에 저물녘에 나타난 것은 무지개입니까, 혜성입니까? 조짐에 대한 감응은 어디에 있겠습니까? 내 마음을 몹시 놀라게 하였습니다. 우리가 오늘날 기러기와 광주리[67] 사이에서 혼인을 거행하는 것은 지주(池州)의 관례(冠禮)[68]와 유사한 점이 있지 않겠

66 강락(康樂)의 시흥(詩興) : 산수를 유람하며 시를 짓는 흥취를 이른다. 강락은 산수 유람을 즐긴 것으로 이름난 육조(六朝) 송(宋)나라 사영운(謝靈運)의 봉호(封號)이다.

67 기러기와 광주리 : 《송자대전수차》 권5에 "기러기와 광주리는 혼례를 이른다. 기러기는 신랑의 폐백이다. 신부가 시부모를 뵐 때 광주리를 잡으니, 광주리는 폐백을 담는 그릇이다."라고 하였다.

68 지주(池州)의 관례(冠禮) : 송나라 윤곡(尹穀)이 지주를 거느리고 있을 때 금(金)

습니까. 나보다 먼저도 아니고 나보다 나중도 아니니,[69] 어찌하고 어찌하겠습니까.

돌아가는 길에 방문하겠다고 약속하셨으므로 손가락을 꼽으며 우두커니 기다리고 있으니, 그날이 정히 언제쯤일지 모르겠습니다. 이곳으로 오는 인편이 있으면 부디 미리 알려 주는 것이 어떻겠습니까?

나라 군사가 장차 함락하려고 하였다. 윤곡이 힘이 다하자 여러 아들을 위하여 관례를 행하였다. 사람들이 그의 오활함을 탓하니, 윤곡이 말하기를 "정히 관디를 바르게 하여 지하로 돌아가서 선인(先人)을 뵈려고 한다."라고 하였다. 성이 함락되자 온 가족이 절의를 위하여 죽었다. 《宋史 忠義列傳 尹穀》《宋子大全隨箚 卷5》

69 나보다 먼저도……아니니 : 하필이면 이렇게 어려운 시대를 만났다는 말이다. 《시경》〈소아(小雅) 정월(正月)〉에 "부모께서 나를 낳으심이여. 어찌하여 나를 이처럼 힘들게 하셨는가. 나보다 먼저도 아니며 나보다 뒤도 아니로다.〔父母生我, 胡俾我瘉? 不自我先, 不自我後.〕"라고 하였다.

이계주에게 보냄 무신년(1668, 현종9) 5월 2일

與李季周 戊申五月二日

지금 벼슬살이하며 지내는 체후가 무탈하리라 생각합니다. 손자 아이의 행차에 대략 한 통의 편지를 부쳤는데, 제대로 전달되었는지는 모르겠습니다. 지금 그대의 아드님을 만나니 마치 그대의 모습을 대하는 듯하여 사랑하고 칭찬하고픈 마음을 말로 다 표현하지 못하겠습니다. 다만 고향의 부모를 그리워하는 마음이 간절하므로 돌아가는 걸음을 잡아 두기가 어려우니, 내 마음을 몹시 서글프게 합니다.

선대의 문집을 간행하는 일은 일찍이 편지로 말씀드렸고 지금 다시 아드님에게 전하도록 부탁하였습니다. 〈외재기(畏齋記)〉[70]의 초안은 미처 정서하여 이번 편에 부치지 못하니 뒷날을 기다려야 하겠습니다.

○ 어제 어떤 사람이 말하기를 그대 마을에 웅장하고 화려한 집이 서로 연이어 있는데 유독 그대의 거처만 작고 쓸쓸하다고 하였습니다. 이제 보니 둘째 아드님이 거친 음식도 곧잘 먹습니다. 이 어찌 선대의 덕망에 더욱 빛남이 있지 않겠습니까. 지극히 경탄(敬嘆)해 마지않습니다.

70 외재기(畏齋記) : 1668년 6월 송시열은 이단하(李端夏)의 서실인 외재(畏齋)의 기문을 지어 주었다. 《宋子大全 卷141 畏齋記》

이계주에게 답함 무신년(1668, 현종9) 8월 2일

答李季周 戊申八月二日

어제 황생(黃生 황세정(黃世禎))이 그대의 편지를 전해 주어 여러 가지 일러 주신 말씀을 다 알게 되었으니, 위로되고 감사하기 그지없습니다. 나는 숙병(宿病)을 앓던 중에 곽란 증세가 보태져서 5, 6일이나 지속되었기 때문에 나른함이 더욱 심하니, 이는 원기가 이미 쇠퇴하여 온갖 병이 교대로 침범하는 것입니다. 이와 같지 않다면 어떻게 저승길에 들어설 수가 있겠습니까.

전날 지은 재실의 기문은 여러 번 칭찬의 말씀을 들었습니다. 오래되어도 기문의 뜻을 잘 되새기게 된다면 기문을 지은 영광이 또한 지극할 것입니다. 장차 〈귀거래사(歸去來辭)〉를 읊고 고향으로 돌아가려고 한다는 소식을 들었는데, 어느 날 착수하실지 모르겠습니다. 자신은 도성 생활을 즐거워하지 않으면서 청로(淸老)의 일[71]로 나에게 권하니, 어찌 아직도 남과 나를 구분함이 있단 말입니까. 청로는 명성이 중화와 오랑캐에까지 진동하여 한 발짝이라도 대문을 나서면 풀과 나무조차 모두 영광스러워하였으니, 도성 사람들이 이마에 손을 얹고 바라보는 것[72]은 말할 것도 못 됩니다. 그러므로 시대의 바람에

71 청로(淸老)의 일 : 청음(淸陰) 김상헌(金尙憲)의 일을 말한다. 《송자대전수차》 권5에 "청음이 정승에 배수되자 사은(謝恩)하고 즉시 동교(東郊)로 돌아갔다. 당시 선생이 정승에 배수되었으나 나아가지 않았기 때문에 이공(李公)이 청로의 일로 권한 것이다."라고 하였다.

72 도성……것 : 송(宋)나라 사마광(司馬光)이 황제가 붕어하여 대궐로 달려갈 때

간략히 답하지 않을 수 없었던 것이니, 이것이 어찌 사람마다 모두 본받을 수 있는 바이겠습니까. 어떤 사람은 또 말하기를 "이대로 앉아 있어서는 벼슬이 바뀔 기약이 없으니, 반드시 올라가서 사은숙배한 뒤라야 결판이 날 것입니다."라고 하니, 과연 이와 같다면 또한 머뭇거릴 수가 없습니다. 그러나 무엇보다 좁은 길에 들어가면 몸을 돌리기가 어려울 것이니, 말류(末流)에서 이러지도 저러지도 못하기보다는 차라리 평평하고 넓은 땅에서 자유자재로 지내며 세월을 보내는 편이 더 나을 것입니다. 남의 말은 매양 귀에 들어오지 않으니, 이 또한 편벽되고 막혀 있는 사람의 병통입니다. 이미 자신의 병을 알면서도 치료하여 다스리기를 생각하지 않았으니, 그 기질이 너무 박잡하다고 하겠습니다.

나머지 이야기는 병이 든 끝에 기운이 피곤하여 다 하지 못합니다. 이만 줄입니다.

위사(衛士)들이 바라보고 모두 손을 이마에 얹고 말하기를 "이분이 사마 상공(司馬相公)이시다."라고 하였다. 《宋史 司馬光列傳》

이계주에게 답함 무신년(1668, 현종9) 8월 23일

答李季周 戊申八月二十三日

방금 관인(官人)이 15일에 보낸 편지를 전해 주니, 기쁘고 감사하기 그지없습니다. 대가(大駕)가 온천에 임어(臨御)하신 지 벌써 며칠이 되었으나[73] 병 때문에 아직 행조(行朝)에 달려가지 못하였으니, 근심과 걱정이 어찌 끝이 있겠습니까. 이미 올린 상소문은 응당 비답(批答)의 말씀을 보아야 할 것이고, 또 병세(病勢)가 어떠한지를 기다려야 할 뿐입니다.

북서(北書)를 교정한 것[74]을 말하자면, 민(閔) 영감이 하는 일이 으레 이처럼 좋으니 몹시 공경할 만합니다. 오늘날 녹봉을 헛되이 먹지 않는 것으로는 또한 이 같은 경우가 적을 것입니다.

'외(畏)' 자의 뜻을 또한 성심(誠心)으로 구해야 하는 것은 진실로 말씀하신 뜻과 같습니다. 대저 학문하는 일은 굳이 심오한 데에서 구할 필요가 없고 단지 응접하는 사이에 삼가고 두려워하는 마음을 보전하여 감히 뜻을 방자하게 하여 장난으로 대하지 않는다면 곧 잘못이 적어짐을 느낄 것입니다. 이것으로 나머지 일에 넓혀 나가서 끊어지지 않게 하는 것이니, 이것이 바로 성실히 하려는 일[75]입니다. 선유(先儒)의

73 대가(大駕)가……되었으나 : 1668년 8월 20일 현종이 온양 행궁(溫陽行宮)에 도착하였다. 《顯宗實錄 9年 8月 20日》

74 북서(北書)를 교정한 것 : 《송자대전수차》 권5에 "아마도 관북(關北)의 서책으로, 노봉(老峯)이 도백(道伯)이었을 때 교정하여 간행한 것인 듯하다."라고 하였다. 노봉은 민정중(閔鼎重)의 호이다.

75 성실히 하려는 일 : 공자가 말하기를 "성실한 것은 하늘의 도이고, 성실히 하려는

뜻은 대개 이와 같습니다.

일찍이 왕래하던 사람이 그대가 이미 동쪽으로 돌아갔다고 하였기 때문에 편지를 보내지 않았습니다. 이 뒤를 이어 응당 질문할 일이 있을 것입니다. 이만 줄입니다.

별지

선사(先師)인 사계(沙溪) 김 선생(金先生 김장생(金長生))의 《경서변의(經書辨疑)》에 "살펴보건대, 헌자(獻子)[76]는 자사(子思)의 시대와 거리가 서로 멀기 때문에 옥계(玉溪)의 설[77]은 의심스러우니, 선배들도 이 점에 대하여 이미 의심하였다."라고 하였습니다. 그러나 옥계 또한 반드시 상고한 바가 있었을 것이니, 아마도 '맹헌자(孟獻子)'라는 이가 두 사람이 있었던 것이 아니겠습니까. 당시 제후 중에 시호가 겹치는 자가 매우 많았으니, 맹씨(孟氏) 중에 헌자가 두 사람 있는 것이 반드시 없는 이치는 아닐 것입니다. 《맹자》 중에 공명의(公明儀)가 모두 네 번 보이는데, 율곡(栗谷) 또한 두 사람이었을 것이라고 의심하였습니다.

것은 사람의 도이다."라고 하였다. 《中庸章句 第20章》

76 헌자(獻子) : 춘추 시대 노(魯)나라의 어진 대부인 맹헌자(孟獻子) 중손멸(仲孫蔑)이다. 《대학장구(大學章句)》 전(傳) 10장(章)에 맹헌자의 말이 실려 있다.

77 옥계(玉溪)의 설 : 《대학장구》 전 10장에 "나라는 이익을 이로움으로 여기지 않는다.〔國不以利爲利.〕"라고 한 구절의 소주(小註)에 옥계 노씨(玉溪盧氏)가 말하기를 "헌자가 일찍이 자사를 스승으로 삼아 의리와 이익의 구분을 알 수 있었기 때문에 혈구지도(絜矩之道)를 알 수 있었다."라고 하였다. 《大學章句大全 傳10章》 옥계는 송(宋)나라 학자 노효손(盧孝孫)의 호이다.

《소학(小學)》 호본(湖本)은 응당 옥당(玉堂)에 있을 듯합니다. 호본이 간행될 때 나도 처결하는 데에 자못 힘을 기울였습니다. 사계 선생이 기록한 것을 〈소학집주고정(小學集註攷訂)〉이라 표제(標題)하고 해당하는 장(張)의 구절에도 이처럼 하였습니다. 내가 기록한 몇 조목도 첨입(添入)하였으나 그 아래쪽에다 "이상은 사계 김장생이 고정(考訂)한 것이다."라고 총괄하여 이름하였습니다. 이는 문인(門人)이 기록한 것이 간간이 있더라도 그 근본은 모두 선생에게서 나온 것이니 이처럼 하더라도 무방하기 때문입니다. 옛날 채구봉(蔡九峯 채침(蔡沈))이 《서전(書傳)》에 주자(朱子)의 설을 인용하고서도 모두 자기의 설이라고 총괄하였습니다. 이것도 오히려 혐의스럽게 여기지 않았으니, 오늘의 일은 더욱 안 될 것이 없습니다. 어떻게 생각하십니까?

지금 판본에는 단지 제3판(板) 아래에 "사계 김장생이 기록한 것이다."라고만 하였으니, 그 위의 두 조목은 변통할 곳이 없습니다. 그 아래 21판, 26판, 35판 또한 그러합니다. 무엇보다도 "여러 어머니와 가한 자를 가려서 뽑아야 한다.〔擇於諸母與可者〕"[78]라는 구절의 '가(可)' 자를 주자가 '아(阿)' 자라고 한 것은 내가 고증해 낸 것입니다. 그 설은 없앨 수 없는데도 지금 판본에는 없으니, 응당 첨입해야 할 듯합니다.

78 택어제모여가자(擇於諸母與可者) : 《예기(禮記)》 〈내칙(內則)〉에 "무릇 아이를 낳으면 여러 어머니와 가한 자를 가려서 뽑아야 한다.〔凡生子, 擇於諸母與可者.〕"라고 하였다. 주자가 말하기를 "'가(可)'는 《열녀전(列女傳)》에 '아(阿)'로 되어 있으니, 곧 이른바 아보(阿保)이다."라고 하였다. 아보는 보모(保母)를 가리킨다. 《小學集註 立教》

이계주에게 답함 무신년(1668, 현종9) 8월 24일

答李季周 戊申八月二十四日

방금 아침에 일어났을 때 관청의 인편이 21일에 보낸 편지를 전해 주었습니다. 어제 내가 답장을 보내고 겸하여 〈소학집주고정(小學集註考訂)〉에 대하여 질의하였는데 그 질의한 내용이 한결같이 지금 편지에서 하신 말씀과 같으니, 의리는 우주를 뛰어넘더라도 똑같지 않음이 없다는 사실을 알 수 있어 몹시 기쁘고 위로됩니다.

전날 사관(史官)에게 말해 준 것은 일이 응당 이와 같아야 하기 때문에 감히 공공연히 이야기한 것입니다. 그러나 질병 때문에 뜻처럼 안 될 수도 있기 때문에 감히 기필할 수는 없다고 다시 말해 주었습니다. 그 뒤에 과연 곽란을 앓게 되어 즉시 소(疏)를 올려 사정을 진달하고는 지금 비답이 내려오기를 기다리고 있습니다. 나머지 이야기는 어제 보낸 편지에 적혀 있으니, 다시 하나하나 말하지 않습니다.

별지

첫 번째 줄에는 호본(湖本)의 의거하여 미땅히 〈소학집주고정〉이라고 적어야 할 것이니, 어제 편지에 이미 질의하였습니다. '제모여가자조(諸母與可者條)'도 어제 편지에서 이미 질의하였습니다.

끝부분에 총괄하여 "김사계(金沙溪)……"라고 적는 것은 어제 편지에 이미 질의하였습니다.

이미 첨입한 조목이 있다면 제3판(板)을 점유하는 것을 끝내 면할 수 없습니다.

오성(鰲城 이항복(李恒福))은 노선생(老先生 김장생(金長生))과 동년배이기 때문에 관직으로 칭하였습니다. 지금 이 〈소학집주고정〉은 문인과 제자 들이 문집 중에서 취하여 편입(編入)한 것이니, 그렇다면 그 별호(別號)를 칭하지 않을 수 없습니다.

이계주에게 보냄 무신년(1668, 현종9) 9월 3일

與李季周 戊申九月三日

빗장을 굳게 닫고 고사(固辭)하던 중에 승지가 또 이르러 말하기를 "춘궁(春宮)의 환후가 편안하지 않아 대가(大駕)가 갑자기 돌아갈 계획을 결정하였다."라고 하였습니다. 놀라움과 염려를 견디지 못하여 분주하게 길에 올랐으니, 밤이 깊으면 응당 행궁(行宮)에 도착할 것입니다. 만일 춘궁이 건강을 회복하였다는 소식을 듣게 되면 응당 지난해의 일[79]처럼 할 것입니다.

〈소학집주고정(小學集註考訂)〉 끝부분에 적는 글은 임금께 아뢸 경우 '선생'이라는 칭호가 혐의스럽다면 "문원공(文元公) 김모(金某)……"라고 하는 것이 어떻겠습니까?

나머지 이야기는 몹시 바쁘고 또 어수선하여 다 말하지 못합니다. 이만 줄입니다.

별지

《대학(大學)》에서 말한 맹헌자(孟獻子)를 두고 중손멸(仲孫蔑)이라고 한 것은 바로 주자(朱子)의 주석이니, 누가 감히 이를 의심하겠습니까. 다만 의심컨대 자사(子思)의 시대에 또 다른 '헌자(獻子)'가

79 지난해의 일 : 송시열은 을사년(1665)에 온천 행차에서 어가가 돌아갈 때, 삼가 전송하고 뒤에 남았다가 좇아가서 수원(水原)에 이르러 상소를 올리고 남쪽으로 돌아갔다. 《宋子大全 附錄 卷5 年譜》

있었기 때문에 옥계(玉溪)가 우연히 대조를 잘못하여 갑자기 설을 세운 것[80]이고, 명(明)나라 선비들이 또 제대로 교감하지 못하고 부주(附註)에 넣은 듯합니다. 또 《대학》의 전문(傳文)은 증자(曾子)의 문인들이 기록한 것입니다. 자사 또한 증자의 문인이니, 어찌 자사 문인의 설을 전문으로 삼을 수 있겠습니까. 이는 결코 있을 수 없는 이치입니다.

보내온 편지에서 "공자 이전에는 의리를 아는 현인(賢人)이 결코 없었을 것이다."라고 하였으나, 이는 그렇지 않습니다. 삼대(三代) 시대에 의리가 크게 밝았으니, 어찌 의리를 아는 사람이 없었다고 할 수 있겠습니까. 한(漢)나라의 동자(董子 동중서(董仲舒))도 오히려 "그 의리를 바르게 하고 그 이익을 도모하지 않는다."라고 하였으니, 어찌 삼대 시대에 한 사람의 동자가 없었겠습니까.

홍 학정(洪學正)이 인증(引證)한 것은 몹시 상세하니, 바꿀 수가 없습니다. 다만 '좌구명(左丘明)'이라는 이가 두 사람이 있다고 한 것은 아마 그렇지 않을 듯합니다.[81] 주자가 말하기를 "좌구(左丘)는

80 옥계(玉溪)가……것 : 415쪽 주77 참조.

81 좌구명(左丘明)이라는……듯합니다 : 《논어》에 나오는 '좌구명'과 《춘추좌씨전(春秋左氏傳)》을 지은 '좌구명'은 성명(姓名)이 동일한 두 사람이 아니라 성명이 다른 두 사람이라는 것이다. 곧 《논어》의 '좌구명'은 성이 '좌구'이고 이름이 '명'이며 《춘추좌씨전》의 '좌구명'은 성이 '좌'이고 이름이 '구명'이라는 것이다. 공자가 말하기를 "말을 듣기 좋게 하고 얼굴빛을 곱게 꾸미고 공손을 지나치게 함을 좌구명이 부끄러워하였는데, 나 또한 이것을 부끄러워하노라.〔巧言令色足恭, 左丘明恥之, 丘亦恥之.〕"라고 하였다.《論語 公冶長》 이에 대해 주희(朱熹)가 말하기를 "좌구는 옛날에 이러한 성이 있었고 이름은 명(明)이니, 별개의 한 사람이고, 《춘추》의 전을 지은 사람은 바로 좌씨로, 따로 별개의 한 사람이다.〔左丘是古有此姓, 名明, 自是一人, 作傳者乃左氏, 別自是一

성(姓)이고 이름은 명(明)이다. 전(傳)을 지은 사람은 바로 좌씨(左氏)이다.……"라고 하였으니, 그렇다면 《춘추(春秋)》의 전(傳)을 지은 좌구와는 그 성과 이름이 절로 관련되지 않으니, 두 사람인지 한 사람인지는 굳이 분별할 것도 없을 듯합니다. 어떻게 생각하십니까?

人.]"라고 하였다. 《朱子語類 卷29 論語 公冶長 巧言令色足恭章》

이계주에게 답함 무신년(1668, 현종9) 11월 20일

答李季周 戊申十一月二十日

답장은 참으로 감사합니다. 오늘의 일은 동춘당(同春堂 송준길(宋浚吉))만이 담당할 수 있으나 또한 되돌아올 뜻이 없습니다. 제현(諸賢)은 모름지기 함께 혈성(血誠)을 다하여 성상의 마음을 돌려야 하니, 그렇게 되면 국사(國事)가 거의 잘 다스려질 것입니다. 오늘의 일은 위로 궁위(宮闈)로부터 아래로 여항(閭巷)에 이르기까지 사사로운 뜻이 제멋대로 유행하여 내외(內外)와 대소(大小) 간에 하나도 병들지 않은 것이 없으니, 반드시 이러한 폐단을 제거한 뒤라야 비로소 착수할 곳이 있습니다. 그대 아드님의 거취 문제는 일의 형세로 볼 때 진실로 그러할 수밖에 없습니다. 이만 줄입니다. 예를 갖추지 못합니다.

이계주에게 답함 무신년(1668, 현종9) 11월 23일

答李季周 戊申十一月二十三日

보내온 편지에서 말씀한 뜻은 삼가 잘 알겠습니다. 나 역시 도성에 머무르면 만에 하나라도 충성을 바칠 일이 있을 줄로 알고 있습니다. 다만 병이 날로 더욱 심해져서 비록 줄어들거나 멈추는 때가 있기도 하지만 위독할 때가 항상 많으니, 갑자기 아침이슬처럼 사라져서 세상의 웃음거리가 될까 가만히 두렵습니다. 이 때문에 마음을 잡을 수 없어 항상 고향을 그리워하는 마음을 갖게 되었을 뿐이니, 어찌 감히 한마디 말이 합치하지 않다고 곧 발끈 화를 내며 결연히 떠나가겠습니까. 가만히 보건대 금일 성상의 뜻은 서문(西門) 형[82]에게 몹시 의지하시니, 만약 제현이 협동하여 힘을 다한다면 국사가 거의 잘 다스려질 것입니다.

《대학(大學)》을 교정한 곳은 찌를 붙여 다시 질의하니, 그대가 살펴보고 처리함에 달려 있을 뿐입니다. 이만 줄입니다.

별지

"지지(知至)에서 성의(誠意)까지"[83]에 대하여.

82 서문(西門) 형 : 《송자대전수차》 권5에 따르면 송준길(宋浚吉)을 가리키는 듯하다.

83 지지(知至)에 성의(誠意)까지 : 주희(朱熹)가 말하기를 "물격과 지지가 한 단락의 일이고, 의성·심정·신수가 한 단락의 일이고, 가제·국치·천하평이 또 한 단락의 일이다. 지지에서 성의까지는 또 하나의 연접된 관문이고, 수신에서 제가까지는 또 하나의 연접된 관문이다.〔物格知至, 是一截事; 意誠心正身修, 是一截事; 家齊國治天

○ 이 말은 《주자어류(朱子語類)》에 나오니, 공부와 공효(功效)를 서로 섞어서 말한 것입니다. 아마 기록한 사람의 오류인 듯하지만 본문이 이와 같으니, 개정(改定)하기가 어렵습니다. 비록 구본(舊本)을 따라 '의성(意誠)'이라고 고치더라도 또 아랫글의 수신(修身), 제가(齊家)와 서로 방해가 되니, 구본 그대로 두어야 할 듯합니다. 종이 바깥에다 "성의(誠意)는 구본에 의성(意誠)으로 되어 있다."라고 적는 것이 어떻겠습니까?

"여석(鑢錫)"[84]에 대하여.

○ '석(錫)'은 구본대로 두되 종이 바깥에다 "당본(唐本)에는 '탕(鐋)'으로 되어 있고 운서(韻書)에는 '양(鐊)'으로 되어 있다."라고 적으면 근엄하면서도 완비할 듯하니, 어떻게 여기실지 모르겠습니다.

下平, 又是一截事. 自知至交誠意, 又是一箇過接關子; 自修身交齊家, 又是一箇過接關子.〕"라고 하였다. 《朱子語類 卷15 大學》

84 여석(鑢錫) : 《대학장구(大學章句)》 전(傳) 3장 "여절여차(如切如磋)" 구절에 대한 주희의 주석에 "줄과 대패로 간다.〔磋以鑢鍚〕"라는 풀이가 있다.

이계주에게 보냄 무신년(1668, 현종9) 11월 28일

與李季周 戊申十一月二十八日

일의 형세가 곤궁하고 위태로우니, 이렇게 마음대로 성급한 처사를 하게 된 것[85]은 부득이한 일입니다. 이렇게 하지 않으면 누가 나를 역시 이 사람이라고 하겠습니까. 손수 적어서 일러 주신 말씀을 삼가 받게 되니 그 뜻이 몹시 두텁습니다. 그러나 세간에 지기(知己)를 만나기 어렵다는 탄식을 참으로 오늘 발하게 됩니다. 그대가 평소에 나를 보는 것이 정헐후(鄭歇後)[86] 정도에라도 미칠 수 있겠습니까. 이만 줄입니다.

85 마음대로……것 : 송시열은 1668년 2월에 우의정에 제수되었고 9월에 온천의 행궁에 입대(入對)하였다. 승지가 전하는 전유(傳諭)를 여러 차례 받았으나 고사하고 받아들이지 않다가 마침내 체직의 은혜를 입고 수가(隨駕)하여 도성에 들어갔고, 10월에 나시 제수되자 당일에 상소를 남겨 떠남을 아뢴 뒤에 광주(廣州)의 궁촌(宮村)으로 물러 나갔다. 《宋子大全 附錄 卷5 年譜》

86 정헐후(鄭歇後) : 당(唐)나라 소종(昭宗) 때의 재상 정계(鄭綮)를 가리킨다. 본래 시를 잘 지었고 말에 해학과 풍자가 많았기 때문에 세상에서 '정오헐후체(鄭五歇後體)'라고 불렀다. 재상에 임명하는 조서가 내려오자 머리를 긁적이며 "헐후한 정오(鄭五)가 재상이 되다니 시사(時事)를 알 만하다."라고 하였고, 벼슬한 지 겨우 석 달 만에 스스로 남들에게 우러름을 받지 못한다고 여겨서 병을 이유로 사직을 청하였다. 《新唐書 鄭綮列傳》 '정오'는 정씨 가문 동일 항렬의 다섯째라는 뜻이다.

이계주에게 답함 무신년(1668, 현종9) 12월 2일

答李季周 戊申十二月二日

그대의 편지를 받고 위로되고 감사하여 무엇이라 말할 바를 모르겠습니다. 다만 나에게 펼쳐지는 일은 몹시 이 사람을 황공하고 부끄럽게 만듭니다. 오늘 망녕되이 행하는 일들이 어찌 전현(前賢)의 올바른 전철과 비슷한 점이라도 있겠습니까. 단지 군색하고 다급하여 어찌할 바를 모르는 데에서 나온 것일 뿐입니다. 또 생각건대 옛사람은 행동이 반드시 거칠지 않았더라도 또한 담장을 따라 달아나는 처신[87]이 있었습니다. 내 마음에 이는 혹 특별한 도리라고 생각하니, 이 밖에 결코 다른 뜻이 없습니다. 성상께서 호조 판서까지 보내어 조용히 밤에 이야기하도록 하신 일[88]에 이르러서는 그 곡진하고 간절한 정성은 귀신도 감읍(感泣)하게 할 수 있거늘, 어찌 감히 돌아가는 채찍을 성급하게 휘두를 수 있겠습니까. 강 밖에서 배회하며 단지 스스로 황공할 뿐입니다.

87 담장을……처신 : 벼슬이 높아질수록 더욱 공손하게 행동하는 처신을 말한다. 공자의 선조 정고보(正考父)가 정(鼎)에 새기기를 "첫 번째 벼슬을 받자 머리를 숙였고, 두 번째 벼슬을 받자 몸을 굽혔고, 세 번째 벼슬을 받자 허리를 굽히고는 길 가운데를 피해 담장을 따라서 달아났으니, 아무도 나를 모욕하는 이 없었네. 이 솥에 진한 죽을 쑤고 이 솥에 묽은 죽을 쑤어 내 입에 풀칠하리라."라고 하였다. 《春秋左氏傳 昭公7年》

88 성상께서……일 : 1668년 12월 1일에 재차 상소하여 사직을 청하였으나 윤허하지 않고, 이날 호조 판서 민정중(閔鼎重)을 궁촌(宮村)에 보내어 선유(宣諭)하였다. 《宋子大全 附錄 卷5 年譜》

이계주에게 보냄

與李季周

부학(副學) 민공서(閔公瑞)[89]가 이미 수긍했다면 일이 반 넘게 이루어진 것이니 조용히 상의하여 반드시 통과되기를 기약해야 할 것이고, 전상(銓相 이조 판서)에게 말한다면 전상 또한 믿게 될 듯합니다. 저 사람이 만약 끝내 믿지 않고 반드시 이현영(李顯英)[90]처럼 하려고 한다면 또 부학 민공서에게 간통(簡通)을 청해야 할 것이고, 간통에 답장을 얻은 뒤에 비로소 허락한다면 일이 이루어질 듯합니다. 그러나 여러 사람의 뜻은 필시 불편해할 것입니다.

그대는 일찍이 영남의 문관(文官) 김왕(金迬)[91]에 대하여 들은 적이 있습니까? 이 사람은 인조조(仁祖朝)에 홀로 상소하여 심양(瀋陽)에 조력 군대를 파견하지 말기를 청하였으니, 그 의리가 몹시 높아 이러한 절의(節義)는 청음(淸陰)[92]과 다름이 없습니다. 내가 전형(銓衡)을 맡

89 민공서(閔公瑞) : 민시중(閔蓍重, 1625~1677)으로, 공서(公瑞)는 그의 자이다.

90 이현영(李顯英) : 1573~1642. 본관은 한산(韓山), 자는 중경(重卿), 호는 창곡(蒼谷)이다. 1595년(선조28) 문과에 급제하여 도승지, 형조 판서, 대사헌 등을 역임하였다. 김상헌(金尙憲)과 함께 심양에 감금되었다가 돌아오던 중에 평양(平壤)에서 죽었다. 시호는 충정(忠貞)이다.

91 김왕(金迬) : 1606~1681. 본관은 의성(義城), 자는 여정(汝定), 호는 불구당(不求堂)이다. 예천(醴泉) 출신으로, 1639년(인조17) 문과에 급제하여 직강, 충청 도사, 함평 현감(咸平縣監) 등을 역임하였다. 저서로 《불구당집(不求堂集)》이 있다.

92 청음(淸陰) : 김상헌(金尙憲)의 호이다. 청(淸)나라의 출병 요구에 따라 조정에서 군병을 징발하려 하자, 김상헌이 이를 반대하는 상소를 올렸다가 심양으로 압송되었다.

왔을 때 힘껏 주선하여 통청(通淸)하려는 논의도 있었습니다. 그 뒤에 호서(湖西)의 아사(亞使)가 되어 과장(科場)에서 마음을 쓰다가 일이 그릇되고 말았으나[93] 그 실상을 따져 보면 공도(公道)를 행하려다가 자신도 모르게 사도(私道)에 빠진 것일 뿐입니다. 이 사람이 지금 서울에 있으니, 급급하게 등용하여 절의를 배양하는 터전으로 삼아야 합니다. 그대를 만났을 때 잊고서 기억하지 못하였기 때문에 비로소 편지를 통하여 번거롭게 말하니, 가탄스럽습니다. 이만 줄입니다.

이때 올린 〈청물조병심양소(請勿助兵瀋陽疏)〉가 《청음집(淸陰集)》 권21에 실려 있다.

93 호서(湖西)의……말았으나 : 아사는 감영(監營)이나 유수부(留守府)의 도사(都事)나 경력(經歷)을 말한다. 1660년(현종1) 충청 도사였던 김왕이 감시(監試) 과장에서 사정(私情)을 부린 일로 정배되었다. 《顯宗實錄 1年 9月 20日, 10年 1月 20日》

이계주에게 보냄

與李季周

처음부터 지금까지 단지 그대가 바깥의 논의를 듣지 않는 것을 몹시 아쉽게 여겼으니, 내가 만약 일러 주지 않는다면 이는 그대를 저버리는 일이기 때문에 언급한 바가 있었던 것입니다. 판상(判相)[94]은 우리와 무관한 사람이니, 어찌 굳이 이곳에서 주고받은 편지의 내용을 일러 줄 필요가 있겠습니까. 대략 듣건대 판상이 한결같이 아공(亞公)[95] 형제의 말만 듣고 다른 사람의 논의는 일절 물리쳐서 이 지경에 이르렀다고 하니, 이 점은 알지 않아서는 안 될 것입니다. 원회(元會)[96]가 마침내 대각(臺閣)에 들어가게 된다면 공의(公議)가 조금 펼쳐질 것입니다. 그러나 성상의 뜻에 행여 아껴서 미루지는 않겠습니까? 몹시 염려스럽습니다. 이만 줄입니다.

94 판상(判相) : 《송자대전수차》 권5에 "이조 판서를 가리키는 듯하다."라고 하였다.

95 아공(亞公) : 《송자대전수차》 권5에 "이조 참판을 가리키는 듯하다."라고 하였다.

96 원회(元會) : 김징(金澄, 1623~1676)의 자이다. 본관은 청풍(淸風), 호는 감지당(坎止堂)이다. 1652년(효종3) 문과에 급제하여 정언, 동부승지, 전라도 관찰사 등을 역임하였다.

이계주에게 보냄 무신년(1668, 현종9) 12월 29일

與李季周 戊申十二月二十九日

대각(臺閣)의 차자(箚子)는 전적으로 근본의 일을 논한 것이고 그대는 그 일에 대하여 처음부터 생각이 달랐으니, 그렇다면 장관(長官)과는 의견의 차이가 있지 않겠습니까. 또 관료가 서로 충고해 주는 것은 본래 서로 간의 도리이거늘, 만약 발끈 화를 내어 사람들이 감히 입을 열 수 없도록 한다면 이 또한 옛사람의 풍모가 아닐 것입니다. 오늘 취할 도리는 단지 이를 받아들여 자신의 잘못으로 여길 뿐이고 이미 지나간 일을 마음에 담아 두어서는 안 됩니다. 붕우 간에 강론하는 일 또한 보는 대로 의견을 주고받아 시사(時事)를 도와 나가는 것이 사대부의 화평하고 공정(公正)한 도리일 듯합니다. 대개 저 사람이 충고해 주는 말이 공심(公心)에서 나온 것이라면 나 또한 마땅히 공심으로 대해야 옳을 것이니, 어떻게 여기실지 모르겠습니다. 그러나 나는 오래 머물려고 하는 사람이 아니니, 혹 그대가 동쪽으로 돌아가려는 계획이 있더라도 나와 더불어 그 거취를 함께하는 것이 어떻겠습니까?

이계주에게 답함 기유년(1669, 현종10) 4월 13일

答李季周 己酉四月十三日

두려운 마음으로 숲속에서 지내며 생각이 복잡하던 차에 갑자기 문현(文縣)의 인편을 통하여 그대의 편지를 받게 되니, 마치 얼굴을 대하는 듯하여 위로되고 후련하기 그지없습니다. 나는 감히 궤장(几杖)을 하사받은 원로(元老)와 서로 계교(計較)할 수 있는 사람이 아니고, 단지 의리를 무너뜨려 오히려 이 원로 정승에게 비난을 받았을 뿐이니[97] 다시 조정에 들어갈 수 없는 것이 분명합니다. 이 때문에 밝은 성상께는 감히 감출 수 없어 죄를 청하는 글에 대략 드러내었던 것이니, 듣는 사람들은 반드시 마음에 노여워할 것으로 생각합니다. 이는 나의 견개(狷介)하고 편협한 성격이 늙어도 변하지 않아 하고 싶은 말이 있으면 반드시 입을 치고 나와서 스스로를 상하게 하고 남을 해치는 데에 이른 것이니, 바로 주자(朱子)가 이른바 태양(太陽) 체질에 의해 드러나는 증세라는 것입니다. 그러나 이로 인하여 더욱 세상 사람들에게 버림받게 되었습니다. 편안한 마음으로 임천(林泉)에서 여생을 마치는 것이 필시 노경(老境)의 좋은 일일 것이니, 이 정승에게 받은 은혜가 크다고 하겠습니다.

97 궤장(几杖)을……뿐이니 : 궤장을 하사받은 원로는 이경석(李景奭)을 가리킨다. 1668년에 이경석이 궤장을 하사받고서 송시열에게 그 일을 글로 기록해 주기를 청하였는데, 송시열이 풍자하는 내용을 담았으므로 이경석이 유감으로 여겼다. 이때 영중추부사였던 이경석은 차자를 올려 "왕이 가까이 계시는데도 입조(入朝)하는 사람이 없다"라고 하면서 송시열을 논척하였다. 《宋子大全 附錄 卷6 年譜》

지금 올린 상소에 대한 비답은 즉시 내려오기를 보장할 수 없고, 내려오더라도 또한 분수령(分水嶺)[98]을 감히 한 걸음도 넘어갈 수 없습니다. 세상의 도가 이와 같은데도 지난날 곧 나의 얕은 생각과 미약한 힘으로 당세(當世)에 개혁할 뜻을 두었으니, 지금 되돌아 생각해 보면 자신도 모르게 한바탕 큰 웃음을 터뜨리게 됩니다. 깊이 사랑해 주는 은혜를 입어 이렇게 속마음을 다 토로하였으니, 외부 사람에게는 말하지 말기를 바랍니다. 이만 줄입니다.

98 분수령(分水嶺) : 주희(朱熹)가 수도 임안(臨安)으로 들어갈 때 길이 분수령을 지나가야 하였는데, 의리상 편안하기 어려운 점이 있었으므로 "그저 힘껏 사직하다가 죄를 얻더라도 어떻게 할 수 없지만, 다만 두 다리는 분수령을 한 걸음도 지나갈 수 없습니다."라고 하였다. 《晦庵集 續集 卷4 答劉晦伯》

이계주에게 답함 기유년(1669, 현종10) 5월 22일

答李季周 己酉五月二十二日

한동안 소식이 뜸하여 몹시 그리워하던 차에 방금 이달 18일에 보낸 그대의 편지를 받게 되니, 마치 얼굴을 대하는 듯하여 기쁘고 위로되는 마음을 말로 다 할 수 없습니다. 나는 병이 날로 더욱 깊어지는데도 사방으로 통하는 곳에 앉아 날마다 인사(人事)를 접하고 있으니, 이는 병을 조섭하는 방도가 전혀 아닙니다. 그래서 지금 채비를 차려 손자 아이들과 함께 화양동(華陽洞)에 들어가 몇 달을 보낼 계획을 하고 있습니다. 떠들썩한 말들[99]이 여러 번 나의 몸에 미쳤다고 하신 말씀은 나도 당초에 이미 익숙히 예상하였던 일입니다. 그러나 세도(世道)를 위하여 부득이한 것이니, 어찌 이를 피할 수 있겠습니까. 실로 마음에 달갑게 여기는 바입니다.

호문정(胡文定)이 남양인(南陽人)이라는 것은 《주자대전(朱子大全)》 권76의 16판(板)에 실려 있으니, 대개 "시독(侍讀) 남양(南陽) 호문정 공이 남겨진 경서를 외우고 강설하여 성인의 학문을 열었다."라고 하였습니다. 이와 같지 않으면 어찌 감히 근거 없는 말을 만들어 내어 옳지 못한 일을 한 죄[100]를 범하겠습니까. 나머지 이야기는 병든

99 떠들썩한 말들 : 《송자대전수차》 권5에 "선생이 이경석(李景奭)을 지척(指斥)하자, 온 세상이 떠들썩하였다."라고 하였다.

100 옳지……죄 : 제반 사실을 따져 보지도 않고 일을 벌이는 것을 말한다. 춘추 시대 정(鄭)나라와 식(息)나라 사이에 약속을 위반한 일이 있어 식후(息侯)가 정나라를 쳤다가 대패하여 돌아갔다. 사관이 이 일에 대하여 평하기를 "군자는 이것으로 식나라가

몸을 억지로 일으켜서 겨우 적느라 다 말하지 못합니다. 예를 갖추지 못합니다.

장차 망하리라는 것을 알 수 있다. 식나라는 자신의 덕을 헤아리지 않았고, 역량을 헤아리지 않았고, 친한 이를 친하게 여기지도 않았고, 사실에 근거하여 자기의 말을 따져 보지도 않았고, 누구에게 허물이 있는지 살피지도 않았다. 이 다섯 가지 옳지 못한 죄를 범하고서 남을 공격하였으니, 패전한 것이 또한 당연하지 않겠는가."라고 하였다.《春秋左氏傳 隱公11年》

이계주에게 답함 기유년(1669, 현종10) 6월 20일

答李季周 己酉六月二十日

방금 우편을 통하여 7일에 보내신 편지를 받게 되니, 근심스러운 마음에 몹시 위로됩니다. 나는 옛 서책을 보고 겸하여 아이들을 공부시키려고 지난달 화양동(華陽洞)으로 와서 지내고 있습니다. 지난 일을 되돌아 생각해 보건대, 유윤보(兪胤甫 유명윤(兪命胤))는 이미 고인이 되었으니 지난 자취를 더듬어 보면 눈물이 더하여 마음을 가눌 수 없습니다.

그대의 진퇴 문제는 참으로 염려스럽습니다. 그러나 일찍이 보건대 주상 앞에서 진언한 말들이 많이 받아들여졌고 조정 또한 현 실정에 어둡다는 이유로 배척하지 않았으니, 어찌 정성스러운 뜻이 간절하고 지극하여 위아래를 감동시킬 수 있어서가 아니겠습니까. 조정에 이처럼 도움이 된다면 어찌 굳이 반드시 떠나가기를 작정할 필요가 있겠습니까. 모쪼록 힘써 종사하여 반드시 만에 하나라도 경비(傾否)[101]할 수 있는 것을 충정으로 삼는 것이 어떻겠습니까?

최생(崔生)은 이곳으로 온 뒤로 물에 막혀 서로 안부를 묻지 못하고 있습니다. 방백(方伯)이 만약 그대의 말에 따라 구제해 준다면 얼마나 다행이겠습니까. 가정에 머물며 공부하는 것은 참으로 좋은 일이기는 하지만 이미 처자식이 있다면 또한 왕승복(王承福)[102]과는 다르니, 마

101 경비(傾否) : 비색(否塞)한 운수를 기울여 형통하게 만든다는 뜻이다. 《주역》 〈비괘(否卦) 상구(上九)〉에 "상구는 비색함을 기울게 하니, 먼저는 비색하고 뒤에는 기쁘다.〔上九, 傾否, 先否後喜.〕"라고 하였다.

음이 외물에 끌려가지 않는 것을 도(道)로 삼기 어려운 점이 있을 것입니다. 나머지 이야기는 몹시 바빠서 다 하지 못합니다. 이만 줄입니다.

102 왕승복(王承福) : 한유(韓愈)의 〈오자왕승복전(圬者王承福傳)〉에 나오는 인물이다. 왕승복이 말하기를 "공이 큰 사람은 자신의 생활도 풍족하고 처자식도 다 자신이 먹여 살린다. 나는 모자라고 공도 작으니 처자식을 두지 않는 것이 옳다."라고 하였다. 《韓昌黎集 卷12》

이계주에게 보냄 기유년(1669, 현종10) 8월 11일

與李季周 己酉八月十一日

가을이 깊어지는 이때 벼슬하는 체후가 어떠하신지 모르겠습니다. 늘 그막의 나의 정회는 그대 있는 곳으로 오가지 않는 날이 없습니다. 나는 여름 사이에 앓던 서리(暑痢)가 아직 낫지 않고 있습니다. 어제 은혜로운 소명(召命)을 받았으나 삼가 받아들일 계책이 없어 황송하고 두려울 뿐입니다.

올해의 수재(水災)는 강포(江浦)가 특별히 심하다지만 또한 풍년이 든 곳도 있습니다. 만일 혹 속여서 혜택을 입게 된다면 원망을 초래하는 일이 필시 많을 것이니, 회옹(晦翁)이 말한 "정확한 실상을 파악한다."라는 것은 참으로 어렵지 않겠습니까. 그대가 매양 백성의 일에 정성을 다하기 때문에 부질없이 언급해 보았습니다.

이전에 보내 준 편지는 참으로 감사합니다. 근간에 다시 화양동(華陽洞)에 들어가려고 하니, 서리가 맑고 낙엽이 져서 천석(泉石)이 더욱 아름답기 때문입니다. 듣건대 유능(幼能 이단상(李端相))은 병이 심하다고 하니, 몹시 염려됩니다. 나머지는 밤낮으로 더욱 조심하기를 빕니다. 예를 갖추지 못합니다.

별지

부묘(祔廟)에 관한 논의[103]는 마침내 윤허를 받았으니 이는 참으로

103 부묘(祔廟)에 관한 논의 : 1669년 1월 4일 송시열이 신덕왕후(神德王后)를 부묘

성상의 덕이 백왕(百王)의 으뜸인 소치이고, 또한 어쩌면 제현(諸賢)의 성의가 감동시킨 소치가 아니겠습니까. 진실로 흠앙(欽仰)하는 마음을 견디지 못하겠습니다. 이로부터 인륜(人倫)이 바르게 되고 천리(天理)가 밝아져서 특별히 꼭 해야 할 일이 없게 될 것이니, 내가 비록 용감하지는 못하지만 만세토록 태평하기를 한번 송축해 봅니다.

그대가 비록 동쪽으로 돌아가려고 하더라도 부묘의 예식이 끝나기 전에는 감히 청하여 아뢰지 못할 듯하니, 응당 다시 걸음이 더디고 더디게 될 것입니다. 돌아가기 전에 행하고 싶은 것은 무슨 일입니까? 일찍이 성균관 인편을 통하여 《상서(尙書)》 〈순전(舜典)〉의 편제(篇題) 한 구절을 교청(校廳)에 질문하였는데, 보았는지 모르겠습니다. 부디 끝내 정정하여 보여 주기 바랍니다.

《상서》 〈순전〉 편제에 "신휘오전이상(愼徽五典以上)"이라는 구절[104]의 '상(上)' 자는 아마 '하(下)' 자의 잘못인 듯하다는 것은 실로 나의 견해입니다. 내 생각에는 분명히 이와 같다고 여기지만 홍 전적(洪典籍) 또한 자신의 견해를 고집하여 그렇지 않다고 하며 어제 또 편지를 보내와서 질의하였습니다. 대저 고금(古今)과 화이(華夷)를 막론하고 본래 모두 '상' 자로 쓰기 때문에 내가 감히 마음대로 주장할

하기를 청하였으나, 윤허를 받지 못하였다. 이후 옥당과 양사 및 태학 유생 등이 연이어 청하자 8월 5일 부묘하도록 윤허를 받았다《顯宗實錄 10年 1月 4日, 8月 5日》

104 상서……구절 : 《서경집전(書經集傳)》 〈순전(舜典)〉의 제목에 대한 주석에 "복생은 〈순전〉을 〈요전〉에 합쳐서 다만 '신휘오전' 이상을 '제왈흠재'의 아래에 붙여서 이 28자가 없다.〔伏生以舜典合於堯典, 只以愼徽五典以上接帝曰欽哉之下, 而無此二十八字.〕"라고 하였다.

수 없습니다. 그러나 문세(文勢)나 의리(義理)로 참작해 보건대 '상'이라고 하면 거슬러서 통하기가 어렵기 때문에 반드시 설명을 많이 기울인 뒤라야 겨우 통하게 되어 끝내 시원스럽지 못하지만 '하'라고 하면 순조롭고 알기 쉬워서 반 마디 말에도 마치 대나무를 가르는 듯이 분명해집니다. 그러므로 내 생각 또한 미혹된 견해를 고집하여 바꾸지 못하는 것이니, 이는 정히 동쪽에서는 서쪽의 옳음을 보지 못한다[105]는 것입니다. 그러나 주고받으며 토론하기를 그만두지 않는다면 아마 하나로 합치할 날이 있을 것입니다.

"내명이위(乃命以位)" 구절 아래에 "이상 28자는 세상에 전해지지 않는다.……"라고 하였습니다. 이는 바로 주자(朱子)의 설로, 《주자대전(朱子大全)》 65권 13장(張)에 보입니다.

채침(蔡沈)의 《서경집전(書經集傳)》 편제 중에 '공씨(孔氏)'라고 한 것은 모두 한(漢)나라 공안국(孔安國)을 이릅니다. 다만 '당공씨(唐孔氏)'라고 한 것은 당(唐)나라 공영달(孔穎達)입니다.

"대항두(大航頭)"[106]의 '항(航)'은 배로 만든 다리를 일컫습니다. 건강(建康)에 도읍한 육조(六朝) 시대에는 배로 만든 다리를 모두 '항(航)'이라고 하였는데, 이중에서 주작문(朱雀門)을 마주하고 있는 다리가 가장 컸기 때문에 '대항(大航)'이라고 한 것입니다. 《자치통감(資治通鑑)》에서는 항(桁) 자와 항(杭) 자를 통용하였습니다.

105 동쪽에서는……못한다 : 주희(朱熹)의 시에 "동쪽에서는 서쪽의 옳음을 보지 못하고, 남쪽에서는 북쪽의 그름을 싫어하네.〔東頭不見西頭是, 南畔唯嫌北畔非.〕"라고 하였다. 《晦庵集 卷5 奉答擇之四詩》

106 대항두(大航頭) : 대항(大航)의 머리라는 말이다. 남조(南朝) 제(齊)나라 요방흥(姚方興)이 대항두에서 〈순전〉을 처음 발견하였다고 한다.

병자년(1636, 인조14) 여름에 소현세자(昭顯世子)가 궁관(宮官)에게 대항의 뜻을 묻자 모두 큰 배라고 대답하였는데, 효종이 대군 시절에 또한 《상서》를 배우실 때 나의 설을 가지고 입대(入對)하였더니, 소현세자가 이르기를 "사리로 헤아려 볼 때 송모(宋某)의 설이 옳은 듯하다."라고 하셨습니다.

홍군실(洪君實)[107]은 공경할 만합니다. 오늘날 경학(經學)에 마음을 둔 자 가운데 이와 같은 사람을 보지 못하였습니다. 오늘날 서책의 오류는 경서(經書)뿐만이 아니고 《이정전서(二程全書)》, 《주자대전》, 《주자어류(朱子語類)》 같은 것이 더욱 심하니, 이를 이어서 그대로 이 사람에게 교정을 맡긴다면 후학에게 보탬이 되는 것이 어찌 적겠습니까. 바라건대 사문(斯文)의 제공(諸公)과 의논해 보는 것이 어떻겠습니까?

《이락연원록(伊洛淵源錄)》은 실로 후학에게 절실하고 긴요한 책인데도 잘못된 곳이 이루 다 헤아릴 수 없을 정도입니다. 시험 삼아 한번 열람한 뒤에 잘못된 부분을 잡아내어 내가 의심하는 것과 서로 견주어 보는 것이 어떻겠습니까?

107 홍군실(洪君實) : 홍기(洪覬)를 가리킨다. 본관은 남양(南陽)이다. 문과에 급제하여 정랑(正郎)을 역임하였다. 1668년에 민정중(閔鼎重)이 경연에서 성균관에 교정청(校正廳)을 설치하고 문학의 선비를 선발하여 경서의 문자를 교정하기를 건의하였다. 이에 홍기가 정랑으로서 그 일을 주관하여 사서(四書)로부터 삼경(三經), 《춘추(春秋)》, 《예기(禮記)》 등에 이르기까지 모두 잘못을 바로잡아 다시 간행하였다. 또 송시열과 토론하여 2권을 편집하고 《경서의오강해(經書疑誤講解)》라고 이름하였는데, 송시열이 이 책의 서문을 지었다. 《宋子大全隨箚 卷5, 卷13》《宋子大全 卷138 經書疑誤講解序》

이계주에게 답함 기유년(1669, 현종10) 12월 27일
答李季周 己酉十二月二十七日

그동안 보내 준 편지에서 속마음을 다한 말씀을 들으니, 피차간의 울타리를 없애고 물아(物我) 간의 경계가 없는 성대한 마음을 볼 수 있습니다. 그러나 나는 함께하려는 그대의 뜻에 합당하지 못할 뿐입니다.

앞선 편지에서 말씀하신 가난을 벗어나기 위한 출사(出仕)는 맹자(孟子)와 주자(朱子)가 이미 언급하였으니, 단지 많은 녹봉은 사양해야 할 뿐[108]입니다. 그러나 지금 그대는 이미 벼슬길에 올라 있고 잘못된 일로 시론(時論)에 사과할 일도 없으므로 아침에 사직하고 저녁에 제수받더라도 벗어날 길이 없으니, 단지 앞으로 나아가 직분을 담당하여 자신의 재주와 분수에 응당 해야 할 바를 다해야 할 것입니다. 만약 자신이 응당 해야 할 바를 다하여 합치하지 않는 바가 없다면 또 어찌 구차하게 떠나갈 수 있겠습니까. 합치하지 않는데도 오히려 머뭇거리며 구차하게 봉록을 받는다면 실로 떠나갈 일을 당하면 즉시 떠나가서 전혀 돌아보는 바가 없는 의리가 아닐 것이니, 이렇다면 비록 빈 골짜기에서 굶어 죽더라도 개의치 않을 것입니다. 그러나 이러한 의리는 모름지기 스스로 역량을 헤아려 본 뒤에 처리할 것이고 다른 사람과는 상관이 없는 일입니다. 만약 한때의 생각에 따라 잠시 높은 벼슬을 사양하였다

108 많은……뿐 : 맹자가 말하기를 "가난을 위하여 벼슬하는 사람은 높은 자리를 사양하고 낮은 자리에 처하며, 녹봉이 많은 것을 사양하고 적은 데에 처하여야 한다."라고 하였다. 《孟子 萬章下》

가 오래 견디지 못하고 곧이어 다시 벼슬길에 나선다면 남들의 비웃음을 살 것이니, 애초에 떠나가지 않음이 나음만 못할 것입니다. 바라건대 깊이 생각하고 잘 살펴서 처리하는 것이 어떻겠습니까?

홍 원외(洪員外)가 교정하는 일은 언제쯤 끝나겠습니까? 일찍이 《주역》의 잘못된 부분을 나에게 보여 주었으나 상란(喪亂)과 질병 때문에 여태 답장하지 못하다가 이제 비로소 부쳐서 올리니, 바라건대 교정하여 즉시 전해 주는 것이 어떻겠습니까?

별지

우연히 그대 선조 문집의 잡록편(雜錄編)을 보다가 격물치지(格物致知)를 논변한 설이 한결같이 율곡(栗谷)의 뜻과 같은 줄을 알았으니, 평소에 율곡의 설을 보고서 이렇게 주장한 것입니까, 아니면 율곡의 설과 암암리에 합치한 것입니까? 격물치지설은 퇴계(退溪)가 여러 차례 소견을 고치기는 하였으나 끝내 온당하지 못하다가 율곡에 이르러 크게 확정되었습니다. 이 편지는 남에게 절대 보여주지 말 것이니, 큰 소란을 야기할까 두렵습니다.

선배가 비록 존경할 만한 덕행이 있는 사람이 아니더라도 관직이나 나이나 당시의 명성으로 조금 높여서 일컫는 것이 무슨 문제가 되겠습니까. 주자(朱子)가 진회(秦檜)[109]에 대하여 논죄함이 몹시 엄격하였으나 오히려 이야기할 때에 진 승상(秦丞相)이라 일컫거나

109 진회(秦檜) : 남송(南宋)의 승상으로, 자(字)는 회지(會之)이다. 충신 악비(岳飛)를 무함하여 죽이고 금(金)과의 굴욕적인 화약(和約)을 체결함으로써 당시 대표적인 간신으로 지목되었다. 《宋史 姦臣列傳 秦檜》

진회지(秦會之)라고 일컬었으니, 이러한 곳에 알맞게 처리할 척도가 있을 듯합니다. 더구나 서경(西坰)은 일찍이 뭇 소인에게 곤란을 당하여 여러 해 동안 침체된 적이 있었으니,[110] 이 사람에게 불만한 점이 있는 데이겠습니까.

여러 수(首)가 서로 이어진 곳을 운운한 것에 대하여 말씀드리자면, 젊었을 때 옛날 《근사록(近思錄)》을 보았는데 위와 아래 조목이 서로 이어지는 곳에는 한 글자를 줄여서 비워 두고 있었습니다.-예컨대 글자 수가 줄마다 20자이면 서로 이어지는 줄에는 별도로 21자의 칸을 만들어 20자를 적고 1자를 비워 두었습니다.- 이는 옛사람이 매사에 간략함을 힘썼기 때문에 서책에도 이처럼 한 것입니다.-또 일찍이 선배들이 읽던 《근사록》 한 본(本)을 보았는데, 서로 이어지는 아래 조목의 가로줄 밖에 권자(圈子)를 더하여 구별하고 있었습니다.- 내 생각에는 비록 오언(五言)이 서로 이어지는 곳에도 또한 옛사람의 《근사록》 전례를 따라 두세 글자를 두지 않는다면 판목의 숫자가 자못 축약될 수 있을 것입니다.

〈술병편(述病篇)〉[111]을 운운하신 것에 대하여 말씀드리자면, 산삭(刪削)은 있고 개정(改定)은 없는 것이 《춘추(春秋)》의 의리가 그러한 것입니다. 영숙(永叔) 영감[112]의 말이 매우 옳으니, 만일 완

110 서경(西坰)은……있었으니 : 서경은 유근(柳根, 1549~1627)의 호이다. 《송자대전수차》 권5에 "폐모론(廢母論)이 일어났을 때 정청(庭請)에 참여하지 않고 괴산(槐山)으로 돌아가서 은둔하니, 대북(大北)들이 팔간(八奸)으로 지목하였다."라고 하였다.

111 술병편(述病篇) : 택당(澤堂) 이식(李植)이 지은 8수의 시 제목이다. 《택당집(澤堂集)》 권1에 실려 있다.

112 영숙(永叔) 영감 : 광성부원군(光城府院君) 김만기(金萬基)를 가리킨다. 김만

비하기를 구한다면 영숙 영감의 말에 따라 '칠편구인(七篇九人)' 등의 글자를 산삭하고 그 아래에 후인(後人)의 분주(分註)를 첨입(添入)하여 8수 11인(人)인 실상을 밝히는 것이 좋을 듯합니다. 재선(再選)한 것을 첫머리로 삼고 초선(初選)한 것을 속집(續集)으로 삼거나 혹은 별집(別集)이라 일컫고 후인들이 선별한 것을 습유(拾遺)라고 일컫되 속집, 별집, 습유 아래에 분주하여 이러한 사실을 밝히는 것이 좋을 듯합니다.

기의 자가 영숙이다.

이계주에게 보냄

與李季周

물의(物議)가 있다는 소식을 맨 처음 듣고는 단지 그대가 스스로 처리하기를 원하였을 뿐이지 판상(判相 이조 판서)이 끝내 대정(大政)에서 막히기를 원하지 않았습니다. 그대가 찾아와서 판상의 뜻을 말하였고 그대도 서로 다르게 하려고 하지 않았으니, 이는 실로 당랑(堂郎) 사이의 후의(厚意)이기 때문에 나도 면려하는 뜻을 대략 말씀드렸던 것입니다.

이윽고 호판(戶判)과 원회(元會 김징(金澄))가 연이어 찾아왔는데, 그들의 논의가 몹시 준엄하였습니다. 그래서 전에 그대에게 하였던 말이 잘못되었음을 스스로 뉘우쳤고 아들 녀석 또한 불안해하므로 즉시 호판과 원회의 논의를 그대에게 알려 드립니다. 그대가 일을 처리하는 방도에서는 만약 바깥의 물의가 준엄하다는 소문을 듣는다면 시종 받아들여야 옳을 것이니, 오늘 또한 내버린다면 남들의 말을 아랑곳하지 않는 것에 가깝지 않겠습니까.

이 일은 이미 그렇다고 하더라도 오직 대간(臺諫)에 의망(擬望)한 일을 말하자면, 이는 정히 이렇게 일이 많은 시기에 굳이 원방(遠方)의 사람을 취하여 구차하게 충원하여 자리에 적임자가 없게 만든 것입니다. 또 오늘날 일신을 잊고 시사를 말한 자는 단지 원회 한 사람뿐인데도 오래도록 성상의 미움을 받았습니다. 지금 다시 망단자의 순서에서 밀렸으니, 만약 성상의 뜻에 영합한다면 의론의 의혹을 어찌 면할 수 있겠습니까. 나는 이 일이 출처(出處)의 도리에서 나온 것임을 진실로 잘 알고 있으니, 과연 예상하였던 바와 같습니다. 그대에 대해서는 애당초 또한 의심하지 않았으나 다만 처음부터 지금까지 그대가 크게 낭패당하지 않기를 바랄 뿐입니다. 만약 다른 사람에게까지 번져 나간다면 이는 나의 본뜻이 아닙니다. 부디 양해하기를 바랍니다. 이만 줄입니다.

이계주에게 답함 경술년(1670, 현종11) 윤2월

答李季周 庚戌閏二月

이번에 그대의 사위 안 주서(安注書 안회석(安晦錫))가 공무로 인하여 내려와서 이를 통하여 그대의 편지를 보게 되니 위로되고 후련한 마음을 형언할 수 없습니다. 또 어제 피를 뿌리며 간담을 피력한 거조(擧措)가 있었다는 소식을 듣게 되니, 어진 사람의 마음을 볼 수 있어 흠앙(欽仰)하는 심정을 견디지 못하겠습니다. 나와 같은 사람은 또한 군신(君臣) 사이의 의리를 모르지는 않으나 자신의 분수를 헤아림이 몹시 분명하여 끝내 우리 성상께서 두터이 권우(眷遇)하시는 은혜를 저버렸으니 속죄할 수 없는 죄임을 매우 잘 알겠고, 그대를 보는 것도 참으로 장부를 제대로 알아보지 못하였다고 하겠습니다. 재신(宰臣)의 일[113]은 부디 실상(實狀)을 상세히 알려 주기 바랍니다. 무릇 남의 선행을 묻어두고 드러내지 않는 것도 오히려 옳지 않거늘, 더구나 나쁜 이름이 털끝만큼이라도 실없이 더해지게 한다면 재앙이 반드시 몸에 미칠 것이니 이는 작은 일이 전혀 아닙니다. 그대의 소본(疏本)을 조만간에 보내 주는 것이 어떻겠습니까?

113 재신(宰臣)의 일 : 《송자대전수차》 권5에 "재신의 일은 정뇌경(鄭雷卿)이 죽음을 당하였을 때, 재신 박로(朴簵)의 일을 가리키는 듯하다."라고 하였다. 정뇌경은 필선으로서 소현세자(昭顯世子)를 모시고 심양(瀋陽)에 들어갔는데, 정명수(鄭命壽)를 죽이려고 하다가 박로에게 누설되어 참혹하게 죽음을 당하였다. 《顯宗實錄 11年 3月 3日》

이계주에게 답함 경술년(1670, 현종11) 5월 2일

答李季周 庚戌五月二日

가제(家弟)가 지난달 22일의 편지를 대신 전해 주어 편안하다는 소식을 기쁘게 듣게 되니, 위로되는 마음을 말로 다 할 수 없습니다. 나는 절사(節祀)를 거행하기 위하여 산중에서 어제 회덕(懷德)으로 돌아왔는데, 10일 이전에 다시 들어갈 계획입니다.

선대의 문집에 대한 말씀은 삼가 모두 잘 알겠습니다. 문고(文稿)는 교정이 끝나 가니 응당 이달 안에 목록을 품정(稟定)할 것입니다. 내 생각을 말씀드리자면 시집(詩集)은 정선(精選)한 4책을 이미 간행하였고 그 나머지로 추후에 선별한 것은 많지 않으니 조만간에 적임자를 얻어서 맡기면 될 것입니다. 무엇보다 문고 중에 중대한 저술은 국가의 일과 관계된 것이 매우 많으니, 이는 빨리 간행하지 않을 수 없습니다. 이는 비록 적임자를 얻더라도 만약 사력(事力)이 넉넉하지 않으면 또한 처리하기 어려울 것이니, 오늘날 이 일을 처리할 수 있는 사람으로는 영백(嶺伯 민시중(閔蓍重))만 한 이가 없습니다. 영백은 임기가 또한 내년에 끝나니, 속히 연락해 보기를 간절히 바랍니다. 다만 모쪼록 선별 목록에 들어간 것을 먼저 취하여 정서하여 내려보내는 것이 어떻겠습니까? 추후에 선별한 것은 질의할 내용이 많이 있으니, 응당 편지로 상세히 말씀드리도록 하겠습니다. 마침 박징지(朴徵之 박태징(朴泰徵))의 인편을 통하여 대략 이렇게 아룁니다.

이계주에게 보냄 경술년(1670, 현종11) 5월 27일

與李季周 庚戌五月二十七日

근래 벼슬살이하며 지내시는 일상은 무탈합니까? 멀리서 그리워하는 마음은 끝이 없습니다. 나는 한결같이 병으로 엎드려 지내고 있으니, 세상에 살아 있을 날이 많지 않음을 스스로 잘 알겠습니다. 죽기 전에 옛 책을 몹시 온습(溫習)하고 싶으나 기력이 이미 소진되어 뜻을 따르지 못하니, 슬퍼하고 탄식한들 어찌하겠습니까.

그대 선조의 문집은 목록을 선별하여 올리니, 교정하여 보여 주는 것이 어떻겠습니까? 다만 둘째 아드님의 말을 듣건대 그대가 시(詩), 부(賦), 서(序), 기(記) 등을 종류별로 모으고 원집(元集), 별집(別集), 속집(續集)으로 나누려 한다고 하였습니다. 세속의 문집 중에 진실로 이처럼 한 것이 있습니다마는 옛날의 법도가 아닙니다. 내 생각을 말씀드리자면 옛날 법도에 근거하여 먼저 선대감(先大監)께서 손수 선별한 시문(詩文)을 합하여 원집이라 하고, 그러한 뒤에 초선(初選)한 시 4책을 속집이라 하고, 또 그 뒤로 오늘날까지 선별한 것을 별집 혹은 습유(拾遺)라고 하여 원집에 시, 부, 서, 기 등이 있고 별집에도 따로 시, 부, 서, 기 등이 있게 하려고 하니, 이와 같은 뒤에야 조리가 정연하여 어지럽지 않을 것입니다. 그래서 내 생각에는 그대가 선대감께서 손수 선별해 두었던 문집을 급히 먼저 정서하여 내려보내 주면 영백(嶺伯 민시중(閔蓍重))에게 우선 부탁하고 초선한 시와 오늘날 선별한 시는 차례로 상황에 따라 부탁한다면 일이 번거롭지 않아 이루어지기 쉬울 것이고, 그렇게 한 뒤에 판본을 모두 합하여 한곳에 두는 것이 마땅할 듯합니다. 이미 둘째 아드님과 함께 상세히 이야기하였으니, 부디 헤아려 본 뒤에 의견을 알려 주시는 것이 어떻겠습니까? 나머지 많은 이야기는 아들 녀석이 뜻하지 않게 출행하느라 바빠서 다 말하지 못합니다.

이계주에게 답함 경술년(1670, 현종11) 7월 21일

答李季周 庚戌七月二十一日

청주(淸州) 관아 인편이 그대의 편지를 전해 주어 일상의 생활이 편안하다는 소식을 기쁘게 듣게 되었습니다. 또 고요한 곳에서 책을 보는 정취가 있다고 하니, 옛사람의 참된 즐거움에는 비록 갑자기 미치지 못하더라도 몸과 마음에 유익함은 하루 이틀 사이에 또한 절로 각별할 것입니다. 이는 어쩌면 장자(莊子)가 말한 괴롭히지만 즐겁다는 것이 아니겠습니까.[114] 제원(濟原)과 진산(珍山) 관아에서는 모두 아직 편지를 전해 오지 않으니, 말씀하신 바가 무슨 일인지 모르겠습니다. 만약 선조의 문집에 관한 논의라면 더욱 편지가 유실되어서는 안 될 것이니, 삼가 공손히 기다릴 뿐입니다.

나는 지난여름에 음식을 싫어하는 병증을 앓아 지금은 살갗이 태반이나 줄어들었으나 스스로 구제할 의약이 없어 그저 속수무책으로 낫기만 기다리고 있을 뿐이니, 운명이기에 어떻게 하겠습니까. 많은 이야기는 피곤으로 누워 있어 다 하지 못하고 이만 줄입니다.

114 장자(莊子)가……아니겠습니까 : 현재의 시련이 훗날의 즐거움이 된다는 말이다. 부친의 명으로 어쩔 수 없이 관직 생활을 하며 괴로워하는 진관(秦觀)을 장뢰(張耒)가 추운 겨울에 식물들이 혹독한 시련을 받다가 나중에는 당당한 재목이 되기 마련이라는 말로 달래 주면서 "이것을 일러 덜어 내지만 유익하고 망가뜨리지만 이루어지고 괴롭히지만 즐겁다는 것이다."라고 하였다.《古文眞寶 後集 卷10 送秦少章序》 장자의 말이라고 한 것은 근거를 찾지 못하였다.

이계주에게 답함 신해년(1671, 현종12)

答李季周 辛亥

우편에 그대의 편지를 받고서 여러 가지 하신 말씀을 삼가 잘 알았습니다. 그 우환의 단서는 참으로 우리 집안과 형제처럼 닮았으니, 그저 우선 죽음을 면하고 있는 것이 큰 다행일 뿐입니다. 성스러운 임금이 위에 계시건만 나라의 형세가 이 지경에 이르고 말았으니, 이전에는 그래도 보리가 익는 계절을 밤낮없이 바라볼 희망으로 삼았습니다. 다만 사람이 죽게 되면 감사(監司)와 수령(守令)이 그 친척과 이웃에 책임을 지워서 형신(刑訊)을 가하기까지 하는 것은 실로 정명도(程明道)가 고을의 수령이 되었을 때의 유법(遺法)[115]이니, 도리상에는 참으로 옳은 일이지만 또한 이렇게 함으로써 친척과 이웃이 공공연히 서로 감추고 숨기게 됩니다. 이 때문에 그 실제의 숫자를 위로 보고할 길이 없으므로 위로 보고되는 것이 백에 하나도 안 되어 한 마을이 모두 비는 경우가 있기까지 합니다. 이러한 형상으로 본다면 나라가 몹시 위태롭다고 할 만합니다. 이러한 시기에 우뚝 빼어난 현인군자를 구하여 보좌하는 직책에 앉히지 않고 이렇게 지극히 용렬하여 이미 시험해 보았으나 효험이 없는 나를 그 자리에 채웠으니,[116] 이는 지혜로운 사람

115 정명도(程明道)가……유법(遺法) : 명도(明道)는 북송(北宋)의 학자 정호(程顥)의 호이다. 《송자대전수차》 권5에 "정명도가 진성(晉城)의 수령이 되어 향촌(鄕村)의 원근(遠近)을 헤아려서 보오(保伍)를 만들어 환란을 서로 구휼하게 하되 외롭고 병든 사람은 친척들에게 책임을 지워서 잘못되지 않도록 하였다."라고 하였다.

116 이미……채웠으니 : 송시열은 1671년 5월에 다시 우의정에 제수되었다. 《顯宗實

을 기다리지 않더라도 이미 몹시 한심해할 것입니다. 내가 만약 털끝만큼이라도 보좌할 자질이 있다면 어찌 감히 스스로 몸을 아껴서 끝내 우리 성상의 지극한 뜻에 삼가 부응하지 않겠습니까. 다만 시세(時勢)를 살펴보면 내가 아니고 나보다 백배 나은 사람일지라도 아마 부지할 수 없을 듯하니, 어찌하고 어찌하겠습니까.

전날 보여 주신 박비천(朴泌川)의 묘문(墓文)[117]은 오래도록 답장하지 못하여 마음이 항상 송구하였습니다. 정진백(鄭震伯)[118]이 죽었을 때 인정(人情)이 억울하게 여겨서 모두 그 당시 재신(宰臣)을 원망하였고, 강효원(姜孝元)[119]이 죽음에 임하여 크게 꾸짖었던 말이 《강원

錄 12年 5月 13日》 425쪽 주85 참조.

117 박비천(朴泌川)의 묘문(墓文) : 박비천은 박이서(朴彝敍, 1561~1621)로, 본관은 밀양(密陽), 자는 석오(錫吾), 호는 비천이다. 문과에 급제하여 사간원 정언, 예조 좌랑, 충청도 관찰사 등을 역임하였다. 시호는 충간(忠簡)이다. 박이서는 신유년(1621, 광해군13)에 수로(水路)로 북경에 조회하러 갔다가 바다에 빠져 죽었다. 그의 아들 박로(朴簬)가 병자년(1636, 인조14)에 재신(宰臣)으로 세자를 따라 심양(瀋陽)에 갔다. 기묘년(1639)에 정뇌경(鄭雷卿)이 함께 질관(質館)에 있으면서 정명수(鄭命壽)를 제거하려고 하다가 모의가 누설되어 마침내 청(淸)나라에서 죽었는데, 박로가 실제 침소를 엮어 낸 것이었다. 택당(澤堂) 이식(李植)이 박이서의 묘문을 찬술하였는데, 자손록(子孫錄) 중에 상량할 만한 부분이 있기 때문에 언급한 것이다. 《宋子大全隨箚 卷5》

118 정진백(鄭震伯) : 정뇌경(鄭雷卿, 1608~1639)으로, 본관은 온양(溫陽), 자는 진백, 호는 운계(雲溪)이다. 문과에 급제하여 예조 좌랑, 수찬, 필선 등을 역임하였다. 소현세자(昭顯世子)가 심양에 볼모로 잡혀가자 자청하여 세자를 보위하였다. 당시 정명수 등이 청나라 황제의 신임을 믿고 조신(朝臣)을 업신여기며 갖은 행패를 부리니, 이들을 제거하려다가 도리어 무함을 당하여 청나라에서 처형당하였다. 《仁祖實錄 17年 5月 1日》

119 강효원(姜孝元) : ?~1639. 본관은 진주(晉州)이다. 1637년 소현세자가 심양에

일기(講院日記)》에 실려 있었으나 재신의 자손들에 의하여 지워졌다고 합니다. 그렇다면 전혀 아무런 일도 없었던 것이 되지 않을 듯합니다. 그러나 이는 모두 내가 눈으로 본 것이 아니니, 모름지기 당시 질관(質館)의 문서(文書)들을 상세히 살펴서 만약 허실의 실상을 얻게 된다면 내가 어찌 고집하는 견해를 갖겠습니까. 젊었을 때 상서(尙書) 김중문(金仲文 김익희(金益熙))이 진백(震伯)에게 드린 제문(祭文)을 대략 본 적이 있으니, 본가(本家)와 진백의 집에서 모두 구하여 보는 것이 어떻겠습니까? 그러나 이러한 왕복 편지는 모름지기 비밀스럽게 하고 번다하게 하지 말아야 크게 좋을 것입니다.

○ 대필(代筆) 중에 성대곡(成大谷 성운(成運))에 관한 한 조목은 완전히 삭제하여 현자(賢者)를 위하여 감추어 주는 뜻을 보존하기를 바랍니다. 또 제사를 주관하는 여러 김씨(金氏)는 오상(吳相)[120]의 생질이기 때문에 모두 벼슬길에 든 것이지 대곡(大谷)이 돌보아 준 것이 아니고, 성천(成川) 김상(金鏛)은 한평생 자신을 지켜서 세상에 나아갈 뜻이 없었기 때문에 불우함이 이 지경에 이른 것입니다. 또 대곡의 신주(神主)는 매안(埋安)한 지 이미 오래되었으니, 이 조목의 입설(立說)은 실제가 아닌 듯합니다. 분수를 넘은 의론이 여기에까지 이르렀으니, 황공하고 황공합니다.

볼모로 잡혀갔을 때 시강원 서리로 배종하였다. 정뇌경이 정명수를 제거하려 할 때 적극 가담하였다. 이 일이 누설되어 정뇌경과 함께 처형당하였는데, 죽을 때에도 정명수를 편드는 조신들을 꾸짖었다. 《仁祖實錄 17年 5月 1日》

120 오상(吳相) : 《송자대전수차》 권5에 따르면 추탄(楸灘) 오윤겸(吳允謙)을 가리킨다. 김상은 곧 오윤겸의 생질이다.

이계주에게 답함 신해년(1671, 현종12) 11월 그믐
答李季周 辛亥十一月晦日

오래도록 소식을 듣지 못하던 중에 어제 김우(金郵)[121]가 그대의 편지를 전해 주었으니, 그리워하던 마음에 몹시 위로됩니다. 하물며 두문(斗文)의 일[122]에 대해 정성을 다하여 간절히 이야기해 주시니, 그대가 아니면 누구에게서 이러한 논의를 들을 수 있겠습니까. 당초에 신독재(愼獨齋 김집(金集)) 선생도 과연 이러한 뜻을 가졌고 못난 나도 함께 그 논의를 들었으나 시비를 다투는 말을 한마디도 하지 않았거늘, 지금 장자(長者)가 돌아가셔서 지각이 없으신 뒤에 그 뜻을 어기는 것은 스승을 섬기는 의리가 전혀 아닐 것입니다. 또 민 대감(閔台監)이 실로 이를 주장하고 있으니, 그가 사리를 봄이 분명하고 일을 처리함이 자세함은 또 다른 사람에 견줄 바가 아닙니다. 그래서 일찍이 이우(李郵)[123]와 이야기를 나눌 때 "이 일은 누구나 몹시 어렵게 여기지 않겠는가. 다만 민 대감이 잘 헤아려서 필시 낭패하는 데에는 이르지 않을 것이다.……"라고 하였던 것입니다.

존비(尊卑)의 위차(位次)를 바꾸는 설을 말씀드리자면, 이는 실로

121 김우(金郵) : 김씨 독우(督郵)라는 말로 보이나 누구인지는 확인할 수 없다.

122 두문(斗文)의 일 : 《송자대전수차》 권5에 "율곡(栗谷)을 이장하는 일이니, 묘소가 파주(坡州) 두문리(斗文里)에 있다."라고 하였다.

123 이우(李郵) : 이씨 독우라는 말로, 이이(李珥)의 증손인 성현 찰방(省峴察訪) 이후시(李厚蒔)를 가리킨다. 당시 이이의 제사를 맡아 주관하였다. 《宋子大全隨箚 卷6》《承政院日記 顯宗 11年 1月 26日》

이우의 의문으로 인하여 말하게 된 것입니다. 이우의 편지에서 "이 일은 의심할 것이 없으나 우리 선조(先祖) 부군(府君)은 필시 선군(先君)을 부장(祔葬)하는 것을 편안하게 여겼으니, 지금 이렇게 개장(改葬)하는 것은 그 뜻을 어기는 것이 아니겠습니까?"라고 하였습니다. 내가 답장하기를 "일반 사람이 성인(聖人)을 장사 지내는 것과 성인이 일반 사람을 장사 지내는 것은 다르다. 정자(程子)의 글에 나타나 있는 존비에 관한 설이 엄격하니,[124] 이는 필시 선생의 뜻이 아닐 것이다. 하물며 종법(宗法)으로 말하면 선생은 또 지자(支子)이니, 또 응당 부장할 수 없는 데이겠는가."라고 하였습니다.

대저 오늘날 천장(遷葬)에 대한 의논이 있게 된 것은 진실로 이 때문에 일어난 것이 아닙니다. 그러나 정자의 경계를 범한 후인들은 반드시 선생을 구실로 삼을 것이니, 이는 작은 일이 아닙니다. 설령 선생에게 평소 이러한 의사가 있었더라도 후학(後學)의 처지에서는 응당 "죽으면 빨리 썩고자 하고, 지위를 잃으면 빨리 가난해지고자 한다."라는 말에 두어야 하고,[125] 율령(律令)을 정하여 정자의 훈계를 울타리 가에

124 정자(程子)의……엄격하니 : 《송자대전수차》 권5에 "정자가 말하기를 '소목(昭穆)을 구분하지 않고 존비를 바꾸어 어지럽힌다면 죽은 사람이 지각이 있을 경우에 그 자리에 거처하는 것이 편안하겠는가.' 하였다."라고 하였다.

125 응당……하고 : 이이가 말한 본뜻을 찾아보아야 한다는 의미인 듯하다. 공자가 "지위를 잃으면 빨리 가난해지고자 하고, 죽으면 빨리 썩고자 한다."라고 한 말을 증자(曾子)는 그대로 믿었으나 유자(有子)는 군자의 말이 아니라고 하며 그런 말씀을 하였다면 까닭이 있을 것이라고 하였다. 증자가 자유(子游)에게 묻자, 자유가 말하기를 "유자의 말이 몹시 부자(夫子)와 닮았구나. 옛날 부자가 송(宋)나라에 계실 때 환사마(桓司馬)가 스스로 석곽(石槨)을 만들되 3년이 되어도 완성하지 못하는 것을 보고 말씀하시기를 '이처럼 화려하게 하기보다는 죽어서 빨리 썩는 것이 나음만 못하다.'라고

내던져 두어서는 안 될 것입니다. 나의 견해가 이와 같으니, 어떻게 여기실지 모르겠습니다. 만일 타당하지 않은 점이 있으면 다시 일러 주기 바랍니다. 이치에 닿는 설이면 감히 따르지 않을 수 없습니다.

하셨으니, '죽으면 빨리 썩고자 한다.'라는 것은 환사마 때문에 말씀하신 것이다. 남궁경숙(南宮敬叔)이 돌아올 때 반드시 보물을 싣고 와서 조회하자, 부자께서 말씀하시기를 '이처럼 뇌물을 쓰기보다는 지위를 잃으면 빨리 가난해지는 것이 나음만 못하다.'라고 하셨으니, '지위를 잃으면 빨리 가난해지고자 한다.'라는 것은 남궁경숙 때문에 말씀하신 것이다."라고 하였다. 《禮記 檀弓上》

이계주에게 보냄 임자년(1672, 현종13) 2월 24일

與李季周 壬子二月二十四日

20일 전의 큰 혹한에 추위의 고통은 면할 수 있었습니까? 근자에 아이 녀석이 와서 여강(驪江)에 대하여 하신 말씀을 이야기해 주었습니다. 이러한 시국에 나뭇가지 하나에 깃들어 쉬는 것[126]도 과연 계획하기 어렵거늘, 하물며 저 청승(淸勝)한 땅은 어찌 석서(碩鼠)[127]의 부세(賦稅)가 느슨하겠습니까. 그저 늙어 가며 "근년에 경영하는 힘을 점점 줄여서 늘 산을 대하고도 시를 짓지 않네.〔年來漸省經營力, 長對靑山不賦詩.〕"[128]라는 구절을 애송할 뿐입니다. 만약 손자 아이들이 고을 원에게 청하지 않아 구설을 야기하지 않고 무릎을 용납할 곳[129]을 만들 수 있다

126 나뭇가지……것 : 《장자(莊子)》〈소요유(逍遙遊)〉에 "뱁새가 깊은 숲에 둥지를 틀어도 나뭇가지 하나에 지나지 않고, 두더지가 강물을 마셔도 배를 채우는 데에 지나지 않는다."라고 하였다.

127 석서(碩鼠) : 큰 쥐로, 가렴주구하는 포악한 관리를 비유한다. 《시경》〈위풍(魏風) 석서〉에 "큰 쥐야 큰 쥐야, 내 기장을 먹지 말지어다. 삼 년이나 서로 알고 지냈거늘, 나를 돌보아 주지 않을진댄, 장차 너를 버리고 떠나서 저 즐거운 땅으로 가리라.〔碩鼠碩鼠, 無食我黍. 三歲貫女, 莫我肯顧, 逝將去女, 適彼樂土.〕"라고 하였다.

128 근년에……않네 : 회재(晦齋) 이언적(李彦迪)의 〈무위(無爲)〉라는 시의 구절이다. 《晦齋集 卷2 林居十五詠 無爲》

129 무릎을 용납할 곳 : 두 무릎이 겨우 들어갈 정도의 좁은 방을 말한다. 도잠(陶潛)의 〈귀거래사(歸去來辭)〉에 "남창(南窓)에 의지하여 오연(傲然)한 정을 붙이고, 무릎을 용납할 방이지만 편안하기 쉬움을 알겠네.〔倚南窓以寄傲, 審容膝之易安.〕"라고 하였다. 《古文眞寶 後集 卷1》

면 서책 몇 상자를 지고 산길을 따라 구불구불 걸어가는 것도 나쁜 일이 아닐 것입니다만, 이러한 일을 마련할 사람이 없을 뿐입니다. 게다가 또 실제적인 일은 조짐도 없는데 헛된 명성만 먼저 퍼졌으니, 이는 혼란한 시대에도 몹시 꺼리는 바입니다. 모쪼록 다시 아들 녀석과 편지를 통하여 의논해 봄이 어떻겠습니까? 일찍이 《소학언해(小學諺解)》 4건을 인쇄할 종이를 가제(家弟)에게 맡겨서 인쇄하여 보내도록 하였으나, 그가 여기에 미칠 기력이 없으니 감히 그대가 한번 주선해 주기를 부탁합니다. 나머지 이야기는 병으로 남의 손을 빌려서 적느라 다 말하지 못합니다. 이만 줄입니다.

이계주에게 답함 임자년(1672, 현종13) 3월 5일

答李季周 壬子三月五日

송(宋)나라 예제(禮制)에 아버지가 살아 계시고 어머니가 돌아가시면 또한 삼년상을 허락하였으나 연제(練祭) 이후에는 아버지는 이미 복(服)이 없어지기 때문에 대상(大祥)의 축사(祝辭)를 의심스럽게 여겨 질문한 자가 있었습니다. 주자(朱子)가 답하기를 "응당 남편이 아내에게 고하는 것을 축사로 삼아야 하고 굳이 아들을 위하여 고한다고 할 필요는 없다."라고 하였으니, 이 뜻으로 판단하면 어떤 사람의 집안일은 처리하기 어렵지 않을 것입니다. 또 반드시 자식을 주제자(主祭者)로 삼아 신주에 '고비(考妣)'라고 적는다면 응당 따로 사당을 세워야 할 것이니, 어찌 한집안에 두 개의 사당이 있는 이치가 있겠습니까. 반드시 방친(傍親)으로서 종자(宗子)와 함께 살게 된 연후에야 따로 그 부모의 신주를 사실(私室)에 봉안할 수 있을 것입니다.

이계주에게 답함 임자년(1672, 현종13) 4월 4일

答李季周 壬子四月四日

조카가 돌아오는 편에 그대의 문안 편지를 받고서 집안 식구 모두 편안하신 줄을 알게 되니, 기뻐하고 경하하는 마음이 번갈아 생깁니다. 나는 근근이 지탱하고 있으며 병든 형의 집이 조금 편안해져서 어제 화양동(華陽洞)에 들어와서 한 달을 보낼 계획이니, 방해하는 마귀의 장난이 없지는 않을지 모르겠습니다.

그대 선대의 문집 2책은 큰 흉년에 관인(官人)을 번거롭게 하지 않으려고 우선 보관하고 있을 뿐입니다. 지금 듣건대 울산 부사(蔚山府使)가 남쪽으로 내려간다고 하니, 저 사람에게 부탁한다면 어떨지 모르겠습니다. 서백(西伯)[130]은 필시 시기에 맞추어서 간행할 것이지만 판목을 가지고 남쪽으로 내려가기는 진실로 쉽지 않을 것입니다. 울산 부사가 만일 되지 않는다면 서백에게 보내려고 하니, 부디 헤아려 보고 알려 주기 바랍니다.

남장려(南張呂)의 편지[131]에 대한 답장을 보내니, 부디 즉시 전해 주는 것이 어떻겠습니까? 그 일은 참으로 지극히 기이하고 제공이 이처럼 마음을 일으키는 것 또한 경복(敬服)할 만합니다. 여 영감(呂令監)의 집안일은 별지에 기록해 두었습니다. 여러 가지 이야기는 몹시

130 서백(西伯) : 당시 충청 감사인 남이성(南二星)을 가리키는 듯하다.

131 남장려(南張呂)의 편지 : 성삼문(成三問)의 나무 신주(神主)가 인왕산(仁王山)의 끊어진 기슭에서 나온 일로 주고받은 편지를 가리킨다. 《宋子大全隨箚 卷5》

바빠서 다 말하지 못합니다. 이만 줄입니다.

별지

남의 후사가 된 사람은 양부모에게 마음을 다하여야 합니다. 그 뜻이 매우 엄격하니, 대개 근본도 둘이 될 수 없고 계통도 둘이 될 수 없기 때문입니다. 정자(程子)가 일찍이 복왕(濮王)의 의논[132]에 대하여 논하기를 "인종(仁宗)은 폐하의 황고(皇考)이고 폐하는 인종의 적자(嫡子)입니다. 복왕은 친속(親屬)으로 말하면 폐하의 백부가 되고 폐하는 친족으로 말하면 복왕의 조카가 됩니다. 이는 천지의 대의(大義)이고 생민(生民)의 대륜(大倫)이니, 하늘과 땅이 자리를 정하면 바꿀 수 없는 것과 같습니다. 진실로 대륜을 어지럽히면 인간의 도리가 없어질 것입니다."라고 하였고, 주자(朱子)가 말하기를 "양부와 생부가 함께 있을 때 그 아들은 양부를 아버지라고 부르고 끝내 또 생부를 아버지라고 불러서는 안 된다."라고 하였습니다. 이는 도리가 이미 이와 같고 정주(程朱)의 분명한 가르침이 또 이와 같으니, 그렇다면 어찌 감히 두 사람 모두 아버지라고 일컬으며 함께 그 은전(恩典)을 미룰 수 있겠습니까. 더구나 증직(贈職)하는 교지(敎旨)에는 반드시 그 부자(父子)의 이름을 적으니, 지금 여 영감이 감히 부자의 관계로 적지 못한다면 응당 숙질(叔姪)의 관계로 적는

132 복왕(濮王)의 의논 : 복왕은 송나라 영종(英宗)의 생부(生父) 조윤양(趙允讓)의 봉시호(封諡號)인 복안의왕(濮安懿王)을 가리킨다. 영종이 인종의 후사가 되어 즉위한 뒤, 조정에서 복왕을 황숙(皇叔)으로 부를지 황고(皇考)로 부를지에 대한 격론이 있었다. 《宋史 英宗本紀》

단 말입니까. 청강(淸江 이제신(李濟臣))의 집안일은 감히 알지 못한 바가 있으니, 필시 곡절이 있을 것입니다. 그러나 결코 이를 인용하여 증거로 삼아 옛 경전과 정주의 교훈을 깨뜨려서는 안 됩니다. 나의 견해가 이와 같으니, 어떻게 여기실지 모르겠습니다.

이계주에게 보냄 임자년(1672, 현종13) 4월

與李季周 壬子四月

일찍이 인왕(仁王) 편을 통하여 인왕의 일[133]과 여 영감(呂令監)의 증시(贈諡)에 관한 의론이 잘못됨을 말씀드렸는데, 어느 날 읽어 보셨는지 모르겠습니다. 오늘 벼슬하는 체후는 신명의 도움으로 더욱 편안하십니까? 인왕의 일은 서울 선비들의 처치가 장차 어떠하겠습니까? 향리에 혹 매안(埋安)하자는 논의가 있으니, 이는 옳지 않다고 생각합니다. 성 선생(成先生 성삼문(成三問))의 영향과 성용(聲容)은 징험할 만한 것이 전혀 없었는데 지금 다행히 이런 일이 생겼습니다. 또 듣건대 이는 비록 그 제도가 대략 평범한 신주(神主)와 같기는 하지만 거기에 적혀 있는 내용은 묘표(墓表)의 형태와 같아 친진(親盡)하면 매안하는 다른 신주에 견줄 것이 아니니, 우선 봉안할 만한 장소에 안치하여 당일의 진적(眞蹟)이 보존되도록 하여 후인들이 경모하는 정성을 다할 수 있게 하는 것이 가장 알맞은 방도일 듯합니다. 그대의 뜻에는 어떠할지 모르겠습니다.

박 참찬(朴參贊 박호(朴壕))의 방친(傍親)이 와서 그 당시의 일을 매우 간곡하게 말해 주었습니다. 대개 참찬은 성 선생의 외손으로서 제사를 받들었으나 감히 드러내 놓고 제사를 지내지는 못하였고, 참찬 또한 후사가 없어 난리로 인하여 두 신주를 함께 매안하였으나

133 인왕의 일 : 성삼문(成三問)의 나무 신주(神主)가 인왕산(仁王山)의 끊어진 기슭에서 나온 일로 주고받은 편지를 가리킨다. 《宋子大全隨箚 卷5》

이어서 그 장소를 잃어버렸습니다. 지금 공주(公州)에 있는 그의 후손이 지패(紙牌)로 참찬을 제사 지내고 있는데, 참찬의 외손은 지금의 장령(掌令) 조세환(趙世煥)과 이이존(李以存) 형제라고 합니다. 이만 줄입니다.

별지

선조의 문집을 간행하는 일을 부탁하는 것에 대하여 앞의 편지에서 대략 말씀드렸으니, 울산 부사에게 부탁하는 것과 서백(西伯 남이성(南二星))에게 부탁하는 것 중에 어느 편이 마땅하겠습니까? 일의 체면이 중하고 공역이 쉬운 것으로는 서백만 한 이가 없을 것이고, 판목을 옮기기가 어려운 점도 과연 앞선 편지에서 말씀하신 것과 같습니다. 그러나 이미 완성한 뒤에는 남쪽에 있는 것은 조금 북쪽으로, 서쪽에 있는 것은 조금 동쪽으로 천천히 옮겨서 남한성(南漢城)에 함께 모아 두면 일이 매우 편리할 듯하니, 어떻게 여기실지 모르겠습니다.

지금 듣건대, 서울의 여러 의론은 교관(敎官) 민업(閔業) 집안이 폐질인(廢疾人)을 대신하여 상사(喪事)를 주관하게 한 일[134] 때문에 몹시 분분하다고 하였습니다. 당초에 내가 대략 주자(朱子)의 설에 근거하여 박화숙(朴和叔 박세채(朴世采))의 의론을 증명하여 그 집안이 믿고서 실행한 것입니다. 지금 듣건대 그 상사를 대신한 자는

134 교관(敎官)……일 : 송시열과 박세채(朴世采)가 민업의 상(喪)에 정신 착란증이 있던 아들 민세익(閔世益) 대신 손자인 민신(閔愼)으로 하여금 집상(執喪)하게 한 일을 말한다. 《白湖全書 卷20 顯宗純文肅武敬仁彰孝大王行狀》

부모를 무시하는 패륜아라는 이유로 유적(儒籍)에서 삭제되었다고 하니, 과연 그렇다면 몹시 두렵고 경악할 일입니다. 바라건대 그 일의 허실을 살펴서 알려 주시면 매우 좋겠습니다.

이계주에게 답함 임자년(1672, 현종13) 4월 그믐
答李季周 壬子四月晦日

어제 우편을 통하여 18일에 보낸 편지와 어떤 사람이 질문한 별지 및 송엽신법(松葉新法)[135]을 함께 받았습니다. 송엽법(松葉法)은 곧바로 청주(淸州) 고을 사람들에게 주어 서로 전파하도록 하였고, 송엽법대로 제조하여 보내 주신 것을 곧바로 사우(士友)들과 함께 물에 타서 삼켜 보니, 맑은 향기가 입안에 가득하여 참으로 말씀하신 바와 같았습니다. 나는 양식이 모자라 어제 산중에서 나왔는데, 일찍 이 제조법을 알았더라면 응당 문을 닫고 굳게 앉아 단교 화상(斷橋和尙)[136]을 배웠을 것입니다.

어떤 사람의 별지에 대하여 말씀드리겠습니다. 모든 상사(喪事)는 아버지가 계시면 아버지가 주관하기 때문에 자질(子姪)과 자질부(子姪婦)는 모두 존자(尊者)를 주관자로 삼으며, 사당에 반부(班祔)[137]함으로써 일체 순조롭게 정리되는 것입니다. 만약 그 아들이 주관하여 고비(考妣)를 신주에 적는다면 응당 어느 곳에 부묘(祔廟)하겠습니까. 사리가 어떻든 간에 모든 면에서 순조롭지 않습니다.

135 송엽신법(松葉新法) : 솔잎을 가루로 제조하여 먹는 새로운 방법을 말하는 것으로 보인다.

136 단교 화상(斷橋和尙) : 《송자대전수차》 권5에 "옛날에 어떤 승려가 다리〔橋〕를 끊고 참선하였기 때문에 단교 화상이라고 하였다."라고 하였다.

137 반부(班祔) : 후사가 없는 방친(傍親)의 신주를 조상의 사당에 함께 모시는 것을 말한다.

성 선생(成先生)의 사당에 관한 의론은 아직 하나로 결정되지 못하였으니, 만약 이로 인하여 분란이 야기된다면 이는 작은 걱정이 아닙니다. 우선 그 옛집에다 임시로 봉안하는 것이 가장 좋은 방법인 듯하기 때문에 이미 제군에게 일러두었습니다. 관북(關北)의 일은 사체가 이것과 또 다르니, 의견이 나뉘어 소란이 생길 단서는 없을 듯합니다.

선조의 문집은 서백(西伯)에게만 의논하고 그 결과를 알려 주는 것이 어떻겠습니까? 배로 옮긴다는 말씀은 좋은 듯합니다. 다만 서백의 임기가 머지않아 끝나니, 빨리 문의하는 것이 옳을 듯합니다. 여기에서 일이 순조롭게 이루어지지 못하면 진휼이 끝나기를 기다렸다가 영백(嶺伯)[138]에게 부탁하려고 하니, 모두 헤아려 보고 알려 주는 것이 어떻겠습니까? 이만 줄입니다.

138 영백(嶺伯) : 당시 경상 감사 이숙(李翻)을 가리킨다.

이계주에게 답함 임자년(1672, 현종13) 5월

答李季周 壬子五月

지난달에 보여 주신 별지는 상사(喪事) 때문에 오래도록 답장하지 못하여 송구하고 송구합니다. 송공(宋公)이 외가의 제사를 잊지 않은 것을 주 부자(朱夫子)가 후하게 여겼는데, 지금 그대가 이처럼 정성을 다하니 참으로 주 부자가 말한 "송공만이 전대(前代)에 아름다움을 독차지하지 않을 것이다."라는 것입니다.[139] 무릇 처리하는 것이 또 모두 치밀하여야 오래도록 유지할 수 있습니다. 다만 판서(判書)의 신주(神主)를 이미 정자(程子)의 "서인(庶人)의 제사는 고조부까지 미친다." 라는 가르침을 따라 금천(衿川)의 서증손(庶曾孫) 집으로 옮겨 봉안하였다면 군수(郡守)의 신주 또한 매안(埋安)하지 않아야 하고 응당 그 집으로 함께 옮겨 가야 합니다. 또 국법(國法)을 따라 여주(驪州)에 있는 사람으로 하여금 삼대(三代)의 신주를 봉안하게 한다면 국법에서 삼대를 제사하는 것은 사대부의 예법이지 서인이 감히 행할 수 있는 바가 아닙니다. 만약 한결같이 국법을 따른다면 판서와 참판의 신주는

139 주……것입니다 : 주희(朱熹)가 말하기를 "송공이 외조부에게 후사가 없으므로 세시(歲時)에 그를 제사 지냈으니, 이 뜻은 두텁다고 할 만합니다. 그러나 친족이 아닌 사람의 제사이니, 의리에서는 편안하지 못합니다. 그 자손에게 물려줄 형편이 아니라면, 외조부의 족친을 찾아 그의 후사를 세워서 그로 하여금 때마다 제사를 받들게 하는 것이 편안하고 장구한 것만 어찌 같겠습니까. …… 송공의 일이 전대에 아름다움을 독차지하지 않게 하는 것이 구구한 나의 지극한 소원입니다."라고 하였다. 《晦庵集 卷30 答汪尙書》

모두 매안해야 하고, 만약 한결같이 정자의 가르침을 따른다면 참판 이상 군수에 이르기까지 모두 매안해서는 안 됩니다. 《경국대전(經國大典)》과 《가례(家禮)》에 실려 있는 정자의 설을 한번 상고해 보는 것이 어떻겠습니까?

또 네 절일(節日)의 묘제(墓祭)는 본래 나라의 풍속이지만 《가례》에는 친진(親盡)하거나 친진하지 않음을 막론하고 단지 3개월에 한 번 제사 지낼 뿐입니다. 율곡(栗谷) 선생께서는 나라의 풍속은 갑자기 바꿀 수 없다고 여겼기 때문에 단오와 설날로 줄여서 거행하려고 하였습니다. 지금 그대가 선대의 뜻을 따라 덜거나 보태려고 한다면 《가례》를 따라 비록 한식에 한 번만 제사 지내더라도 또한 괜찮을 것입니다. 예제(禰祭)[140]를 거행하는 것은 인정(人情)과 예문(禮文)으로 살펴보건대 정히 그만둘 수 없는 것입니다. 만일 그대 집안에서 거행한다면 이는 바로 주 부자가 말한 "제사의 예법은 먼저 종실(宗室)과 세족(世族) 집안에서 거행하여 본보기를 만들어야 비로소 하대부(下大夫)로 하여금 거행하게 할 수 있다."라는 것이니, 오늘날 그대에게 크게 기대하는 바가 있습니다.

다만 한 가지 이야기할 것이 있습니다. 묘제는 옛날에 없었던 것이기 때문에 남헌(南軒 장식(張栻))이 주자와 변론하면서 이는 예법이 아니라고 하였고 주자는 인정상 그만둘 수 없는 것이라고 하여 매우 부지런하게 토론한 뒤에야 남헌도 마침내 따르게 되었습니다.-모두 두 선생의 문집에 실려 있다.- 그렇다면 묘제(墓祭)와 묘제(廟祭)는 사체가 몹시 다른 것임을 알 수 있습니다. 오늘날 사람은 사당의 사시(四時) 제사가

140 예제(禰祭) : 음력 9월에 아버지에게 지내는 제사이다.

큰일인 줄을 알지 못하여 전혀 거행하지 않는 자가 있거늘, 하물며 묘제(墓祭)에서야 말할 것이 있겠습니까. 지금 《가례》를 따라 세 절일의 묘제를 모두 폐하고 또 사당의 사시 제사도 거행하지 않는다면 이는 선조를 받드는 데에 효성을 다하는 도리가 완전히 소략해지고 마는 것이니, 이는 또 알아야 합니다. 오늘 이러한 일을 의논할 수 있는 사람은 오직 그대뿐이기 때문에 꺼리지 않고 속마음을 다 기울여 말씀드립니다.

이계주에게 답함

答李季周

전날 체천(遞遷)한 신주(神主)에 대하여 여쭈었던 것은, 만약 "서인(庶人)은 고조부까지 제사 지낸다."라는 가르침을 따른다면 그 매안(埋安)한 것은 세대의 숫자가 아직 차지 않은 것이 되고 만약 "단지 부모만 제사 지낸다."[141]라는 예문(禮文)을 따른다면 그 매안하지 않은 것은 또 길게 끄는 듯하다고 생각되어서입니다. 대저 민간에서 예를 행할 때는 반드시 근거할 것이 있은 뒤에야 마음에 편안하여 오래도록 거행할 수 있기 때문에 그렇게 운운하였던 것입니다. 만약 뒤의 설을 따른다면 휘(諱) 백순(百順)의 신주는 또한 마땅히 함께 체천해야 할 것이니, 어떻게 여기실지 모르겠습니다.

묘제(墓祭)를 줄이는 뜻에 대하여 말씀드리겠습니다. 대개 율곡(栗谷)의 설이 있으니, 선대의 뜻을 따르고 현인의 법을 따라 중용에 맞는 제도를 만들어 내어 나라 사람들이 통행하도록 한다면 어찌 매우 좋지 않겠습니까. 다만 단오는 속절(俗節)과 상관이 없다는 말씀은 아마 자세하게 상고해 보지 못한 듯합니다. 《가례》 속절조에 이른바 중오(重午)는 바로 단오입니다. 내 생각에 단오와 설날의 묘제는 비록 줄이지 않더라도 시속을 따르는 뜻[142]이 되어 또한 후함을 따르는 도에 방해

141 단지……지낸다 : 《경국대전(經國大典)》에 "문무관 6품 이상은 3대까지 제사하고 7품 이하는 2대까지 제사하며 서인은 부모만 제사한다."라고 하였다.

142 시속을 따르는 뜻 : 공자가 말하기를 "치포관(緇布冠)이 본래의 예이지만 지금은

되지 않을 것입니다. 예제(禰祭)[143]의 뜻을 말하자면, 인정(人情)과 천리(天理)에서는 지극히 정밀하고 지극히 합당한 것이기 때문에 앞의 편지에서 운운하였던 것입니다. 자손이 이것을 거행하지 않고 저것만 폐하는 문제는 오늘 미리 헤아릴 수 있는 것이 아니니, 맹자(孟子)가 "군자는 기업(基業)을 만들고 통서(統緖)를 드리워서 후손들이 계승할 수 있게 할 뿐이다."라고 한 말을 또한 여기에 적용할 수 있습니다. 허여해 주시는 깊은 은혜를 입었기 때문에 매양 눈먼 소견을 다 말씀드리는 것이니, 몹시 송구할 뿐입니다.

생사(生絲)로 만드니, 검소한지라, 나는 시속을 따르겠다."라고 하였다. 《論語 子罕》

143 예제(禰祭) : 음력 9월에 아버지에게 지내는 제사이다.

이계주에게 보냄 임자년(1672, 현종13) 8월 22일

與李季周 壬子八月二十二日

어제 윤 문학(尹文學) 편에 편지를 올리고 인하여 혼사를 허락해 주신 은혜에 사례하였으나 마침 매우 바쁘고 어수선하여 윤씨(尹氏)의 일은 미처 언급하지 못하였으니, 매우 안타깝고 아쉽습니다. 나의 뜻은 다른 것이 없고 다음과 같이 생각합니다. 그대가 헤아려서 처리한 것은 이미 국법(國法)이 아니며 또 정자(程子)의 가르침도 아니니, -원문 결락- 이것이 가정에서는 거행할 수 있으나 나라 안에서는 통행(通行)할 수 있는 것이 아니라면 옛날 현인이 말한 "종실(宗室)과 세족(世族) 집안에서 거행하여 본보기를 만들어야 한다."라는 것은 혹 증거가 없어서 결국 믿지 못하게 되지 않겠습니까. 일의 형편을 알맞게 잘 헤아려야 함은 진실로 이미 잘 알고 있을 것입니다. 묘제(廟祭)를 말씀드리자면, 응당 폐하여야 하는데 폐하지 않는 것은 그래도 괜찮지만 예제(禰祭)는 반드시 거행해야 하고 폐해서는 안 되니, 이는 더욱 본보기를 만들어 내야 하는 것입니다.

비루하게 여기지 않는 그대의 은혜를 믿고 이렇게 자세히 말하였으니, 매우 송구스럽습니다. 이만 줄입니다.

이계주에게 보냄

與李季周

이미 서리가 내린 이 계절에 벼슬하며 지내는 일상이 어떠하십니까? 우러러 그리워하는 마음 끝이 없습니다. 어제 승지를 통하여 문형(文衡)에 권점(圈點)되었다는 소식[144]을 들었으니, 그대에게 이는 부차적인 일일 것입니다. 선조(宣祖)와 인조(仁祖) 대에 이 직책을 맡은 분들이 성대하다고 할 만하지만 오직 그대의 선대감(先大監 이식(李植))과 장계곡(張谿谷 장유(張維))에게는 미칠 수 없으니, 무릇 그 저술은 경서(經書)에 뿌리를 두었고 논의(論議)는 낙건(洛建)[145]에 근원하였습니다. 오늘날 선비의 습속이 한번 변혁되지 못하면 경박하고 녹록함을 다 말할 수 없게 될 것입니다. 바라건대 그대는 이렇게 한가한 때에 더욱 선대감께서 근본으로 삼았던 바탕에 힘써서 그 말이 한결같이 간곡하고 화기애애하게 나오도록 한다면 실로 세교(世敎)의 다행일 것입니다. 외람되이 이를 언급하였으니, 매우 두렵습니다.

나는 지금 비로소 산을 나와서 서쪽으로 갑니다. 여러 일이 마무리되면 아이와 손사 들을 데리고 다시 고요한 곳에 들어가서 책을 보며 겨울을 지낼 계획입니다. 이만 줄입니다.

144 문형(文衡)에 권점(圈點)되었다는 소식 : 이단하(李端夏)는 1672년(현종13) 윤7월에 대제학에 권점되었다. 《顯宗實錄 13年 閏7月 18日》

145 낙건(洛建) : 정주학(程朱學)을 말한다. 정자(程子)는 낙양(洛陽)에 살았고 주희(朱熹)는 복건(福建)에 살았다.

이계주에게 답함 임자년(1672, 현종13) 9월 1일

答李季周 壬子九月一日

일찍이 보내 주신 답장을 받아 보니, 혼인의 우호를 말씀해 주셨습니다. 즉시 사례하는 답장을 쓰고 겸하여 선조 문집의 판목을 처리하는 일을 질의하여 윤 시강(尹侍講)의 행차 편에 부쳤습니다. 지금 윤 판서(尹判書)를 만나본즉 윤 시강의 행차가 아직 향리에 머물러 있고 인하여 병가(病暇)를 내었다고 하니, 그대는 필시 답장이 뚝 끊긴 것을 의아하게 여겼을 것입니다.

말손(末孫 송회석(宋晦錫))은 나이가 어리니, 본래 조혼(早昏)을 경계하는데도 전날 혼사를 물어보았던 것은 스스로 생각건대 나의 수명이 아침저녁 사이에도 믿을 수 없어 이 손자를 끝내 부탁할 만한 곳에 부탁하지 못하고 죽게 되면 끝없는 한을 품을 것이기 때문이었습니다. 지금 막내 따님으로 허락해 주시니, 더욱 원하던 바에 부합할뿐더러 그대의 청빈함을 싫어하지 않으며 재물을 가지고 예를 행하지 않는[146] 성대한 마음을 우러르게 됩니다. 만약 그대가 이것을 본보기로 만들어 사대부들이 본받게 된다면 오랑캐의 도[147]가 거의 행해지지 않을 것입니다. 이실(貳室)[148]에서 가르쳐 주신다면 손자가 참으로 스승을 얻게

146 재물을……않는 : 《예기》 〈곡례 상(曲禮上)〉에 "가난한 사람은 재물을 가지고 예를 행하지 않고, 늙은 사람은 근력을 가지고 예를 행하지 않는다."라고 하였다.

147 오랑캐의 도 : 문중자(文中子)가 말하기를 "혼인에 재물을 논하는 것은 오랑캐의 도이다."라고 하였다. 《小學 嘉言》 문중자는 왕통(王通)이다.

될 것이니, 내가 저녁에 죽더라도 아마 눈을 감을 수 있지 않겠습니까.

지난달 21일에 대방(帶方)[149]의 편지를 받았습니다. 그가 "부탁받은 책자를 간행하는 공역이 끝나면 장차 어디에다 두어야 합니까?"라고 하기에 내가 그대와 의논한 뒤에 다시 알려 주겠다고 답하였습니다. 내 생각에 남평(南平)[150]의 손을 빌려 그 고을에서 간행한 것을 옮겨 오려고 하니, 대방에게도 좋을 듯합니다. 어떻게 여기실지 모르겠으니, 헤아려 보고 알려 주시기 바랍니다.

사형(舍兄 송시묵(宋時默))의 장례를 막 끝낸 뒤라서 병이 심하고 마음이 비통하여 다 말씀드리지 못합니다.

148 이실(貳室) : 본래 별궁을 가리킨다. 나중에 사위가 거처하는 집 또는 사위를 가리키는 말로도 쓰였다. 맹자가 말하기를 "순 임금이 위로 올라가서 요 임금을 뵙거늘, 요 임금이 사위인 순을 이실에 머물게 하였다.〔舜尙見帝, 帝館甥于貳室.〕"라고 하였다. 《孟子 萬章下》

149 대방(帶方) : 남원(南原)의 옛 명칭이다. 여기서는 당시 남원 부사 홍석기(洪錫箕)를 가리키는 것으로 보인다. 《顯宗實錄 12年 11月 25日》

150 남평(南平) : 남평 현감을 가리키는 것으로 보인다.

이계주에게 답함

答李季周

방금 공주(公州) 감영으로부터 9일에 보내신 편지와 선조 문집 6책을 전달받았으니, 참으로 감사한 마음을 다 형언할 수 없습니다. 나는 큰 병이 새로 보태져서 거의 지탱하지 못할 지경이었다가 지금 다행히 조금 나아졌습니다. 무엇보다 돌아가신 형을 추모하는 마음이 시간이 지날수록 더욱 깊어져서 참으로 형을 따라서 죽는 것이 즐거우니만 못합니다. 혼사에 대한 의논은 이미 피차간의 바람에 부합하니, 단지 시간만 기다릴 뿐입니다.

대방(帶方 남원(南原))에서 간행한 목판은 응당 홍 영감(洪令監)에게 알려 담양(潭陽)으로 옮기게 하고, 경주(慶州)와 울산(蔚山) 두 곳의 정본(淨本) 또한 응당 거기서 영남 감영을 통하여 전송(傳送)하되 부디 분명한 인편을 통하여 이곳으로 내려보내도록 하는 것이 어떻겠습니까?

윤씨(尹氏) 집안의 일은 삼가 말씀을 잘 들었습니다. 오늘날 사대부 집안이 곧바로 외가의 제사를 받드는 것은 주 부자(朱夫子)의 '친족이 아닌 사람의 제사'라는 가르침[151]을 잃은 것이고, 그렇지 않으면 또 까마득히 마음에 두지도 않으니, 풍속이 무너진 것은 말로 다 할 수 없습니다. 지금 그대의 조처는 이처럼 꼭 합당하니, 어찌 세교와 관련된 바가 작겠습니까. 지극한 공경과 감탄을 견디지 못하겠습니다. 나머지 이야기는 일일이 다 말하지 못합니다.

151 주……가르침 : 469쪽 주139 참조.

이계주에게 보냄 임자년(1672, 현종13) 11월 15일
與李季周 壬子十一月十五日

주 선생(朱先生)이 일찍이 두보(杜甫)의 시를 외우며 "인생에는 참으로 온갖 일이 있지 않은 것이 없다."라고 하였으니,[152] 어쩌면 오늘날을 말한 것이 아니겠습니까.[153] 오직 생사가 눈앞에서 바뀌더라도 마음에 주재(主宰)가 있는 사람은 떨지도 않고 놀라지도 않을 것이니, 지금 그대를 위하여 굳이 위로의 말을 할 필요가 없을 것입니다. 그러나 소식을 들은 사람 모두 크게 걱정하고 길게 탄식하며 거의 눈물을 흘리기까지 하는 것은 어째서입니까. 그대는 이제부터 곧 한가한 사람이 되어 책을 보고 몸을 지켜서 군자의 사업을 강구할 수 있을 것이니, 어쩌면 하늘이 이를 통하여 그대를 옥으로 만들려는 것이 아니겠습니까.

선조의 문집 7책은 이미 두 아우와 호남 방백에게 부쳤고 그 한 책은 이곳에 남겨 두었습니다. 이전에 보내왔던 별지는 찌를 붙여서 돌려보

152 주……하였으니 : 《회암집(晦庵集)》 권36 〈여진동보(與陳同甫)〉에 나온다. 두보의 〈가탄(可歎)〉 시에 "하늘 위의 뜬구름이 흰옷 같더니, 잠깐 사이에 변하여 푸른 개처럼 바뀌었네. 옛날이 가고 오늘이 오는 것 모두 한때이니, 인생에 온갖 일이 있지 않은 게 없구나.〔天上浮雲似白衣, 斯須改變如蒼狗. 古往今來共一時, 人生萬事無不有.〕"라고 하였다. 《杜少陵詩集 卷21》

153 어쩌면……아니겠습니까 : 이단하(李端夏)가 홍주원(洪柱元)의 제문인 〈영안위사제문(永安尉賜祭文)〉을 지어 올렸는데, 현종이 그중에 당론(黨論)을 부식(扶植)하는 뜻이 있다는 이유로 엄하게 국문하도록 명하여 이에 의금부에 한 달 남짓 하옥되어 심문받다가 풀려났다. 《宋子大全隨箚 卷5》《顯宗實錄 13年 11月 1日》

내니, 도착하거든 보시는 것이 어떻겠습니까? 마침 믿을 만한 인편이 있어 겨우 이렇게 적습니다.

이계주에게 답함 임자년(1672, 현종13) 11월

答李季周 壬子十一月

보내온 편지는 매우 위로가 됩니다. 남궁(南宮)[154]의 별지는 잘 알았습니다. 미촌(美村 윤선거(尹宣擧))이 평소 강도(江都)에서 죽지 않은 일을 자책하며 세상에 나오지 않고 있으니,[155] 이는 미촌의 가장 고상한 점입니다. 이른바 "몸을 깨끗하게 하여 더럽히지 않았다."라는 것은 이것을 가리킨 것입니다.

154 남궁(南宮) : 《송자대전수차》 권3에 "남궁은 광성부원군(光城府院君)이 사는 남별궁동(南別宮洞)이다."라고 하였다. 광성부원군은 김장생(金長生)의 증손인 김만기(金萬基)의 봉호이다.

155 강도(江都)에서……있으니 : 윤선거는 병자호란 당시 가족과 함께 강화도로 피신하였는데, 강화도가 함락되자 아내는 자결하였으나 윤선거는 신분을 감추고 탈출하였다. 윤선거는 이 일을 자책하여 1651년(효종2) 이후로는 벼슬에 제수되어도 나아가지 않았다.

이계주에게 보냄 임자년(1672, 현종13) 11월 25일

與李季周 壬子十一月二十五日

아직도 의금부에 갇혀 있습니까?[156] 큰 병을 면할 수만 있다면, 먼 곳에서 바라는 바는 단지 이것일 뿐입니다. 어제 대수(大受 민정중(閔鼎重))의 편지를 받아 보건대 "계주는 평소에 널리 포용하는 의론을 견고히 지켜 왔거늘, 지금 어찌 이 지경에 이르렀단 말인가."라고 하였으니, 나와 주손(疇孫 송주석(宋疇錫))은 저도 모르게 실소를 터뜨렸습니다. 아무튼 동춘(同春) 형의 병이 이 지경에 이르렀으니, 어찌 우리의 운수와 관련된 것이 아니겠습니까. 나머지 이야기는 감히 많이 언급하지 못합니다. 이만 줄입니다.

156 아직도……있습니까 : 이단하는 1672년 11월에 특명으로 의금부에 하옥되었다. 《睡谷集 卷13 先季父議政府左議政府君行狀》 자세한 내용은 479쪽 주153 참조.

이계주에게 보냄 임자년(1672, 현종13) 12월 24일

與李季周 壬子十二月二十四日

이미 환란을 벗어났으면 원망과 분노의 마음이 없는 것은 신하 된 자의 공경함이니, 그대가 스스로 만족해하며 개의하지 않을 줄 진실로 잘 알고 있습니다. 그러나 영욕(榮辱)의 사이와 거취(去就)의 의리는 따로 소재(所在)가 있으니, 또 그대가 적당히 얼버무리는 데에는 뜻이 없을 줄로 알고 있습니다. 지금 일러 주는 말씀을 들으니, 과연 나의 우연한 생각과 부합합니다. 하늘이 그대를 옥으로 만들려는 것이 몹시도 공연한 일이 아닙니다. 빈산에서 문을 닫고 경사(經史)를 실컷 읽어 선대의 사업을 잇는다면 어찌 좋지 않겠습니까.

나는 어려서부터 동춘당(同春堂)과 함께 한집안에서 양육되어 함께 장성하여 노년에 이르렀습니다. 그런데 지금 갑자기 나보다 먼저 세상을 떠나니,[157] 상심하고 애통한 심정을 어찌 말로 다 할 수 있겠습니까. 그때에 추위를 무릅쓰고 가서 영결하였다가 돌아와서는 곧 크게 병이 나서 지금 침석(枕席)에 누워 있으니, 조물주의 뜻이 다시 어떠할지 모르겠습니다.

아곡(鵶谷)[158]은 깊고 후미져서 이제부터 소식이 막힐 것이니, 늙은

157 나보다……떠나니 : 송준길은 1672년 12월 2일에 세상을 떠났다.《同春堂集 別集 卷9 墓誌文》

158 아곡(鵶谷) :《송자대전수차》 권5에 "아곡은 지명이다. 지평(砥平)에 있으니, 이공(李公)의 선영(先塋) 아래이다."라고 하였다.

나의 마음은 자신도 모르게 서글퍼집니다. 새해로 바뀌려는 이때 부디 진중하고 자애(自愛)하기를 바랍니다.

이계주에게 답함 계축년(1673, 현종14) 4월 22일

答李季周 癸丑四月二十二日

그대의 조카와 사위가 옷소매를 나란히 하여 방문해 주었고 인하여 그대의 편지를 받고는 다시 분암(墳菴)[159]으로 돌아가서 고요히 앉아 책을 보고 있는 줄을 알게 되니, 나의 마음에 몹시 위로됩니다. 오늘날에는 단지 이렇게 공부하는 것만이 자신에게 속한 일이니, 이 외에 다시 무엇을 구하겠습니까. 단지 이 공부는 반드시 심경(心境)이 편안하고 고요한 뒤라야 서책에 맛이 있어 이치와 마음이 날로 서로 함양됨을 느끼게 될 것입니다. 삼가 생각건대, 그대는 성격이 본래 조급하거나 어지럽지 않아 고요함을 구하나 도리어 동요하는 나와는 필시 같지 않을 것입니다. 그러나 빨리하려거나 조장하려는 뜻이 있으면 그 병통은 또한 성시(城市) 사이에서 분주히 바쁠 때와 다름이 없을 것이니, 이 또한 깊이 살피지 않을 수 없습니다.

나는 산 사이에 가만히 누워서 날마다 손자 아이들과 함께 지내다가 어제 선조의 제사 때문에 잠깐 회덕(懷德) 고향으로 돌아왔으나, 형편상 단오 뒤에는 다시 깊은 곳으로 들어가야 할 것 같습니다. 다만 노년의 기력이 점점 고갈됨을 느끼건만 곁에 좋은 벗이 없기 때문에 고루(孤陋)한 자신을 방치하여 항상 이를 근심하고 있습니다.

듣건대 벗 박화숙(朴和叔)이 내포(內浦)로 올 계획이 있다고 하니, 만일 이 벗과 함께 지낼 수 있다면 실로 나에게 하나의 큰 행운일 것입

159 분암(墳菴) : 묘소를 보살피기 위하여 세운 암자이다.

니다. 그래서 일찍이 손자 아이를 시켜서 또한 보령(保寧) 땅에 나아가 주선하게 한 적이 있었으니, 대개 원룡(元龍)처럼 백척(百尺)의 누각에 누울 혐의[160]는 돌아볼 겨를이 없었던 것이나 계획이 이루어지지 못하였습니다. 또 지금 화숙(和叔)의 편지를 보니, 충주(忠州)나 여주(驪州)의 상유(上游)[161]로 물러나서 지내려는 뜻이 있었습니다. 이는 내가 평소 마음에 늘 바라던 바이니, 이 계획이 만약 이루어진다면 그대의 거처와 가까워서 이는 더욱 편리한 것입니다. 다만 조물주가 좋은 일을 어그러뜨리기를 좋아할까 염려되는 데다 이러한 계획은 일이 이루어지기 전에 말이 먼저 퍼져서 한갓 남들의 입에 오르내릴까 혐의스럽습니다. 그대는 전에 횡성(橫城) 땅을 제시하였기에 아들 녀석이 일찍이 횡성 고을 원을 만나 물어보았더니 몹시 어긋나서 반드시 실패할 것이라고 하였기 때문에 뜻이 이미 막히게 된 것입니다.

부탁하신 그대 백씨(伯氏)의 묘문(墓文)[162]은 감히 삼가 허락하지 않을 수 있겠습니까. 행록(行錄)과 편말(編末)에 말씀하신 바를 잠깐

160 원룡(元龍)처럼……혐의 : 후한(後漢) 말의 고사(高士)인 진등(陳登)의 자이다. 허사(許汜)가 유비(劉備)와 천하의 인물을 논하기를 "옛날 난리를 만나 원룡을 찾아갔을 때 원룡 자신은 큰 침상에 올라가 눕고 손님은 아래의 작은 침상에 눕게 하였습니다."라고 하니, 유비가 말하기를 "그대는 국사(國士)의 명망을 지니고도 나라를 걱정하는 말이 없었기 때문이니, 나 같았으면 나는 백척의 누각 위에 눕고 그대를 땅바닥에 눕게 하였을 것이다."라고 하였다. 《三國志 魏書 呂布傳》

161 상유(上游) : 상류(上流)로, 명승지를 뜻하기도 한다. 항우(項羽)가 말하기를 "옛날의 제왕은 땅이 사방 천 리이고 반드시 물의 상류에 거처하였습니다.〔古之帝者, 地方千里, 必居上游.〕"라고 하였다. 《史記 項羽本紀》

162 그대 백씨(伯氏)의 묘문(墓文) : 송시열은 이단하의 맏형인 이면하(李冕夏)의 묘문을 지었다. 《宋子大全 卷198 司書李君墓表》

읽어 보니, 서글픈 회포를 견디지 못하여 눈물이 떨어집니다. 조우(趙友)가 요구한 것 또한 이미 허락하였습니다.

가만히 듣건대 나라에 큰일이 있다고 하니,[163] 너무도 두려운 마음을 견디지 못하겠습니다. 대개 당초 술인(術人)들은 모두 수원(水原)을 길하다고 하였으나, 나의 뜻에는 '이곳 수원은 병마(兵馬)가 7000이 모두 모이는 곳이기 때문에 성고(聖考)께서 항상 몹시 중시하여 조만간 힘을 얻을 곳이라고 하셨는데, 하루아침에 흩어지게 하는 것은 성고의 뜻이 아니다.'라고 여겨 힘껏 간쟁하였습니다. 완남(完南 이후원(李厚源))과 연양(延陽 이시백(李時白))이 연이어 논하여 마침내 윤허를 받아 영릉(寧陵)으로 결말이 났기 때문에 해윤(海尹 윤선도(尹善道))의 상소 중에 이것을 나의 큰 죄목이라고 한 것입니다. 오늘날 이 일은 비록 지리(地理)의 길흉(吉凶)과는 관계되지 않으나, 또한 장래에 온갖 논의가 일어나지 않을 줄을 어찌 알겠습니까. 이 때문에 밤낮으로 걱정하고 두려워하여 몸 둘 곳을 모르겠습니다.

여러 가지 이야기는 종이가 짧아 다 하지 못합니다. 예를 갖추지 못합니다.

163 나라에……하니 : 1673년 3월 이익수(李翼秀)가 상소하여, 효종의 능인 영릉(寧陵)의 석물에 틈이 생겨 봉분 안으로 비가 샐 염려가 있다고 보고하고 개봉(改封)하기를 청하였다. 《顯宗實錄 14年 3月 24日》

이계주에게 답함 계축년(1673, 현종14) 6월 28일

答李季周 癸丑六月二十八日

그대를 그리워하는 마음이 한창 심하던 차에 갑자기 북쪽의 우편을 통하여 그대의 편지를 받게 되니, 위로되고 후련하기 그지없습니다. 다만 분구(分灸)의 근심[164]이 있다는 소식을 듣고 염려되는 마음이 깊으니, 편지를 보낸 뒤로는 어떠한지 모르겠습니다.

나는 죄가 큰데도 요행히 화를 면한 지가 오래되었으니, 오늘날 견책받은 일은 이미 늦은 것입니다. 당초 수원(水原)이 불가함을 간쟁한 것은 내가 실제 주창한 것이지만, 지금의 영릉(寧陵)에 대해서는 본래 풍수설(風水說)에 어두우니 어찌 감히 한마디 말을 하였겠습니까. 다만 홍제동(弘濟洞)은 예부터 성인(聖人)의 장지(葬地)라고 일컬어지던 것을 익숙히 들어왔기 때문에 그 당시 탑전(榻前)에서 감히 마음속에 생각해 오던 바를 진달하였으나 윤 판서(尹判書)[165]는 그렇지 않다고 하였습니다.

수원에 대하여 간쟁한 것은 다른 이유가 아니라 이곳은 바로 병마 7000이 모이는 곳이기 때문에 예로부터 능(陵)을 써서는 안 된다고

164 분구(分灸)의 근심 : 뜸을 나누는 근심이라는 말로, 형제간에 병환이 있었다는 뜻이다. 송(宋)나라 태조(太祖)는 우애가 극진하였는데, 태종(太宗)이 병이 들어 뜸을 뜨자 태조 또한 스스로 뜸을 떠서 그 고통을 나누었다. 《宋史 太祖本紀》《宋子大全隨箚 卷5》

165 윤 판서(尹判書) : 《송자대전수차》 권5에 "판서 윤강(尹絳)이 기해년(1659) 대상(大喪) 때 예조 판서였다."라고 하였다.

하였으니, 이는 백사(白沙 이항복(李恒福))의 문집을 보면 그 뜻을 알 수 있습니다. 심지어 성고(聖考)께서도 더욱 이곳을 믿을 만한 요충지로 여기셨으니, 하루아침에 흩어지게 하는 것은 반드시 성고의 뜻이 아닐 것입니다. 또 그곳의 지형(地形)은 먼 훗날 반드시 농경지로 변할 것이니, 신하 된 사람이 어찌 차마 깊이 생각하지 않을 수 있겠습니까. 정자(程子)가 산릉(山陵)을 논하기를 "인생은 종말이 있고 국가는 흥폐(興廢)가 있는 것이다."라고 하였으니, 이는 참으로 지극한 의론입니다. 지금 능(陵)에 일이 생긴 것이 과연 수원에다 쓰지 않아 나온 결과라면 나의 죄는 만번 죽더라도 어찌 속죄할 수 있겠습니까.

또 듣건대 재궁(梓宮)을 봉출(奉出)한 뒤에 그 상태가 어떠한지를 살펴서 큰 의논을 정하도록 하겠다고 하니, 단지 부월(斧鉞)의 주벌이 이르기를 기다릴 뿐 오히려 무슨 말을 하겠습니까. 처음 생각에는 재궁을 봉출할 때 시마복을 입는 반열에 외람되이 달려가서 남은 슬픔을 펴려고 하였으나 일이 여기에 이르고 말았으니 계획을 변경해야 하겠습니다. 혹 몰래 가서 길옆에 가만히 엎드려 있다가 흠위(廞衛)를 우러러보고 한번 통곡하는 것 또한 어쩌면 하나의 마땅한 일일 것입니다. 만약 그렇게 된다면 응당 산수(山水) 사이의 고요한 곳에서 함께 이야기를 나눌 기회가 있을 것입니다.

편지 끝에서 하신 말씀은 진실로 고금의 공통된 걱정거리이니, 그만두거나 방치하지 않고 이 마음을 언제나 서책 위에 둔다면 점점 이치가 모여들어 저절로 의미가 있게 될 것입니다. 주자(朱子)가 "천천히 하고 급히 하려 하지 말 것이며, 부지런히 하고 감히 게으르게 하지 말라."라고 한 것은 실로 책을 읽는 큰 방법입니다.

최생(崔生 최신(崔愼))은 듣건대 이미 나왔다고 하니, 기뻐할 만합니다. 다만 그가 서울에서 지내는 일이 혹시라도 어려운 점이 있어 남에게 비방을 당하지나 않는지 모르겠습니다. 모름지기 상세하게 물어서 좋은 쪽으로 지도해 주는 것이 실로 군자가 사람을 사랑하는 덕일 것입니다.

상유(上游)[166]로 물러나서 지내려는 계획은, 어제 손자 아이를 통하여 화숙(和叔)의 편지를 받아 보니 그의 뜻이 결정된 듯합니다. 이 벗이 만약 온다면 모든 일을 내버리고 그를 따라갈 것입니다. 그리고 이 벗이 나의 넷째 손자에게 시집보내기를 허락하였으니,[167] 노년에 그대 및 이 벗과 함께 가까이에서 토론하며 여생을 마치게 되는 것은 실로 얻기가 쉽지 않은 좋은 일입니다. 그러나 조물주가 다시 방해를 부리지 않을지 모르겠습니다.

정군평(鄭君平)이 세상을 떠났다는 소식을 들었습니다. 그 고상하고 건실한 문사(文詞)를 다시 얻을 수 없을 뿐만 아니라 그 소탈하고 진솔한 기상을 애석하게도 영원히 볼 수 없게 되었습니다. 여러 가지 이야기는 마침 어수선한 일이 있어 다 말하지 못합니다. 예를 갖추지 못합니다.

166 상유(上游) : 486쪽 주161 참조.

167 나의……허락하였으니 : 박세채의 첫째 딸과 송시열의 손자 송순석(宋淳錫)이 혼인한 일을 가리킨다.

이계주에게 답함 계축년(1673, 현종14) 9월 18일
答李季周 癸丑九月十八日

움츠리고 엎드려서 처벌을 기다리던 중에 이렇게 문안 편지를 받게 되니, 위로되고 감사하기 그지없습니다. 성상께서 형조(刑曹)에 민씨(閔氏) 집안의 일을 조사하라고 특명을 내려서[168] 몹시 급하게 추포(追捕)하였다는 소식을 삼가 들었으니, 대개 민씨가 지금 연풍(延豐)에 있기 때문입니다. 그래서 내가 갑절로 더 불안하여 상유(上游)로 조금 옮겨 가서 도성과 절실히 멀어지고 싶지만 여러 벗들이 모두 만류하기 때문에 감히 곧 결단하지 못하니, 비록 교외에 있을지라도 감옥 속에 있는 심경과 다름이 없습니다.

한산(閑散)한 사람의 곡반(哭班)은 마땅히 본조(本曹)의 의주(儀注)를 따라야 할 것입니다. 그러나 나와 같은 사람은 감히 도성에 들어가지 못하고 단지 야외에서 애도하는 마음을 펼쳐야 할 뿐입니다.

혼례(昏禮)에 신부는 친영(親迎)한 다음 날 마땅히 시부모를 뵈어야 합니다만, 지금 이미 두 달이 지났으나 지척 간에서도 뵙지를 못하고

168 성상께서……내려서 : 민씨 집안의 일은 민업(閔業) 집안의 일을 말한다. 송시열과 박세채(朴世采)가 민업의 상(喪)에 정신 착란증이 있던 아들 민세익(閔世益) 대신 손자인 민신(閔愼)으로 하여금 집상(執喪)하게 하였다. 국구(國舅) 김우명(金佑明)이 현종에게 "이는 곧 자식이 없고 아버지가 없는 격이니, 성명(聖明)의 세상에 이 같은 사람을 도성 안에 살게 할 수는 없습니다."라고 아뢰니, 현종이 하교하기를 "부자간의 윤기가 하나라도 어그러지면 어떻게 사람이 될 수 있겠는가."라고 하고, 조사하여 처리하도록 명하였다. 《白湖全書 卷20 顯宗純文肅武敬仁彰孝大王行狀》《顯宗實錄 14年 9月 9日》

있으니 이미 변례(變禮)가 된 것입니다. 또 이미 친영하지 않았기 때문에 이렇게 서로 방해되는 절목이 생겨난 것이니, 이는 바로 주자(朱子)가 말한 "본령(本領)이 바르지 못하면 온갖 일이 모두 막히게 된다."[169]라는 것입니다. 이미 친영하지도 못하였는데 시부모를 뵙는 한 절목에 상세함을 다하려고 한다면 이는 삼년상을 잘하지 못하면서 시마복(緦麻服)과 소공복(小功服)을 살피는 격[170]이니, 요컨대 편의에 따라 거행함이 마땅할 듯합니다. 나머지 이야기는 다 말하지 못합니다.

○ 이계선(李繼善)의 "신부가 손을 씻고 시부모에게 음식을 드린다."라는 구절에 대한 질문에 주자가 대답하기를 "어머니에게 만약 복(服)이 있으면 또한 이 예(禮)를 거행하기 어렵다."라고 하였으니, 이에 근거하면 마땅히 "손을 씻고 음식을 드리는 의절을 폐해야 할 것입니다. 그러나 이계선의 어머니의 복은 아들을 위한 삼년상이었으니, 지금 시어머니가 대공복(大功服)을 입는 것과는 차이가 있습니다.

169 본령(本領)이……된다 : 이계선이 말하기를 "제가 또 살펴보건대 예(禮)에 '신부가 손을 씻고 시부모에게 음식을 드린다.'라고 하였는데, 만약 시아버지가 이미 돌아가셨다면 숙부가 '손을 씻고 드리는 음식'을 받아도 되는지 모르겠습니다."라고 하니, 주희(朱熹)가 대답하기를 "숙부에게는 '손을 씻고 음식을 드린다.'라는 예문이 없으니, 대개 시어머니와 함께 예를 받는 것을 예에서 꺼리기 때문입니다. 어머니에게 만약 복(服)이 있으면 또한 이 예를 거행하기 어렵습니다. 요컨대 본령이 바르지 못하면 온갖 일이 모든 일이 막히게 됩니다."라고 하였다. 《晦庵集 續集 卷10 答李孝述繼善問目》 이계선이 어머니에게 복이 있는데 장가들었기 때문에 질문한 것이다.

170 삼년상을……격 : 맹자가 말하기를 "삼년상은 잘하지 못하면서 시마복과 소공복은 살피며, 밥숟가락을 크게 뜨고 국을 한꺼번에 마시면서 마른고기를 이로 끊지 말아야 함을 따지는 것을 두고 급히 힘써야 할 바를 모른다고 하는 것이다."라고 하였다. 《孟子 盡心上》

이계주에게 답함 계축년(1673, 현종14) 11월 25일

答李季周 癸丑十一月二十五日

조카 집의 노복이 돌아오는 편에 그대의 답장을 받고서 여러 가지 일러 주신 말씀을 삼가 다 알게 되니, 위로되고 후련하기 그지없습니다. 전날 편지를 보낼 때 내 몸이 이미 병이 났으나 번거롭게 알리지 않았던 것은 마을에 유행하는 병이라서 염려할 것이 못 되었기 때문입니다. 그러나 갈수록 심해져서 지금은 이미 치료하기 어려운 지경에 이르렀고 늙은 아내가 더욱 심하니, 올해는 이 무슨 액운인지 모르겠습니다.

혼사 문제는 삼가 그 곡절을 잘 알겠습니다. 내 생각 또한 너무 일찍 혼인하여 옛사람의 경계를 범하고 싶지 않으나, 앞 편지에서 간절하게 청하였던 것은 늙은 아내가 원래 병이 많아 아침저녁 사이도 믿을 수 없으므로 집안에 예상치 못한 일이 없는 시기에 맞추어 거행하려 한 것일 뿐입니다. 지금 보내온 편지의 내용이 이와 같으니, 진실로 감히 억지로 청할 수 없습니다. 그러나 내 생각에는 그래도 먼저 납폐(納幣)의 예(禮)를 거행하였다가 집안에 일이 없을 것 같으면 친영(親迎)하는 시기는 형편에 따라 당기거나 물리고, 혹 늙은 아내가 지금처럼 위태로울 것 같으면 즉시 손자 아이를 보내어 대략 혼례를 이룬다면 일이 매우 좋을 듯하니, 어떻게 여기실지 모르겠습니다.

비지(批旨)를 받은 것을 말하자면, 나는 본래 보잘것없는 신하인데도 밝은 성상께서 그저 이처럼 하시는 것은 또한 너그럽게 포용하시는 덕이라 하겠습니다.

흥원(興原)의 계획[171]을 말씀드리자면 만약 화숙(和叔)이 그 위아래의 멀지 않은 곳으로 와서 우거(寓居)하게 된다면 또한 장차 즉시 옮겨 갈 것입니다. 이령(李令)[172]이 비록 운운한 말이 있으나 세속의 이해와 관련된 말에 불과하니, 굳이 이것 때문에 마음이 흔들려서는 안 될 것입니다. 조석(朝夕)의 음식을 도모하는 것은 지금 보여 주신 선대의 법을 보니 내 마음이 시원해집니다. 호강후(胡康侯)가 왕신민(汪信民)의 말에 무릎을 친 것은 참으로 까닭이 있습니다.[173]

그대의 손자에게 이름을 지어 주는 것에 대한 말씀은 또한 끝없이 사랑하는 마음과 모든 일을 구차하게 하지 않으려는 뜻이 이와 같음을 알게 됩니다. 내 생각에는 이른바 도생(道生)은 다른 집안에서 이미 명명한 것일 뿐만 아니라 또한 문문산(文文山)의 아들 이름으로 천수를 누리지 못하고 죽었으니,[174] 또한 피해야 할 바입니다. 그대는 이미

171 홍원(興原)의 계획 : 《송자대전수차》 권5에 "홍원은 원주(原州) 땅이고, 강가에 읍창(邑倉)이 있다. 선생이 일찍이 이곳으로 이사하여 이공(李公) 및 화숙과 이웃이 되어 강학하려고 하였으나 이루지 못하였다."라고 하였다.

172 이령(李令) : 《송자대전수차》 권5에 "어떤 사람인지 모르겠다. 그의 뜻은 대략 경기에 가까운 땅은 제현이 서로 모이는 곳이므로 결당(結黨)한다는 비방을 초래할 듯하다고 여긴 것이다."라고 하였다.

173 조석(朝夕)의……있습니다 : 《송자대전수차》 권5에 "이공의 편지에 '선인(先人)이 장차 영남에 복거(卜居)하려 하면서 의지할 만한 장토(莊土)도 없었으나 이를 걱정하지 않았습니다. 공자가 구이(九夷) 땅에 살려고 하고 두보(杜甫)가 타향을 떠돌면서도 굶어 죽지 않았던 것처럼 선인의 일생은 일찍이 이런 것을 두려워하지 않았습니다 .……'라고 하였기 때문에 선생의 답이 이와 같은 것이다."라고 하였다. 호강후는 호안국(胡安國)으로, 강후는 그의 자이다. 왕신민은 송(宋)나라 임천(臨川) 사람이다. 《소학》 〈선행(善行)〉에 "왕신민이 일찍이 말하기를 '사람이 언제나 나물 뿌리를 씹어 먹기를 각오한다면 어떤 일도 해낼 수 있을 것이다.'라고 하니, 호강후가 이 말을 듣고 무릎을 치며 감탄하고 칭찬하였다."라고 하였다.

도소(道巢)[175]라는 지명에 기인하여 이름을 짓고자 하는 것입니다. 그렇다면 둥지〔巢〕가 이루어지는 것으로는 봉황보다 귀한 것이 없는데 이른바 봉황은 또 도(道)와 함께 나타나고 숨는 것이니, '생(生)' 자를 '봉(鳳)' 자로 바꾸면 어떨지 모르겠습니다. 그렇지 않다면 '난초에 싹이 돋아난다.〔蘭茁其芽〕'라는 뜻을 취하여 '줄(茁)' 자로 바꾸어도 합당할 것입니다.

그대가 이곳으로 온 것은 까닭 없이 폐출된 것이니,[176] 옥으로 만들어 주려는 하늘의 뜻인 듯합니다. 이 기회를 헛되어 저버려서는 안 되기 때문에 앞 편지에서 독서에 관한 질문이 있었던 것입니다.

논하신 경(敬)을 잡아 지키는 것에 관한 설은 모두 정밀하고 합당합니다. 이 한 가지 일은 정주(程朱)의 논설에 이미 미진한 부분이 조금도 없고 주자(朱子)의 제자(諸子)들에 이르러서는 '외(畏)' 자를 집어 내어 지극히 긴요한 밝은 법으로 삼았습니다.[177] 후학들은 단지 이를

174 문문산(文文山)의……죽었으니 : 문산은 송(宋)나라의 충신 문천상(文天祥)의 호이다. 덕우(德祐) 초에 원(元)나라가 침입해 오자 가산(家產)을 털어 군사를 일으켜 근왕(勤王)함으로써 신국공(信國公)에 봉해졌고, 그 후 원나라 장군 장홍범(張弘範)에게 패하여 3년 동안 연옥(燕獄)에 수감되었으나 끝내 굴복하지 않다가 죽음을 당하였다. 《宋史 文天祥列傳》 문천상의 맏아들 도생은 13세에 천연두로 여강(麗江)에서 죽었고 둘째 아들 불생(佛生)은 경염(景炎) 2년(1277) 난리에 죽었다고 한다. 《順菴集 卷12 橡軒隨筆上》

175 도소(道巢) : 이단하가 살던 마을 이름이다. 이에 관한 내용은 《외재집(畏齋集)》 권5 〈도소신거기(道巢新居記)〉에 자세히 실려 있다.

176 그대가……것이니 : 이단하가 1672년에 의금부에 내려져 추고된 뒤로 오래도록 서용(敍用)되지 못하고 고향에 있었기 때문에 이렇게 이른 것이다. 《宋子大全隨箚 卷5》 자세한 내용은 479쪽 주153 참조.

따라 공부하면 될 뿐이니, 어찌 다시 논할 것이 있겠습니까.

다만 가만히 생각건대, 그대의 뜻은 오로지 '고요한 곳〔靜處〕'에서만 공부하려고 하니, 이는 그렇지 않습니다. 이른바 경이라는 것은 진실로 일이 없어 존양(存養)할 때도 행하여야 하지만 일이 있어 성찰(省察)하는 사이에도 행하지 않아서는 더욱 안 됩니다. 반드시 '움직일 때와 고요할 때〔動靜〕'가 한결같은 뒤라야 비로소 경을 잡아 지키는 공부를 말할 수 있습니다. 그러나 이 일은 고요할 때는 모여들기 쉽고 움직일 때는 흩어지기 쉬우니, 요컨대 하루 사이에 고요한 때가 많고 움직이는 때가 적은 뒤라야 점점 그 효과를 보게 될 것입니다. 평소 사우(師友)에게 들은 바가 이와 같기 때문에 부질없이 외워서 말씀드리는 것입니다.

선조의 문집을 간행하는 일은 나 또한 이미 들었습니다. 다만 상의할 문제가 하나 있습니다. 당초에 비천(泌川)의 묘비명[178] 중에 자손을 열록(列錄)한 곳은 지금 지론(持論)을 펴는 자들의 공박을 크게 받고 있기 때문에 반드시 이 단락을 삭제한 뒤라야 판각할 수 있다고 여겼습니다. 그러나 그대의 뜻을 가만히 보건대, 정의(情誼)가 두텁고 또 그 사람[179]을 형편없다고 여기지 않아 절대로 삭제하지 않으려고 하시니, 나는 여기에 대하여 몹시 처리하기가 어렵습니다. 그래서 여론이

177 주자(朱子)의……삼았습니다 : 주희(朱熹)의 제자 황간(黃榦)이 말하기를 "경을 주일무적이라고 한 것은 정자의 말씀이다. 그러나 스승의 설에 또 '경' 자는 경외의 뜻에 가깝다고 하셨으니, '경'이란 이 마음이 숙연하여 두려워하는 바가 있는 것을 이른다.〔敬者, 主一無適之謂, 程子語也. 然師說又以'敬'字惟'畏'爲近之. 蓋敬者, 此心肅然有所畏之名.〕"라고 하였다. 《心經附註 卷1》

178 비천(泌川)의 묘비명 : 비천은 박이서(朴彝敍)의 호이다. 453쪽 주117 참조.

179 그 사람 : 박이서의 아들 박로(朴篰)이다. 453쪽 주117 참조.

안정되기를 천천히 기다리려고 하였기 때문에 그 비지(碑誌) 한 책은 당초 호백(湖伯)[180]에게 부치지 않아 지금 판각한 것이 완전한 문집이 되지 못하였습니다. 비록 완전한 문집이 되지 못하더라도 이미 판각한 것을 먼저 인쇄하여 유포하여도 되겠습니까?

내가 가만히 헤아려 보고 다음과 같은 하나의 방법을 얻었습니다. 무릇 문집 중에 비지의 세계(世系)는 드러난 사람이 아니면 선세(先世)의 자손은 단지 모(某) 자를 쓰고 이름을 쓰지 않는 경우가 있으니, 근세의 《상촌집(象村集)》과 《계곡집(谿谷集)》 같은 데에서 상고할 수 있습니다. 지금 이 한 책 또한 이러한 전례에 따라 무릇 일컬을 만한 점이 없는 사람과 굳이 일컬을 필요가 없는 사람을 모두 모 자로 바꾼다면 이미 사론(士論)에 어긋나지 않고 또 세의(世誼)에 아쉬움이 없을 것이니, 어떻게 여기실지 모르겠습니다. 만약 옳다고 여긴다면 그 한 책은 확실한 인편을 통하여 보내서 교정하여 돌려주시기를 기다린 뒤에 추후 호백에게 부치겠습니다. 만일 이것을 옳지 않다고 여긴다면 차라리 주자(朱子)가 범 문정(范文正)의 비(碑)를 논한 것[181]처럼 우선

180 호백(湖伯) : 당시 전라 감사인 이동직(李東稷)을 가리킨다. 《顯宗實錄 13年 11月 20日》

181 주자(朱子)가……것 : 문정(文正)은 송나라 명재상인 범중엄(范仲淹)의 시호이다. 범중엄은 여이간(呂夷簡)과 사이가 좋지 않다가 다시 화해하여 정사를 함께하였다. 범중엄이 죽은 뒤에 구양수(歐陽脩)가 지은 신도비명(神道碑銘)에 "여공(呂公)이 다시 재상이 되고 공(公) 또한 재기하여 기용되었다. 이에 두 공이 환연(驩然)히 서로 약속하여 힘을 다하여 국적(國賊)을 평정하였다."라고 하였다. 그러자 범중엄의 아들 범순인(范純仁)이 자기 아버지는 화해한 적이 없다고 하여 비문에서 이 문구를 빼 버렸다. 주희가 이에 대하여 범순인은 구양수에게 부친의 진심을 자세히 아뢰고 그 처분을 따라야 하였고, 만약 끝내 서로 의견이 맞지 않는다면 의리에 입각하여 구양수와의 관계를

판각하지 않는 것이 좋을 듯하니, 부디 헤아려 보고 알려 주시기 바랍니다.

서문(序文)은 병이 낫기를 기다렸다가 지어서 보내도록 하겠습니다. 그대 백씨(伯氏 이면하(李冕夏))의 묘문(墓文)은 항상 마음에 잊지 않고 있으니, 시간을 내어 지어서 보내도록 하겠습니다. 그대 조카는 굳이 멀리까지 올 필요가 없으니, 부디 그에게 일러 주시는 것이 어떻겠습니까? 이만 줄입니다. 누워서 남의 손을 빌려 쓰느라 제대로 적지 못합니다.

별지

주자가 동래(東萊) 선생에게 보낸 편지[182]에서 말하기를 "저의 큰아들[183]은 곧 사람을 보내어 데려오려 하고,-당시 동래에게 가서 배우고 있었다.- 또 숙도(叔度)-동래의 문인이다.-에게 혼사를 빨리 마칠 수 있도록 간청하였습니다.[184] 만약 올해 안에 치른다면 돌아오도록 부를 수 없을 것입니다. 그러나 늙은 아내의 병이 날로 더욱 심해져서 이 일을 걱정하게 되니, 아울러 혼사를 속행하도록 한번 말씀해 주신다면 매우 다행이겠습니다."라고 하였고, 그 뒤의 편지에서 "저의

끊어야 옳다고 하였다. 《晦庵集 卷38 答周益公書》

182 주자(朱子)가……편지 : 《회암집》 권34에 실려 있는 〈답여백공(答呂伯恭)〉이다. 동래(東萊)는 여조겸(呂祖謙)의 호이고, 자는 백공(伯恭)이다.

183 저의 큰아들 : 주숙(朱塾)으로, 자는 수지(受之)이다.

184 숙도(叔度)에게……간청하였습니다 : 《주자서절요기의(朱子書節要記疑)》에 "주자의 아들 주숙이 반씨(潘氏)와 약혼하였으나 당시 혼례를 치르지 않았기 때문에 운운한 것이다."라고 하였다. 숙도는 반경헌(潘景憲)의 자이고, 주숙의 장인이다.

집이 불행하여 늙은 아내가 마침내 병상에서 일어나지 못하게 되었습니다. 아들이 멀리서 돌아왔으나 이미 그 어머니가 세상을 떠난 뒤이니, 더욱 아프고 애통합니다.-수지(受之)가 혼사를 치르고 돌아오니, 유씨(劉氏) 부인이 이미 세상을 떠났다.-"라고 하였습니다.

○ 오늘 우리 집안의 형세가 또한 이와 같습니다. 정초에 납폐(納幣)의 예를 거행하며 늙은 아내의 병세를 보고서 친영(親迎) 시기를 당기거나 물리는 것이 어떻겠습니까? 올해 감히 군이 청하지 못하는 것은 따님의 나이가 《가례》에서 말한 것[185]보다 아직 한 살이 적기 때문입니다. 만약 올해가 지나간다면 예법에 장애되지 않을 것이니, 방사(房舍)와 모발(毛髮) 같은 것은 이 얼마나 작은 일입니까. 바라건대 이것 때문에 구애되지 않으신다면 매우 좋고 좋겠습니다.

185 가례에서 말한 것 : 사마 온공(司馬溫公)이 말하기를 "옛날에 남자는 서른 살에 장가들고 여자는 스무 살에 시집갔다. 요즈음 법령 조문에는 남자는 열다섯 살, 여자는 열세 살 이상이면 모두 혼인하고 시집가는 것을 허락한다."라고 하였다. 《家禮 卷2 婚禮 議婚》

송자대전

제49권

書서

이계주[1]에게 답함 갑인년(1674, 현종15) 3월 14일

答李季周 甲寅三月十四日

자성(慈聖)[2]께서 온 나라를 감싸 주신 20여 년 동안 왕후의 법도에 흠결이 없어 신민(臣民)들이 우러러 떠받드는 정성이 갈수록 더욱 깊어졌는데, 하루아침에 세상을 떠나가시니 애통함이 어찌 끝이 있겠습니까. 나 같은 사람은 가장 큰 은혜를 입었기에 찢어지는 아픔이 갑절로 절실하여 거의 스스로 견디지 못할 지경입니다. 고을의 관아에서 성복(成服)한 뒤에 길을 나서 앞으로 나아가다가 마침 비바람을 만나 예전의 병이 재발한 데다가 복창(腹脹)과 목감기 증세까지 더해지니, 길에서 죽음을 맞게 될까 크게 두렵습니다. 외람되이 소본(疏本)을 올리고는 급히 돌아올 길을 찾아 승려의 가마를 빌려 타고 엊그제 비로소 산가(山家)에 도착하였습니다. 그런데 그대가 심부름꾼을 시켜서 보낸 편지를 갑자기 받고서 일러 주신 말씀을 삼가 잘 알았습니다. 그대의 덕스러운 뜻을 우러러 잘 알겠으므로 다 사례할 수가 없습니다.

나의 거취 문제는 의리가 어떠한가는 막론하고 한번 임곡(臨哭)하는 길 하나만 있을 뿐이거늘, 지금 이미 불행히도 이처럼 되고 말았으니

1 이계주(李季周) : 이단하(李端夏, 1625~1689)로, 본관은 덕수(德水), 자는 계주, 호는 외재(畏齋)이다. 택당(澤堂) 이식(李植)의 아들이다. 1662년에 문과에 급제하여 이조 정랑, 대사성, 좌의정 등을 역임하였다. 저서로 《외재집(畏齋集)》이 있다. 시호는 문충(文忠)이다.

2 자성(慈聖) : 효종의 비(妃)인 인선왕후(仁宣王后)를 말한다. 이해 2월에 세상을 떠났다. 《顯宗實錄 15年 2月 23日》

형세상 응당 병이 조금 낫기를 기다렸다가 잠시 멈추었던 발걸음을 다시 나서야 할 것입니다. 다만 듣건대 국구(國舅 김우명(金佑明))의 노여움이 그치지 않아 일마다 성을 낸다고 하며 또 곽(郭)·이(李)[3]의 상소에 동남쪽이 서로 호응하고 있다고 하니, 굽은 나무를 보고 놀란 마음[4]은 더욱 높이 날아가기를 생각할 뿐입니다.

천하의 일[5]은 요광효(姚廣孝)의 동인혈(冬人血) 시(詩)[6]와 부합합니다. 이는 비록 더할 수 없이 기쁜 일이지만 본조(本朝)의 걱정은 더욱 말할 수 없는 점이 있으니, 어찌하고 어찌하겠습니까.

앞선 편지 및 보여 주신 소본(疏本)은 삼가 잘 알았습니다. 바깥의

3 곽(郭)·이(李) : 곽세건(郭世楗)과 이석관(李碩寬)을 가리킨다. 《宋子大全隨箚 卷5》

4 굽은……마음 : 당(唐)나라 부혁(傅奕)이 한왕(漢王) 이량(李諒)에게 말하기를 "끓는 국에 덴 사람은 냉채도 불어 마시고, 화살에 다친 새는 굽은 나무를 보고도 놀란다."라고 하였다. 《新唐書 傅奕列傳》

5 천하의 일 : 명말 청초의 무장 오삼계(吳三桂)가 삼번(三藩)의 난을 일으킨 것을 말한다.

6 요광효(姚廣孝)의 동인혈(冬人血) 시(詩) : 요광효는 고소(姑蘇) 사람이다. 처음에 머리를 깎고 승려가 되어 도연(道衍)이라 이름하였고, 신선술을 배워서 신기한 일이 많았다. 명나라 성조(成祖)가 난리를 평정할 때 모신(謀臣)이 되어 광효(廣孝)라는 이름을 하사받았다. 야록(野錄)에 다음과 같은 이야기가 전한다. 이해 봄에 문곡(文谷) 김수항(金壽恒)이 북경에서 돌아와서 "오삼계가 장차 명나라 왕실을 부흥할 것이다."라고 전언(傳言)하니, 송시열이 말하기를 "예전에 듣건대 요동(遼東)에서 땅을 파다가 얻은 한 비석에 '팔우(八牛)의 산하(山河)는 쇠처럼 견고하고, 진세(塵世)에는 동인(冬人)의 피가 흘러 다하도다.〔八牛山河堅似鐵, 腥塵流盡冬人血.〕'라고 하였고, 그 서명에 '요광효가 크게 웃으며……'라고 적혀 있었습니다. 대개 팔우는 '주(朱)' 자(字)이고, 동인(冬人)은 '동(佟)' 자로, 청나라 오랑캐의 성(姓)입니다. 요광효의 술수가 매우 정밀하니, 반드시 오늘에 증명될 것입니다."라고 하였다. 《宋子大全隨箚 卷3》

의론은 혹 상소의 뜻이 이상하다고 의심하나 또한 감히 비난하지는 못하고 있으니, 의리에 맞는 설은 참으로 대적할 자가 없다는 사실을 과연 알게 됩니다. 그대 선조 문집의 별집(別集)은 한식(寒食) 때의 제사 인편을 통하여 호남으로 보내려고 하였으나 갑자기 국상을 당하여 보내지 못하였으니, 응당 졸곡(卒哭)한 뒤를 기다려야 하겠습니다. 나머지 이야기는 남의 손을 빌려서 적느라 다 말하지 못합니다. 예를 갖추지 못합니다.

이계주에게 답함 갑인년(1674, 현종15) 5월 10일

答李季周 甲寅五月十日

지난 섣달 2일의 편지와 19일의 답장 및 별지를 연이어 받고는 베개 곁에 두고서 여러 날 읽어 보았습니다. 대개 지금 세상에서 주고받는 편지 내용은 생사의 안부를 묻거나 기한(飢寒)을 살피는 정도의 한만(閑漫)한 이야기에 불과할 뿐입니다. 그런데 지금 그대에게서 비로소 의리를 강론하는 실마리를 갖고서 가르침을 받게 되니, 비록 감당하지는 못하겠으나 문득 나의 눈이 열리고 마음이 깨어납니다. 내가 비록 몹시 민첩하지는 못하나 감히 어리석은 의견을 다 기울여서 끝내 밝은 가르침을 받을 자료로 삼지 않을 수 있겠습니까.

2일 편지에서 질문한 격치(格致), 존양(存養), 천리(踐履)는 대개 율곡(栗谷)이 주자(朱子)에게서 얻은 종지(宗旨)입니다. 그 저술 중에 나타나 있는 것은 곡진하게 타일러 주었을 뿐만이 아니고, 선사(先師) 사계(沙溪) 선생이 매양 이 세 가지를 되뇌어서 후학에게 전수하셨습니다. 비록 후학 중에 감당할 사람이 없을지라도 또한 성문(聖門)의 학문이 이 세 가지에서 벗어나지 않는다는 사실을 알 수 있으니, 율곡이 내려 준 은혜가 크다고 할 만합니다. 그대가 이른바 "사람이 진실로 이것을 일생의 공부로 삼는다면 그 도달한 것에는 비록 천심(淺深)의 차이가 있을지라도 반드시 모두 터득하는 바가 있을 것이다."라고 한 말은 참으로 지극한 의견입니다.

뒤의 편지에서 질문한 강후(康侯)가 무릎을 쳤다는 말[7]은 《소학(小學)》의 선행편(善行篇) 끝에 보이니, 대개 왕신민(汪信民)의 "나물 뿌리를 씹어 먹는다."라는 말로 인하여 감탄한 것입니다. 이 때문에 앞서 그대가 일전에 선대의 가르침을 말씀하신 것으로 인하여 언급하였습니다.

중용(中庸)에 힘을 쓴다는 뜻에 이르러서는 병을 살펴서 약을 쓰려는 뜻을 볼 수 있습니다. 그러나 요(堯) 임금이 이것을 순(舜) 임금에게 전수한 것은 한마디 말[8]에 지나지 않았으나 순 임금이 우(禹) 임금에게 전수할 때는 다시 '인심(人心)', '도심(道心)', '정일(精一)'이라는 몇 마디 말[9]을 보태었으니, 대개 우 임금의 자질은 한마디 말로써 깨우칠 수 있는 것이 아니었기 때문입니다. 자사(子思)[10]에 이르러서 또 후세의 학자를 위하여 부연하여 책을 만들되 첫머리에 계구(戒懼)와 신독(愼獨)[11]을 맨 먼저 힘쓸 곳으로 삼았으니, 대개 계구는 고요한

7 강후(康侯)가……말 : 강후는 호안국(胡安國)의 자이다. 《소학》 〈선행(善行)〉에 "왕신민이 일찍이 말하기를 '사람이 언제나 나물 뿌리를 씹어 먹기를 각오한다면 어떤 일도 해낼 수 있을 것이다.'라고 하니, 호강후가 이 말을 듣고 무릎을 치며 감탄하고 칭찬하였다."라고 하였다.

8 한마디 말 : 요 임금이 순에게 천하를 물려주면서 당부하였던 말인 '윤집궐중(允執厥中)'을 가리킨다. 요 임금이 말하기를 "아, 그대 순아, 하늘의 역수가 그대의 몸에 있으니, 진실로 그 중도를 잡도록 하라. 사해가 곤궁하면 천록이 영원히 끊어질 것이다.〔咨爾舜! 天之曆數在爾躬, 允執其中. 四海困窮, 天祿永終.〕"라고 하였다. 《論語 堯曰》

9 인심(人心)……말 : 순 임금이 말하기를 "인심은 위태롭고 도심은 은미하니, 정밀히 하고 한결같이 하여야 진실로 중도를 잡을 수 있으리라.〔人心惟危, 道心惟微, 惟精惟一, 允執厥中.〕"라고 하였다. 《書經 大禹謨》

10 자사(子思) : 공자의 손자 공급(孔伋)의 자이다. 《중용》을 지었다고 한다.

11 계구(戒懼)와 신독(愼獨) : 계신공구(戒愼恐懼)와 신기독(愼其獨)을 말한다. 자사가 말하기를 "도라는 것은 잠시도 떠날 수 없는 것이니, 떠날 수 있으면 도가 아니다. 이러므로 군자는 그 보지 않는 바에도 경계하고 삼가며 그 듣지 않는 바에도 두려워하고

때 천리(天理)를 보존하는 것이고, 신독은 움직일 때 인욕(人欲)을 막는 것입니다. 그 아래에 또 명선(明善)과 성신(誠身) 등의 절실하고 중요한 많은 교훈을 두었으니, 만약 처음부터 이러한 공부를 두지 않고 갑자기 일상생활에서 과불급(過不及)의 어긋남이 없기를 바란다면 내 생각에는 심지(心地)가 거칠어져서 과불급의 결과를 더욱 보게 될 듯합니다.

진서산(眞西山)[12]이 《심경(心經)》에다 《중용》의 수장(首章)과 말장(末章)을 취하여 거듭 신독과 계구 두 가지를 논하였으니, 만약 여기에서 익숙히 읽고 가만히 완색(玩索)하여 입문하고 착수할 곳으로 삼는다면 아마 점차 순서와 조리를 보게 되어 이른바 "과불급이 없다."[13]라는 것을 비로소 말할 수 있을 것입니다. 내가 선사(先師)에게 들은 것이 이와 같기 때문에 부질없이 펼쳐서 말씀드릴 뿐입니다.

흥원(興原)으로 옮겨 가기를 처음 계획하였던 것[14]은 대개 망우(亡

두려워한다. 숨은 것보다 드러나는 것이 없으며 미세한 것보다 나타나는 것이 없으니, 그러므로 군자는 그 홀로를 삼가는 것이다.〔道也者, 不可須臾離也, 可離非道也. 是故君子戒愼乎其所不睹, 恐懼乎其所不聞. 莫見乎隱, 莫顯乎微, 故君子愼其獨也.〕"라고 하였다. 《中庸章句 第1章》

12 진서산(眞西山) : 남송(南宋)의 학자 진덕수(眞德秀)로, 서산(西山)은 그의 호이다. 경전의 긴요한 구절을 뽑아 모아 《심경(心經)》을 편찬하였다.

13 과불급이 없다 : 지나치거나 미치지 못함이 없는 중(中)을 가리킨다. 주희(朱熹)가 말하기를 "이에 종사하여 조금도 간단(間斷)함이 없어 반드시 도심(道心)이 일신의 주장이 되고 인심(人心)이 매양 도심의 명령을 듣게 하면, 위태로운 것이 편안하고 은미한 것이 드러나게 되어 동(動)과 정(靜)과 말하고 행하는 것이 저절로 과불급의 잘못이 없게 될 것이다."라고 하였다. 《中庸章句 中庸章句序》

14 흥원(興原)으로……것 : 흥원은 원주(原州) 땅이고, 강가에 읍창(邑倉)이 있다.

友) 유무중(兪武仲 유계(兪棨))과 윤길보(尹吉甫 윤선거(尹宣擧))가 모두 "영서(嶺西)는 땅이 후미져서 후손들이 살 만한 곳이다."라고 하였기 때문이었습니다. 나는 다행히도 10여 명의 손자와 증손자가 있기는 하지만 앞날의 시사(時事)는 알 수가 없는 점이 있고, 또 그대와 민대감(閔大監 민정중(閔鼎重))의 거처가 멀지 않으며, 또 듣건대 박화숙(朴和叔 박세채(朴世采)) 또한 상유(上游)[15]로 물러나서 지내려는 뜻이 있다고 하였기 때문에 서로 가까이 지내면서 늘그막에 강론하고 질정하는 유익함을 얻으려 하였던 것입니다. 이령(李令)이 비록 다른 말을 하고 있기는 하지만[16] 또한 그저 그만두고 싶지는 않습니다. 다만 빨리 하고 늦게 하는 것은 박화숙의 결정을 보고 당기거나 물리도록 할 것입니다.

혼사 문제[17]는 편지에서 하신 말씀을 삼가 잘 알겠습니다. 나와 늙은 아내 및 형수가 혹 무사히 몸을 보전할 수 있다면 응당 말씀하신 것처럼 가을이나 겨울에 납폐(納幣)의 예(禮)를 거행하고 내년 1월에 친영(親迎)해야 할 것입니다. 그러나 만약 지난겨울과 같은 위태로운 병고(病

송시열이 일찍이 이곳으로 이사하여 이단하 및 박세채와 이웃이 되어 강학하려고 하였으나 이루어지지 못하였다. 《宋子大全隨箚 卷5》

15 상유(上游) : 상류(上流)로, 명승지를 뜻하기도 한다. 항우(項羽)가 말하기를 "옛날의 제왕은 땅이 사방 천 리이고 반드시 물의 상류에 거처하였습니다.〔古之帝者, 地方千里, 必居上游.〕"라고 하였다. 《史記 項羽本紀》

16 이령(李令)이……하지만 : 《송자대전수차》 권5에 "어떤 사람인지 모르겠다. 그의 뜻은 대략 경기에 가까운 땅은 제현이 서로 모이는 곳이므로 결당(結黨)한다는 비방을 초래할 듯하다고 여긴 것이다."라고 하였다.

17 혼사 문제 : 이단하의 막내딸과 송시열의 손자인 송회석(宋晦錫)의 혼사를 가리킨다.

故)가 있으면 형편상 응당 한편으로는 사람을 보내어 알려 드리고 한편으로는 손자 아이를 보내어 초솔(草率)하게나마 예를 거행할 바탕을 만들어야 할 것입니다. 이렇게 되면 비록 창황하여 모양새를 이루지는 못하겠지만 그래도 사고가 연이어 시기를 놓치는 불행보다는 나을 것이니, 어떻게 여길지 모르겠습니다. 지금 아이를 시켜 모두 얼굴을 뵙고 여쭙도록 하겠습니다.

선대의 문집 중에 이름을 모(某) 자(字)로 쓰자고 운운하였던 것[18]은 반복하여 생각해 보건대, 젊은 사람들의 의론이 지나치게 준엄한 듯합니다. 이것이 만약 모(某)의 묘갈명이라면 기재해서는 안 될 듯하지만, 이는 그 아버지로 인하여 으레 그 아들을 드러내는 것에 지나지 않으니 어찌 반드시 없애 버릴 것까지 있겠습니까. 주 부자(朱夫子)가 일찍이 진준경(陳俊卿) 공에 관한 글을 지으면서 나점(羅點)의 처(妻)를 빠뜨리지 않고 기록하였는데,[19] 나점 처의 추한 행실은 모인(某人)보다 심한 점이 있는 듯합니다. 나의 뜻이 이와 같기 때문에 근간에 두 아우의 처소에 원본을 모두 보내어 함께 간행하게 하려고 합니다. 젊은 사람들이 비록 입에 올리더라도 이 문제는 내가 그 책임을 떠맡겠습니다.

18 선대의……것 : 이단하의 부친 택당(澤堂) 이식(李植)의 문집을 간행할 때 이식이 지은 박이서(朴彝敍)의 묘갈명에 실린 자손록이 박이서의 아들 박로(朴簵)의 일로 인해 당시 여론의 공격을 받고 있었기 때문에 송시열은 이 단락을 삭제하려 하였고 이단하는 세의(世誼)를 고려하여 삭제하지 않으려고 하였다. 이에 송시열이 이름자 대신에 모(某) 자를 쓰자는 방법을 제시한 바가 있다.《澤堂集 別集 卷7 吏曹參判泌川朴公墓碑銘》《宋子大全 卷48 答李季周(癸丑十一月二十五日)》

19 주……기록하였는데 : 주희가 진준경의 행장(行狀)을 지으면서 나점에게 재혼한 둘째 딸을 자손록에 그대로 기록한 것을 말한다.《晦庵集 卷96 少師觀文殿大學士致仕魏國公贈太師謚正獻陳公行狀》

서문(序文)은 병이 지금보다 조금 낫기를 기다렸다가 짓도록 하겠습니다.-나점의 처는 진 승상(陳丞相)의 딸로 처음에 정감(鄭鑑)의 처가 되었으니, 정감 또한 어진 선비였다. 정감이 죽을 때에 이미 처에게 지조가 없음을 알고 《열녀전(列女傳)》, 〈백주(柏舟)〉[20] 등을 써서 주었다. 주자가 이를 거론하며 진공(陳公)과 그 아들 사중(師中) 등에게 수절하도록 권하게 하면서 굶어 죽는 일은 극히 작은 일이라는 교훈[21]까지 거론하여 경계하였으나 정감의 처는 마침내 나점에게 시집갔다.-

20 백주(柏舟) : 《시경》 〈용풍(鄘風)〉의 편명으로, 위(衛)나라 태자 공백(共伯)의 아내인 공강(共姜)이 남편 사후에 재혼하지 않고 절조를 지킨 내용을 읊은 시이다.

21 굶어……교훈 : 재혼하여 절개를 잃지 말기를 경계한 이천(伊川) 정이(程頤)의 말이다. 어떤 사람이 묻기를 "혹 외로운 과부가 빈궁하고 의탁할 곳이 없거든 재혼하여도 됩니까?"라고 하니, 대답하기를 "다만 과부가 추위와 굶주림에 죽을까봐 후세에 이런 말이 나온 것이다. 그러나 굶어 죽는 일은 지극히 작고 절개를 잃는 일은 지극히 큰 것이다."라고 하였다. 《小學 嘉言》

이계주에게 답함
答李季周

〔왈역(曰驛)〕[22] 그 주석에 "낙역(絡驛)하나 이어지지 않는 것이다."[23]라고 한 것은 그 뜻이 대략 "비록 낙역하지만 서로 연속되지 않는다."라는 말이니, 공자가 음악을 논하면서 "분명하며 연속되어서 한 장을 끝마쳐야 한다."[24]라고 한 것과 같은 것입니다.

〔정회(貞悔)〕[25] 그 주석에 "정(貞)은 둔괘(屯卦)이고 회(悔)는 예괘(豫卦)이니, 모두 팔(八)이다."라고 하였으니, 팔은 소음(少陰)의 팔수(八

22 왈역(曰驛) : 역(驛)은 연속되지 않는 것으로, 다섯 가지 복조(卜兆) 중의 하나이다. 《서경》〈홍범(洪範)〉에 "일곱 번째 계의(稽疑)는 거북점〔卜〕과 시초점〔筮〕을 치는 사람을 가려서 세운 뒤에 이에 거북점과 시초점을 치도록 명하는 것이다. 비가 오는 듯한 현상과 개는 듯한 현상과 흐릿한 현상과 연속되지 않는 현상과 이기는 현상이며, 정과 회이다.〔七稽疑, 擇建立卜筮人, 乃命卜筮. 曰雨, 曰霽, 曰蒙, 曰驛, 曰克, 曰貞, 曰悔.〕"라고 하였다.

23 낙역(絡驛)하나……것이다 : 채침(蔡沈)의 《서경집전(書經集傳)》 주석에 나오는 말이다. 낙역(絡驛)은 낙역(絡繹)과 같은 말로, 끊어짐이 없다는 뜻이다.

24 분명하며……한다 : 공자가 노(魯)나라 태사(太師)에게 음악을 말하기를 "음악은 알 수 있으니, 처음 시작할 때는 오음(五音)을 합하여, 풀어놓을 때는 조화를 이루며 분명하며 연속되어서 한 장을 끝마쳐야 한다.〔樂其可知也: 始作, 翕如也; 從之, 純如也, 皦如也, 繹如也, 以成.〕"라고 하였다. 《論語 八佾》

25 정회(貞悔) : 《서경》〈홍범〉 계의(稽疑) 중의 두 가지 점괘(占卦)이다. 채침의 주석에 "내괘(內卦)를 정(貞)이라 하고, 외괘(外卦)를 회(悔)라고 한다. 《국어(國語)》에 '정은 둔괘이고 회는 예괘이니, 모두 팔(八)이다.'라고 한 것이 이것이다."라고 하였다.

數)를 이릅니다. 무릇 괘효(卦爻)에 구(九)는 노양(老陽)이고 육(六)은 노음(老陰)이기 때문에 변하나, 칠(七)은 소양(少陽)이고 팔은 소음(少陰)이기 때문에 변하지 않습니다. 지금 이 정둔(貞屯)의 초효(初爻)와 오효(五爻)는 구이기 때문에 변하고 사효(四爻)는 육이기 때문에 변하여 예괘가 된 것입니다. 그런데 오직 이효(二爻), 삼효(三爻), 상효(上爻) 세 효는 팔을 만나서 변하지 않았으니, 그렇다면 정(貞)과 회(悔) 두 괘는 모두 소음의 팔수가 그대로인 것입니다.-우윤(右尹) 권사성(權思誠)이 일찍이 말하기를 "평소에 이 설을 이해하지 못하다가 마침 강석(講席)에서 이 문제를 만나 시관(試官)에게 물어보았으나 모두 대답하지 못하였다."라고 하였습니다. 이는 《역학계몽(易學啓蒙)》을 강론하지 않으면 이를 이해하기가 참으로 어렵기 때문입니다. 《역학계몽》 제4편 4판(板)의 정사수(程沙隨)[26] 설에 상세히 실려 있으니, 한번 상고해 보는 것이 어떻겠습니까?-

〔원조(原兆)〕[27] 이는 《주례(周禮)》에 나오니, 아마도 원(原)은 곧 본(本) 자의 뜻인 듯합니다. 대개 옥(玉)은 전제(顓帝)의 조짐이고 와(瓦)는 제요(帝堯)의 조짐이고, 이는 주(周)나라의 조짐입니다. 주나라 사람으로서 그것을 원(原)이라고 일컬은 것이니, 마치 오늘날 사람들이 아조(我朝)를 본조(本朝)라고 일컫는 것과 같습니다.

26 정사수(程沙隨) : 《송자대전수차》 권5에 "정형(程逈)으로, 자는 가구(可久)이고, 사수(沙隨) 사람이다. 《역설(易說)》을 지었다. 주자가 칭찬을 많이 하였다."라고 하였다.

27 원조(原兆) : 거북점의 세 가지 점괘 중의 하나이다. 《주례》 〈춘관(春官) 태복(太卜)〉에 "태복이 삼조(三兆)의 법을 관장하니, 첫째는 옥조(玉兆)이고 둘째는 와조(瓦兆)이고 셋째는 원조이다."라고 하였다.

이계주에게 답함

答李季周

〔문〕 〈정지방중(定之方中)〉[28] 장하주(章下註)의 "수방(授方)"에 대하여.

〔답〕 '수방'이라고 한 것은 방략(方略)과 방술(方術)을 일러 준다는 뜻입니다.

〔문〕 〈간모(干旄)〉[29] 제2장 주(註)의 "위에 정모를 설치하고 그 아래에 유(斿 깃발)를 묶고 유 아래에 삼(縿 술)을 잇는다.〔上設旌旄, 其下繫斿, 斿下屬縿.〕"라는 것에 대하여.

〔답〕 '모(旄)'는 기간(旗干 깃대)의 머리에 다는 것이고, '그 아래에 유를 묶는다.'라는 것은 모의 아래 기간의 몸에 묶는 것입니다. 대개 유를 기간의 몸에 붙이고 유 밖에 삼을 붙이는 것이니, 삼은 기간의 몸입니다. 그림이 옆에 있습니다. 그러나 '유하(斿下)'의 하(下) 자(字)는 아마 외(外) 자의 잘못인 듯합니다.

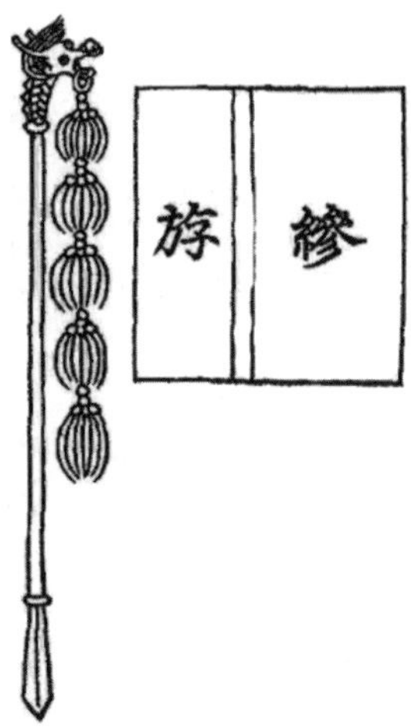

28 정지방중(定之方中) : 《시경(詩經)》 〈용풍(鄘風)〉의 편명(篇名)이다.

29 간모(干旄) : 《시경》 〈용풍〉의 편명이다.

이계주에게 답함 갑인년(1674, 현종15) 6월 3일

答李季周 甲寅六月三日

경모하던 중에 이렇게 보내 주신 편지를 받으니, 기쁘고 위로되는 마음을 견디지 못하겠습니다. 멀리 떠나간다는 말씀은 처음 듣는 소식이라 젊은 사람들에게 물어보고서 대략 그 곡절을 알게 되었습니다. 그대 선대 어른이 반정(反正) 초기에 올렸던 상소[30]는 정히 오늘날 후손이 그 뜻을 계승할 기회입니다. 이 때문에 거친 파도와 교룡(蛟龍)의 굴조차도 얼른 피하려는 뜻이 없으니, 몹시도 나를 공경하고 우러르게 합니다.

나는 지금 조금 올라가서 내일 임간(林間)에서 망곡(望哭)할 계획입니다. 다만 딸아이의 병 때문에 늙은 아비의 걱정을 떨쳐 버릴 수 없어 잠시도 머무를 수 없으니, 아마 함께 이야기를 나누지는 못할 듯합니다. 그러니 응당 편지의 말로써 남은 회포를 다 쏟아 내어야 할 것입니다. 마침 젊은 사람들과 글을 강론하다가 또 그들이 떠나려는 참이라 길게 적지 못하고 이만 줄입니다.

30 그대……상소 : 이식(李植)이 상소하여, 서도(西道)에 무비(武備)가 허술하므로 스스로 관방(關防)을 지키며 노모와 함께 필사(必死)의 땅에 임하여 무부(武夫)의 선봉이 되겠다고 청한 일을 가리킨다. 《宋子大全隨箚 卷5》《仁祖實錄 1年 11月 9日》

이계주에게 답함 갑인년(1674, 현종15) 8월 1일
答李季周 甲寅八月初吉

지난달 22일에 산중(山中)에서 출발하였다가 16일에 보내신 편지를 길에서 받았고, 또 이씨(李氏) 조카의 행차에 다시 뒤의 편지를 받았고, 지금 또 세 번째 편지를 받으니, 나를 돌보아 주는 은혜를 잘 알겠기에 사례할 바를 모르겠습니다. 이 사람은 참으로 이른바 "재앙은 자신이 만들어 내었거늘 공연히 선량한 사람을 더럽힌다."[31]라는 것에 해당합니다. 더구나 임금을 잊고 나라를 저버리는 일의 뿌리가 되었는데도 성상의 넓은 도량으로 너그럽게 포용하시어 아직도 철저하게 파악하여 지시하신 일이 없으니, 큰 은혜에 감격하여 죽을 곳을 알지 못하겠습니다.

말씀하신 여러 가지 의견은 의리로 헤아려 보건대 진실로 옳습니다. 다만 금오(金吾) 문 밖에서는 서울의 여러 재신이 또한 교외로 나갔으니, 내가 어찌 감히 무릅쓰고 들어가겠습니까. 단지 한강 밖을 돌아갈 곳으로 삼을 뿐입니다. 그러나 그저께 밤부터 서증(暑症)이 재발하여 길에 오를 방법이 없으므로 걱정이 되어 어떻게 해야 할지 모르겠습니다.

31 재앙은……더럽힌다 : 동한(東漢) 시대 당고(黨錮)의 화가 일어났을 때, 하복(夏馥)이 장검(張儉) 등이 망명하였다는 소식을 듣고 탄식하며 말하기를 "재앙은 자신이 만들어 내었거늘 공연히 선량한 사람을 더럽히는구나."라고 하였다. 《後漢書 黨錮列傳 夏馥》

앞뒤의 세 편지에 모두 '헐후(歇後)'라는 말씀이 있으니, 여기에서 그대의 어진 마음을 볼 수 있습니다. 일찍이 보건대 선배들이 율곡(栗谷)의 어짊을 논하기를 "항상 남들이 자신과 같다고 여기고 너무 심하다고 여기지 않다가 마침내 소인들에게 모함을 받았으나 끝내 또한 후회하지 않았다."라고 하였습니다. 대개 남에게 속임을 당할지라도 다른 사람의 마음을 미리 억측하지 않았으니, 어찌 군자의 성대한 덕이 아니겠습니까. 우리가 오늘날 힘쓸 일 또한 모름지기 여기에 있을 것입니다.

저보(邸報)는 열람한 뒤에 돌려드리겠습니다. 말하고 싶은 것은 매우 많으나 병으로 남의 손을 빌려서 적느라 다 하지 못합니다.

이계주에게 보냄 갑인년(1674, 현종15) 8월 10일

與李季周 甲寅八月十日

이곳의 나는 집의 아우가 절사(節祀) 때문에 말미를 받아 올라와서 깊은 골짜기에서 함께 지내고 있으니, 이는 두려움으로 지내는 중에 다행한 일이라 하겠습니다. 서울의 친구들은 모두 도성 밖까지 나아오는 것이 마땅하다고 말하지만, 고집스러운 나의 견해로는 이미 근기(近畿) 지방에 이르렀으니 오십보백보여서 그리 차이가 없다고 여깁니다. 또 이미 좁은 길로 들어서서 나아가거나 물러나는 것이 모두 어렵게 되면 하나의 박화숙(朴和叔 박세채)이 되고 말 것[32]이 염려스러우니 이 때문에 주저하는 것이고, 게다가 또 질병이 지속되기 때문에 우선 이렇게 그대로 엎드려 있을 뿐입니다. 인하여 삼가 생각건대 성상의 은혜가 혹 끝내 용서할지라도 이 일이 결말나기 전에는 결단코 물러나서 돌아갈 수 없습니다. 그러나 더디고 빠름은 미리 알 수 없으니, 만일 혹 겨울을 넘긴다면 형세상 모름지기 잠깐 여종을 보내어 온돌을 만들고 북쪽 창을 막도록 하여 추위를 막는 대비를 해야 할 것입니다. 바라건대 사정을 요량하여 알려 주심이 어떻겠습니까? 나머지 이야기는 갖추어 다 말하지 못합니다.

32 하나의……것 : 박세채(朴世采)가 민업(民業)의 상례(喪禮)에 관련한 일 때문에 의금부에 이르러 대죄하였으나 오래도록 처분이 없어 나아가지도 물러나지도 못하는 상황이었기에 이렇게 말한 것이다. 《宋子大全隨箚 卷5》

이계주에게 보냄 갑인년(1674, 현종15) 8월 18일

與李季周 甲寅八月十八日

기성(騎省 병조)의 사예(司隷) 편에 부친 답장은 받아 보았습니까? 지금은 성상의 체후가 지난밤에 비하여 어떻습니까? 애타는 심정이 어찌 끝이 있겠습니까. 만약 말과 시종을 얻는다면 비록 길에서 죽을지라도 감히 길에 오르지 않겠습니까. 다만 오늘 아침에 청풍(淸風 김우명(金佑明))의 처남을 만나 보니, 청풍이 아직 그 집에 있으면서 심히 두려워하지는 않는다고 하였습니다. 삼가 생각건대, 이미 병이 차도가 있었으나 외가에서 상세히 알지 못한 것으로 보입니다.

보름날에 중우(仲羽 이숙(李翻)) 영감이 와서 그대가 나를 비방하였던 사람을 등용하고자 하나 나 때문에 어렵게 여긴다고 하였으니, 만약 이게 사실이라면 내가 그대에게 지우(知遇)를 받는 것이 몹시 얕은 것입니다. 내가 만약 비방을 받았다고 그 사람을 노엽게 여긴다면 이는 이미 천장부(賤丈夫)의 일이고, 또 사적인 노여움으로 인하여 그 사람이 폐기당하기를 바란다면 또 어찌 소인의 모질고 각박한 마음이 아니겠습니까. 또 그대의 처신을 갖고 말하더라도 오직 그 이치가 어떠한가를 보아야 할 뿐이거늘 과연 중우 영감이 전해 준 말과 같다면 이는 장차 멀리서 인사를 좌우한다는 비방을 온갖 비난이 쏟아지는 내 몸으로 돌리는 것입니다. 이는 또한 사람을 사랑하는 방도가 아니니, 부디 헤아려 주기를 천만번 바랍니다.

다시 드릴 말씀이 있습니다. 시사(時事)가 이와 같으니, 이는 온 나라가 감당하여야 할 시기입니다. 고례(古禮)에 비록 흉년만 들지라도 오히려 예법을 생략하여 남녀를 만나게 하였거늘,[33] 하물며 지금 시대의 위태로움은 또 흉년에 견줄 바가 아닌 데이겠습니까. 그대가 지난겨울에 보낸 편지에서 올가을이나 올겨울에 납폐(納幣)의 예를 거행하자는 말씀이 있었으니, 그대가 만약 이를 기억하여 잊지 않고 있다면 이달 혹은 다음 달에 속히 이 예를 거행하고 시사의 완급을 보아서 친영(親迎)할 시기를 당기거나 물리도록 할 계획이니, 어떻게 여기실지 모르겠습니다. 지금 아이를 시켜서 뵙고 여쭙도록 하니, 부디 분명하게 말씀해 주시기를 지극히 바랍니다. 이만 줄입니다. 예를 갖추지 못합니다.

33 고례(古禮)에……하였거늘 : 주희(朱熹)가 말하기를 "옛날 나라에 흉황(凶荒)이 있으면 예법을 줄여서 혼인하는 사람이 많게 하였으니, 《주례(周禮)》의 흉정(凶政) 12조 중에 이러한 법이 있다. 대개 빈궁하여 친영의 예식을 갖출 수 없으면 법으로 이처럼 허락한 것이다."라고 하였다. 《朱子語類 卷59 孟子 告子下》

이계주에게 보냄

與李季周

성복(成服)할 날짜를 당기고 물리는 일은 이미 어떻게 되었습니까? 내 생각에는, 예조(禮曹)에서 끝내 예제(禮制)를 정해 주지 않으면 내 마음대로 만들어 내어서는 안 되니 응당 예조에서 행회(行會)한 내용에 "외방(外方)은 부음을 들은 날로부터 날짜를 계산하여 성복한다."라고 한 글에 근거하여 내일 강을 건너고 모레 과천(果川)이나 혹은 양재(良才)의 관청에서 성복해야 할 것입니다. 나의 뜻은 이미 결정되었는데, 그대는 어떻게 이야기할지 모르겠습니다.

이계주에게 보냄 갑인년(1674, 숙종 즉위년) 8월 20일

與李季周 甲寅八月二十日

어제저녁에 흠위(廞衛) 밖에서 한번 통곡하였으니,[34] 오정(五情)이 찢어지는 듯하였습니다. 무엇 때문에 지금까지도 죽지 않아 다시 이렇게 낙심하고 애통해한단 말입니까. 나의 병은 며칠 전부터 몹시 고통스러웠고 18일 밤에는 길 위에서 더 위독해졌고 지금은 신음만 할 뿐 움직일 방도가 없습니다. 또 스스로 생각건대 선조(先朝)에서 대죄(待罪)하던 몸이 갑자기 보통 사람과 스스로 같다고 생각한다면 이는 이미 선왕께서 승하하여 지각이 없다고 하여 배반하는 것이니, 어찌 차마 이러한 일을 하겠습니까. 말이 여기에 이르자 더욱 피눈물을 닦게 됩니다. 이만 줄입니다.

34 어제저녁에……통곡하였으니 : 1674년 8월 18일에 현종이 승하하였기에 하는 말이다.《顯宗實錄 15年 8月 18日》

이계주에게 보냄
與李季周

매번 왕실(王室)을 생각할 때마다 절로 눈물이 흘러내리니 이는 실로 오늘의 참된 광경입니다. 이로 인하여 병의 증세가 날로 심해지니, 어쩌면 또한 일단(一端)의 이륜(彝倫)이 어두워지지 않아서일 것입니다.

일러 주신 말씀은 삼가 잘 알겠습니다. 다만 생각건대 정야(鄭爺)[35]는 나와는 같지 않습니다. 정야는 처벌당하였다가 용서받은 사람이고 나는 죄를 지고서 아직 조사가 끝나지 않은 신하이니, 어찌 차마 선왕께서 이미 지각이 없어졌다고 하여 처벌을 기다리던 뜻을 갑자기 바꿀 수 있겠습니까. 또 생각건대 나의 병이 이 지경에 이르러 성복(成服)하던 날에 다시 슬픔을 다하지 못하였기에 죽어도 여한이 있을 것이니, 참으로 이른바 "죽음만 못한 지가 오래되었도다."[36]라는 것입니다. 매번 그대의 편지를 볼 때마다 나도 모르게 눈물이 줄줄 흘러내리니, 어쩌면 이른바 노쇠한 시절에는 감회에 젖기 쉽다는 것이 아니겠습니까. 아니면 죽을 때가 장차 다가와서 그러한 것입니까. 누워서 남의 손을 빌려 적느라 다 말하시 못합니다. 이만 줄입니다.

35 정야(鄭爺) : 정씨 어른이라는 말이다. 《송자대전수차》 권5에 "정야는 정지화(鄭知和) 공을 가리키는 듯하다."라고 하였다.

36 죽음만……오래되었도다 : 《시경》 〈소아(小雅) 육아(蓼莪)〉에 "작은 병이 텅 빔이여, 큰 병의 수치로다. 궁한 백성의 삶이여, 죽음만 못한 지가 오래되었도다.〔甁之罄矣, 維罍之恥. 鮮民之生, 不如死之久矣.〕"라고 하였다.

이계주에게 답함 갑인년(1674, 숙종 즉위년) 9월 1일

答李季周 甲寅九月一日

눈병으로 고생하신다는 소식을 들으니 염려되기 그지없습니다. 나는 날마다 학질의 침범을 받고 있으니, 이 걱정이 어떠하겠습니까. 지문(誌文)을 지으라는 명[37]을 말씀드리자면, 지금 사직 상소를 지었으니 성상께서 어떻게 지시하실지 모르겠습니다. 비록 마음을 풀어 주시는 유시(諭示)를 받더라도 나의 종적은 끝내 불안할 것이니, 응당 힘껏 청하여 반드시 이루어지기를 기약할 뿐입니다. 호설(胡說) 운운한 것은 그 가운데에 또한 어진 사람의 마음이 들어 있습니다. 그러나 만약 명도(明道 정호(程顥))의 역량이 없다면 점점 술수의 가운데로 빠져들 것이니, 이 뜻은 주자(朱子)가 이미 말씀하였습니다. 비록 스스로 역량을 헤아려서 나아가거나 물러나는 바가 있다고 하더라도 이 마음은 끝내 잊어서는 안 될 것입니다. 이만 줄입니다.

37 지문(誌文)을 지으라는 명 : 숙종은 당시 수원(水原)에 있던 송시열에게 전유하여 현종의 지문을 지어 올릴 것을 명하였다. 《肅宗實錄 卽位年 9月 2日》

이계주에게 답함 갑인년(1674, 숙종 즉위년) 9월 12일
答李季周 甲寅九月十二日

제공(諸公)의 끈질긴 요청에 내몰려서 어제 무봉(舞鳳)[38]을 떠났다가 중로(中路)에서 그대의 편지를 받았으니, 일러 주신 말씀을 잘 알겠습니다. 시장(諡狀)은 어찌 그렇게도 신묘합니까. 나는 내일 강가에 이르러 다시 간절한 충정을 다할 것이니, 성상께서 어떻게 처분하실지 모르겠습니다.

남 진사(南進士)가 질문한 것을 말하자면, 마땅히 국장(國葬)을 기다린 뒤에 소상(小祥)을 거행하고 다음 달에 대상(大祥)을 거행해야 할 것입니다. 이는 《예기(禮記)》〈증자문(曾子問)〉 주석에 실려 있으니, 살펴보면 할 수 있을 것입니다. 기일(忌日)에 이르면 제수를 간략히 진설하고 곡하면서 제사를 거행할 뿐입니다. 나머지는 집의 아이가 말로 전할 것입니다. 이만 줄입니다.

38 무봉(舞鳳) : 수원(水原) 만의(萬義)에 있는 산 이름이다.

이계주에게 답함 갑인년(1674, 숙종 즉위년) 10월 14일

答李季周 甲寅十月十四日

조카아이가 와서 지난달 29일에 보내 주신 편지를 전해 주어 한창 위로되고 후련하던 차에 이렇게 또 승려 편에 전한 편지를 받게 되니, 나를 깊이 돌보는 뜻을 더욱 알겠습니다. 근래의 일은 어찌 말할 것이 있겠습니까. 단지 돌아와서 묵은 서책을 마주하고 있을 뿐이지만 흔연히 뜻에 맞는 곳이 없지 않으니, 이 몸이 도깨비가 되어 백일(白日) 아래에서 도망한 처지인 줄도 스스로 깨닫지 못합니다. 무엇보다 여러 현준(賢俊)한 이들이 연루되게 한 것은 이미 작은 일이 아니고 민우(閔友)에 이르러서는 선대에까지 미쳤으니,[39] 무슨 면목으로 이 벗을 대하겠습니까. 또 생각건대 이 벗의 형제[40]는 왕실에 마음을 두어 몸과 마음을 바쳐서 정성을 다하고 있으니, 오늘날 믿고 의지할 사람은 오직 이들일 뿐입니다. 지금 그 뜻 또한 장차 사직하고 돌아가려고 하니, 나라를

39 민우(閔友)에……미쳤으니 : 민우는 민유중(閔維重)을 가리킨다. 《송자대전수차》 권5에 "당시 곽세건(郭世楗)의 상소에 입암(立巖)의 문장에 관한 일까지 함께 언급하였기 때문에 운운한 것이다."라고 하였다. 입암은 민유중의 선조 민제인(閔齊仁)의 호이다. 진주(晉州)의 유학 곽세건이 상소하여 송시열에게 현종의 지문을 지어 올리게 한 명을 거두어 줄 것을 청하였다. 《肅宗實錄 卽位年 9月 25日》

40 이 벗의 형제 : 민유중의 형인 민정중(閔鼎重)을 가리킨다. 1674년 10월 8일에 대사헌에 제수되었으나, 민신(閔愼)의 일로 인피(引避)하여 이후 사직을 청하였다. 《肅宗實錄 卽位年 10月 8日, 11月 23日》 민신의 일이란 민업(閔業)의 상에 정신 착란증이 있던 아들 민세익(閔世益) 대신 손자인 민신이 집상(執喪)하게 한 일을 가리킨다. 《顯宗實錄 14年 9月 9日》

그르친 죄가 모두 내 몸에서 근원한 것임을 더욱 알겠습니다. 어찌하고 어찌하겠습니까. 소보(小報)는 매우 고맙습니다. 중씨(仲氏 이신하(李紳夏)) 어른이 멀리서 문안 편지를 보내왔으니, 감사하기 그지없습니다. 예를 갖추지 못합니다.

이계주에게 답함 갑인년(1674, 숙종 즉위년) 11월 27일

答李季周 甲寅十一月二十七日

그 명을 따르지 않고 그 의리를 따랐던 것은 실로 그대 선대인이 조정에 섰을 때의 법도였습니다. 이미 지나간 일은 따질 것이 없고 장래의 거취가 구차하지 않다면 사류(士類)의 의혹을 풀 수 있을 것입니다. 이제부터 괘효(卦爻) 상의 포황(包荒)[41]을 말하지 말고 산속으로 돌아가서 경전을 보아야 할 것이니, 이외의 것은 감히 알지 못하겠습니다.

○ 그대가 과연 물러나서 돌아간다면, 박화숙(朴和叔)이 일찍이 강가로 물러나려는 약속이 있었으니 서로 가까운 땅에 살면서 때때로 함께 모여 책을 강론한다면 참으로 노경(老境)의 얻기 어려운 좋은 일일 것입니다. 오직 그대가 빨리 도모하기를 빌 뿐입니다. 다만 남에게 아버지를 폐하도록 가르친 죄[42]는 화숙(和叔)이 실제 감당해야 할 것입니다. 그렇다면 이 벗 또한 하나의 일이 생겨서 다른 일에 마음을

41 포황(包荒) : 거칠고 더러운 것까지 포용한다는 말이다. 《주역》 〈태괘(泰卦) 구이(九二)〉에 "거친 것을 포용해 주면서도 황하를 맨몸으로 건너는 용맹을 쓰며, 멀리 있는 것을 버리지 않으면서 붕당을 없애면 중도에 합치되리라.〔包荒, 用馮河, 不遐遺, 朋亡, 得尙于中行.〕"라고 하였다.

42 남에게……죄 : 박세채(朴世采)가 민업(閔業)의 상(喪)에 정신 착란증이 있던 아들 민세익(閔世益) 대신 손자인 민신(閔愼)으로 하여금 집상(執喪)하게 한 것을 말한다. 김우명(金佑明)이 현종에게 "이는 곧 자식이 없고 아버지가 없는 격이니, 성명(聖明)의 세상에 이 같은 사람을 도성 안에 살게 할 수는 없습니다."라고 아뢰니, 현종이 하교하기를 "부자간의 윤기가 하나라도 어그러지면 어떻게 사람이 될 수 있겠는가."라고 하고 조사하여 처리하도록 명하였다. 《白湖全書 卷20 顯宗純文肅武敬仁彰孝大王行狀》

쓸 겨를이 없을 것이니, 염려스럽고 염려스럽습니다. 이 사람에게 편지를 써서 물어보고 싶으나 서울에 편지를 많이 보내고 싶지 않기 때문에 감히 하지 못합니다.

○ 공서(公瑞)의 선조 입암공(立巖公)[43]이 을사년(1545, 명종 즉위년)의 변고에 처음에는 비록 두려워하고 겁을 내어 백휴암(白休菴)[44]의 탄핵을 받았으나 그의 지극한 마음은 실로 사류(士類)에 있었기 때문에 자신도 모르게 말과 의론에 자주 드러나서 드디어 윤원형(尹元衡) 무리에게 조당(朝堂)의 모임에서 논죄(論罪)를 당하여 마침내 귀양의 형벌을 받아 죽게 되었습니다. 그 허물을 고치고 뒷수습을 잘한 방도는 후세 사람들이 미칠 수 있는 바가 아닙니다. 지금 곽세건(郭世楗)의 상소[45] 내용이 어떠한지는 보지 못하였으나 만약 이것을 명분으로 삼아 후인(後人)을 억압할 자료로 삼는다면 참혹한 일이라고 할 만합니다. 인심이 이 지경에 이르렀으니, 어찌하고 어찌하겠습니까. 누가 성상을 위하여 한번 이러한 말을 아뢰어 후인들에게 칭찬하는 말이 있게 하겠습니까. 가탄스럽고 가탄스럽습니다.

○ 곽세건의 모의는 대부분 한씨(韓氏) 성을 가진 사람[46]에게서 나

43 공서(公瑞)의 선조 입암공(立巖公) : 공서는 민시중(閔蓍重)의 자(字)이고, 입암(立巖)은 민시중의 선조 민제인(閔齊仁)의 호이다.

44 백휴암(白休菴) : 백인걸(白仁傑, 1497~1579)로, 본관은 수원(水原), 자는 사위(士偉), 호는 휴암이다. 을사사화에 사간원 헌납으로 있으면서 직언을 일삼다가 옥에 갇혔고 양재역 벽서 사건으로 안변(安邊)에 유배당하였다.

45 곽세건(郭世楗)의 상소 : 526쪽 주39 참조.

46 한씨(韓氏)……사람 : 송재(松齋) 한충(韓忠)의 후손 한은(韓垽)을 가리킨다. 《宋子大全隨箚 卷5》

온 것인데, 한씨는 실제 대수(大受 민정중(閔鼎重))의 외종형제(外從兄弟)입니다. 이에 곽세건을 사주하여 대수 영감을 욕보이고 있으니, 오늘날의 인심이 심하다고 하겠습니다. 또 그대와 제현(諸賢)이 그 사람을 별천(別薦) 중에 초계(抄啓)하였는데도 오히려 이러한 모의를 하고 있습니다. 우리는 너그럽게 포용하였으나 저들은 독기를 뿜어내고 있으니, 어찌하고 어찌하겠습니까.

○ 포황(包荒)이라는 것은 그저 분개하거나 미워하지 않는다는 뜻일 뿐이고 그 못난 모습을 알면서도 그와 함께 일을 함을 뜻하는 것이 아닙니다. 오늘날 일종의 사람들은 벼슬을 얻는 것을 걱정하는 까닭에 이러한 뜻밖의 모의를 하게 되는 것이니, 참으로 공자가 말한 "이르지 않는 바가 없다."[47]라는 것입니다. 주자(朱子)가 "이르지 않는 바가 없다."라는 말을 해석하기를 "크게는 부모와 임금을 시해하고 작게는 등창을 빨거나 치질을 핥는다."라고 하였으니, 이러한 사람들과 함께 임금을 섬길 수 있겠습니까.

47 이르지……없다 : 공자가 말하기를 "비루한 사람과 함께 임금을 섬길 수 있겠는가. 부귀를 얻기 전에는 얻을 것을 걱정하고, 이미 얻고 나서는 잃을 것을 걱정하니, 만일 잃을 것을 걱정하면 이르지 않는 바가 없을 것이다."라고 하였다. 《論語 陽貨》

이계주에게 답함
答李季周

박 도사(朴都事)는 나 또한 일찍이 그의 묘문(墓文)을 지은 적이 있습니다.[48] 다만 반정(反正) 초기에 무릇 서궁(西宮)의 일로 화를 당한 사람들이 모두 표창되거나 크게 서용(敍用)되었으나 유독 이 사람만 매몰되었습니다. 그래서 마음으로 가만히 의심하여 혹 다른 까닭이 있을 것이라는 생각에 일찍이 영상(領相)에게 물어보려고 하였으나 그 자리에 마침 다른 손님이 있어 묻지 못하였습니다. 만약 이 사람이 이러한 공로가 있는데도 알아주기를 구하지 않아 버림을 받았다면 더욱 귀한 일일 것이니, 추후라도 선입(選入)하는 것이 합당할 듯합니다.

정 관찰사(鄭觀察使)는 인척을 자처하여 성조(聖朝)의 사문(私門)을 크게 열도록 만들었고 또 아내의 사특한 음모를 숨기고 궁녀를 몰래 넣어 하늘에 뻗치는 화를 일으켰으니, 본래 죄인이기 때문에 애당초 감히 거론하지 않았던 것입니다. 지금 하신 말씀이 이와 같으니, 이는 남의 선행을 숨겨 주지 않으려는 성대한 뜻입니다. 세 문장 중에 명백하게 말한 것과 직필(直筆)로 들추어낸 일을 가려서 넣는 것이 어떻겠습니까?

48 박……있습니다 : 박 도사는 평안 도사(平安都事) 박정원(朴鼎元)이다. 함평 현감(咸平縣監)으로 고을 선비들을 깨우쳐서 폐모론(廢母論)에 부화뇌동하지 않도록 하였다. 송시열이 그의 묘지(墓誌)를 지었다. 《宋子大全隨箚 卷5》《宋子大全 卷185 平安都事朴公墓誌銘》

이계주에게 답함 갑인년(1674, 숙종 즉위년) 12월 21일

答李季周 甲寅十二月二十一日

그대의 편지를 연이어 받고서 파직되어 고향으로 돌아온 줄을 알게 되니 그 얼마나 마음에 쾌적하겠습니까. 내가 혹시 의금부의 배려를 받아 상유(上游)[49]에 살게 되어서 동복(僮僕)을 왕래시키며 서로 함께 옛 책을 강론할 수 있게 된다면 그 즐거움이 얼마나 크겠습니까. 다만 염라대왕에게 가련한 모습을 보이며 구걸하는 글은 짓는 것이 부끄러울 따름입니다.

유언비어에 대한 염려는 비록 각각 천 리 멀리 떨어져 있더라도 어찌 모면할 수 있겠습니까. 여공(呂公)이 진양(晉陽)의 군사를 일으킨다는 비방을 받았던 것은 단지 아름다운 수염 때문에 벌어진 일이었으니,[50] 어찌 붕우 간의 강습 때문이었겠습니까. 우리가 오늘날 힘쓸 바는 단지 주자(朱子)가 북을 쳐서 원통함을 송사하지도 않고 시를 지어 비방하지도 않으면서 응당 해야 할 말을 하였던 처신[51]을 본받는다면 화를

49 상유(上游) : 상류(上流)로, 명승지를 뜻하기도 한다. 항우(項羽)가 말하기를 "옛날의 제왕은 땅이 사방 천 리이고 반드시 물의 상류에 거처하였습니다.〔古之帝者, 地方千里, 必居上游.〕"라고 하였다. 《史記 項羽本紀》

50 여공(呂公)이……일이었으니 : 여공은 신국공(申國公)에 봉해진 송(宋)나라 여공저(呂公著)이다. 《송자대전수차》 권5에 "아름다운 수염은 손신로(孫莘老)를 가리킨다. 그가 일찍이 임금께 말하기를 '만약 당(唐)나라 말기였다면 반드시 진양의 군사를 일으켜서 임금 측근의 악인들을 제거하는 일이 있었을 것입니다.'라고 하였다. 임금이 그 사람을 잊어버리고 단지 아름다운 수염만 기억하여 신공(申公)이라고 오인하였다."라고 하였다. 손신로는 손각(孫覺)으로 신로(莘老)는 그의 호이다.

면할 수 있을 것입니다.

최생(崔生 최신(崔愼))은 원래 함부로 그의 성명(姓名)을 서울에 알리고 싶지 않았습니다. 만약 다시 이것을 그대의 입에 오르내리도록 한다면 과연 크게 좋지 않은 일일 것입니다. 나는 당초에 참으로 그가 이러한 망언을 할 줄은 몰랐습니다. 다만 그는 먼 지방의 일개 미천한 사람일 뿐이고 또 그의 말에는 필시 사리에 맞지 않는 것이 많다고 여겼습니다. 그러나 그대와 대수(大受 민정중) 대감이 모두 포용하여 받아들이고 그와 함께 편지를 주고받으며 참으로 도의(道義)의 사귐을 하는 사람처럼 대하시니, 여기에서 그대의 성대한 덕을 볼 수 있고 또 그대가 참으로 포황(包荒)[52]의 의리를 지니고 있음을 볼 수 있어 실로 경탄(敬歎)하는 마음을 이기지 못하겠습니다.

납폐(納幣)의 예를 거행하는 일은 삼가 공손히 명을 기다릴 뿐입니다. 예를 갖추지 못합니다.

51 주자(朱子)가……처신 : 주희(朱熹)가 말하기를 "'그 침묵하는 것이 몸을 용납할 수 있다.'라는 말은 단지 북을 쳐서 원통함을 송사하지 않는 것이 곧 침묵하는 것이니, 집안에서 응당 해야 할 말조차 또한 감히 말하지 못해서는 안 될 것이다."라고 하였다. 《朱子語類 卷107 閎祖》 또 주희가 말하기를 "내가 또 일찍이 글을 올려 스스로 분변하지 않았고 또 일찍이 시를 지어 비방하지 않았다. 단지 붕우들과 옛글을 강습하여 이 도리를 말하였을 뿐이다."라고 하였다. 《朱子語類 卷107 內任丙辰後雜記言行》

52 포황(包荒) : 528쪽 주41 참조.

이계주에게 보냄 갑인년(1674, 숙종 즉위년) 12월 27일
與李季周 甲寅十二月二十七日

멀리서 상상하건대 고향으로 돌아와서 누워 있는[53] 그대의 쾌적한 마음은 응당 갇혀 있던 새가 새장을 벗어난 것과 같을 것입니다. 유독 나는 무엇 때문에 아직도 후예(后羿)의 구중(彀中)[54]에 있으면서 도리어 기지(起之)와 휘령(輝令)[55]을 생각하며 부러운 마음을 일으킨단 말입니까.

이전의 일은 단지 장보(章甫)뿐만이 아니라, 듣건대 조정의 대신

53 고향으로……있는 : 숙종이 송시열의 제자인 이단하(李端夏)에게 현종의 행장을 짓는 일을 맡기고, 그 행장에 기년설을 주장한 송시열이 '예를 잘못 정했다.〔誤定禮〕'라고 쓰게 하였다. 이 일로 서인(西人) 사이에 말이 분분하자 이단하가 상소하여 다시 예를 논의하면서 죄주기를 청하였는데, 숙종은 이단하가 이미 정해진 의례(議禮)를 다시 장황하게 언급하고 엄명에 핍박되어 오(誤) 자를 써넣었다고 한 것은 사표(師表)만 알고 군명(君命)이 있는 줄은 알지 못한 것이라며 그를 파직하도록 명하였다.《肅宗實錄 卽位年 12月 18日》

54 후예(后羿)의 구중(彀中) : 명사수의 표적 가운데라는 말로, 환란에 직면한 상황을 뜻한다. 후예는 유궁(有窮)의 임금 예(羿)로 활을 잘 쏜 사람이고, 구중은 화살이 미치는 범위로 표적을 말한다.《장자(莊子)》〈덕충부(德充符)〉에 "예의 사정권 안에서 놀면 그 표적의 중앙은 화살이 적중하는 자리이니, 그래도 맞지 않는 것은 운명이다."라고 하였다.

55 기지(起之)와 휘령(輝令) : 기지는 퇴우(退憂) 김수흥(金壽興)의 자이고, 휘령은 자가 중휘(仲輝)인 남이성(南二星)을 가리킨다. 당시 김수흥은 예(禮)를 의논한 대신으로 춘천(春川)에 귀양 갔고, 남이성은 예를 의논한 제신(諸臣)을 구원하다가 진도(珍島)로 유배되었다.《宋子大全隨箚 卷5》

또한 비판하는 사람이 있다고 합니다. 그러나 이미 소(疏)를 올려 나의 마음을 밝혀서 스스로 견벌(譴罰)을 초래한 이상, 스스로 돌이켜 보아 잘못이 없을 경우에는 귀락(歸樂)의 정자[56]를 짓더라도 괜찮을 것입니다. 다만 세월에 한계가 있고 의리는 무궁하니, 한 해가 다하도록 책을 보며 밤낮으로 젖어 든다면 아마도 의사(意思)가 자라나서 크게 새로워질 것입니다. 그러나 나와 같은 사람은 기로(岐路)에서 방황하다가 세월을 허송하고 말았으니, 가탄스러울 뿐입니다.

회옹(晦翁 주희(朱熹))이 폐하여 물러난 뒤에 남에게 보낸 편지에서 "근래의 일을 갖고서 말하면 폐기되어 배척되었다고 할 수 있으나 나의 초심(初心)을 갖고서 말하면 이에 내가 있을 자리를 얻었다고 할 만합니다."라고 하였으니, 참으로 그대가 오늘날 처한 상황입니다. 오직 바라건대 이 학문에 더욱 뜻을 두어 사우(士友)들의 바람에 부응하는 것이 어떻겠습니까? 저 무수한 모기와 등에 떼들이 미친 듯이 떠들어 대더라도 어찌 내 마음에 개의할 것이 있겠습니까.

별지는 부디 헤아려 보고 일러 주시기 바랍니다. 이만 줄입니다.

56 귀락(歸樂)의 정자 : 《송자대전수차》 권5에 "송(宋)나라 주언실(朱彦實)이 벼슬을 그만두고 돌아와서 귀락당(歸樂堂)을 지었는데, 주자(朱子)가 그 기문을 지었다."라고 하였다.

이계주에게 보냄 갑인년(1674, 숙종 즉위년) 12월 28일

與李季周 甲寅十二月二十八日

어제 지관(砥官) 편에 보낸 편지는 받아 보았습니까? 며칠 사이로 병증이 갑자기 심해져서 혼사가 더욱 염려됩니다. 어제 편지에 여쭈어볼 내용이 있었으나 어수선하여 결국 말하지 못하였으므로 지금 이렇게 뒤미처 말씀드립니다.

지난번에 그대가 홍(洪)·권(權)[57]의 일을 언급하였으니, 그대의 뜻은 내가 저들을 석연치 않게 여긴다고 생각하여 언급한 것인 듯하기 때문에 특별히 내 마음은 그렇지 않음을 밝힌 것일 뿐이었습니다. 그런데 어제 보내 주신 편지를 보건대 멀리서 인사를 좌우한다는 나에 대한 무함(誣陷)을 밝히기 위하여 내가 일찍이 "구례(舊例)에 따른 삼사(三司)의 직책은 어느 것이든 불가하겠는가."라고 말하였다고 하였으니, 이는 그대가 당시 상하(上下)의 곡절을 끊어 버리고 이 구절만 홀로 취한 것입니다. 이와 같으면 다만 멀리서 인사를 좌우한다는 무함을 증명하게 될 뿐이니, 그것이 일에 해가 됨이 어찌 크지 않겠습니까. 애당초 그대가 물어 왔을 때 의리상 정자(程子)가 온공(溫公)에게 한 것처럼 대답이 없었어야[58] 옳았을 것이지만 그래도 그렇게 운운하였던

57 홍(洪)·권(權) : 홍우원(洪宇遠)과 권시(權諰)이다.《宋子大全隨箚 卷5》

58 정자(程子)가……없었어야 : 온공(溫公)은 북송(北宋)의 명신인 사마광(司馬光)의 시호이다. 온공이 일찍이 이천(伊川) 선생에게 묻기를 "한 사람을 급사중(給事中)의 벼슬에 제수하려고 하니, 담당할 만한 사람입니까?" 하자, 선생이 말하기를 "처음에 만약 범연(泛然)히 인재를 논하였다면 내가 말할 수 있지만, 지금 이미 이렇게 말씀하시

것은 단지 내 마음에는 개의하는 바가 없음을 밝히려고 한 것일 뿐이었습니다. 지금 도리어 이처럼 되어 버렸으니, 이는 정자의 정법(正法)을 지키지 못한 잘못입니다. 부디 양해해 주시기 바랍니다.

나의 병이 이와 같으므로 급히 선대 문집의 서문을 지었으나 다만 연월(年月) 문제가 걸림돌이 됩니다. 이는 회옹(晦翁)이 당화(黨禍)가 일어났을 때 지은 문장에 곧바로 연월을 적어 당시 무리의 노여움을 더하게 하려고 하지 않았던 것과 같으니, 모두 헤아려 보고 일러 주시기 바랍니다.

니 제가 비록 적임자가 있더라도 어떻게 말을 할 수 있겠습니까."라고 하였다. 온공이 말하기를 "공의 입에서 나와서 나의 귀로 들어올 뿐이니, 무슨 문제가 있겠습니까."라고 하였으나 선생은 끝내 말하지 않았다.《近思錄 卷10》

이계주에게 보냄 을묘년(1675, 숙종1) 1월 4일

與李季周 乙卯正月四日

“남은 본래 나를 알기가 쉽지 않고 나 또한 남을 알기가 쉽지 않은 법”[59]이라고 하였으니, 내가 일찍이 이러한 말을 다른 사람에게 편지로 적어 보낸 적이 있습니다. 대저 그대가 낭패를 당한[60] 이래로 혹 비판하는 사람이 있으면 나는 매양 말하기를 “지금의 일에 시비가 어떠한지는 모르겠으나 그 사람은 끝내 선인(善人)이고 군자(君子)이다.”라고 하였습니다. 내가 마음에 담고 있는 생각이 이와 같으니, 어찌 이 마음을 어기고 이러한 말을 하는 일이 있겠습니까. 유언비어는 구유(區臾)에서 멈추는 법이니,[61] 부디 그대가 남의 말을 살펴서 듣는다면 좋을 것입니다.

혼사 문제는 그대가 조금 천천히 하려는 뜻을 참으로 잘 알겠으나 우리 집안의 형편상 어쨌든 빨리 거행하고 싶습니다. 늙은 아내가 병석에 누운 지가 벌써 해를 넘겼고 이달 초부터는 병을 얻어 거의 죽을 뻔하다가 다행히 조금 연명하고 있으나 끝내 낫기 어려운 증세이기 때문입니다. 뜻하지 않은 일이 생기기 전에 급히 혼사를 치르고 싶은

59 남은……것 : 《사기(史記)》 〈범수열전(范雎列傳)〉에 나오는 후영(侯嬴)의 말이다.

60 그대가 낭패를 당한 : 534쪽 주53 참조.

61 유언비어는……법이니 : 《순자(荀子)》 〈대략(大略)〉에 “구르는 구슬은 구유처럼 오목한 곳에서 멈추고 유언비어는 지혜로운 사람에게서 멈춘다.〔流丸止於甌臾, 流言止於智者.〕”라고 하였다. 구유는 오목하게 파인 와기(瓦器)를 말한다.

마음이 어찌 한량이 있겠습니까. 마땅히 2월 안에 택일하여 바로 알려 드리겠으니, 부디 깊이 양해하여 알맞게 처리해 주시기 바랍니다.

이계주에게 답함 을묘년(1675, 숙종1) 1월 5일

答李季周 乙卯正月五日

납폐(納幣)의 예(禮)에 대하여 날짜를 앞당기거나 물리자는 말씀이 없으므로 어제 손자 아이를 보내어 진퇴(進退)의 명을 기다린다고 말씀드리게 하였는데, 사람을 시켜서 보내온 그대의 편지가 갑자기 절에 도착하니 위로되고 감사한 마음은 실로 보통에 배가 됩니다.

나는 지난밤에, 극변(極邊)의 장계(狀啓)가 또 2일에 나와서 무덤 속에 미치는 화(禍)가 동춘당(同春堂 송준길(宋浚吉))에게까지 이르렀다는 소식[62]을 들었습니다. 비록 성상의 하교가 우선 지체되고 있으나 어찌 끝내 윤허하여 따르지 않을 리가 있겠습니까. 저 무수한 모기떼들이 시끄럽게 떠들어 대어 머리를 베고 가슴을 도려내더라도 내 알 바가 아닙니다. 때때로 한밤중에 묵묵히 옛 책을 읽다가 마음에 맞는 곳에 이르면 천년의 세월이 먼 줄도 깨닫지 못하고 또 분서갱유의 재앙이 눈앞에 닥친 줄도 알지 못합니다. 이 몸이 마침내 영해(嶺海)[63]를 넘어 귀양 가게 될 것이니, 상유(上游)로 물러나서 지내려던 계획은 그 흥취

62 극변(極邊)의……소식 : 1675년 1월 2일 장령 남천한(南天漢)과 정언 이수경(李壽慶)이 합계(合啓)하여, 송시열과 송준길, 이유태(李惟泰)가 담론을 만드는 데 힘을 써서 전형(銓衡)과 대론(臺論)이 모두 이들의 지휘에서 나왔다고 탄핵하면서 송시열은 극변에 유배하고 고(故) 송준길은 관작을 추탈하며 이유태는 삭탈관작하고 문외출송할 것을 청하였다. 《肅宗實錄 1年 1月 2日》

63 영해(嶺海) : 중국의 오령(五嶺) 밖과 남해(南海)에 걸쳐 있는 지역으로, 변방의 귀양지를 가리킨다.

가 비록 물씬하지만 어떻게 할 수가 없습니다. 오늘 서로 힘써야 할 바는 오직 보내온 편지에서 말씀한 이연평(李延平)의 말[64]이니, 실로 노년의 좋은 계책일 뿐입니다.

앞서 올려 드렸던 술병 하나는 대개 그대가 한가한 중에 회옹(晦翁)이 취한 뒤에 〈출사표(出師表)〉와 〈이소경(離騷經)〉을 낭랑히 읊어 음운(音韻)이 맑고 장대하였던 것을 본받게 하려는 것입니다. 납징(納徵)[65]할 때 갖추어야 할 의물(儀物)로 어제 또 별도로 병(甁) 2개와 약간의 과실(果實)을 현훈(玄纁)에 곁들여서 올려 드렸습니다. 이러한 시절을 당하여 오히려 주자의 《가례(家禮)》를 따르는 것은 실로 성이 함락되려 할 때 아들의 관례를 치렀던 윤곡(尹穀)[66]과 같은 것입니다. 그러나 이 또한 어쩌면 역책(易簀)[67]할 때의 남긴 뜻이 아니겠습니까.

64 이연평(李延平)의 말 : 이연평은 주희의 스승 이동(李侗)으로, 연평은 그의 호이다. 이동이 말하기를 "떨쳐 버리려고 해도 떨쳐 버릴 수 없는 큰 근심이 있거든 그저 견딜 수 없는 큰 환란을 만났던 옛사람을 생각하며 자신과 비교하면 그래도 조금 안정이 될 것이다."라고 하였다. 《晦庵集 卷45 答廖子晦》

65 납징(納徵) : 혼례 의식인 육례(六禮)의 하나로, 신부 집에 폐백을 보내는 것을 말한다.

66 성이……윤곡(尹穀) : 송나라 윤곡이 지주(池州)를 거느리고 있을 때 금(金)나라 군사가 장차 함락시키려고 하였다. 윤곡이 힘이 다하자 여러 아들을 위하여 관례(冠禮)를 행하였다. 사람들이 그의 오활함을 탓하니, 윤곡이 말하기를 "정히 관디(冠帶)를 바르게 하여 지하로 돌아가서 선인(先人)을 뵈려고 한다."라고 하였다. 성이 함락되자 온 가족이 절의를 위하여 죽었다. 《宋史 忠義列傳 尹穀》《宋子大全隨箚 卷5》

67 역책(易簀) : 대자리를 바꾼다는 말로, 정인군자(正人君子)의 죽음을 뜻한다. 증자(曾子)가 운명할 때에 계손(季孫)에게 받은 대자리에 누워 있었다. 동자(童子)가 그것이 대부가 사용하는 대자리라서 신분에 맞지 않는다고 지적하자, 증자가 말하기를 "내가 정도를 얻고서 죽으면 그만이다."라고 하고 다른 자리로 바꾸게 한 뒤에 곧 운명하

그대가 아니라면 또 어찌 감히 이러한 말을 하겠습니까.

보내 주신 송엽(松葉)은 즉시 맑은 시냇물을 길어 타서 복용해 보니 곧 현포(玄圃)의 경액(瓊液)[68]을 마신 것처럼 시원한 바람이 겨드랑이에 일어나는 것을 느낍니다.[69]

납폐(納幣) 예를 거행하는 일을 말씀드리자면, 손자 아이가 보내온 인편과 서로 어긋났으니 생각건대 손자 아이가 그대가 있는 곳에 도착하여 7일로 거행하자는 말씀을 들었을 것 같습니다. 친영(親迎)하는 예는 만약 그대 부인이 서울에 있는 것을 걸림돌로 여긴다면 손자 아이 또한 서울 집으로 보내어 그대 종자(宗子)의 명을 듣도록 함이 매우 좋을 듯하니, 헤아려 주시기를 다시 바랍니다.

말하고 싶은 이야기는 매우 많으나 멀리 보내는 편지라서 한두 가지만 언급할 뿐입니다.

였다. 《禮記 檀弓上》

68 현포(玄圃)의 경액(瓊液) : 현포는 곤륜산(崑崙山) 꼭대기에 있다는 신선의 거처이고, 경액은 도교에서 말하는 옥액(玉液)으로, 이를 복용하면 불로장생한다고 한다.

69 시원한……느낍니다 : 당(唐)나라 노동(盧仝)의 〈다가(茶歌)〉에 "일곱째 잔은 마실 것도 없이 두 겨드랑이에 선들선들 시원한 바람이 일어남을 느끼노라."라고 하였다. 《古文眞寶 前集 卷8 茶歌》

이계주에게 답함 을묘년(1675, 숙종1) 1월 12일

答李季周 乙卯正月十二日

손자 아이가 돌아와서 그대의 말을 전해 주었고 인하여 답장도 받아 여러 가지 일러 주신 뜻을 모두 알게 되니, 마치 얼굴을 마주하여 말씀을 듣는 듯하여 위로되는 마음을 형언할 수 없습니다.

시론(時論)이 날로 더욱 급박해져서 죽은 사람 또한 지하에서 불안하게 되었으니,[70] 다시 성덕(盛德)의 일이 될 수 있을지 모르겠습니다. 참혹하고 참혹합니다. 나는 단지 목 위에 머리만 붙여 놓고서 명을 기다릴 뿐이니, 한번 죽는 것 이외에 다시 무슨 일이 있겠습니까. 주자(朱子)가 당화(黨禍)를 겪을 때 말하기를 "지금 화를 피하기를 주장하는 사람은 참으로 서로 사랑하는 뜻에서 나온 것이기는 합니다. 그러나 나를 만 길 절벽에 우뚝 서도록 한다면 어찌 더욱 오도(吾道)의 영광이 되지 않겠습니까."라고 하였습니다. 오늘날 벗들은 나를 도우려고 계획하지 말며 단지 이것으로 서로 권면해야 하고, 이외의 것은 모두 구름 너머로 던져 버려야 할 것입니다. 이만 줄입니다.

70 죽은……되었으니 : 죽은 사람은 송준길(宋浚吉)을 가리킨다. 자세한 내용은 540쪽 주62 참조.

이계주에게 보냄 을묘년(1675, 숙종1) 2월 29일

與李季周 乙卯二月二十九日

전날 그대의 뜻을 가만히 보건대, 나를 살리려는 뜻이 매우 간절하여 내가 경자년(1660, 현종1)의 헌의(獻議)에서 국제(國制)라고 한 것을 장자(長子)의 기년복(期年服)으로 돌리려고 하였습니다. 그러나 이는 크게 그렇지 않습니다.

그 헌의 전체의 주된 뜻은 오로지 사종(四種)[71]의 의리에 있으니, 이른바 국제라는 것은 바로 중자(衆子)의 기년복이지 장자의 기년복은 아닙니다. 내가 지난해 9월에 상소를 올려 그 당시의 곡절을 밝히려고 이미 초안을 작성하였으나 곽세건(郭世楗)이 이 사실을 염탐하여 먼저 소를 올렸기 때문에 끝내 올릴 수가 없었습니다. 그러나 이 소본(疏本)을 보면 나의 본심을 알 수 있기에 이를 올려 드립니다.

가만히 듣건대 그대 둘째 아드님[72]의 논의도 그대와 같다고 하니, 그 실상을 잃은 듯합니다. 사군자(士君子)가 어찌 화복(禍福)이 닥쳐

71 사종(四種) : 기해예송 당시 송시열이 제기한, 승중(承重)하였어도 삼년복을 입지 못하는 네 가지 경우를 말한다. 첫째는 정(正)이며 체(體)이지만 전중(傳重)할 수가 없으니 이는 적자가 폐질(廢疾)이 있어 종묘를 주관할 수 없는 경우이고, 둘째는 전중은 하였으나 정도 아니요 체도 아닌 것이니 이는 서손(庶孫)으로 후사를 삼은 경우이고, 셋째는 체이면서 정이 아닌 것이니 이는 서자(庶子)를 후사로 삼은 경우이고, 넷째는 정이면서 체가 아닌 것이니 이는 적손(嫡孫)을 후사로 삼은 경우이다. 효종이 인조의 차자이기 때문에 인조의 왕비 자의대비(慈懿大妃)는 서자에 대한 예에 따라 기년복을 입어야 한다는 것이다.《宋子大全 卷26 大王大妃服制議》

72 그대 둘째 아드님 : 이단하의 둘째 아들 이자(李𦬊)를 가리킨다.

온다고 하여 처음 먹었던 마음을 속여 구차스럽게 살기를 도모하겠습니까. 그 당시 내가 사종의 설에다 중자는 기년복이라는 국제의 설을 붙여서 말하였는데, 정승 정태화(鄭太和), 정승 심지원(沈之源), 영사(領事) 이경석(李景奭)이 모두 나의 말을 따르지 않았습니다. 그들의 헌의에는 단지 국제만 말하였으니, 이는 장자의 기년복과 중자의 기년복을 분간하지 않은 것입니다. 그런데 오직 정승 정유성(鄭維城)만 어리석은 나를 돈독히 믿었기 때문에 사종과 국제를 합하여 하나로 만들어 헌의하였으니, 거기에 이른바 국제란 것은 중자의 기년복입니다. 선왕(先王)께서는 다수의 의견을 따라 시행하라고 비답(批答)하셨습니다. 예를 갖추지 못합니다.

이계주에게 답함 을묘년(1675, 숙종1) 4월 19일

答李季周 乙卯四月十九日

그리워하는 마음이 쌓여 있던 차에 집으로 돌아온 손자를 갑자기 보게 되었고 인하여 그대가 보낸 편지를 받게 되니, 답답하고 적막한 내 마음이 위로되어 마치 앓던 병이 낫는 듯합니다. 손자와 이별한 지가 넉 달이나 되어 몹시 그리워하는 마음이 몸의 통증처럼 괴로웠는데, 갑자기 이렇게 손자를 보내 주시니 너무도 감사한 마음을 말로 다 할 수 없습니다.

일전에 정산(定山)의 인편과 우편을 통하여 보내 주신 편지를 모두 받았고 또 고맙게 《주자어류(朱子語類)》도 빌려주셨으니, 기쁨과 다행함을 또 다 형언할 수 없습니다. 그대 백씨(伯氏 이면하(李冕夏))에 관한 문장은 산정(刪定)하여 보내 드립니다.

시사(時事)가 이와 같으므로 평소의 지구(知舊)들이 대부분 머리를 고치고 얼굴을 바꾸어 새 고관(高官)을 붙좇고 있으니, 이는 사세(事勢)상 당연한 일입니다. 그러나 손자 아이가 그대는 확고하여 뽑아낼 수 없는 뜻을 지니고 있다고 하니, 나의 뜻을 몹시도 강하게 만듭니다. 회옹(晦翁)이 "한 사람의 진퇴에 따라 세도(世道)의 무게가 결정된다."라고 한 말은 참으로 격언(格言)이라 하겠습니다. 윤휴(尹鑴)가 남들의 서찰을 많이 사들인다는 소문을 들었기 때문에 붓을 한번 들 때마다 일찍이 조심하지 않은 적이 없습니다. 지금 그대에게 감히 이러한 말을 하는 것을 "집안에서 응당 해야 할 말은 해야 한다."[73]라고 한 회옹의 가르침에 가만히 자신을 견주어 볼 뿐입니다.

○ 남곤(南衮)은 신무문(神武門)으로 함께 들어갔으나[74] 뒤에 이조판서가 되어서는 즉시 공무를 수행하지 않아 그 혐의스러운 자취를 피하였으니, 이는 오늘날 윤휴가 어두운 밤에 왕래하면서 오늘의 사화(士禍)를 이루었으나 스스로 온건론을 주장하여 그 자취를 덮고자 하는 것과 똑같습니다. 그러나 남들이 그의 속마음을 더욱 환히 보고 있으니, 소인들의 정상(情狀)은 앞뒤로 하나의 수레바퀴처럼 똑같아 애달플 뿐입니다. 하고 싶은 이야기는 매우 많으나 마침 응대할 일이 많아 열에 하나도 다 하지 못하니, 응당 나중의 인편을 기다려야 하겠습니다.

73 집안에서……한다 : 533쪽 주51 참조.

74 남곤(南衮)은……들어갔으나 : 신무문은 경복궁(景福宮)의 북문(北門)이다. 1519년(중종14) 기묘사화(己卯士禍) 때에 남곤, 심정(沈貞) 등의 훈구 대신이 중종의 밀지(密旨)를 받고 승지와 사관 몰래 신무문을 통하여 입궐하여 조광조(趙光祖) 등의 신진사류를 참소하였다.

이계주에게 답함 을묘년(1675, 숙종1) 윤월[75] 3일

答李季周 乙卯閏月三日

우편으로 받은 편지는 기쁘고 감사하기 그지없습니다. 일찍이 한자강(韓子剛)[76]을 통하여 편지를 부쳤으니, 조만간에 응당 받아 보실 것입니다.

오늘날 세상은 도학이 쇠미(衰微)하여 유가(儒家)의 말을 입에 올리는 사람이 드무니, 더구나 몸에 체득하고 마음에 구하는 사람을 바랄 수 있겠습니까. 지금 그대는 노쇠해 가는 나이에도 이 학문에 힘을 쓰고 있으니, 그 경계하고 성찰하는 공부가 이와 같은 것입니다. 나머지 사람들은 일찍이 힘을 쓰지 않았기 때문에 이 마음이 전혀 보존되지 않는데도 보존되지 않는 줄을 모르고 있습니다. 지금 그대가 이와 같음을 자각하는 것은 어쩌면 공부하는 것이 치밀하기 때문이 아니겠습니까. 매양 그대의 편지를 볼 때마다 나도 모르게 경탄(敬歎)하며 스스로 두려워합니다.

별지의 내용은 삼가 잘 알겠습니다. 당초에 굴자(屈子)의 의리를 사용하지 않았던 것은 굴자의 죽음이 임금을 원망하는 데에서 나와서 그대 백씨(伯氏)의 일과 절로 같지 않아[77] 도리어 후인들의 의심을 일

75 윤월 : 1675년에는 5월에 윤달이 들었다.

76 한자강(韓子剛) : 한여옥(韓如玉, 1636~1685)으로, 본관은 청주(淸州), 자는 자강, 호는 창우(蒼愚)이다. 송시열의 문인이다.

77 굴자(屈子)의 의리를……않아 : 굴자는 멱라수(汨羅水)에 투신하여 죽은 초(楚)

으키는 일이 없지 않으리라고 생각하였기 때문입니다. 지금 보내온 편지의 말씀이 이와 같으니 응당 다시 헤아려 보도록 하겠습니다. 그 아래의 몇 조목 또한 그러합니다만 막 산골짜기로 옮겨 와서 잡다한 일들이 자못 많으니, 손자 아이가 그대에게 갈 때를 기다렸다가 여쭙도록 하겠습니다.

김중숙(金重叔 김만중(金萬重))이 일찍이 그대 부친의 문고(文稿) 한 책을 얻어 보았는데, 논의가 순수하여 참으로 유자(儒者)의 글이라고 하였으니, 지금 보여 주신 말씀은 아마도 헛되지 않을 듯합니다. 나머지는 하나하나 다 말하지 못합니다.

나라 충신 굴원(屈原)을 가리킨다. 이단하(李端夏)의 형 수찬(修撰) 이면하(李冕夏)가 마음의 병이 있어 강에 빠져 죽었다. 송시열이 그를 위하여 전(傳)을 지으면서 그 사실을 숨겼으나 이단하는 굴원에 그를 견주었기 때문에 송시열이 이처럼 답한 것이다. 《宋子大全隨箚 卷5》《宋子大全 卷215 李修撰冕夏傳》

이계주에게 답함 을묘년(1675, 숙종1) 5월 26일

答李季周 乙卯五月二十六日

경계해 주신 자세한 말씀은 사랑과 염려에서 나온 것이라 참으로 감사합니다. 다만 간혹 서로 잘 알지 못하는 점도 있습니다. 환란이 있게 된 이후로 윤휴(尹鑴)는 더욱 이를 갈아 반드시 원한을 갚으려고 하니, 이 사람의 생사 문제는 그의 호흡에 따라 결정되므로 골육(骨肉)을 서로 지키며 그의 처치를 기다릴 뿐입니다. 이는 인정(人情)과 천리(天理)에서 볼 때 그만둘 수 없는 것입니다. 이 때문에 대수(大受) 대감에게 보낸 편지에서 두 형제가 벼슬을 버리고 함께 따르는 것을 보고 그 의리를 탄식하였던 것인데, 윤휴 무리가 이것을 죄로 삼을 줄은 예상하지 못하였습니다. 옛날 호로(胡虜)가 문산(文山)을 잡았으나[78] 오히려 포로로 잡혀 있는 가족을 찾아 함께 따르도록 하였습니다. 그러나 이것이 시시(柴市)[79]의 처형에는 방해되지 않았거늘, 지금 윤휴 무리는 무엇 때문에 이를 미워한단 말입니까. 호로보다 심하다고 할 만합니다. 읊조리는 글에 심정을 드러내는 것은 또한 전해 받은 바가 있습니다. 주 선생(朱先生)이 당화(黨禍)를 겪을 때 말하기를 "담암(澹菴)

78 호로(胡虜)가 문산(文山)을 잡았으나 : 호로는 원(元)나라를 가리킨다. 문산은 송(宋)나라의 충신 문천상(文天祥)의 호이다. 덕우(德祐) 초에 원나라가 침입해 오자 문천상이 가산(家産)을 털어 군사를 일으켜 근왕(勤王)함으로써 신국공(信國公)에 봉해졌고, 그 후 원나라 장군 장홍범(張弘範)에게 패하여 3년 동안 연옥(燕獄)에 수감되었으나 끝내 굴복하지 않다가 죽음을 당하였다.《宋史 文天祥列傳》

79 시시(柴市) : 연경(燕京)에 있는 거리로, 문천상이 처형당한 곳이다.

이 해상(海上)에 있을 때 문인(門人)과 지구(知舊) 들이 수창(酬唱)하고 왕래하면서 거리낌 없이 말하였으나 진회(秦檜)도 모두 잡아서 죽이지 못하였으니, 이는 따로 천명이 있기 때문이다. 이를 통하여 사람의 식견이 크게 다름을 알 수 있다."[80]라고 하였습니다.-선생의 말은 여기까지이다.- 오늘날의 일은 단지 북을 쳐서 원통함을 송사하지 않으면 족할 뿐이니, 어찌 집안에서 해야 할 말조차도 하지 않는 데에 이르겠습니까.[81]

대저 이번 유필명(柳弼明)의 상소는 승정원의 배척을 받아 이미 조정에서 내버린 일이 되었는데, 윤휴가 탑전(榻前)에서 고변하여 오늘의 화를 보태게 된 것[82]입니다. 사변(事變)이 닥쳐오는 것은 끝이 없고 교묘하게 맞추는 재주는 날로 새로워지니, 장차 어떻게 피하여 살아날 수 있겠습니까. 근래에 또 그가 말을 지어내기를 "모(某) 관원이 덕원

80 담암(澹菴)이……있다 : 담암은 송나라의 충신 호전(胡銓)의 호이다. 호전이 추밀원 편수관(樞密院編修官)으로 있을 때 고종(高宗)에게 상소하여 금(金)나라와 화친을 주장한 진회(秦檜) 등의 목을 벨 것을 주장하다가 소주(昭州) 등지로 폄출(貶黜)되었다. 《宋史 胡銓列傳》《晦庵集 續集 卷3 答蔡季通》

81 오늘날의……이르겠습니까 : 533쪽 주51 참조.

82 유필명(柳弼明)의……것 : 청주(淸州) 유생(儒生) 유필명이 일찍이 송시열의 문하에 왕래하였는데, 송시열의 무함(誣陷)을 밝히려고 사우(士友)에게 글을 청하였다. 어떤 사람이 상소의 초본을 주었는데, 대개 《십팔사략(十八史略)》의 태정(太丁)과 태갑(太甲)의 설을 베낀 것이었다. 이는 예(禮)를 논하는 데에 관계되는 내용이므로 승정원에서 물리쳤으나 윤휴가 듣고서 크게 기뻐하여 이를 빌미로 송시열을 죄과에 빠뜨리려고 하였다. 이에 숙종에게 아뢰어 그 상소를 도로 들이게 하고는 이것을 문제 삼아 국청을 설치하고 장신(杖訊)한 뒤에 송시열을 서울에서 멀고 살기 어려운 곳으로 이배(移配)하기를 주청하여 드디어 장기(長鬐)로 옮기라는 명이 있게 되었다. 《宋子大全 附錄 卷7 年譜》

(德源)에 편지를 보냈다가 중간에 잃어버렸다."라고 하고는 장차 그 편지를 위조하여 화기(禍機)를 만들어 내려 한다고 하니, 그 간사한 모의와 비밀스러운 계획이 이 지경에 이르렀다면 비록 사방을 철벽으로 에워싸고 금인(金人)의 입을 세 번 봉하더라도[83] 어찌 화를 면할 수 있겠습니까. 그러나 달관(達觀)한 사람의 입장에서 말하자면 간특한 이 윤휴가 잉태되던 때가 바로 내가 위태로운 화를 당하는 날이었으니, 그저 태연히 운명에 맡겨 놓아야 할 뿐입니다.

83 금인(金人)의……봉하더라도 : 공자가 주(周)나라에 가서 태묘(太廟)를 보니 태묘의 오른쪽 계단 옆에 금인이 있었다. 그 입을 세 번 봉하였고 그 등에 "옛날에 말을 삼간 사람이다."라고 새겨져 있었다. 《說苑 敬愼》

이계주에게 보냄 을묘년(1675, 숙종1) 12월 26일

與李季周 乙卯十二月二十六日

종묘(宗廟)의 아름다움과 백관(百官)의 많음[84]이라는 것은 대개《주자대전(朱子大全)》이나《주자어류(朱子語類)》 등의 책을 가리켜서 말한 것입니다. 이 말은 본래 자공(子貢)이 공자의 도를 보고서 말한 데서 나온 것으로, 그 아름다움과 많음은 모두 공자에게 속하니 자공이 어찌 간여할 수 있겠습니까. 그렇다면 지금 이렇게 운운한 것은 아마도 공을 찬양한 뜻이 아닌 듯하므로 예전처럼 두더라도 무방할 듯합니다. 그래도 혹 온당하지 않다고 여긴다면 말씀하신 것처럼 삭제해 버리는 것이 어떻겠습니까? 그 사람의 대처(大處)[85]를 사실을 통하여 드러내는 것은 본래 옛날의 법이었고 주 부자(朱夫子)에 이르러서 더욱 이 용례를 사용하였으니, 상향림(向薌林)과 이운감(李雲龕) 등 공들의 문집 서문에서 볼 수 있습니다. 아마 노봉(老峯 민정중(閔鼎重))이 우연히 보지 못하였을 뿐입니다.

84 종묘(宗廟)의……많음 : 노(魯)나라 대부(大夫) 숙손무숙(叔孫武叔)이 조정에서 대부들에게 "자공이 공자보다 낫다."라고 하였다. 자복경백(子服景伯)이 이 말을 자공에게 일러 주자, 자공이 말하기를 "궁궐의 담장에 비유하면 나의 담장은 어깨에 미쳐서 집안의 좋은 것들을 들여다볼 수 있지만, 선생님의 담장은 여러 길이어서 그 문을 얻어 들어가지 못하면 종묘의 아름다움과 백관의 많음을 볼 수가 없다. 그 문을 얻는 자가 혹 적으니, 숙손무숙의 말씀이 또한 당연하지 않겠는가."라고 하였다.《論語 子張》

85 대처(大處) : 학문이나 사물의 본질적인 요체를 뜻한다.

이계주에게 보냄 병진년(1676, 숙종2) 2월

與李季周 丙辰二月

일찍이 인편을 통하여 대략 그동안 보내 주신 편지에 답장하였고 또 서(序)와 표(表) 두 초본(草本)을 올렸는데, 제대로 전달되었는지 모르겠습니다. 지금 화숙(和叔) 편에 지난달 19일에 보내 주신 편지를 받으니, 그리워하던 생각에 몹시 위로되고 또 아름다운 신부가 무탈하다니 기쁩니다.

천리(天理)와 인욕(人欲)에 대한 말씀은 나를 몹시 경책하고 반성하게 하였습니다. 이 두 가지는 일상에서 수응(酬應)하는 사이에 발현되지 않은 적이 없으나 단지 심지(心志)가 어둡기 때문에 무엇이 손님이고 무엇이 주인이며 무엇이 많은 것이고 무엇이 적은 것인지를 모르고, 또 간혹 이러한 두 물건이 있는 줄을 본래부터 모르는 사람도 있습니다. 시절이 이와 같은데도 진보하기를 바라는 것은 아마도 남쪽 월(越)나라로 가려고 하면서 북쪽으로 수레를 모는 것보다 심한 점이 있습니다. 이에 보내 주신 말씀을 들으니 공부의 치밀함을 볼 수 있습니다. 자신의 병통을 아는 것이 어쩌면 자신의 병통을 구제하는 약석(藥石)이 아니겠습니까. 붕우 사이의 서찰에서 이러한 이야기는 단지 그대에게만 볼 수 있으니, 아침저녁으로 서로 보고 본받으면서 노년의 공부를 수습할 수 없는 것이 몹시 아쉽습니다.

손자 아이를 오래전부터 여기서 보내고 싶었으나 늙은 할아버지의 마음에 손자를 아끼는 정이 있었을 뿐만 아니라 말과 시종 또한 따로 얻기가 쉽지 않아 결국 보내지 못하였습니다. 과연 편지에서 말씀하신 바와 같다면 감히 그 사랑을 잘라 내어 잠시 작별하지 않을 수 있겠습니까. 이만 줄입니다.

별지

혹 생각건대, 순숙(荀淑)과 진식(陳寔)[86]이 비록 고상한 행실이 있었으나 주자(朱子)가 "순숙과 진식 때부터 이미 몸을 온전히 하고 해악을 멀리하려는 논의가 있었기 때문에 손자인 진군(陳群)과 순욱(荀彧)에 이르러 적(賊)에게 붙게 된 것이다."라고 하였습니다. 지금 만약 본뜻이 실제 여기에서 나왔다면 '계(繼)' 자(字)가 옳을 듯하니, 다시 헤아려 보는 것이 어떻겠습니까?

주자가 말하기를 "쇄소응대(灑掃應對)와 정의입신(精義入神)[87]은 하나의 도리이니, 쇄소응대에 반드시 그 소이연(所以然)[88]이 있고 정의입신에도 반드시 소이연이 있다."라고 하였고, 또 말하기를 "'시기연(是其然)'[89]은 쇄소응대와 정의입신이 모두 시기연이고 '반드시

86 순숙(荀淑)과 진식(陳寔) : 모두 후한(後漢)의 명현(名賢)이다. 특히 순숙은 아들 8형제가 모두 훌륭하여 순씨 팔룡(荀氏八龍)으로 일컬어졌다.

87 쇄소응대(灑掃應對)와 정의입신(精義入神) : 쇄소응대는 물 뿌리고 쓸고 응답하는 것으로 형이하학에 해당하고, 정의입신은 의리를 정밀히 연구하여 신묘한 경지에 들어가는 것으로 형이상학에 해당한다. 《주역》 〈계사전 하(繫辭傳下)〉에 "의리를 정밀히 연구하여 신묘한 경지에 들어감은 쓰임을 지극히 하기 위함이다.〔精義入神, 以致用也.〕"라고 하였다.

88 소이연(所以然) : '그렇게 되는 이유'라는 뜻으로, 형이상학인 천리(天理)를 가리킨다.

89 시기연(是其然) : '그렇게 해야 할 일'이라는 뜻으로, 형이하학인 인사(人事)를 가리킨다. 정자가 말하기를 "모든 사물에는 본말이 있으나 본과 말을 나누어 두 가지

소이연이 있다'는 것은 쇄소응대와 정의입신에 모두 소이연의 이치가 있는 것이다."라고 하였습니다. 그런데 지금 이 단락에서 논한 것은 모두 '시기연'이지만 맺는말에 "바로 기연(其然)과 소이연의 구분이다."라는 말이 있습니다. 이는 주자의 설과 부합하지 않으니, 아마도 기록의 오류인 듯합니다. 이를 고쳐서 "평천하(平天下)에 이르기까지 단지 하나의 이치일 뿐이니, 이는 모두 시기연이다. 그러나 여기에는 반드시 소이연이 있으니, 이것이 바로 기연과 소이연의 구분이다."라고 하고 싶으니, 어떻게 여기실지 모르겠습니다.

정자(程子)의 도는 실로 요순(堯舜)을 계승하였으니, 이미 '요순이 아니면〔非堯舜〕'이라는 말로 단서를 일으켜서 정자의 말로 이어간 것은 도통(道統)의 전승에서 몹시 힘이 됩니다. 그대로 실어 두는 것이 좋을 듯하니, 어떻게 여기실지 모르겠습니다.

《소학(小學)》에서 "이전의 사흘 혹은 닷새 동안 수업한 것을 이어서〔連前三五授〕"라는 것의 '수(授)'와 "사람을 따라 수업하여 읽되〔從人授讀〕"라는 것의 '수(授)'[90]는 모두 제방 변이 있는 '수(授)' 자를 쓰니, 대개 남에게서 받는다는 뜻입니다. 예전 그대로 두는 것이

일로 여겨서는 안 된다. 쇄소응대는 그렇게 해야 할 일이지만 여기에 반드시 그렇게 되는 이유가 있다.〔凡物有本末, 不可分本末爲兩段事. 灑掃應對是其然, 必有所以然.〕"라고 하였다. 《論語集註 子張》

90 이전의……수(授) : 여본중(呂本中)이 말하기를 "또 매일 모름지기 이전의 사흘 혹은 닷새 동안 수업한 것을 5, 6십 번을 이어서 통독하여 외울 수 있도록 해야 하고 한 글자라도 지나쳐 버려서는 안 된다. …… 모름지기 사람을 따라 수업하여 읽되 의심나고 어려운 곳을 곧 질문하여 옛 성현이 마음 쓴 것을 찾아 힘을 다하여 따라가야 한다.〔每日須連前三五授, 通讀五七十遍, 須令成誦, 不可一字放過也.……須是從人授讀, 疑難處便質問, 求古聖賢用心, 竭力從之.〕"라고 하였다. 《小學 嘉言》

합당할 듯합니다.

이 단락은 학자와 몹시 관련된 점이 있으니, 삭제하는 것은 애석한 일입니다. 만약 '무상소인(無狀小人)' 네 자를 '자기(自欺)' 두 자로 여긴다면 이미 주자의 말과 어긋나지 않고 또 《논어》의 본주(本註)와 서로 발명(發明)하게 되니,[91] 다시 헤아려 보는 것이 어떻겠습니까?

91 무상소인(無狀小人)……되니 : '무상소인'은 못난 소인을 말하고 '자기'는 스스로 속이는 것을 말한다. 유련(劉楝)이 자기에 대해 묻자 주희(朱熹)가 대답하기를 "마음이 발하는 것이 자신도 알지 못하는 사이에 자기에 빠지는 것을 이르니, 속으로 악을 행하는 데에 마음을 두고 거짓으로 선을 행하여 스스로 속이는 것은 아니다. 공의 말대로라면 반드시 사전을 주조하고 관전을 위조하여야 비로소 '자기'가 되는 것이니, 이는 못난 소인이다. 어찌 '자기'라고 이를 수 있겠는가.〔謂心之所發, 不知不覺地, 陷於自欺, 非是陰有心於爲惡而詐於爲善, 以自欺也. 如公之言, 須是鑄私錢, 做官錢, 方爲自欺, 無狀小人, 豈自欺之謂耶?〕"라고 하였다. 《心經附註 卷2 大學誠意章》 《논어》의 본주는 자하(子夏)가 "소인은 허물이 있으면 반드시 꾸며 댄다.〔小人之過也, 必文.〕"라고 말한 구절에 대한 주희의 주석에 "소인은 잘못을 고치는 것을 꺼리고 스스로 속이는 것을 꺼리지 않는다. 그러므로 반드시 꾸며 대어 잘못을 무겁게 만든다."라고 한 것을 가리키는 것으로 보인다. 《論語集註 子張》

이계주에게 답함 병진년(1676, 숙종2) 2월 17일
答李季周 丙辰二月十七日

어제 화숙(和叔) 편에 답장을 적어 올렸는데, 그대의 인편이 곧이어 도착하여 보내 준 편지를 받고 여러 가지 하신 말씀을 모두 잘 알게 되었으니 기쁨과 다행함을 견디지 못하겠습니다. 손자 녀석을 지금 그대에게 보내니 부디 사위로만 대접하지 말고 책려(策勵)를 크게 가하여 금수의 지경에 빠지지 않게 해 주기를 몹시 빌고 빕니다.

두 건의 문장은 진실로 말씀하신 대로 지어야 하지만 흙비가 내린 뒤에 바람과 추위가 이어져서 겨울 거북처럼 움츠려 지내느라 전혀 글을 지을 생각이 나지 않으니, 날이 조금 따뜻해지기를 기다렸다가 지은 뒤에 믿을 만한 인편을 통하여 보내어 질정하겠습니다.

일기(日記)[92]는 10장 정도를 잠깐 읽어 보았습니다. 진실로 남에게 보일 수 없는 것으로 참으로 세간에 없어서는 안 될 책서(策書)이니, 끝내 발문을 붙여 함께 돌려드리겠습니다.

우리가 오늘날 책을 보아 학문을 진전시키는 것은 그 얼마나 중대한 일입니까. 그러나 잊어버리거나 조장하는 병통[93]은 몹시도 맹렬히 살펴서 없애야 할 것이니, 화숙의 말이 바로 지극한 의론입니다. 그러나

92 일기(日記) : 이식(李植)의 정원일기(政院日記)를 가리킨다. 송시열이 발문을 지었다. 《宋子大全 卷147 書澤堂政院日記後》

93 잊어버리거나 조장하는 병통 : 마음과 기운을 기르는 공부에 역행하는 행위를 말한다. 맹자가 말하기를 "반드시 기운을 기르는 일에 종사하고 효과를 미리 기대하지 말아서 마음에 잊지도 말며 억지로 조장하지도 말아야 한다."라고 하였다. 《孟子 公孫丑上》

이는 화숙의 말이 아니라 바로 주자의 설이니, 이른바 "급급히 하여 감히 태만하지 말며, 천천히 하여 급히 하려고 하지 말아야 한다."라는 것은 어찌 배우는 사람의 바꿀 수 없는 법도가 아니겠습니까. 애석합니다. 나와 같은 사람은 젊었을 때 이러한 말을 듣지 못한 것은 아니지만 힘차게 실행하지 못하여 늙어서도 이룬 것이 없으니, 후회한들 미칠 길이 없습니다. 그러므로 매양 붕우들을 위하여 이러한 말을 제시하며 번거로움을 꺼리지 않는 것입니다.

나머지 이야기는 앞의 편지에 실려 있어 다시 하나하나 다 말하지 않습니다.

이계주에게 답함 병진년(1676, 숙종2) 4월 19일

答李季周 丙辰四月十九日

어제 아우가 와서 말하기를 "봉모(鳳母)[94]의 편지를 받아 보았는데 시탕(侍湯)하였다는 말이 있었다."라고 하므로 이 때문에 몹시 염려하였습니다. 지금 백상(伯祥 이징명(李徵明)) 편에 그대의 편지를 받았으나 병이 났다는 말이 없으니, 어쩌면 봉모가 전한 병세는 그리 대단하지 않았던 것이 아니겠습니까. 지금 건강 상태는 어떠하십니까? 편지를 받은 뒤에 날짜가 이미 많이 지났으나 믿을 만한 인편을 얻지 못하여 몹시 답답할 뿐입니다.

나는 그저 근근이 지내고 있으나 학질이 더해진 것이 벌써 세 차례나 되므로 몰골이 시들시들하여 지탱하기가 매우 어려우니, 이로 인하여 세상을 떠나더라도 또한 마음에 달가울 뿐입니다.

선대의 문집 1책은 삼가 말씀하신 대로 서문과 함께 돌려드리니, 모쪼록 속히 임조공(臨洮公)[95]에게 부쳐서 완질(完帙)을 만들도록 하는 것이 어떻겠습니까? 서문의 첨삭 문제는 모두 말씀하신 대로 하였으나 다만 "죄를 안다.〔知罪〕"라는 구절 하나는 그대로 두었습니다. 전편(全篇)의 중점은 역사를 편수하는 데에 있고 이 한 구절은 또 역사

94 봉모(鳳母) : 이단하(李端夏) 아들의 자(字)인 듯하다.

95 임조공(臨洮公) : 《송자대전수차》 권5에 "장성(長城)을 임조(臨洮)라고 하니, 대개 장성이 임조에서 시작하기 때문에 이처럼 혼용(混用)한 것이다. 여기서 임조공이라고 한 것은 필시 그 당시 장성 부사를 가리키는 것이나 누구인지는 모르겠다."라고 하였다.

를 편수하는 가운데의 큰 공안(公案)이기 때문에 감히 삭제하지 못한 것입니다.

경(敬)을 잡아 지키는 것에 관한 설은 매우 정밀하고도 긴요합니다. 다만 알묘조장(揠苗助長)의 폐단을 면하지 못한 점이 있으니, 부디 다시 함양(涵養) 공부를 더하는 것이 어떻겠습니까? 이렇게 하면 여러 병통이 차례로 사라질 것입니다.

하고 싶은 말은 매우 많으나 베개에 기대어 편지를 받아 적게 하느라 기운이 이어지지 않으니, 모두 뒷날 편지를 기다릴 뿐이고 그대 백씨(伯氏)의 묘표(墓表)[96] 또한 그렇게 해야겠습니다.

손자 녀석은 그대의 집에 오래 머물면서 이끌어 주시는 가르침을 받고 있을 줄로 생각하나, 나의 병이 이와 같아 몹시 보고 싶으니 회덕(懷德)과 청주(淸州) 두 고을에 분부하여 사람과 말을 보내어 그믐이나 초하루에 도착할 수 있도록 하겠습니다. 손자며느리는 이 몸이 여름을 넘길 수 있으면 날씨가 서늘해진 뒤에 여기서 보내겠습니다. 예를 갖추지 못합니다.

96 그대 백씨(伯氏)의 묘표(墓表) : 송시열이 지은 이단하의 맏형 이면하(李冕夏)의 묘표는 《송자대전》 권198에 〈사서 이군 묘표〔司書李君墓表〕〉라는 제목으로 실려 있다.

이계주에게 보냄 병진년(1676, 숙종2) 7월 25일

與李季周 丙辰七月二十五日

그동안 보내온 편지는 나를 비루하게 여기지 않는 것이었으니, 몹시 감사합니다. 삼가 생각건대 근일에 치지(致知)와 거경(居敬) 공부에 힘을 써서 점점 몸을 편안하게 하고 명(命)을 세우는 터전을 마련하였을 줄로 압니다. 주 부자(朱夫子)가 말하기를 "만일 사람에게 병이 있으면 응당 급급하게 약을 먹어야 하고 굳이 이 약을 감탄하고 칭찬할 필요는 없다."라고 하였으니, 이 말을 응당 가슴에 새겨야 할 것입니다. 나는 질병이 서로 이어져서 죽을 때가 날로 닥쳐오는데도 또한 탐내고 조급한 병이 아직 완전히 없어지지 않아 한갓 정신을 옛 서책 위에서만 허비할 뿐 자신을 반성하고 마음을 기르는 공부는 전혀 없으니, 무익할 뿐만 아니라 몸을 보전하는 방도로 보아도 매우 해가 있습니다. 그러나 그만두려 하여도 그만둘 수 없으니, 어찌하고 어찌하겠습니까.

〈경연일기(經筵日記)〉는 문장이 끊어지는 곳에 한두 글자를 보충하는 것은 안 될 것도 없을 듯합니다. 주 부자가 정자(程子)의 설에 온당한 글자로 고쳐 쓴 것이 많으니, 《이정전서(二程全書)》 및 《논어집주(論語集註)》, 《맹자집주(孟子集註)》를 서로 대조해 본다면 알 수 있습니다. 당시에 미처 정돈하지 못하였다는 뜻을 본 제목 아래에 분주(分註)하면 매우 합당할 것입니다.

김 상서(金尙書)에게 준 시(詩)는 이미 손자 아이에게 기록하여 올리도록 하였습니다. 듣건대 박화숙(朴和叔)과는 거처가 매우 가깝다고 하니, 이택(麗澤)[97]의 도움이 있습니까?

여러 가지 이야기는 막 곽란을 앓고 난 뒤라서 기운이 나른하여 다 말하지 못합니다. 예를 갖추지 못합니다.

별지

경(敬)을 잡아 지키는 것에 관한 설은 매번 경책해 주는 말씀을 듣게 되니, 너무도 감사하고 감사합니다. 이 설은 《대학혹문(大學或問)》 편수(篇首)에 가장 잘 갖추어져 있습니다. 그대가 외면을 정제(整齊)하는 공부에는 언제나 방과(放過)하지 않는 것을 일찍이 보았습니다. 다만 내면의 들뜬 생각은 제거하기가 매우 어려우니, 오직 전일하게 독서하여 외면의 소란한 일에 마음을 빼앗기지 않고 여기에서 힘을 얻어 미루어 남에게까지 미칠 수 있으면 점점 그 공효를 볼 수 있을 것입니다. 그러나 독서하는 사이에 곁으로 생겨나는 들뜬 생각은 또 그 어지러움을 견디지 못하니, 이는 치료할 방법이 없습니다. 어지러운 생각이 일어남을 깨닫게 되면 즉시 읽기를 멈추고 책을 덮고서 혹 눈을 감고 고요히 앉아 있거나 혹은 다른 책 중에 일찍이 마음에 기뻤던 것으로 바꾸어 한번 읊조리면 자못 어지러운 생각이 물러남을 볼 것입니다. 이것은 내가 평소에 지켜오던 졸렬한 방법이니, 바라건대 대략 이것을 한번 시험해 보는 것이 어떻겠습니까? 이는 용 고기를 먹는 집에 돼지고기를 올리는

97 이택(麗澤) : 연결된 두 개의 못으로, 붕우 간의 강습함을 뜻한다. 《주역》 〈태괘(兌卦)〉에 "두 못이 연결된 형상이 태이니, 군자가 이를 본받아 붕우 간에 강습한다.〔麗澤, 兌, 君子以朋友講習.〕"라고 하였다.

것과 다름이 없으니, 우습고 우습습니다. 앞 편지의 경(敬)을 논한 곳에 "억제하여 행하게 한다."라는 말씀이 있으니, 여기에서 다소의 병통을 볼 수 있습니다. 경이 어떤 물건이기에 억제하여 행하게 할 수 있겠습니까.

노봉(老峯)의 별지는 매우 좋고 매우 좋습니다. 다만 그의 "'반드시 일에 종사하는〔必有事〕'[98] 데에 오로지 힘쓴다."라는 것은 가리키는 바가 무엇인지 모르겠습니다. 맹자는 '의(義)를 모으는 것'을 가리켜서 말하였고 정문(程門)에서는 '경을 잡아 지키는 것'을 가리켜서 말하였으니, 이는 모름지기 착실하게 공부하는 곳이 있은 뒤라야 거의 빈말로 귀결되지 않을 것입니다. 그의 "부지런히 힘써서 가까운 효과를 구하지 말라."라는 것은 바로 주 선생(朱先生)의 "감히 태만하지 말며 급히 하려고 하지 말라."라는 뜻이니, 의리의 마음은 실로 고금에 다름이 없음을 더욱 믿게 됩니다.

문곡(文谷 김수항(金壽恒))이 논한 바는 순서를 따라 착실하게 공부하여 귀로 들은 것을 입으로 바로 말하는 습속이 없는 듯하니, 사람을 매우 경계하고 반성하게 합니다. 대저 이 몇 분의 공(公)은 속진(俗塵)에 내달리는 몸을 수습하여 사문(斯文)에 종사하고 있으니, 이는 아마도 하늘의 뜻일 것입니다. 하늘이 이미 기수(氣數)에 내몰려서 주자를 배척하는 사람을 배출하였다면 또한 어찌 그 재앙을 없애거나 줄이는 이치가 없겠습니까. 노봉의 경을 잡아 지키는

98 반드시 일에 종사하는 : 맹자가 말하기를 "반드시 기운을 기르는 일에 종사하고 효과를 미리 기대하지 말아서 마음에 잊지도 말며 억지로 조장하지도 말아야 한다.〔必有事焉而勿正, 心勿忘, 勿助長也.〕"라고 하였다. 《孟子 公孫丑上》

것에 관한 설은 한번 보기를 간절히 바라니, 부디 시자(侍者)에게 명하여 기록하여 보여 주기를 절실히 바랍니다.

이계주에게 보냄 병진년(1676, 숙종2) 8월 21일

與李季周 丙辰八月二十一日

근자에 매달 그대의 편지를 받았고 간혹 한 달에 두 번 받기도 하였으니, 참으로 아침저녁으로 보는 듯합니다. 이는 비록 일상적인 대화일지라도 오히려 나의 눈이 커지고 마음이 열리게 하거늘, 더구나 간간이 마음을 잡는 설과 학문을 논한 단서가 있어 혼미하고 나태한 나에게 유익한 것이 많으니 얼마나 다행인지 모르겠습니다.

다만 한향오(韓嚮五)[99]가 세상을 떠났다는 소식을 듣게 되니 놀라움을 견디지 못하겠습니다. 이 사람은 일찍이 수십 년 동안 알았던 친구이고 그의 노복 복룡(福龍) 또한 환란 중에 함께 상종하였기 때문에 항상 이 노복과 함께 잊지 못하고 있었습니다. 봄 사이에 받았던 그의 편지에는 그리워하는 마음이 극진하고 인하여 조만간 방문하겠다는 말이 있었는데, 그 누가 이처럼 빨리 세상을 떠나리라 생각하였겠습니까. 이 또한 세상의 운기(運氣)와 관련되니, 어찌하고 어찌하겠습니까.

공부가 익숙해지지 않는다는 말씀은 실로 학자의 공통된 병통입니다. 그러나 순숙(純熟)해지려고 끊임없이 노력하는 것은 모름지기 대현(大賢) 이상의 일이니, 단지 장 부자(張夫子 장재(張載))가 "학문에

99 한향오(韓嚮五) : 한백기(韓伯箕, 1634~1676)로, 향오는 그의 자이다. 참판 한필원(韓必遠)의 손자이고, 벼슬은 현감을 지냈다. 을묘년(1675)의 화가 일어나자 벼슬을 그만두고 돌아가서 송시열의 문하에 출입하였는데, 사람들이 응당 문학(文學)과 정사(政事)의 과목에 해당할 만하다고 하였다. 43세의 나이로 세상을 떠났다. 《宋子大全隨箚 卷5》

뜻을 두고 잊지 아니하여, 마음을 학문에 노닐어 침잠하고 익숙하게 하여 어느 날 시원하게 큰 잠을 깨듯이 하고자 해서이다."라고 한 것이 공부에 힘을 쓰는 절도이고, 맹자가 말한 물망(勿忘)과 물조(勿助)[100] 또한 여기에서 벗어나지 않습니다. 지금 공부에 힘을 쓰는 처음에 갑자기 순숙하기를 바란다면 이는 공자가 말한 "어려운 것을 먼저 행하고, 얻는 결과를 나중에 생각한다."[101]라는 것과 정히 서로 반대가 되니, 주자(朱子)가 극력 경계한 것은 항상 여기에 있었습니다. 호남(湖南) 제현에게 준 편지[102]는 말에 상세하고 간략함은 있으나 뜻은 실로 관통하는 것입니다. 무엇보다 "학문 때문에 마음에 병이 생겼다는 말은 듣지 못하였다."[103]라는 말은 어찌 더욱 경책하고 살펴야 할 곳이 아니겠습니까.

귀락(歸樂)[104]의 뜻을 전날 말씀드렸던 것은 단지 그대가 벼슬의 새

100 물망(勿忘)과 물조(勿助) : 마음에 잊지도 않고 조장하지도 않는 것이다. 564쪽 주98 참조.

101 어려운……생각한다 : 번지(樊遲)가 인(仁)에 대하여 묻자, 공자가 말하기를 "인자는 어려운 일을 먼저 행하고 얻는 결과를 나중에 생각하니, 이렇게 한다면 인이라고 말할 수 있다."라고 하였다. 《論語 雍也》

102 호남(湖南)……편지 : 《회암집》 권64에 실려 있는 〈여호남제공논중화제일서(與湖南諸公論中和第一書)〉를 가리킨다.

103 학문……못하였다 : 정이(程頤)가 말하기를 "예로부터 성인이 학문 때문에 마음에 병이 생겼다는 말은 듣지 못하였다."라고 하였다. 《近思錄 卷3 致知》

104 귀락(歸樂) : 고향으로 돌아와서 즐겁게 지낸다는 말이다. 주희(朱熹)의 〈귀락당기(歸樂堂記)〉에 "어떤 사람은 권세와 이익에 내몰려서 관직과 인장의 사이에 연연하여 늙어도 돌아오지 못하고, 어떤 사람은 돌아왔으나 진미를 즐기던 나머지 담박함을 싫어하고 옛날 생활을 그리워하여 마음에 잊지 못한 채 바야흐로 탄식하고 조급해하며 스스로 제자리를 얻지 못하였다고 생각하니, 어찌 고향으로 돌아옴이 즐거운 일인 줄

장을 벗어나서 다시 예전의 진미를 그리워하는 뜻이 없기 때문에 운운하였던 것입니다. 만약 전날 행한 바가 마음에 부족함이 없고 난 뒤에 즐거운 것이라면 이 어찌 쉬운 일이겠습니까. 선유(先儒)가 안자(顏子 안연(顏淵))를 논한 부분에서 말하기를 "자신의 마음에 부족하게 느낀 것을 다시 싹트지 않게 한 것이다."[105]라고 하였으니, 안자도 이러한 것을 면하지 못하였거늘 하물며 다른 사람의 경우이겠습니까. 무릇 문장을 볼 때 단지 그 대체를 볼 뿐이니, 만일 너무 상세하려고 하면 도리어 병을 만드는 것입니다.

그대 조카에게 준 시서(詩序)에서 "이(理)가 기(氣)를 이기고 기가 이를 이긴다."라고 한 설은 또한 참으로 곡절이 있습니다. 맹자가 기운을 기르는 방법을 논하여 "이는 의리를 모음으로써 생겨나는 것이다."라고 한 것은 이가 기에 우선하는 것입니다. 정자와 주자가 용모를 바르고 사령(辭令)을 순하게 하는 것을 마음을 잡는 방법이라고 한 것은 기가 이에 우선하는 것입니다. 요컨대 안과 밖을 서로 닦아 드러난 것과 은미한 것이 간격이 없게 한 뒤라야 이것을 말할 수 있을 것입니다.

보내 주신 현석(玄石 박세채(朴世采))의 시 세 편은 참으로 좋습니다. 다만 두 번째 시 끝 구절은 주자의 경계를 범함을 면하지 못하였으니, 대개 먼저 경(敬)을 주장하는 공부가 있고 난 뒤에야 체(體)와 용(用)을 상관되게 할 수 있지만, 먼저 경을 주장하지 않고 곧바로 체와 용을

알겠는가."라고 하였다. 535쪽 주56 참조.

105 자신의……것이다 : 장재가 한 말로, 《논어집주(論語集註)》〈옹야(雍也)〉 2장 주석에 보인다.

상관되게 한다면 그 뒤에 경을 주장하는 것을 어디에 사용하겠습니까. 그러나 경을 주장하는 것을 버리고 체와 용을 상관되게 할 수 있는 것은 반드시 없는 이치이니, 현석은 이를 어떻게 여길지 모르겠습니다. 모쪼록 다시 함께 생각해 본 뒤에 되돌려 알려 주기 바랍니다.

나머지 이야기는 현기증이 한창 괴로워서 입으로 불러 받아 적게 하느라 하나하나 다 말하지 못합니다.

이계주에게 보냄 정사년(1677, 숙종3) 1월 15일

與李季周 丁巳元月十五日

12월 27일에 보내신 편지가 방금 울산(蔚山) 관아로부터 도착하니, 병을 앓던 내 마음이 깨어나서 구름을 헤치고 해를 보는 것과 다름이 없습니다. '배움〔學〕'이라는 한 글자는 세상에서 드물게 말하는 바이거늘, 하물며 《주문지결(朱門旨訣)》[106]로 학문의 길을 찾는 것을 홀로 그대에게서만 보게 되니, 참으로 오랜만의 일입니다. 《소학(小學)》으로 뒤에서 겸하여 보충하고 사서(四書)를 돌아가며 읽어서 날로 스며들고 달로 젖어 들어 홀연히 자신도 모르는 사이에 마음이 이치와 합하게 되면 조존(操存)[107]은 견고하기를 기약하지 않아도 절로 견고해지고 천리(踐履)는 충실하기를 기약하지 않아도 절로 충실해질 것이니, 학문하는 방법은 무엇을 이것과 바꿀 수 있겠습니까. 다만 먼 지방에서 형벌을 기다리고 있으므로[108] 그대에게 나아가 가르침을 받을 수 없음이 유독 한스러우니, 그대의 책상을 바라보며 그저 그리운 마음만 간절

106 주문지결(朱門旨訣) : 우계(牛溪) 성혼(成渾)이 주희(朱熹)의 글 중에서 핵심적인 내용을 모아서 한 책으로 엮은 유학서이다.

107 조존(操存) : 마음을 붙잡아서 보존하는 것을 이른다. 공자가 말하기를 "잡으면 보존되고 놓으면 잃어서 나가고 들어옴이 일정한 때가 없어 그 방향을 알 수 없는 것은 오직 마음을 이르지 않겠는가.〔操則存, 舍則亡, 出入無時, 莫知其鄕, 惟心之謂與!〕"라고 하였다. 《孟子 告子上》

108 먼……있으므로 : 송시열은 이때 장기(長鬐)에 위리안치(圍籬安置)되어 있었다. 《宋子大全 附錄 卷7 年譜》

할 뿐입니다. 나는 비록 이곳에 있으나 감히 서책을 읽는 공부를 폐하지 않고 있습니다. 그러나 갑자기 지난 섣달부터 숙환이 문득 위독해져서 음식을 먹거나 거동할 때 거의 남의 도움을 받아야 하는 지경에 이르렀으니, 이로 인하여 갑자기 세상을 떠나게 된다면 아침에 도를 들으려던 소원[109]을 아, 영원히 저버리게 될 것입니다. 스스로 슬퍼한들 무슨 소용이겠습니까.

손자 녀석이 동짓달 보름 뒤에 할머니의 병이 위독하다는 소식을 듣고 허겁지겁 서쪽으로 달려갔습니다. 지금 듣건대 그의 어머니 무덤에 가서 성묘한다고 하니, 혹 발길을 돌려 그대를 뵈러 갈지도 모르겠습니다. 이는 병세가 어떠한가를 보아야 할 것입니다. 일찍이 화숙(和叔)을 통하여 편지 한 통을 보냈으니, 이에 다른 것은 언급하지 않습니다. 누워서 남의 손을 빌려서 적느라 다 말하지 못합니다. 예를 갖추지 못합니다.

109 아침에……소원 : 공자가 말하기를 "아침에 도를 들으면 저녁에 죽어도 괜찮다.〔朝聞道, 夕死可矣.〕"라고 하였다.《論語 里仁》

이계주에게 답함 정사년(1677, 숙종3) 2월 7일

答李季周 丁巳二月七日

일찍이 우편으로 올렸던 편지는 지난달 14일에 보내신 편지를 지금 받아 보건대 아직 전달되지 않은 듯하니, 무엇 때문인지 모르겠습니다. 또 오래도록 이곳에서 귀양살이하는 나를 깊이 걱정하여 하늘을 부르짖기까지 하시니, 서로 사랑하는 지극한 정을 알 수 있습니다. 그러나 나는 오래도록 귀양살이하는 것을 탄식하지 않고 오직 스스로 다스리는 것이 소활(疎闊)함을 걱정할 뿐이니, 만약 자신의 수양을 위한 성실한 공부가 있다면 비록 만맥(蠻貊)의 오랑캐 땅에 있더라도 무슨 문제가 되겠습니까. 또 근자에 승려의 옥사[110]에 관한 대략적인 내용을 들었으니, 재화(災禍)가 더욱 깊어진다고 할 만합니다. 까마귀의 머리가 하얗게 센다고 하여도 이 몸은 벗어나기 어려울 것이니, 부디 공연한 희망을 품어 그대의 마음을 어지럽게 하지 말기 바랍니다.

마음을 유지하고 수습하는 것에 관한 말씀에서 그대가 실제에 힘쓰는 것을 볼 수 있습니다. 대개 서책 중에 흔연(欣然)히 마음에 맞는 곳이 있으면 의사(意思)가 절로 좋아져서 질병이 저절로 없어질 것입니다. 멀리서 상상컨대 필시 여기에 힘을 얻었을 것이지만, 그대의 궤안(几

110 승려의 옥사 : 《송자대전수차》 권5에 "당시 승려도 아니고 속인도 아닌 자가 숭릉(崇陵)에 사사로이 제사 지내다가 체포되었다. 정위(廷尉)가 심문하니 '장차 기도하려고 한 것이다.'라고 하였다. 흉도들이 '이는 필시 아무개의 사주를 받아 그 원통함을 아뢰려고 한 것이다.'라고 하고 장차 화를 일으키는 매개로 삼으려고 하였으니, 아마 이 일을 가리키는 듯하다."라고 하였다.

案) 옆에서 날마다 참된 비결을 묻지 못하는 것이 한스럽습니다.

손자 아이가 설날에 그의 어머니 무덤에서 길을 돌려 그대의 문하로 나아갔다가 돌아가려고 하였으나 이미 곧바로 돌아갔다는 소식을 들었으니, 할머니의 병이 위독하여 그렇게 한 것으로 생각합니다. 나는 일어나 앉아 있는 때가 거의 없으니, 죽을 일이 날로 닥쳐옴을 알 수 있어 두 손을 맞잡고 기다릴 뿐입니다.

이계주에게 보냄 정사년(1677, 숙종3) 4월 13일

與李季周 丁巳四月十三日

시열(時烈)은 알립니다. 집안이 불행하여 늙은 아내가 마침내 세상을 떠났습니다. 먼 곳에서 부음(訃音)을 들으니 슬픔을 스스로 견디지 못하겠습니다. 부부간의 정의(情義)를 생각해 보면 이렇게 귀양살이 하는 처지에서 더욱 참담한 심정을 느낄뿐더러 앞으로의 장사 예절도 스스로 거행하기 어려운 점이 있으니 슬프고 괴롭기 그지없습니다. 지금 감히 외람되이 질문을 드리니 부디 인도하여 깨우쳐 주기 바랍니다.

장지(葬地)는 일찍이 정해 둔 곳이 있으니, 지금 수성(隋城 수원(水原))을 버리고 다른 곳으로 구할 수는 없습니다. 이미 장례를 치른 뒤에 이곳에다 반혼(返魂)하여 전물(奠物)을 올리도록 하는 것이 인정과 예의로 볼 때 모두 합당할 것입니다. 그러나 곤란한 점은 이곳으로 반혼하게 되면 따라올 가속(家屬)이 한두 명이 아니어서 식량 등의 필요한 물품을 운반하는 데에 매우 어려운 점이 있다는 것입니다. 이 때문에 단지 회덕(懷德)으로 반혼하게 된다면 정의가 어그러질 뿐만 아니라 앞으로 소상(小祥)과 대상(大祥)을 지내는 날 예법에 구애됨이 있을 것이니, 어떻게 하여야 좋을지 모르겠습니다. 만일 양쪽 모두 편리하게 하려면 장례를 치른 뒤에 우선 회덕으로 반혼하여 단지 아들에게 그곳에 머물면서 전물을 올리게 하다가 소상과 대상 때에 이르러 궤연(几筵)을 이곳으로 옮겨서 예를 거행하는 것이 어떨는지 모르겠습니다. 삼가 바라건대 잘 인도하여 제대로 거행할 수 있도록 해 주기를 바랍니다.

나는 병이 더욱 심해져서 이달 초에 갑자기 기절하였다가 곧바로 회생하였으니, 스스로 헤아려 보건대 나의 기혈(氣血)은 결코 지탱해 나갈 가망이 없습니다. 죽는 것은 한스러울 바가 없으나 다만 손자 녀석이 염려될 뿐입니다. 이 손자는 어느 날 부음을 들었으며, 들은 즉시 달려서 돌아갔습니까? 간절히 바라건대 이 손자를 잘 교도(教導)하여 낭패하거나 무뢰(無賴)한 데에 이르지 않게 해 주기를 천만번 바랍니다. 베개에 누워서 남의 손을 빌려 적느라 다 말하지 못합니다. 예를 갖추지 못합니다.

별지

선대 문집의 서문을 고친 부분은 인편이 없어 오래도록 알리지 못하였으니, 매우 가탄스럽습니다. 대개 이 서문은 여러 차례 다른 사람의 말을 보태었기 때문에 문리가 끊긴 곳이 있었으니, "모두 몇 편〔摠若干編〕"이라는 구절에서부터 "속선한 것이다.〔所續選者也〕"라는 구절까지가 바로 이것입니다. 그 가운데 이른바 "시(詩) 몇 편은 정축년(1637, 인조15) 이후에 지은 것으로, 문곡(文谷) 김수항(金壽恒) 상공(相公)이 선정한 것이다."라고 한 것은 속집(續集)으로 만들어야 할지 별집(別集)으로 만들어야 할지 모르겠습니다. 이것은 실로 크게 잘못된 곳인데도 그 당시에 그냥 지나쳐 버린 것이 매우 가탄스럽습니다. 만약 논의하는 사람들의 말처럼 편성한 목록을 많이 만들고 싶지 않다면 손수 선정하여 기록한 두 건은 굳이 원집(元集)과 속집으로 나눌 필요 없이 합하여 하나로 만들고 문곡이 선정한 것과 내가 보충한 것을 합하여 외집(外集)이라고 이름한다면 매우 간편할 듯하니, 어떻게 생각할지 모르겠습니다. 만약 그렇게 할 것 같으면 "시문이하(詩文以下)"에서 "속선자야(續選者也)"까지 51자(字)를 다음과 같이 고쳤으면 합니다.

"시문 몇 편은 공이 손수 선정한 것인데, 시는 대략 초선(初選)과 속선(續選)의 구별이 있다. 또 시 몇 편은 정축년 이후에 지은 것으로 문곡 김수항 상공이 선정한 것이고 그 나머지는 내가 수록한 것이다. 이를 아울러 외집이라고 이름하였으니, 모두 몇 편이다."-이렇게 감정(勘定)한다면 원집 중의 속선 첫머리에 "이하는 속선에 실린 것이다.〔以下係續選〕"라고 분주(分註)해야 할 것입니다. 《주자대전(朱子大全)》의 시집(詩集)에 이러한 전례가 있습니다.-

이계주에게 답함 정사년(1677, 숙종3) 5월 13일

答李季周 丁巳五月十三日

상을 치른 뒤로 편지를 주고받은 뒤에 다시 이렇게 급족(急足)[111]이 와서 초하루의 편지를 전해 주었습니다. 화기(禍機)가 이미 닥쳐온 상황이니 그대가 이 글에 대하여 이처럼 급급해하는 것도 마땅하지 않겠습니까. 바위도 뚫을 수 있는 지극한 정성에 참으로 감동하여 노둔한 나의 힘을 애써 다해야 할 터인데 이곳에 치명(治命) 등의 일이 없지 않아 결국 초솔하게 지어 올리니, 부끄럽고 한탄스럽기 그지없습니다.

손자 아이는 지난달 20일 뒤에 과연 이곳으로 향하여 오다가 장례 날짜가 당겨진 소식을 갑자기 듣고 중도에서 말고삐를 돌렸기 때문에, 손자 아이가 들었던 그대의 지극한 말씀을 모두 들을 수 없었습니다. 대개 근래의 소문 때문에 수원(水原)에 장사하려던 계획이 이루어지지 못하고 가까운 지역에다 임시로 장사 지내게 되었으니,[112] 이곳저곳의 분위기가 몹시 심상치 않습니다. 그러나 이 또한 학문한 힘을 스스로 시험해 볼 수 있는 곳이니, 다른 사람이 본다면 그렇게 처치(處置)할 수 있다고 여길지 모르겠습니다.

말씀하신 변례(變禮)는 대신 두려워한 뜻[113]에 몹시 감사합니다. 그

111 급족(急足) : 급한 소식을 전하는 심부름꾼을 이른다.

112 근래의……되었으니 : 시론이 급박하여 부인을 창황히 공주(公州) 신오(新塢)의 산기슭에 임시로 장사 지냈다. 《宋子大全 附錄 卷7 年譜》

러나 "이곳이 금오(金吾)와 같다."라고 하신 말씀에 이르러서는 아마도 그렇지 않은 듯합니다. 그러므로 화숙(和叔 박세채)의 뜻도 대략 편지에서 하신 말씀과 조금 차이가 있으니, 삼가 다시 더 생각해 본 뒤에 대처해야 할 것입니다.

보여 주신 어록(語錄)은 한두 번 읽어 보니 매우 감사함을 느낍니다. 더구나 숙부(叔父)의 일이 한 책 가운데에 여러 번 보이니, 사실과 매우 부합함을 더욱 알겠습니다. 한 통을 기록하여 자손에게 몹시 남겨 주고 싶으나 감히 책을 두지 못하고 삼가 말씀하신 대로 돌려드립니다. 다만 생각건대 그 속에 작은 글과 세세한 일 들이 남김없이 실려 있습니다. 비록 여름 적삼이나 비단 저고리조차 모두 《통서(通書)》의 뒤에 실려 있다[114]고 하더라도 전하여 기록하려는 사람들은 많은 종이를 허비하기 어려울 듯하니, 모쪼록 그 정요(精要)한 것을 가려서 100여 조목으로 축약하여 만든다면 더욱 좋겠습니다.

절도(絶島)에 안치될 것이라는 말씀을 이야기하자면, 누가 기꺼이 가벼운 처벌을 내려 이 정도에서 그치려고 하겠습니까. 만일 이러한 일이 있다면 대여섯 장부의 자손 중에 반드시 나보다 용기를 좋아하는

113 대신 두려워한 뜻 : 《어록해(語錄解)》에 "'대신 두려워하다.〔代怖〕'라는 것은 '사람에게 형벌의 재앙이 닥쳐오면 자신은 두려워할 줄 모르고 곁에 있는 사람이 대신 두려워하게 된다.'라는 것이다."라고 하였다.

114 여름……있다 : 《송자대전수차》 권5에 "대개 미세한 것도 버리지 않음을 이른다. 주희(朱熹)의 〈태극통서후서(太極通書後序)〉를 살펴보면 '포 좌승(蒲左丞), 공 사봉(孔司封), 황 태사(黃太史)가 선생의 행사(行事)를 기록한 것을 가져다가 합하여 1편(篇)을 만들었다.……'라고 하였다. 이는 필시 그 가운데 기록한 바일 것이니 응당 더 고찰해 봐야 한다."라고 하였다. 좌승은 포종맹(蒲宗孟)을, 공 사봉은 공문중(孔文仲)을, 황 태사는 황정견(黃庭堅)을 가리킨다.

사람이 있을 듯합니다. 막내는 참으로 서로 헤어지고 싶지 않으나 그의 기혈이 더욱 약하여 장기(瘴氣)를 막아 내기가 어려우니, 이를 염려할 뿐입니다.

하고 싶은 말은 매우 많으나 수작할 일이 분잡하게 생겨서 열에 하나도 하지 못합니다.

별지

지금 이 전문(傳文)[115]이 무자년(1648, 인조26) 1월의 일[116]에 대하여 그 내용을 기술하지 않고 그 사실을 조금 드러낸 것은 대개 다음과 같은 이유에서입니다. 북송(北宋)의 유체(劉摰), 양도(梁燾), 범조우(范祖禹) 세 집안의 일로 말하자면, 세 공(公)은 모두 장돈(章惇)과 채경(蔡京)의 핍박에 내몰려서 모두 제명대로 살지 못하였기 때문에 그 집안 자손들이 이를 깊이 숨겼으나 사씨(史氏)는 정직하게 졸(卒)이라고 기록하였고 오직 위재(韋齋) 주송(朱松)만 해상(海上)에서 죽었다고 기록하였습니다. 지금 한집안의 정리(情理)와 사가(史家)의 필법을 참고해 보면 앞의 편지에서 정직하게 기록하고 싶지 않다고 하신 말씀은 아마도 당연한 의리인 듯합니다. 그러므로 지금 이렇게 글을 지을 때 '병(病)' 자(字)를 쓰는 데에서 그친 것입

115 전문(傳文) : 《송자대전》 권215에 실려 있는 〈수찬 이면하전〔李修撰冕夏傳〕〉을 가리킨다. 이면하(李冕夏, 1619~1648)는 이단하의 큰형이다.

116 무자년 1월의 일 : 《외재집(畏齋集)》 권7 〈선백씨묘지(先伯氏墓誌)〉를 살펴보면 이면하가 세상을 떠나기 1년 전에 어떤 일로 인하여 벼슬을 버리고 고향에 돌아왔고 그해 7월 부친상을 당하여 7개월 남짓 상을 치르다가 무자년 1월 23일에 세상을 떠났다고 하였으니, 아마 이것을 두고 말한 것으로 보인다. 548쪽 주77 참조.

니다.[117]

상육(上六)은 주자의 《주역본의(周易本義)》에서 또한 분명한 말로 이러한 뜻을 설파하지 않았으니,[118] 부디 생각해 보기 바랍니다.

117 이렇게……것입니다 : 〈수찬 이면하전〉에 "군은 물러나서 자신을 감추고서 청요직(淸要職)은 마치 병통을 보듯이 하였으니, 이는 가학을 더욱 밝혀서 세도의 중임을 맡으려는 것이었다.〔君方退然自晦, 視之若病, 蓋將益闡家學, 以爲世道之重也.〕"라고 하였다. 《宋子大全 卷215》

118 상육(上六)은……않았으니 : 《주역》 〈대과괘(大過卦) 상육〉에 "상육은 지나치게 건너서 이마까지 빠지니, 흉하나 허물은 없다.〔上六, 過涉滅頂, 凶, 无咎.〕"라고 하였다. 《주역본의》에서 풀이하기를 "지나치게 과분한 자리에 처하여 재주가 약하여 건널 수 없으나 의리에는 허물이 없는 것이 되니, 살신성인의 일이다. 그러므로 상(象)과 점(占)이 이와 같은 것이다."라고 하였다.

이계주에게 답함 정사년(1677, 숙종3) 6월 24일

答李季周 丁巳六月二十四日

장산(長山)[119] 사람이 멀리서 와서 아울러 보내신 편지를 받게 되니, 기쁘고 후련하기 그지없습니다. 시론(時論)의 급함은 어제오늘의 일이 아니니, 요행을 바라는 마음이 전혀 없으므로 놀랍거나 두렵지도 않습니다.

전문(傳文)[120]은 지적해 주신 것이 많이 없으니, 완전히 잘못된 데에는 이르지 않아 스스로 다행스럽습니다. 기력에 대한 말씀은 노인을 위로하는 일상적인 이야기인데, 하루가 지날수록 기력이 줄어드는 것을 스스로 느낍니다. 오래지 않아 장차 죽게 될 것이니, 시인(時人)들은 임종을 앞둔 사람 곁에서 성난 눈을 부라리고 있다고 할 만합니다.

전문에서 고칠 부분은 별지에 기록하여 두었으니, 편지가 도착하면 보는 것이 어떻겠습니까? 숙부(叔父)의 유사(遺事)는 이처럼 유념해 주시니, 감사함이 어찌 끝이 있겠습니까. 오늘날 이곳의 분위기는 매주(梅州)의 새벽종이 울리는 시절[121]과 같으나 바빠서 다 말하지 못합니

119 장산(長山) : 충청도 보은(報恩)에 있는 지명이다.

120 전문(傳文) : 《송자대전》 권215에 실려 있는 〈수찬 이면하전〔李修撰冕夏傳〕〉을 가리킨다. 이면하(李冕夏, 1619~1648)는 이단하의 큰형이다.

121 매주(梅州)의……시절 : 매주는 송(宋)나라 직신(直臣) 유안세(劉安世)의 귀양지이다. 간신(奸臣) 장돈(章惇)과 채변(蔡卞) 등이 유안세를 여러 곳으로 귀양 보냈다가 매주로 이배(移配)하고는 기필코 그를 죽이려고 토호(土豪) 한 사람을 전운 판관(轉運判官)으로 발탁하여 유안세를 죽이게 하였다. 전운 판관이 급히 달려 곧 매주에

다. 다만 성현의 학문 공정(功程)을 찾아 세도(世道)를 다행스럽게 하기를 바랄 뿐입니다.

당도하게 되자, 매주의 수령이 유안세에게 사람을 보내어 자위책을 강구하도록 권하였다. 그러나 유안세는 놀라는 기색도 없이 손님을 마주하여 술 마시며 이야기를 나누다가 천천히 편지 몇 장을 써서 노복에게 주며 말하기를 "내가 곧 죽을 것이니, 이대로 행하도록 하라."라고 하고, 손님을 돌아보며 말하기를 "죽는 것은 어렵지 않다."라고 하였는데, 판관이 20리쯤 밖에서 피를 토하고 죽어서 위험을 면하게 되었다.《宋史 劉安世列傳》전운 판관이 말을 달려 매주에 이르려고 할 때 집안사람들이 부르짖으며 울다가 홀연히 새벽 종소리를 듣고 모두 놀라 말하기를 "종소리가 어찌 너무 일찍 울리는가."라고 하였는데, 여명에 들으니 전운 판관이 하루 저녁에 피를 토하고 죽었다.《宋子大全隨箚 卷5》

이계주에게 답함 정사년(1677, 숙종3) 8월 2일

答李季周 丁巳八月二日

어제 겨우 편지를 적어 넷째 손자가 가는 편에 부쳤는데, 지금 울산(蔚山) 관아로부터 지난달 14일에 보내신 편지가 전달되어 일상생활이 편안함을 기쁘게 알게 되었습니다. 또 그곳에는 비가 많이 내렸다는 소식을 듣게 되니, 이는 실로 근래의 특별한 상서(祥瑞)입니다. 그대가 곡식이 끊어짐은 면할 수 있을 것이니, 용문(龍門)의 많은 소나무를 위하여 그 푸른 솔을 보존할 수 있게 된 것을 축하합니다.

근래의 일[122]은 성상의 마음이 비록 견고하게 정해졌으나 윤휴(尹鑴)의 혀는 칼날처럼 날카롭고 생황처럼 교묘하여 계책이 이루어지지 않으면 그만두지 않을 것입니다. 일곱 자 되는 구구한 이 몸을 가져다가 그에게 준 지가 오래되었으니, 진실로 아낄 것도 없습니다.

몸과 마음이 풀어지고 넘어지는 것은 진실로 배우는 사람의 공통된 걱정거리입니다. 그러나 풀어지고 넘어짐을 깨닫는 것이 이미 인사(人事)에 노력을 기울인 것이니, 모름지기 이때 점점 더욱 수습하고 또한 구속하거나 급박하지 않는다면 점점 그 효험을 보게 될 것입니다. 이것은 실로 선현(先賢)이 이미 시험해 본 말이기 때문에 애오라지 외워서

122 근래의 일 : 1674년(현종15) 갑인예송의 패배로 예(禮)를 그르쳤다는 죄를 입어 송시열이 귀양을 가자 1675년부터 조사기(趙嗣基)를 비롯한 남인 측에서 송시열을 종묘에 반역 죄인으로 고하고 극형을 내려야 한다고 주장한 일을 말한다.《肅宗實錄 1年 閏5月 12日, 3年 6月 20日, 4年 10月 24日》

말씀드리는 것입니다.

다시 아름다운 손자를 얻었다는 소식을 들었습니다. 덕문(德門)은 참으로 응당 이와 같으리니 경하해 마지않습니다. 나머지 이야기는 어제 편지에 실려 있어 다시 하나하나 말하지 않습니다.

이계주에게 답함 정사년(1677, 숙종3) 9월 8일

答李季周 丁巳九月八日

지난달 보름날에 보내 준 편지는 여러 날 펼쳐서 완상하니 그리워하는 마음에 넉넉히 위로됩니다. 또 이생(李生)과 함께 지내면서 그대의 일상생활에 대한 상세한 이야기를 날마다 듣게 되는데, 무엇보다 책을 보며 이치를 완미한다는 말은 나를 몹시 감탄하게 합니다.

유자(有子)의 효제(孝悌)[123]를 언급한 것을 말하자면, 부모를 모두 여읜 외로운 나로서는 이미 미칠 곳이 없어 그저 스스로 슬퍼하고 오열할 뿐입니다. "날은 저물고 갈 길은 멀다."라는 말은, 그대가 어찌 갑자기 이러한 처지에 이르렀겠습니까. 졸렬하고 늙은 나는 진실로 이러한 탄식을 갖게 됩니다. 하물며 시의(時議)가 더욱 급박하다는 소식을 듣게 되니, 닥쳐오는 운명의 길은 어찌 날이 저무는 정도일 뿐이겠습니까. 그러나 명(命)이 아닌 것이 없으니, 순하게 그것을 받아들일 뿐입니다. 오직 목숨이 끊어지기 전까지 이 뜻이 해이해지지 않기를 생각할 뿐이나 기력이 이미 쇠퇴하니 이 또한 될 수가 없습니다.

손자 아이를 그대에게 나아가 배알(拜謁)하게 하려고 하였으나 서울의 소식이 이와 같은 데다가 또 말과 하인이 없어 보낼 수 없습니다.

123 유자(有子)의 효제(孝悌) : 유자는 공자의 제자 유약(有若)을 가리키고, 효제는 효도와 공손을 말한다. 유자가 말하기를 "그 사람됨이 효도하고 공손하면서 윗사람을 범하기를 좋아하는 사람은 드무니, 윗사람을 범하기를 좋아하지 않으면서 난을 일으키는 자는 있지 않다."라고 하였다. 《論語 學而》

일마다 위태롭고 어긋나게 되니, 어찌하고 어찌하겠습니까. 나머지 많은 이야기는 병으로 정신이 혼미하여 남의 손을 빌려 적느라 다 말하지 못합니다. 예를 갖추지 못합니다.

이계주에게 답함 정사년(1677, 숙종3) 9월 22일

答李季周 丁巳九月二十二日

일찍이 계상(季祥 이징하(李徵夏))이 가는 편에 편지 한 통을 대략 적어 보냈으니, 조만간에 응당 받아 볼 수 있을 것입니다. 수일 전에 또 회덕(懷德) 고향 우편으로 지난달 24일에 보내신 편지가 전달되었는데, 언급하신 경(敬)을 잡아 지키는 것에 관한 설은 나를 몹시 경계하고 반성하게 하였습니다. 지금 세상에 이러한 이야기는 자못 금기로 여기고 있는데도 서로 일러 주기를 어렵게 여기지 않으시니, 공부가 날로 새로워져서 학문의 힘을 얻었음을 알 수 있습니다. 다만 가까운 효과를 거두려고 하는 뜻이 있는 듯합니다. 이것은 맹자(孟子)와 정자(程子)가 경계한 것이고 주자(朱子)가 만나는 사람마다 일깨워 주었던 것이니,[124] 다시 여기에 뜻을 더한다면 편안하게 거처하고 깊이 자뢰(資賴)하여 마침내 좌우에서 근원을 만나는 것[125]을 보게 될 것입니다.

124 맹자(孟子)와……것이니 : 맹자가 말하기를 "반드시 기운을 기르는 일에 종사하고 효과를 미리 기대하지 말아서 마음에 잊지도 말며 억지로 조장하지도 말아야 한다."라고 하였다. 《孟子 公孫丑上》 또 이천(伊川) 정이(程頤)가 말하기를 "배우는 사람은 모름지기 이 마음을 공경히 지켜서 급박해서는 안 되며, 마땅히 깊고 두텁게 배양하여 그 사이에서 함영(涵泳)한 뒤라야 자득할 수 있으니, 다만 급박하게 구하면 이는 자신을 사사로이 하는 것일 뿐이어서 끝내 도에 통하지 못할 것이다."라고 하였다. 《近思錄 卷4》 또 주희(朱熹)가 말하기를 "바라건대 다시 일상의 어묵(語默)과 동정(動靜) 사이에 날마다 법도를 세워서 깊이 힘써 함양하되 가까운 효과를 급하게 구하지 말고 기질을 변화시키는 것을 공효로 삼아야 할 것입니다."라고 하였다. 《晦庵集 卷46 答方耕道》

125 편안하게……것 : 맹자가 말하기를 "군자가 깊이 나아가기를 도로써 함은 자득하

평소 스승과 벗에게 들은 것이 이와 같기 때문에 외람되이 외워서 말씀드리는 것입니다.

손자 녀석은 함께 지낸 날이 오래되었으나 다만 늙은 내가 멸렬하고 쇠퇴하여 이끌어 주거나 장려하지 못하고 있습니다. 이에 뒷날 그의 공부를 도와주겠다는 말씀을 들으니, 나를 몹시 부끄럽게 하여 땀에 옷이 젖을 듯합니다. 마침 장산(長山)을 지나려는 젊은 친구를 만나 대략 이렇게 소식을 전합니다. 예를 갖추지 못합니다.

고자 해서이니, 자득하면 편안하게 거처하고 편안하게 거처하면 깊이 자뢰하고 깊이 자뢰하면 좌우에서 취하여 씀에 그 근원을 만나게 된다. 그러므로 군자는 자득하고자 하는 것이다."라고 하였다. 《孟子 離婁下》

이계주에게 답함 정사년(1677, 숙종3) 11월 18일

答李季周 丁巳十一月十八日

인편이 와서 종이를 연결하여 적은 그대의 편지를 받게 되니, 참으로 직접 목소리를 듣는 것 같아 영해(嶺海)가 멀리 막혀 있는 줄도 깨닫지 못하겠습니다. 또 학문하는 공을 말씀해 주셨는데, 힘을 얻지 못함을 깨닫는 것이 참으로 크게 힘을 얻은 것입니다. 세인(世人) 중에 사문(斯文)에 뜻이 없는 자는 이미 말할 것이 없지만 뜻이 있는 사람 또한 빨리하려고 하거나 조장(助長)하는 병통을 면하지 못하여 빠른 효과를 보지 못하면 이로 인하여 학문을 하려는 의사가 시들해져서 드디어 포기하는 데에 이르는 자가 많습니다. 지금 그대는 매양 공부가 연결되지 못하는 것을 병통으로 여기니, 이것은 배우는 사람의 공통된 걱정거리입니다. 이와 같은 줄을 알고서 싫증 내지 않는 공부를 지극히 하여 오래되어 순숙(純熟)한 단계에 이르게 되면 마치 심은 나무가 이미 자라서 자연히 가지가 나오고 잎이 돋아나는 것과 같아질 것이니, 이는 어찌 한두 해 만에 바랄 수 있겠습니까. 주 부자(朱夫子)가 일찍이 무후(武侯)의 "삼가 몸과 마음을 다 바쳐서 죽은 뒤에야 그만둔다."라는 말을 인용하여 배우는 사람을 경책하였으니,[126] 이는 실로

126 주……경책하였으니 : 이 내용은 주희(朱熹)가 황간(黃榦)에게 보낸 편지에 보인다.《晦庵集 卷46 答黃直卿》 무후는 제갈량(諸葛亮)의 시호이다. 제갈량의 〈후출사표(後出師表)〉에 "신은 삼가 몸과 마음을 다하여 죽은 뒤에야 그만둘 것이니, 성공과 실패, 유리함과 불리함에 대해서는 신의 지혜로 미리 헤아릴 수 있는 바가 아닙니다."라고 하였다.《古文眞寶 後集 卷1》

지극한 의론입니다.

나는 치루(痔漏)의 병증이 더해져서 괴로움 속에 날을 보내고 있으니, 남은 목숨이 얼마 되지 않습니다. 그러나 다시 듣건대 그 사람이 다시 들어가자[127] 조정의 의론이 극렬해져서 절도(絶島)로 이배(移配)하는 의논이 이미 결정되었다고 하니, 미처 바다에 이르기도 전에 길에서 죽게 될 것은 의심할 것이 없습니다. 그러나 또한 어찌 장자후(章子厚)가 그렇게 만든 것이겠습니까.[128]

정 팔계(鄭八溪)에 대한 문장은 그대의 선대가 이미 뜻을 두었던 일이니, 어찌 감히 손보지 않을 수 있겠습니까. 그중에 알고 싶은 부분은 먼저 문곡(文谷)에게 질문한 뒤에 다시 그대에게 묻도록 하겠습니다.[129]

문집 서문은 말씀하신 것이 정히 좋으니, 이러한 작은 글과 사소한

127 그……들어가자 : '그 사람'은 윤휴(尹鑴)를 가리킨다. 윤휴는 시골로 물러나 있다가 1677년 10월에 왕명을 받들어 다시 조정으로 돌아왔다. 《肅宗實錄 3年 10月 8日》

128 어찌……것이겠습니까 : 내가 길에서 죽는 것은 하늘의 뜻일 뿐이니, 어찌 윤휴가 만들 수 있는 일이겠는가라는 뜻이다. 장자후는 북송의 간신(奸臣)인 장돈(章惇)으로, 자후(子厚)는 그의 자이다. 장돈은 당시의 수많은 명현(名賢)을 축출하였다.

129 정……하겠습니다 : 《송자대전수차》 권5에 "정 팔계는 이름은 종영(宗榮)이고, 본관은 초계(草溪)이다. 명종 선조 연간에 벼슬이 판서에 이르렀고 공훈으로 팔계군(八溪君)에 봉해졌다. 그의 아들 정혹(鄭嗀)이 우계(牛溪)를 공격하였다."라고 하였다. 이단하(李端夏)가 송시열에게 정혹의 부친 정종영의 묘지명 교정을 부탁하였는데, 송시열이 이와 관련하여 김수항에게 편지를 보내어 정혹이 '소취도당(嘯聚徒黨)'이라는 말로 우계를 폄하한 일을 거론하여 의문을 제기하였다. 《宋子大全 卷55 與金久之書》 '소취도당'은 '휘파람을 불어 무리를 불러 모은다.'라는 뜻으로, 떼도적에게 사용하는 말이다.

의리는 그저 편리한 대로 고쳐도 될 것입니다.

《두시비해(杜詩批解)》[130]는 내게 보여 주어서 몹시 감사합니다. 여기에서 선배들의 마음 씀이 성실하여 작은 물건에도 정성을 다하였던 하나의 모습을 더욱 볼 수 있습니다. 그러나 기력이 완전하고 식견이 고명한 분이 아니면 어떻게 여기에 미칠 수 있겠습니까. 참으로 흠앙(欽仰)하는 마음을 견디지 못하겠습니다. 주 선생(朱先生)을 존경한 것은 보통 사람의 마음으로는 미칠 바가 아니니, 오늘날 부정한 학설이 성인을 업신여기는 폐단을 막아 물리치는 데에 크게 도움이 있을 것입니다.

부탁하신 일은 감히 말씀하신 대로 하지 않을 수 있겠습니까. 손자 아이는 그대에게 보내서 뵙게 하겠습니다. 나의 배소(配所)가 만약 탐라(耽羅)로 정해진다면 손자 아이를 곧바로 강진(康津)과 해남(海南) 사이에 도착하게 하여 함께 이별하도록 하면 좋겠고, 만약 진도(珍島) 등으로 정해진다면 따뜻한 봄에 와서 보게 하면 편리할 듯합니다.

마침 자질구레한 일이 있어 어지러이 말하였으니, 모두 묵묵히 이해하기 바랍니다. 예를 갖추지 못합니다.

130 두시비해(杜詩批解) : 택당(澤堂) 이식(李植)이 편찬한 《두시택풍당비해(杜詩澤風堂批解)》를 가리킨다.

이계주에게 보냄 무오년(1678, 숙종4) 4월

與李季周 戊午四月

율곡(栗谷) 선생은 노성(老成)한 사람이 후배를 따라 의논을 격렬히 벌이는 것을 가장 싫어할 만한 일로 여겼습니다. 지금 팔계옹(八溪翁 정종영(鄭宗榮))을 보면 이분은 당시에 우뚝이 일어섰던 사람입니다. 그 가법(家法)이 이와 같은데도 "우계(牛溪)는 소취도당(嘯聚徒黨)이다."라는 의론이 그의 자제에게 나왔다고 하니,[131] 이것을 알 수가 없습니다. 바라건대 그 곡절을 상세히 일러 주어 나의 미혹을 깨뜨려 주는 것이 어떻겠습니까?

131 우계(牛溪)는……하니 : 590쪽 주129 참조.

이계주에게 보냄 무오년(1678, 숙종4)

與李季周 戊午

팔계(八溪) 정노(鄭老)의 일은 일러 주신 말씀을 모두 잘 알았습니다. 구양자(歐陽子)가 이르기를 "후세의 의론이 만약 공변되지 않았다면 지금에 성현이 없었을 것이다."라고 하였으니, 이는 참으로 좋은 말입니다. 그러나 우리가 말하는 '공변되다'는 것이 바른 이치에 합당하지 않다면 비록 사심(私心)이 없더라도 또한 공변되지 못할 것입니다. 이것이 군자가 이치를 궁구하는 것을 귀중하게 여기는 까닭이니, 이 어찌 우리가 마땅히 힘써야 할 바가 아니겠습니까.

이계주에게 보냄 무오년(1678, 숙종4) 7월 9일

與李季周 戊午七月九日

구공(歐公 구양수(歐陽脩))이 "후세의 의론이 만약 공변되지 않았다면 지금에 성현이 없었을 것이다."라고 한 것은 대개 이치로 한 말이고 또한 보통 이하의 사람을 면려하려는 것입니다. 그러나 군자의 마음은 단지 의리에 당연한 것이라 여기면 스스로 행하지 않을 수 없으니, 후세가 알아주고 알아주지 않음은 또한 알 바가 아닙니다. 지난번 편지에 말씀드렸던 "우리가 말하는 '공변되다'는 것이 만약 바른 이치에 합당하지 않다면 비록 사심(私心)이 없더라도 또한 공변되지 못할 것이다."라는 것은 대개 그대가 격물치지(格物致知) 공부에 더욱 힘쓰게 하려는 것이었습니다. 사람의 장단점과 일의 시비와 도(道)의 승강(升降)을 환하게 알아 의심이 없게 한 뒤라야 처사(處事)와 입언(立言)이 이치에 맞지 않음이 없을 것이며 모든 언행(言行)이 공변되기를 기약하지 않아도 절로 공변되지 않음이 없을 것이니, 이는 정로(鄭老 정종영(鄭宗榮))에 대한 글을 지목하여 말한 것은 아닙니다.

주 선생(朱先生)이 일찍이 말하기를 "성인(聖人)은 하늘에 근본하고 석씨(釋氏)는 마음에 근본한다."[132]라고 하였습니다. 대개 하늘에 근본

132 성인(聖人)은……근본한다 : 주희(朱熹)가 말하기를 "또 석씨의 경권수불(擎拳竪拂)과 운수반시(運水般柴)의 설은, 어찌 이 마음을 보지 못하며 이 마음을 알지 못하겠습니까. 그러나 끝내 요순(堯舜)의 도에 함께 들어가지 못하는 것은 바로 천리(天理)를 보지 못하고 오로지 이 마음을 주재(主宰)로 인식하기 때문입니다. 그래서 결국 스스로 사사롭게 하는 데로 흘러가고 마는 것입니다. 선배들의 말에 '성인은 하늘에

하기 때문에 동정(動靜)과 어묵(語默)이 한결같이 공변된 천리(天理)에서 나오고 마음에 근본하기 때문에 물을 긷고 땔나무를 옮기는 것을 도(道)로 삼을 뿐 당연히 긷고 옮겨야 할 것과 긷고 옮겨서는 안 되는 것을 따지지 않고 오직 마음에서 나오는 대로만 하니, 이것이 유교와 불교가 나누어지는 까닭입니다. 그러나 석씨 또한 어찌 당초에 사심이 있었겠습니까. 석씨뿐만 아니라 정문(程門)의 고제(高弟)인 양구산(楊龜山) 같은 사람도 채경(蔡京)의 간사함을 알지 못하였고, 호문정(胡文正) 공도 진회(秦檜)의 간악함을 알지 못하였습니다.[133] 이 두 사람은 그 처심(處心)과 행사(行事)가 광명하고 정대하였으나 곧 이러한 잘못이 있었던 것은 이치를 궁구하는 공부에 미진한 바가 있어서 그러한 것입니다. 이 때문에 《대학(大學)》은 성학(聖學)의 큰 규모이지만 반드시 격물치지(格物致知)를 우선으로 삼았고, 주 선생의 한평생 쏟아부은 공부가 모두 이 책에 있었습니다. 이것이 주 선생이 학문을 성취하여 마침내 여러 학자를 집대성하여 선성(先聖)의 정통(正統)을 계승하게

근본하고 석씨는 마음에 근본한다.'라고 한 것은 대개 이것을 이르는 것입니다."라고 하였다. 《晦庵集 卷30 答張欽夫》 '경권수불'은 주먹을 들어 올리거나 총채를 세우는 것이고, '운수반시'는 물을 긷고 땔나무를 옮기는 것이다.

133 양구산(楊龜山)……못하였습니다 : 양구산은 정자(程子)의 제자 양시(楊時)로, 구산(龜山)은 그의 호이다. 호문정은 남송(南宋)의 학자 호안국(胡安國)으로, 문정은 그의 시호이고, 자는 강후(康侯)이다. 채경과 진회는 송나라 휘종(徽宗), 고종(高宗) 때의 간신이다. 양시가 채경의 부름에 달려갔을 때 아들 채유(蔡攸)를 힘껏 비호하여 삼가 공격하지 말라는 설이 있기까지 하였으나 주희는 이것은 무함이라고 여겼다. 《宋史 姦臣列傳 蔡京》《朱子語類 卷101》 호안국은 진회와 사이가 좋아 일찍이 편지를 주고받으며 국정을 강론하였고 또 진회의 천거를 받아 등용되었다. 《宋史 姦臣列傳 秦檜》

된 까닭이니, 후세의 학자들이 알지 않으면 안 되는 것입니다.

모재(慕齋 김안국(金安國))를 당시의 제일의(第一義)라고 여긴 것을 말씀드리자면, 나의 뜻에는 온당치 않은 점이 있습니다. 모재는 당시에 도가 행해질 수 없음을 알았고 또 남곤(南袞)과 심정(沈貞)이 날뛰어 끝내 반드시 화(禍)를 일으키리라는 것을 알았기 때문에 일부러 머뭇거려서 마침내 자신을 보전하였으니, 이는 사리에 밝아 자신을 보전한 것이라 이를 만합니다. 그러나 당시의 도리를 갖고서 말하면 중종(中宗)의 권우(眷遇)가 매우 깊었기 때문에 응당 조정암(趙靜菴 조광조(趙光祖)) 등의 제현(諸賢)과 함께 왕실을 장려하여 이들의 쇠약함을 강하게 하고 저들의 진출을 어렵게 함으로써 우리 임금으로 하여금 소인의 당(黨)에 들어가지 않도록 해야 했으니, 그랬다면 이는 지극히 훌륭하고 지극히 아름다운 처사였을 것입니다. 주 선생이 일찍이 말하기를 "만약 내가 그 일을 당하였다면 응당 범방(范滂)과 양구(陽球)가 행한 것보다 더 심한 점이 있었을 것이다."[134]라고 하였고, 정 선생(程先生) 또한 말하기를 "동한(東漢)의 사인(士人)[135]들이 이치를 밝혔다면 모두 대현(大賢)이 되었을 것이다."라고 하였습니다. 그렇다면 일찍이 선을 행하다가 실패한 것을 두고 그르게 여긴 것은 아닙니다. 그렇다면 후학들 또한 마땅히 이치를 밝히는 것을 급선무로 삼아 대공지정(大公至正)

134 만약……것이다 : 주희가 말하기를 "만약 내가 스스로 그 일을 행하였다면 필시 원우(元祐)의 제공이 행한 것보다 심한 점이 있어 범방과 양구의 화에 빠졌을 것이 틀림없습니다."라고 하였다. 《晦庵集 卷51 答曹立之》 범방과 양구는 모두 후한 때의 명사로, 영제(靈帝) 때 일어난 당고(黨錮)의 옥사 때 모두 죽음을 당하였다.

135 사인(士人) : 대본에는 '七人'으로 되어 있다. 《이정유서(二程遺書)》에 근거하여 '七'을 '士'로 바로잡아 번역하였다.

한 지경에 들어가려고 하여야 옳을 것입니다. 만약 반드시 모재가 화를 면한 것을 지선(至善)으로 여겼다가 털끝만큼이라도 어긋나게 되면 호광(胡廣)의 처신[136]에 빠지지 않을 자가 거의 드물 것이니, 두렵지 않겠습니까. 나의 견해는 이와 같으니, 그대는 어떻게 여길지 모르겠습니다.

○ 자손이 선하지 못하다는 이유로 그 선조를 의심하는 것은 각박한 논의입니다. 정로(鄭老)가 과연 공정한 사람이라면 어찌 그의 자손이 우계(牛溪)를 욕보였다[137]는 이유로 정로까지 함께 허물해서야 되겠습니까. 성인(聖人)이 말하기를 "남이 나를 속일까 미리 짐작하지 않고 남이 나를 의심할까 억측하지 않으나 또한 먼저 깨닫는 사람이 어질 것이다."라고 하였습니다. 나는 남이 의심할까 억측하지 않는 것에는 그대의 성대한 덕을 매양 사모하였으나 도리어 먼저 깨닫는 방법에는 어두워서 일찍이 육선고(六仙膏)를 먹었으니, 부끄럽고 뉘우친들 어찌 하겠습니까.

136 호광(胡廣)의 처신 : 호광은 후한(後漢) 때 사람으로, 자(字)는 백시(伯始)이다. 30여 년 동안 삼공(三公)의 반열에 있으면서 여섯 황제를 섬겼다. 강직한 기풍이 없이 일을 좋게만 처리하여 어물쩍 넘겨 버렸으므로 당시에 "만사가 다스려지지 않으면 백시에게 물어보라. 천하의 중용이 호공에게 있다네.〔萬事不理問伯始, 天下中庸有胡公.〕"라는 말이 유행하였다고 한다. 《後漢書 胡廣列傳》《송자대전수차》 권5에 "진두(陳竇)와 함께 정승이 되어 우물쭈물하는 처신으로 당화를 면하였다."라고 하였다.

137 그의……욕보였다 : 590쪽 주129 참조.

이계주에게 답함 무오년(1678, 숙종4) 8월 11일

答李季周 戊午八月十一日

그대를 그리워하던 중에 보내온 편지를 받게 되니, 매우 위로되고 또 감사합니다. 나의 병은 가을에 들어와서도 여전하니, 형세인지라 어찌 하겠습니까.

독서에는 두 가지 유익함이 있으니, 이치가 밝아지는 것과 마음이 보존되는 것입니다. 우리가 독서인이라고 이름하면서 이 점에 어둡다면 독서하지 않는 사람과 무엇이 다르겠습니까. 또 흉년이 이 지경에 이르렀습니다. 오직 솔잎과 도토리만이 목숨을 이어 줄 뿐이니, 이외의 일은 "도랑에 버려짐을 잊지 않는다.〔不忘溝壑〕"[138]라는 말을 구경(究竟)의 법으로 삼아야 할 것입니다. 오늘날 서로 면려할 것이 어찌 여기에서 벗어나겠습니까. 시사 문제는 일절 말하지 말아야 옳을 것입니다. 예를 갖추지 못합니다.

138 도랑에……않는다 : 공자가 말하기를 "지사는 자신의 시신이 도랑에 버려짐을 잊지 않고, 용사는 자신의 머리를 잃을 것을 잊지 않는다.〔志士不忘在溝壑, 勇士不忘喪其元.〕"라고 하였다. 《孟子 滕文公下》

이계주에게 답함 무오년(1678, 숙종4) 11월 2일

答李季周 戊午十一月二日

전날 말씀하신 정계(鄭啓)는 그대의 개인적인 계책으로 보면 진실로 편리하고 다행이겠지만 그에게는 실로 좋은 뜻이 아닙니다. 어지러운 실오라기 사이에서 분변해 내는 것이 실로 이치를 궁구하는 단서입니다. 주 선생(朱先生)이 《논어》에서 소인에게 속임을 당하는 것을 경계하였으니,[139] 그 뜻이 깊습니다. 또 이방직(李邦直)[140]은 정 선생(程先生)과 인척이어서 친하였으나 이미 선생에게 의리를 잃었기 때문에 선생이 부릉(涪陵)으로 귀양 가던 날 그의 노자를 받지 않고 말하기를 "이미 서로 알지 못하는 사람이다."라고 하였으니, 성현의 보존한 마음이 구차하지 않음이 이와 같았습니다.

139 주……경계하였으니 : 주희(朱熹)가 양씨(楊氏)의 설을 인용하기를 "만일 미리 짐작하지 않고 미리 억측하지 않다가 끝내 소인에게 속임을 당한다면 이 또한 볼 것이 없는 것이다."라고 하였다. 《論語集註 憲問》

140 이방직(李邦直) : 《근사록석의(近思錄釋疑)》에 "이천(伊川)의 사위인 이통직(李通直)의 형제인 듯하다."라고 하였다. 이천은 정이(程頤)의 호이다.

이계주에게 답함 기미년(1679, 숙종5) 1월 11일
答李季周 己未正月十一日

섣달 19일에 보내신 편지를 지금에야 받았습니다. 세서(歲序)가 이미 바뀐 지금 고요히 함양하여 그 덕이 날로 새로워질 줄로 멀리서 생각하니, 송축해 마지않습니다. 무엇보다 화숙(和叔)이 당한 일[141]은 몹시 나로 하여금 차마 듣지 못하게 하니, 이 또한 운기(運氣)와 관련된 것이라서 어찌하고 어찌하겠습니까.

이곳의 나는 삼대(三代)가 함께 지내며 새해를 맞았으니, 고향의 선영과 멀리 떨어져 있어 서글픈 마음을 말로 다 할 수 없습니다.

별지에서 하신 말씀은 정밀함을 다하였으니, 노년의 기력이 어찌 여기에 미친단 말입니까. 이를 통하여 고요히 함양하는 공부는 속일 수 없는 점이 있음을 알게 됩니다.

앞에서 만언소(萬言疏) 운운하였던 것은 이미 비석의 초고에 고쳤습니다.[142] 지금 이 경진년(1580, 선조13)의 일[143] 또한 실제에 근거하여 개정하여, 부탁하신 뜻을 저버리지 않겠습니다. 다만 인견(引見)하였

141 화숙(和叔)이 당한 일 : 박세채(朴世采)의 셋째 아들 박태정(朴泰正, 1654~1678)이 1678년 11월 9일 객지에서 사망한 일을 가리킨다. 《直菴集 卷14 叔舅處士朴公墓誌》

142 만언소(萬言疏)……고쳤습니다 : 만언소는 이이(李珥)이 갑술년(1574)에 올린 만언소를 가리킨다. 《栗谷全書 卷5 萬言封事》 비석은 자운서원묘정비(紫雲書院廟庭碑)로, 송시열이 비문을 지었다. 《宋子大全 卷171 紫雲書院廟庭碑銘》

143 경진년의 일 : 《송자대전수차》 권5에 "선조 경진년에 율곡이 소명에 달려가서 입대하고 또 차자를 올려 덕을 정진시키고 정사를 닦기를 청하였다."라고 하였다.

을 때 아뢴 것이 혹 연보에 실려 있는 것과 같은지는 또한 알 수 없으니, 어쩌면 인견할 때 말하려고 했던 것은 모두 단서만 발하였다가 다시 소차(疏箚)에서 진달한 것은 아니겠습니까? 연보를 작성한 사람 또한 응당 일체 잘못하지는 않았을 것입니다. 만약 인견하였을 때의 이야기를 다시 상고해 보면 알 수 있을 것이지만 이는 그렇게 할 방도가 없으니 안타까울 뿐입니다.

손자 아이가 이 장기(瘴氣)가 가득한 바닷가[144]로 온 지가 벌써 2년이 되었습니다. 그를 보내고 싶은 마음은 어찌 끝이 있겠습니까마는 일과 힘이 미치지 못하니, 걱정스럽습니다. 회덕(懷德) 고향에 대한 말씀은 조만간에 일러 주신 대로 하겠습니다. 나머지는 병 때문에 남의 손을 빌려서 적느라 다 말하지 못합니다. 예를 갖추지 못합니다.

144 장기(瘴氣)가 가득한 바닷가 : 당시 송시열은 장기(長鬐)에 유배되어 있었다. 《宋子大全 附錄 卷7 年譜》

이계주에게 보냄 기미년(1679, 숙종5) 2월 4일

與李季周 己未二月四日

이전의 답장은 받아 보았습니까? 봄추위가 근간에 극심한 이때, 용문(龍門)의 쌓인 눈에 유연히 섬계(剡溪)로 배를 타고 가는 흥취[145]가 있으리라 생각하지만 그렇게 할 수 없음이 한스럽습니다. 탄핵을 당한 일이 결말이 난 뒤로 더욱 일을 반성하며 하루해가 긴 산림에서 강학의 공부가 깊어지리라 생각하니, 지금은 정히 그렇게 해야 할 때입니다.

나는 기력이 날로 소모되어 가고 또 《주자대전(朱子大全)》의 의의(疑義)를 밝히는 데에 마음이 얽매여 가슴속이 조급하고 어지러워서 발언(發言)과 처사(處事)가 움직일 때마다 이치를 거스르게 되니, 무슨 방법으로 이를 치료할 수 있을지 모르겠습니다.

증아(曾兒)[146]는 솔잎을 먹는 일에 점점 익숙해지고 있습니까? 그의 아버지가 지금 회덕(懷德) 고향으로 출발하므로 둘러서 그대를 뵐 수 있기에 이 편에 안부를 전합니다. 예를 갖추지 못합니다.

145 섬계(剡溪)로……흥취 : 섬계는 절강성(浙江省) 승현(嵊縣) 남쪽을 흐르는 조아강(曹娥江)의 상류이다. 진(晉)나라 왕자유(王子猷)가 산음(山陰)에 살면서 눈 내리는 밤 불현듯 섬계에 있는 벗 대규(戴逵)가 생각나서 작은 배를 타고 찾아갔다가 정작 그곳에 도착해서는 문 앞에서 다시 돌아왔다. 그 까닭을 물었더니 "내가 본래 흥에 겨워서 왔다가 흥이 다하여 돌아가는 것이니, 대안도(戴安道)를 보아 무엇하겠는가."라고 하였다. 《世說新語 任誕》 안도(安道)는 대규의 자이고, 자유(子猷)는 왕휘지(王徽之)의 자이다.

146 증아(曾兒) : 송시열의 증손(曾孫) 송일원(宋一源)이다. 《宋子大全隨箚 卷5》

이계주에게 답함 기미년(1679, 숙종5) 6월 9일

答李季周 己未六月九日

손자 아이가 시신을 수습하러 오는 편에 그대의 편지를 받게 되니, 참으로 하늘에서 내려온 것처럼 느껴집니다. 학문하는 방도는 다른 것이 없습니다. 단지 강서(講書), 수심(收心), 천리(踐履)[147] 세 가지일 뿐이고, 경(敬)은 세 가지의 가운데를 관통하는 것입니다. 이는 실로 주자(朱子) 문하에서 완성한 법이지만 근래에 이설(異說)의 침해를 혹독하게 받고 있으니, 삼가 지키고 힘껏 물리치는 일이 어찌 학사(學士)와 대부(大夫)의 책임이 아니겠습니까. 매양 회옹(晦翁)의 "세한(歲寒)에 오히려 눈과 서리가 침범할까 두렵구려."[148]라는 구절을 외우며 개탄하는 심정을 이기지 못합니다.

근래에 빌려주신 《주자어류(朱子語類)》를 읽으면서 삼가 선필(先筆)의 유적(遺蹟)이 하나하나 권말(圈抹)[149]하고 표점(標點)하여 조금

147 강서(講書), 수심(收心), 천리(踐履) : 강서는 서책을 강론하는 것이고, 수심은 마음을 거두어들이는 것이고, 천리는 실천하는 것이다.

148 세한(歲寒)에……두렵구려 : 주희(朱熹)의 시 〈송허순지남귀(送許順之南歸)〉에 "몇 년이나 강호에서 승경 찾기를 일삼았던가. 유달리 행각승과 이 마음을 말하였네. 오늘 기꺼이 찾아와서 옛 학문을 논하였으니, 세한에 오히려 눈과 서리가 침범할까 두렵구려.〔幾年江海事幽尋? 偏與雲僧話此心. 今日肯來論舊學, 歲寒猶恐雪霜侵.〕"라고 하였다. 《晦庵集 卷6》 끝 구절은 허순지가 선학(禪學)에 물들었기 때문에 이렇게 말한 것이다.

149 권말(圈抹) : 문장의 중요한 부분에 권점(圈點)을 찍거나 선을 그어 표시하는 것을 말한다.

도 함부로 지나치지 않았던 것을 보고 선배들의 마음 씀이 이와 같이 정밀하고 지극하여 감히 초솔하게 하지 않았던 것을 볼 수 있으니, 의론과 문장이 순수하게 한결같이 정도(正道)에서 나온 것이 마땅하다고 하겠습니다. 일찍이 다른 책에 옮겨 적어 연구하는 바탕으로 삼으려 하였으나 이제는 어쩔 수 없게 되었으니, 간청하는 일이 늦어버린 것이 애석합니다. 오늘날 처한 상황은 단지 일이 닥쳐오면 책자에서 득력(得力)하였는지를 조용히 징험해 볼 뿐, 한 점의 한가한 생각이나 객기도 끝내 붙지 않게 해야 합니다. 그렇게 하면 거의 처신의 도리에 가까울 것이니, 이외에는 다시 말할 만한 것이 없습니다.

손자 아이가 시신을 수습하여 돌아가서 장사 지내고 나면 따로 그대를 뵙게 될 것입니다. 다만 그의 처자(妻子)는 끝내 보지 못할 것이니, 이것이 눈을 감기 어려운 일입니다.

이계주에게 보냄 기미년(1679, 숙종5) 12월 29일

與李季周 己未十二月二十九日

신명의 이치는 믿기가 어려우니, 그대처럼 덕이 있고 선한 사람 또한 자식을 잃는 애통함을 당한단 말입니까. 노년에 슬픔으로 찢어지는 마음을 어떻게 참고 견디는지 모르겠습니다.

나는 중추(仲秋)에 자리를 펴고 장녀[150]의 소상(小祥)에 통곡하였습니다. 그 딸은 집에 있을 때는 항상 기한(飢寒)에 내몰렸고 시집간 뒤로는 또 괴로움이 비할 곳이 없었고, 또 수년 이래로 아버지를 멀리 귀양지로 보내고 어머니도 잃었습니다. 아버지를 참수해야 한다는 말이 항상 그 부당(夫黨)[151]의 포효하는 말에서 나오니 밤낮으로 아프고 무너져 내리는 마음을 호소할 곳이 없다가 마침내 몸을 죽이게 된 것입니다. 늙은 아버지의 심정에 슬프고 가련함을 어찌 견뎌 내겠습니까. 매양 이를 생각할 때마다 절로 애간장이 끊어졌습니다. 그러나 세월이 점점 멀어져 가고 또 슬퍼할 시간이 얼마 남지 않았다는 말[152]로 스스로

150 장녀 : 송시열의 장녀는 권시(權諰)의 둘째 아들인 권유(權惟)와 혼인하였다. 《宋子大全隨箚 卷5》

151 부당(夫黨) : 권유의 형인 권기(權愭)를 가리킨다. 《宋子大全隨箚 卷5》

152 슬퍼할……말 : 한유(韓愈)의 〈제십이랑문(祭十二郎文)〉에 "모혈(毛血)은 날로 더욱 쇠약해지고 지기(志氣)는 날로 쇠미해지니 곧 너의 뒤를 따라 죽지 않겠느냐. 사후에 지각이 있다면 그 헤어짐이 얼마나 되겠느냐. 사후에 지각이 없다면 슬퍼할 시간은 얼마 남지 않고 슬퍼하지 않을 날은 무궁할 것이다."라고 하였다. 《韓昌黎集 卷23》

를 위로하며 지금에 이른 것입니다. 삼가 생각건대 그대의 따님은 나의 딸에 견주어 보면 그 괴로움과 즐거움은 하늘과 땅의 현격한 차이보다 더 심하고, 그 수명이 길지 못한 것은 실로 하늘에 달린 것이니 그 또한 어떻게 하겠습니까. 이연평(李延平)이 이르기를 "옛사람이 견딜 수 없는 큰 환란에 이르렀던 것을 생각하며 자신과 비교한다."[153]라고 하였으니, 이것으로 자신을 위로하면 자못 힘을 얻을 것입니다. 어찌 반드시 옛사람만 그러하겠습니까. 이 사람을 갖고 한번 비교해 보더라도 열에 여덟아홉은 위로받을 수 있을 것입니다. 삼가 바라건대 지극한 정을 힘써 억제하여 억지로라도 밥을 먹어 붕우의 바람에 부응하여 주소서. 병든 몸을 억지로 일으켜서 이렇게 적노라니, 흐르는 눈물을 다 닦아 내지 못합니다.

○ 부탁하신 별고(別稿)는 삼가 받아서 읽어 보니, 혼미한 나를 깨닫게 하는 것을 말로 다 할 수 없습니다. 애석하게도 잘못되고 어긋난 곳이 매우 많고 또 제목만 있고 논설이 없는 것도 있습니다. 그러나 만약 안목을 갖춘 사람을 만나 빗질하고 씻어 내어 그 분명하고 완전히 좋은 것을 도출한 뒤에 정서하여 한 책자를 만들어 세상에 전한다면 후학에게 크게 도움이 될 것이니, 그대가 그렇게 할 뜻이 있는지 모르겠습니다.

153 이연평(李延平)이……비교한다 : 541쪽 주64 참조.

이계주에게 보냄 경신년(1680, 숙종6) 6월 8일

與李季周 庚申六月八日

서용(敍用)되었다는 소식[154]을 들은 뒤로 나 자신의 일처럼 헤아려 보았습니다. 무릇 일이란 옛 법을 따르면 후회가 적고 마음을 스승으로 삼으면[155] 어긋나기 쉽습니다. 옛날 정자(程子)가 부릉(涪陵)의 귀양지에서 돌아왔을 때, 양수(襄守)가 후하게 대접하자 정자가 사양하기를 "시사(時事)는 비록 변하였더라도 내가 어찌 변하겠는가."라고 하고, 또 이르기를 "새로 큰 은혜를 입어 응당 한 달의 봉급을 받을 것이니, 이렇게 하지 않으면 어떻게 은혜에 보답하겠는가."라고 하였으니, 이 두 가지로 볼 때 그대가 행할 바는 반드시 여기에서 벗어나지 않으리라 생각합니다.

지금 보내온 편지를 받아 보고 또 둘째 아드님의 말을 들어 보건대 과연 생각하였던 바와 같습니다. 이는 유독 그대만 이와 같아야 할 뿐 아니라 무릇 서용된 사람은 모두 이와 같아야 할 것입니다. 이 때문에 나는 그대가 필시 이미 서울로 갔을 것이라고 여겼으나 지금까지 지체한 것은 곡절이 있었다는 소식을 들었습니다. 지난 일은 어떻게 하기가 어렵다고 하더라도 지금은 속히 거행하여야 하고, 만일 빨리

154 서용(敍用)되었다는 소식 : 이단하는 1680년 6월 6일에 경기 감사에 제수되었다. 《肅宗實錄 6年 6月 6日》

155 마음을 스승으로 삼으면 : 자기 자신을 스승으로 삼아 무슨 일이든 독단으로 하고 남의 의견을 듣지 않는 것을 말한다.

돌아가려고 한다면 빨리 거행하는 것만 못할 것입니다. 나의 뜻은 이미 둘째 아드님에게 모두 말하였으나 다시 이렇게 개괄적으로 거론하는 것은 대개 서로 깊이 염려하는 마음에서 나온 것입니다.

절절하게 간청할 일이 있으니, 만아(萬兒)[156]의 어머니를 보고 싶은 마음이 너무도 간절합니다. 전날은 어떻게 할 수가 없더라도 스스로 생각건대 끝내 만나 보지 못하고 죽으면 결국 눈을 감지 못할 것입니다. 오늘에 이르러서는 처음에 먹었던 마음이 더욱 간절해지니, 조금 서늘해지기를 기다렸다가 산중으로 데려왔으면 합니다. 이곳에서 머무르는 기간은 응당 말씀하시는 대로 따르겠습니다. 새로 돌아온 뒤라서 잡다한 일이 많으므로 틈을 내어 대략 이렇게 적습니다.

156 만아(萬兒) : 송시열의 손자인 송회석(宋晦錫)과 이단하(李端夏)의 둘째 딸이 혼인하여 낳은 아들로, 송시열의 증손 송무원(宋婺源, 1677~1736)이다. 그의 아명(兒名)이 증만(曾萬)이다. 《宋子大全隨箚 卷10》

이계주에게 답함 경신년(1680, 숙종6) 7월 10일

答李季周 庚申七月十日

거취의 어려움을 한창 염려하고 있던 차에 갑자기 영광스럽게 은명(恩命)을 받아 경기를 다스리게 되었다는 소식을 듣게 되니, 이는 청요직은 아니나 그대의 사적인 의리로 볼 때 편안하게 여기리라 생각합니다. 다만 책임의 무거움은 내직에 비하면 더욱 클 것이기에 장차 몸과 마음을 수고롭게 할 것이지만, 무엇보다 오래도록 공부를 축적해 온 뒤에 역량을 조금 발휘하는 것은 어려울 것이 없을 터이니, 쇠잔한 백성들을 위하여 매우 기쁘게 생각합니다. 다만 벼슬을 그만두려는 뜻을 그만두지 않고 있을 것이니, 율곡(栗谷) 선생이 일찍이 말하기를 "삼공(三公)부터 여러 집사(執事)까지 모두 벼슬을 버리려는 마음을 가진다면 나라가 잘 다스려질 것이다."라고 하였습니다. 그렇다면 그대의 이 마음은 어찌 세도와 관계된 바가 있지 않겠습니까. 그러나 항상 입에만 올릴 뿐 과감하게 결행하지 못한다면 듣는 사람들이 지루하게 여길 것이니 차라리 묵묵히 마음속에 작정하고 있다가 떠나가야 할 때가 되면 즉시 떠나가는 편이 나음만 못할 것입니다.

사창(社倉)이 가난한 백성들에게 도움이 있는 것은 주 선생(朱先生)이 일찍이 힘껏 말하고 힘껏 실행하였으니, 오늘날 따라서 시행하는 것은 좋다고 할 만합니다. 다만 염려스러운 것은 이 일을 좋아하지 않는 사람들이 강도(江都)와 남한(南漢) 두 곳은 염산(斂散)하기에도 오히려 난감하다고 한다면 이 주장은 사람들을 경동시킬 것입니다. 이는 깊이 우려하지 않을 수 없는 점이니, 묘당(廟堂)과 상의하였는지 모르겠습니다.

후미진 고을에 은거하려는 논의는 가장 온당하고 편리한 일이니, 힘껏 도모한다면 어찌 필시 하늘에 오르는 듯할 뿐이겠습니까. 영동(嶺東)이 아마 매우 좋을 듯합니다.

'모조(謀曹)'는 송(宋)나라 때 참의관(參議官)의 별칭이니, 이는 큰 변방의 막료입니다. 지위가 한산하고 일이 간략한 데다가 또 기의(機宜)를 도울 수 있기 때문에 선생이 매양 이 직책을 청하였던 것입니다.[157]

대저 성상께서 정신을 가다듬으시고 군현(群賢)이 정신을 모으고 있는 이때 그대가 또 은권(恩眷)을 입었으니, 하루 동안 직책에 있더라도 그 마음을 다하지 않을 수 없습니다. 이와 같은 뒤라야 거의 배운 바를 저버리지 않게 될 것입니다.

나는 향리의 사소한 시비를 견디지 못하여 급히 깊은 곳으로 들어온 뒤로는 시사 문제를 일절 말하지 않고 있습니다. 지금 그대에게 갑자기 파계하고 말하고 말았으니, 절대로 남에게 얘기하지 말기 바랍니다.

157 모조(謀曹)는……것입니다 : 주희(朱熹)가 말하기를 "만약 승상께서 또한 제가 전날 의심한 것에 염려할 만한 점이 있다고 여기신다면 모조의 벼슬을 청하였던 것을 유념해 주시기 바랍니다."라고 하였다. 《晦庵集 卷28 與留丞相箚子》

이계주에게 답함 경신년(1680, 숙종6) 7월 28일
答李季周 庚申七月二十八日

10일에 내가 보낸 편지는 받아 보았는지 모르겠습니다. 이제 그대의 답장과 15일에 쓴 편지를 받고서 앞뒤로 일러 주신 내용을 아울러 모두 알았으니, 직접 정담을 나누는 것과 다름이 없어 매우 다행스럽습니다.

오래도록 산림(山林)에 자유롭게 지내다가 늙어서 대궐 문에 들어가는 것은 주 선생(朱先生)도 견디지 못하였던 것이니, 진실로 그대가 이것을 좋아하지 않을 줄로 압니다. 그러나 성상께서 이와 같으시고 권우(眷遇) 또한 얕지 않으니, 평소에 품은 생각을 펼쳐서 만분의 일이라도 정치를 개혁하는 일을 도와주는 것이 어찌 세신(世臣)의 도리가 아니겠습니까.

그리고 일찍이 살펴보건대, 그대 선대의 기록 중에 신백거(愼伯擧)[158]에게 부끄럽다는 한 단락이 있었으니, 선배의 마음은 공정하고 분명하기 때문에 기미를 일찍 깨닫는 것이 이와 같았던 것입니다. 가만히 생각건대 오늘날은 길흉의 조짐이 이미 나타났으니, 만약 이와 같다면 어찌 하루를 기다릴 수 있겠습니까.[159] 이 일은 성상의 마음만 점쳐

158 신백거(愼伯擧) : 신천익(愼天翊, 1592~1661)으로, 본관은 거창(居昌), 자는 백거, 호는 소은(素隱)이다. 1615년(광해군7)에 광해군의 실정(失政)을 보고 사직한 뒤에 전라남도 영암(靈巖)에 은거하였다. 인조반정 후 홍문관과 사간원의 요직에 제수되었으나 나아가지 않았다.

159 어찌……있겠습니까 : 《주역》 〈계사전 하(繫辭傳下)〉에 "군자는 기미를 보고 일어나서 하루를 마치기를 기다리지 않는다."라고 하였다.

서는 안 되고 보필하는 정승의 마음도 점칠 수 있어야 하며, 또한 보필하는 정승들만 점쳐서는 안 되고 또한 사론(士論)도 점칠 수 있어야 합니다.

가부(佳婦)가 돌아오는 것은 이곳이나 회덕(懷德)이나 안 될 것이 없으나 노인의 일은 조석(朝夕)을 믿기 어려우니, 서늘한 기운이 처음 생기거든 즉시 보내 주기를 간절히 바랍니다. 나머지 이야기는 병으로 괴로워서 남의 손을 빌려 적느라 다 말하지 못합니다. 예를 갖추지 못합니다.

별지

별지의 내용은 모두 잘 알았습니다. 상소의 부본(副本)은 이론이 훌륭한 데다가 문장도 유창하며 뜻이 간절한 데다가 말도 강직하니, 진언(進言)하는 자들이 모두 이와 같을 수 있다면 어찌 성화(聖化)와 관련하여 유익함이 있지 않겠습니까. 간사함을 다스리는 데에는 치밀하나 임금의 잘못을 바로잡는 데에는 허술하니, 이는 원우(元祐) 연간의 제현(諸賢)[160]이 실패한 까닭입니다. 그러나 몰래 자신을 보전할 계책을 세워서 악행을 관용함으로써 진신(縉紳)의 화(禍)가 일어날 터전을 만들었으니, 이것은 주 부자(朱夫子)가 깊이 배척하였던 까닭입니다.[161] 이 두 가지에서 공(公)과 사(私)가 어떠한지를

160 원우(元祐) 연간의 제현(諸賢) : 원우는 북송(北宋) 철종(哲宗)의 연호이다. 당시 왕안석(王安石)의 신법(新法)을 반대하다가 간당(奸黨)으로 몰린 사마광(司馬光), 문언박(文彦博), 정이(程頤), 소식(蘇軾) 등의 현인을 가리킨다.

161 몰래……까닭입니다 : 주희가 말하기를 "원우 연간의 제현이 채확(蔡確)을 제압할 수 없음을 우려하여 말을 빌미로 배제하려고 한 것은 실로 온당치 못한 것이고,

살펴보아야 할 것이니, 천 리나 크게 어긋나게 되는 것 또한 털끝만큼의 차이를 통하여 미리 점칠 수 있는 것입니다.

공주(公主)의 저택에 대한 말씀[162]은 미처 끝까지 읽기도 전에 나도 모르게 눈물이 줄줄 흘러내렸습니다. 효종(孝宗)께서는 일찍이 이를 말씀드리자 즉시 소리 높여 대답하시기를 "내가 일을 바로잡으려고 공언(公言)과 밀유(密諭)를 백방으로 다하였으나 끝내 도와주려는 자는 없고 오직 자기네 집안의 사사로운 일에만 힘쓸 뿐이었다. 나 또한 마음이 변하고 뜻이 게을러져서 속으로 '저들은 그저 자손을 위한 계책만 세우고 있다. 나는 이미 국사를 다스릴 수 없는데, 도리어 또한 자손을 위한 계책도 세우지 못한단 말인가.'라고 생각하였다. 이 때문에 그것이 옳지 않은 줄 알면서도 오히려 그렇게 하였던 것이다. 만일 한 사람이라도 나의 뜻에 부응하여 나의 일을 이루어내는 사람이 있다면 비록 공주의 저택이 이미 완성된 것일지라도 철거하는 데에 무슨 어려움이 있겠는가."라고 하였습니다. 내가 일어나서 절하고 아뢰기를 "신은 윗사람이 거행하면 아랫사람이 본받는다는 말은 들었어도 윗사람이 아랫사람의 잘못을 본받는다는 말은 듣지 못하였습니다."라고 하고, 인하여 반복하여 진달하니 다시 하교하시기를 "도리가 참으로 이와 같으니, 이제부터 모름지기 나부터 먼저 시작하겠다. 우리 집안에 지적할 만한 일이 없는데도 신하

범공(範公)이 곧 미리 자신을 보전할 계책을 세운 것은 사심이 있음을 면치 못하니, 모두 하늘이 죄 있는 사람을 토벌하는 뜻이 아니다."라고 하였다. 《晦庵集 卷37 答鄭景望》

162 공주(公主)의……말씀 : 이단하가 1680년 7월 소를 올려서 물러나기를 청하고, 겸하여 공주의 저택에 사용하는 칡의 채취가 때에 맞지 않음을 진언하고 인하여 간가(間架)가 제도를 초과한 잘못을 언급하였다. 《睡谷集 卷13 先季父議政府左議政府君行狀》

중에 공적인 도리를 어기고 사사로운 이익을 따르는 자가 있다면 마땅히 왕법(王法)으로 일을 처리하겠다."라고 하였습니다. 얼마 지나지 않아 염문사(廉問使)를 나누어 파견할 때 모든 공주의 원당(願堂)과 둔전(屯田) 등 폐단을 일으키는 데 관계되는 것은 일체 염탐하여 아뢰도록 봉서(封書)하셨으니, 성상의 뜻한 바를 단연코 알 수 있었습니다. 그러나 염문사들이 복명(復命)하기도 전에 효종이 승하하시고 말았으니, 이것이 어찌 우리나라의 한없는 슬픔이 아니겠습니까. 지금 정치를 개혁하는 초기에 누가 이것을 신손(神孫)께 말씀드릴 수 있겠습니까. 죽지 못한 외로운 신하는 마음만 무너져 내릴 뿐입니다.

이계주에게 보냄 경신년(1680, 숙종6) 윤8월 10일

與李季周 庚申閏八月十日

배를 타고 동쪽으로 떠나 득의만만하다는 소식[163]을 듣고는 너무도 부러운 심정을 견디지 못하겠으니, 어쩌면 이른바 "어려울 것이 없겠구나."[164]라는 것이 아니겠습니까. 다만 성상께서 끝내 은둔을 윤허하셨는지 모르겠습니다. 그곳에 도착한 뒤로 옛 서책을 다시 익혀서 날로 새롭게 터득하는 것이 있습니까? 이에 입문하여 득력(得力)하는 곳을 갖게 되면 천하의 만사는 내 마음에 걸릴 만한 것이 없을 것입니다.

나는 병이 날로 더욱 심해지고 걱정과 괴로움이 많이 생겨납니다. 아무튼 이 몸이 없어진 뒤라야 이를 면할 수 있을 것이니, 이 일을 스스로 떠맡으면 구하지 않아도 절로 찾아오는 것입니다. 인사(人事)가 이와 같기 때문에 손자며느리 모자(母子)를 빨리 보고 싶은 마음이 간절하니, 즉시 보내 줄 수 있겠습니까? 나머지 이야기는 남의 손을 빌려서 적느라 다 말하지 못합니다. 예를 갖추지 못합니다.

163 배를……소식 : 이단하(李端夏)는 1680년 윤8월에 고향으로 돌아왔다.《睡谷集 卷13 先季父議政府左議政府君行狀》

164 어려울 것이 없겠구나 : 삼태기를 멘 은사(隱士)가 공자를 기롱하여 "자신을 알아주는 이가 없으면 그만둘 뿐이다."라고 하자, 공자가 말하기를 "과감하구나. 어려울 것이 없겠구나."라고 하였다.《論語 憲問》

이계주에게 답함 경신년(1680, 숙종6) 11월 24일

答李季周 庚申十一月二十四日

판서에 제수된 소식[165]을 듣게 되니, 담장을 따라 달아나려는 뜻[166]을 가질 줄로 삼가 생각합니다. 그러나 또한 이 벼슬이란 어쩌다가 내게로 오는 물건이니, 그저 편안한 마음으로 처신하면 될 것입니다. 무엇보다도 역사를 편수하는 일과 죄인을 심문하는 일이 서로 방해된다는 이유로 장차 관직 하나를 사직하고 하나의 관직에 처하려는 것입니까? 법을 집행하는 관직은 그 직책이 비록 무겁기는 하지만 전인과 후인이 어찌 반드시 제일의 사람이겠습니까. 오직 역사를 편수하는 일은 누구나 할 수 있는 바가 아니니, 이는 대신(大臣)이 조처를 좋게 하는가에 달려 있습니다.[167]

165 판서에 제수된 소식 : 이단하는 1680년 11월에 형조 판서에 제수되었다.《睡谷集 卷13 先季父議政府左議政府君行狀》

166 담장을……뜻 : 벼슬이 높아질수록 더욱 공손하게 행동하는 처신을 말한다. 공자의 선조 정고보(正考父)가 정(鼎)에 새기기를 "첫 번째 벼슬을 받자 머리를 숙였고, 두 번째 벼슬을 받자 몸을 굽혔고, 세 번째 벼슬을 받자 허리를 굽히고는 길 가운데를 피하여 담장을 따라서 달아났으니, 아무도 나를 모욕하는 이 없었네. 이 솥에 진한 죽을 쑤고 이 솥에 묽은 죽을 쑤어 내 입에 풀칠하리라."라고 하였다.《春秋左氏傳 昭公7年》

167 역사를……있습니다 : 이단하가 형조 판서에 제수될 당시 실록청 당상을 겸임하고 있었다. 숙종이 형조 판서의 사직을 윤허하지 않자, 이단하가 영의정 김수항(金壽恒)에게 편지를 보내어 실록을 편수하는 일에 전념하려면 형조의 극무가 방해된다고 하니, 김수항이 탑전에서 "극무의 직임을 체직하고 사사(史事)를 전임하도록 하는 것이 마땅합니다."라고 아뢰었다.《睡谷集 卷13 先季父議政府左議政府君行狀》

나는 낙상(落傷)한 곳에 점점 통증을 느낍니다. 그래서 오늘 부득이 긍휼히 여기시기를 바라는 상소를 다시 올렸으니, 다행히 윤허를 받게 되면 응당 만의(萬義)로 물러가서 지내며 대장(大葬)[168]이 끝나기를 기다릴 것입니다. 영상과 좌상에게는 만일 그 자제를 만난다면 응당 한번 입을 열어 보겠습니다. 그러나 관직을 그만두는 것은 어찌 말할 수 있겠습니까. 우선 극무(劇務)의 직책을 바꾸는 일을 청하는 데 불과할 것입니다.

별지

조자직(趙子直)[169]이 영종(寧宗)을 세울 때 한탁주(韓侂胄)[170]를 시켜서 태후(太后)에게 아뢰었으나 태후가 듣지 않자, 한탁주가 내시(內侍)인 관례(關禮)를 통하여 태후의 마음을 돌리게 하여 사직을 안정시켰습니다. 당시 주 선생(朱先生)이 한탁주의 간사함을 알면서도 조자직에게 청하여 후한 상을 내려서 그의 노고를 보상하게 하였으니, 선생 또한 한탁주에게 공로가 없다고 여기지 않은 것입니다. 만약 한탁주가 어질었다면 어찌 관례와 함께 일을 하였다는 이유

168 대장(大葬) : 숙종의 왕비인 인경왕후(仁敬王后)의 상을 말한다. 인경왕후는 1680년 10월 6일에 승하하였다. 《肅宗實錄 6年 10月 26日》

169 조자직(趙子直) : 조여우(趙汝愚)로, 자직(子直)은 그의 자이다. 남송 효종(孝宗)이 죽고 광종(光宗)이 병들자, 재상 조여우가 헌성태후(獻聖太后)에게 주청하여 광종의 둘째 아들로 가왕(嘉王)에 봉해진 영종을 받들어 즉위시켰다. 《宋史 趙汝愚列傳》

170 한탁주(韓侂胄) : 남송 영종 때의 간신으로 주희의 도학을 위학(僞學)으로 몰아 주희의 관작을 삭탈하고 그 문인들의 등용을 금하였다. 《宋史 姦臣列傳 韓侂胄》

로 그의 관직을 막을 수 있겠습니까.[171]

171 주……있겠습니까 : 《주자연보(朱子年譜)》 권4에 "또 자주 생도들에게 편지를 보내어 가만히 승상에게 아뢰게 하되 '한탁주의 공로는 응당 후하게 보상해야 할 것이지만 그를 조정의 정사에 참여시키지는 말아야 할 것이다.' 하였다."라고 하였다.

이계주에게 답함 경신년(1680, 숙종6) 12월 12일

答李季周 庚申十二月十二日

밤마다 천문(天文)을 우러러보며 마음으로 놀라고 보기에도 참혹하여 새벽까지 잠을 이루지 못하니, 실로 살고 싶지 않은 마음이 듭니다. 이러한 때 심부름꾼을 통하여 보내온 편지를 받으니, 말씀하신 뜻을 자세히 잘 알겠습니다. 그대가 나라를 걱정하는 마음은 이전부터 깊이 경복(敬服)하였으니, 비록 만분의 일이나마 도움이 못 될지라도 또한 어찌 차마 큰 차이를 두겠습니까. 이 일이 당초의 차자(箚子) 중에 대략 거론되었던 것은 대략 다음과 같은 이유에서였습니다. 그날 그 사람[172]을 공회(公會)에서 갑자기 만났기 때문에 나의 마음이 부끄러워져서 생각하기를 '그가 필시 「저 사람은 일찍이 터무니없는 말을 만들어 내어 남을 무함한 자이거늘 이에 감히 뻔뻔스럽게 조정 반열에 나왔다.」라고 할 것이니, 이 하나의 일에 근거하더라도 다른 일을 또한 알 수 있을 것이다. 그렇다면 자취를 거두어 물러나는 것이 마땅하다.' 라고 여겼습니다. 그러나 또 성상께서 실상을 알지 못하여 까닭 없이 물러났다고 생각하실까 염려되어 간략히 거론하지 않을 수 없었으나 또 혹 분쟁의 단서를 일으킬까 두려웠기 때문에 단지 스스로 부끄럽나는 뜻만 말하였을 뿐입니다. 뜻하지 않게 옥당(玉堂)의 제현(諸賢)이

172 그 사람 : 정재숭(鄭載嵩)을 가리킨다. 정재숭이 상소하여 송시열이 기록한 기해복제(己亥服制)와 양파문답(陽坡問答)을 허망한 것이라 하며 송시열을 배척하기까지 하였다. 《宋子大全隨箚 卷5》

곧 이러한 의론을 두었으니, 나를 몹시 황혹(惶惑)하게 합니다. 속히 멀리 달아나고 싶으나 병 때문에 그렇게 할 수 없으니, 어찌하고 어찌하겠습니까.

또 가만히 생각건대 명도(明道) 선생은 지극한 마음이 천하에 있었기 때문에 원풍(元豐)의 대신(大臣)[173]과 국사를 함께하려고 한 것이니, 그 측달(惻怛)하고 간절한 뜻은 천년 뒤에도 또한 상상해 볼 수 있습니다. 나는 역량이 비록 남을 감동시킬 수는 없으나 나라를 걱정하는 정성만은 스스로 남들에게 뒤지지 않는다고 생각합니다. 그런데 어찌 차마 분열을 초래하여 우리 성조(聖朝)를 저버릴 수 있겠습니까.

어제 저 정재숭(鄭載嵩)의 상소를 보건대 그중에 "그 당시 일의 실상을 밝힌다."라고 한 것은 바로 나를 허언을 조작한 자로 여긴 것이니, 그 뜻이 강건합니다. 그러나 역괴(逆魁) 등의 제목을 붙인 것[174]과 견주어 보면 어찌 입에 맞는 육미(肉味)가 될 뿐이겠습니까. 구절(九折)의 험한 산을 오르는 사람은 양장(羊腸) 같은 길을 평탄한 길처럼 걸어갑니다. 지금 저 사람이 운운한 것을 단지 바다에 떠 있는 신기루처럼 여기는 것은 도량이 있어서 그러한 것이 아닙니다. 대개 이 기회는 아낄 만한 것이기 때문이니, 내가 만약 사심(私心)이 있어 만일의 기회를 막는다면 하늘이 나를 버릴 것입니다, 하늘이 나를 버릴 것입니다. 나머지 이야기는 다 말하지 못합니다.

173 원풍(元豐)의 대신(大臣) : 원풍은 북송 신종(神宗)의 연호이고, 대신은 당시 신법(新法)을 만들어 낸 왕안석(王安石)을 가리킨다.

174 역괴(逆魁)……것 : 송 효종(宋孝宗) 때 한탁주(韓侂冑)가 주희(朱熹)를 역괴로 몰아 참형에 처하기를 청하는 소장을 올렸던 일을 말한다. 《宋史 道學列傳 朱熹, 姦臣列傳 韓侂冑》

별지

또 가만히 생각건대 저들이 이미 권력을 잡은 뒤로 점점 지난날의 잔당들을 끌어들여 양성(兩城)[175]을 해치고 사류(士流)를 경시하였으니, 오늘날 백길(伯吉 이사명(李師命))과 그대는 그 책임을 면하기 어려울 것입니다. 이는 깊이 생각해 보지 않을 수 없습니다. 대저 인정이란 익숙한 곳은 잊어버리기 어렵고 설익은 곳은 익숙하기 어려워서 세간의 일은 그 변화가 무궁하니, 단지 주 선생(朱先生)이 범충선(范忠宣)의 일을 논한 것[176]을 보아야 할 것입니다.

○ 작위(爵位)와 영리(榮利)는 옛날 뜻있는 선비들이 이른바 기러기 털과 해진 신발과 같다고 한 것이니, 신하가 이것을 안 뒤라야 군부(君父)를 섬기며 충효(忠孝)를 말할 수 있을 것입니다.

175 양성(兩城) : 광성(光城)과 청성(淸城)을 가리키는 듯하다. 《宋子大全隨箚 卷5》 광성은 광성부원군(光城府院君) 김만기(金萬基)이고, 청성은 청성부원군(淸城府院君) 김석주(金錫胄)이다.

176 주……것 : 범충선은 북송의 범순인(范純仁)으로, 충선(忠宣)은 그의 시호이다. 《송자대전수차》 권5에 "주자가 범충선이 몰래 자신을 보전할 계책을 세웠다고 하였다."라고 하였다. 범중엄(范仲淹)은 여이간(呂夷簡)과 사이가 좋지 않다가 다시 화해하여 정사를 함께하였다. 범중엄이 죽은 뒤에 구양수(歐陽脩)가 지은 신도비명(神道碑銘)에 "여공(呂公)이 다시 재상이 되고 공(公) 또한 재기하여 기용되었다. 이에 두 공이 환연(驩然)히 서로 약속하여 힘을 다하여 국적(國賊)을 평정하였다."라고 하였다. 그러자 범중엄의 아들 범순인(范純仁)이 자기 아버지는 화해한 적이 없다고 하여 비문에서 이 문구를 빼 버렸다. 주희가 이에 대하여 범순인은 구양수에게 부친의 진심을 자세히 아뢰고 그 처분을 따라야 하였고 만약 끝내 서로 의견이 맞지 않다면 의리에 입각하여 구양수와의 관계를 끊어야 옳다고 하였다. 《晦庵集 卷38 答周益公書》

이계주에게 답함 경신년(1680, 숙종6) 12월 17일

答李季周 庚申十二月十七日

일러 주신 말씀은 지극하고 간절하니, 이 어찌 나의 진퇴를 위한 계책이 될 뿐이겠습니까. 이전부터 그대가 절실하게 걱정하고 사랑해 주는 정성에 매양 감격하였으니, 간혹 나를 눈물이 흐르게 만듭니다. 성상의 뜻이 어디에 있는가는 비록 몹시 우매한 나이지만 어찌 알지 못할 리가 있겠습니까. 다만 정재숭(鄭載嵩)의 일은 끝내 결말이 좋게 나지 않아 저 사람이 물러나고 내가 나아가게 되었으니, 마음이 매우 편안하지 않습니다. 또 저 사람이 이전의 주장을 고수한다면 나는 끝내 허언을 만들어 남을 무함한 사람이 되어 버리니, 몹시 얼굴을 들 수 없는 일입니다. 그러나 성상의 뜻을 끝내 저버릴 수 없으므로 병이 조금 낫기를 기다렸다가 한번 도성에 나아가서 다시 간절한 마음을 아뢴 뒤에 진퇴의 명을 기다리겠습니다.

종백(宗伯)으로 옮겨 간 것[177]은 그대가 청요직(淸要職)을 좋아하지 않는 줄을 예전부터 알고 있었기 때문에 끝내 축하의 편지를 보내지 않았습니다. 서로의 마음을 잘 안다고는 하지 않을 수 없으나 또한 너무 질박한 모습을 보였을 뿐이니, 우습기만 합니다.

홀로 된 딸에게 보내는 답장을 적어 올리니, 만일 돌아가는 인편에 부쳐 준다면 다행이겠습니다.

177 종백(宗伯)으로……것 : 종백은 예조 판서를 가리킨다. 이단하는 1680년 12월에 예조 판서로 옮겨 제수되었다. 《睡谷集 卷13 先季父議政府左議政府君行狀》

지은이 **송시열(宋時烈)**

1607(선조40)~1689(숙종15). 자는 영보(英甫), 호는 우암(尤菴)·우재(尤齋)·파옹(巴翁)·화양동주(華陽洞主) 등이며, 시호는 문정(文正), 본관은 은진(恩津)이다. 부친은 송갑조(宋甲祚)이고, 모친은 선산 곽씨(善山郭氏)이다. 사계(沙溪) 김장생(金長生)과 신독재(愼獨齋) 김집(金集)을 사사하여 기호학파의 종장(宗匠)이자 노론의 영수로 활동하면서 조선 후기 학문과 정치에 큰 발자취를 남겼다. 효종의 즉위 이후 청나라에 대한 복수설치(復讎雪恥)를 역설한 《기축봉사(己丑封事)》를 올려 북벌론을 제시하였고, 학문적으로는 주자성리학을 정통으로 삼아 남인 학자인 윤휴(尹鑴)와 대립하였다. 이후 남인, 소론과 갈등이 깊어지다가 효종의 천릉(遷陵), 왕실 복제를 둘러싼 예송(禮訟)으로 논핵을 받아 삭탈관직되고 덕원(德源), 장기(長鬐), 거제도(巨濟島)에서 유배 생활을 하였다. 1689년 원자 책봉 문제로 제주(濟州)에 유배되었다가 서울로 압송되던 중 정읍(井邑)에서 사사(賜死)되었다. 1756년(영조32) 문묘(文廟)에 배향되고 영의정에 추증되었다. 저서로 《송자대전》, 《주자대전차의(朱子大全箚疑)》, 《정서분류(程書分類)》, 《주자어류소분(朱子語類小分)》, 《논맹혹문정의통고(論孟或問精義通考)》 등이 있다.

선역

정태현(鄭太鉉)

경북 상주 화북(化北)에서 태어났다. 지산(止山) 임성무(林聖武) 선생과 봉서(鳳西) 오우선(吳禹善) 선생에게 사사(師事)하였다. 민족문화추진회 국역연수원을 졸업하고 국역부장, 국역연수원 교수를 지냈으며, 현재 전통문화연구회 고문이다. 2012년 고전의 교육과 번역 및 현대화에 이바지한 공로를 인정받아 국민훈장 모란장을 받았다. 번역서로 《춘추좌씨전》, 《당송팔대가문초 한유》, 《동춘당집》, 《한수재집》, 《고봉집》 등이 있다.

조명근(曺命根)

단국대학교 동양학연구소에서 전문위원으로 정년퇴직하였다. 현재 세종대왕기념사업회 국역위원이며, 사단법인 유도회 한문연수원 원장이다. 번역서로 《미수기언》, 《청장관전서》, 《홍재전서》 등이 있다.

옮긴이

박대현(朴大鉉)

1961년 경북 청도에서 태어났다. 영남대학교 중문학과를 졸업하고 같은 학교 대학원 한문학과에서 박사학위를 받았다. 민족문화추진회 국역연수원 상임연구부를 졸업하였고, 민족문화추진회 전문위원과 한국고전번역원 교수를 역임하였다. 역서로는 《추강집(秋江集)》, 《대산집(大山集)2》, 《도산제현유묵(陶山諸賢遺墨)》, 《구사당집(九思堂集)1》 ,《포은집(圃隱集)》등이 있고, 저서로는 《한문서찰의 격식과 용어》(아세아문화사)가 있다.

송자대전 10

송시열 지음 | 박대현 옮김

2022년 12월 31일 초판 1쇄 발행

발행인 신승운 | 발행처 한국고전번역원

등록 2008. 3. 12. 제25100-2018-000049호

주소 (03310) 서울시 은평구 진관1로 85

전화 02-350-4800 | 팩스 02-350-4994 | 홈페이지 www.itkc.or.kr

연구총괄 권헌준 | 연구기획 김지민 | 연구평가 성과평가실 | 자문 정선용

책임편집 하현주 | 편집진행 신진호

교정 서세영 정동연 채은주 | 조판 김은하 | 제작 조은지

디자인 씨디자인 | 인쇄 사단법인 에스디위크

값 20,000원

ISBN 978-89-284-0960-0 94810

978-89-284-0619-7 (세트)